JN292750

# 完全突破！
### 建築物環境衛生管理技術者
# ビル管理技術者
## 受験テキスト
【第2版】

**編著者** 松浦房次郎
田中　毅弘

**著者** 中島修一
庭田　茂
前川甲陽
松岡浩史
山野裕美

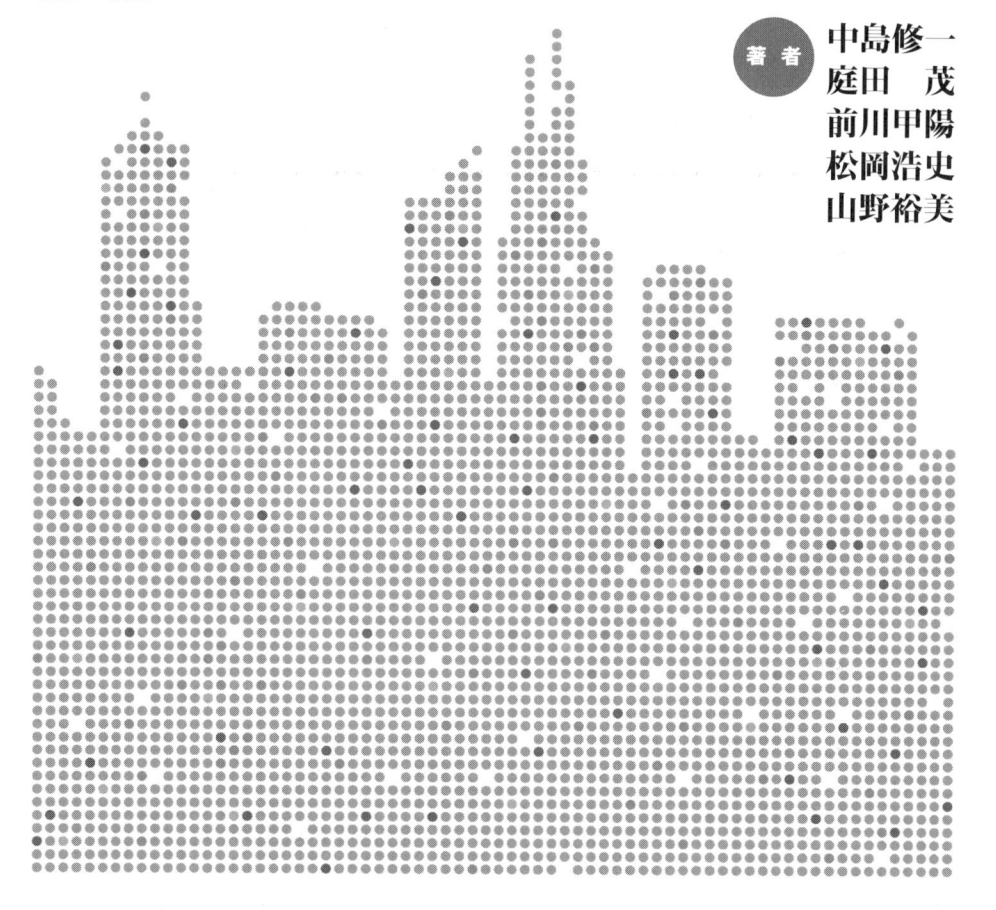

森北出版株式会社

■編著（所属）
　松浦房次郎　((社) UBA)
　田中　毅弘　(東洋大学理工学部教授)

■執筆者（所属）および執筆担当　[五十音順]
　田中　毅弘（前掲）
　　2章：1～3, 6～12, 15　3章：2～6, 13～30
　　4章：1, 2, 6～8, 12～14, 22, 26～31, 33, 34
　中島　修一（ダイケンエンジニアリング）
　　2章：4, 5, 13　5章：1～24
　庭田　茂（足立保健所）
　　1章：1～12（共同執筆）　3章7～9, 30　7章：1～15
　前川　甲陽（日本環境管理学会）
　　1章：1～12（共同執筆）
　松浦房次郎（前掲）
　　2章：14　3章：1, 10～12　4章：3～5, 9～11, 32
　松岡　浩史　((社) UBA)
　　4章：15～21, 23～25　ビル管理技術者試験について
　山野　裕美（東京美装興業）
　　6章：1～20

［所属は2014年10月現在］

●本書のサポート情報を当社Webサイトに掲載する場合があります．下記のURLにアクセスし，サポートの案内をご覧ください．

https://www.morikita.co.jp/support/

●本書の内容に関するご質問は，森北出版 出版部「(書名を明記)」係宛に書面にて，もしくは下記のe-mailアドレスまでお願いします．なお，電話でのご質問には応じかねますので，あらかじめご了承ください．

editor@morikita.co.jp

●本書により得られた情報の使用から生じるいかなる損害についても，当社および本書の著者は責任を負わないものとします．

■本書に記載している製品名，商標および登録商標は，各権利者に帰属します．

■本書を無断で複写複製（電子化を含む）することは，著作権法上での例外を除き，禁じられています．複写される場合は，そのつど事前に（一社）出版者著作権管理機構（電話03-5244-5088, FAX03-5244-5089, e-mail：info@jcopy.or.jp）の許諾を得てください．また本書を代行業者等の第三者に依頼してスキャンやデジタル化することは，たとえ個人や家庭内での利用であっても一切認められておりません．

## まえがき

　本書は，新しい切り口から編集された「建築物環境衛生管理技術者(以下，ビル管理技術者)」の受験対策書です。

　昨今，ビル管理技術者試験は，年々難化傾向にあり，合格率がきわめて低く，狭き門になっています。そして，多くの受験対策書がすでに存在しますが，それらは，かなりボリュームがある百科事典タイプのもの，過去問題とその解説書，あるいは各科目ごとに分かれた専門性をもつもの，また他の資格試験本のシリーズの中の1冊として専門性に特化しないものなど，多くのものが出揃っております。

　そこで，このように類書が多い中で，本書は新しい切り口から，以下の特徴を有する受験対策書として編集いたしました。

(1)　多忙を極める合格をめざす読者が，能率的に学習できるように，試験科目である7科目の内容をこの1冊にまとめ，150項目に絞り，1項目を見開き2ページで学習できるように工夫した点。

(2)　年々難化傾向にあり，合格率がきわめて低く狭き門であることに鑑みて，各科目の専門性をもったスペシャリストを執筆者に配した点。すなわち，建築設備の維持管理の研究者，建築物環境衛生行政や環境衛生管理業務に携わっている関係者，給排水管理・ビル清掃の研究および指導を行う実務者，ビル管理技術者講習会講師経験者さらには出題傾向に熟知している関係者ら7名で執筆・編集を行いました。

　以上が，他の類書と大きく違う特徴といえます。

　ぜひ，合格をめざす読者が本書を十二分に活用して，反復的に何度も150項目を学習していただき，あわせて多岐にわたる出題範囲についてのさまざまな知識を項目別に整理して体系づけることによって，本試験の即戦力を養い，1日も早くビル管理技術者試験に合格できることを祈念いたしております。

　本書の執筆に際し，幸い好評を博した「完全突破！ビル管理技術者受験テキスト」(技術書院)の内容を活かしつつ，最近の受験傾向を分析した上で，加筆等を加え，

より一層わかりやすい編纂を心がけ，"第2版"としてここに出版するに至りました．
　最後に，本書の刊行にあたり，お世話になった森北出版の森北博巳代表取締役社長をはじめ社員の皆様に感謝の意を表します．

2010年1月

編者，執筆者を代表して
松浦　房次郎

# 目　次

ビル管理技術者試験について　　　　　　　　　　　　　　ix

## 1章　建築物衛生行政　　　　　　　　　　　　　　　　1

- **1** 建築物衛生法の概要　　　　　　　　　▶ 2
- **2** 特定建築物の定義　　　　　　　　　　▶ 4
- **3** 建築物環境衛生管理基準　　　　　　　▶ 6
- **4** 建築物環境衛生管理技術者　　　　　　▶ 8
- **5** 届出・帳簿・立入検査　　　　　　　　▶ 10
- **6** 事業の登録　　　　　　　　　　　　　▶ 12
- **7** 建築物衛生法と関連する法律　　　　　▶ 14
- **8** 生活衛生関連営業に関する法律　　　　▶ 16
- **9** 環境の管理に関する法律　　　　　　　▶ 18
- **10** 給水と排水の管理に関する法律　　　　▶ 20
- **11** その他の関連する法律　　　　　　　　▶ 22
- **12** 公衆衛生と衛生行政組織　　　　　　　▶ 24

## 2章　建築物の計画と構造　　　　　　　　　　　　　27

- **1** 建築設計と関連法規　　　　　　　　　▶ 28
- **2** 建築のプロセスと運用　　　　　　　　▶ 30
- **3** 建築構造の種類と形式　　　　　　　　▶ 32
- **4** 鉄筋コンクリート構造　　　　　　　　▶ 34
- **5** 鉄骨構造・木構造　　　　　　　　　　▶ 36
- **6** 建築部材と応力　　　　　　　　　　　▶ 38
- **7** 荷重と構造計画　　　　　　　　　　　▶ 40
- **8** 建築材料（コンクリート）　　　　　　▶ 42

- ⑨ 仕上材料（ガラス・非金属材料） ▶ 44
- ⑩ 不燃材料・断熱材 ▶ 46
- ⑪ 建築設備の一般知識 ▶ 48
- ⑫ 建築物の日射受熱と建築計画 ▶ 50
- ⑬ 建築物の消防と避難計画 ▶ 52
- ⑭ 防災と防犯対策 ▶ 54
- ⑮ 図面の種類と表示記号 ▶ 56

## 3章　室内環境の衛生　　59

- ① 室内環境と基準 ▶ 60
- ② 人体生理と環境の影響要因 ▶ 62
- ③ 生体機能の恒常性とストレス ▶ 64
- ④ 体温調節と代謝量 ▶ 66
- ⑤ 温熱要素と温熱指標(1) ▶ 68
- ⑥ 温熱要素と温熱指標(2) ▶ 70
- ⑦ 感染と病原体 ▶ 72
- ⑧ 主な感染症 ▶ 74
- ⑨ 感染症の予防と対策 ▶ 76
- ⑩ シックビル症候群 ▶ 78
- ⑪ アレルギー疾患 ▶ 80
- ⑫ 発癌とアスベスト ▶ 82
- ⑬ 空気の組成 ▶ 84
- ⑭ 二酸化炭素・一酸化炭素 ▶ 86
- ⑮ 窒素酸化物・二酸化硫黄 ▶ 88
- ⑯ オゾン・ホルムアルデヒド・VOCs ▶ 90
- ⑰ 浮遊粉じん・たばこ煙 ▶ 92
- ⑱ 臭気・ラドン ▶ 94
- ⑲ 細菌類・ウイルス ▶ 96
- ⑳ 音の属性と計算 ▶ 98
- ㉑ 騒音基準・残響時間 ▶ 100
- ㉒ 防音・遮音 ▶ 102

| | | |
|---|---|---|
| ㉓ | 振　動 | ▶104 |
| ㉔ | 光と視覚 | ▶106 |
| ㉕ | 光の単位 | ▶108 |
| ㉖ | 照明方式・照明計算 | ▶110 |
| ㉗ | VDT作業・照度基準 | ▶112 |
| ㉘ | 色と色彩 | ▶114 |
| ㉙ | 磁場・電場・電磁波 | ▶116 |
| ㉚ | 水と健康・水質基準 | ▶118 |

## 4章　空気環境の調整　　121

| | | |
|---|---|---|
| ❶ | 伝熱過程・熱の単位・熱貫流量 | ▶122 |
| ❷ | 熱伝達率・熱伝導率・熱対流・熱放射 | ▶124 |
| ❸ | 湿り空気の性質 | ▶126 |
| ❹ | 湿り空気線図の使い方 | ▶128 |
| ❺ | 露点温度と結露 | ▶130 |
| ❻ | 流体の基礎知識 | ▶132 |
| ❼ | 気流・換気効率 | ▶134 |
| ❽ | 空気調和負荷・室熱負荷とその計算 | ▶136 |
| ❾ | 空気調和設備 | ▶138 |
| ❿ | 空調方式(1) | ▶140 |
| ⓫ | 空調方式(2) | ▶142 |
| ⓬ | 冷凍サイクルとモリエール線図 | ▶144 |
| ⓭ | 冷凍機の種類・熱源方式 | ▶146 |
| ⓮ | 成績係数の計算 | ▶148 |
| ⓯ | 蓄熱槽 | ▶150 |
| ⓰ | 冷却塔 | ▶152 |
| ⓱ | ボイラ | ▶154 |
| ⓲ | 全熱交換器 | ▶156 |
| ⓳ | 空気浄化装置 | ▶158 |
| ⓴ | ダクト | ▶160 |
| ㉑ | ダクトの付属品 | ▶162 |

- 22 通風と送風量の決定と計算 ▶164
- 23 送 風 機 ▶166
- 24 ポ ン プ ▶168
- 25 加湿器と加湿量の計算 ▶170
- 26 換気の方法 ▶172
- 27 換気量と換気回数の計算 ▶174
- 28 温熱要素の測定 ▶176
- 29 室内空気と汚染物質の測定 ▶178
- 30 空気清浄度の測定 ▶180
- 31 VOCs・NOx 等の測定 ▶182
- 32 光環境の管理 ▶184
- 33 電気の基礎知識 ▶186
- 34 省エネルギーと自動制御 ▶188

## 5章 給水および排水の管理　191

- 1 給水と排水 ▶192
- 2 給水方式 ▶194
- 3 貯 水 槽 ▶196
- 4 貯水槽の汚染防止 ▶198
- 5 給水ポンプ ▶200
- 6 飲料水の水質 ▶202
- 7 給湯設備 ▶204
- 8 給湯方式 ▶206
- 9 循環ポンプ・貯湯槽 ▶208
- 10 排水設備 ▶210
- 11 トラップと阻集器(1) ▶212
- 12 トラップと阻集器(2) ▶214
- 13 通気設備 ▶216
- 14 給水管・給湯管 ▶218
- 15 排 水 管 ▶220
- 16 排水槽と排水ポンプ ▶222

| | | |
|---|---|---|
| ⑰ | 雑用水の利用 | ▶224 |
| ⑱ | 雑用水設備・厨房除害設備 | ▶226 |
| ⑲ | 衛生器具 | ▶228 |
| ⑳ | 浄化槽 | ▶230 |
| ㉑ | 浄化槽の保全 | ▶232 |
| ㉒ | 浄化槽の運転管理 | ▶234 |
| ㉓ | 消火設備 | ▶236 |
| ㉔ | ガス設備 | ▶238 |

## 6章 清　掃　241

| | | |
|---|---|---|
| ❶ | 建築物清掃の位置づけ | ▶242 |
| ❷ | 清掃と建築物衛生法規 | ▶244 |
| ❸ | ビルクリーニングの作業管理 | ▶246 |
| ❹ | ビルクリーニングの安全衛生 | ▶248 |
| ❺ | 付着異物の発生原因と分類 | ▶250 |
| ❻ | ほこり・汚れの除去 | ▶252 |
| ❼ | ビルクリーニング機械 | ▶254 |
| ❽ | ビルクリーニング用具 | ▶256 |
| ❾ | ビルクリーニング洗剤 | ▶258 |
| ❿ | 床材の種類と特性 | ▶260 |
| ⓫ | 床材清掃 | ▶262 |
| ⓬ | 各所清掃方法 | ▶264 |
| ⓭ | 外装の清掃 | ▶266 |
| ⓮ | 建築物の消毒 | ▶268 |
| ⓯ | 廃棄物処理の原則 | ▶270 |
| ⓰ | 廃棄物の処理 | ▶272 |
| ⓱ | 一般廃棄物と産業廃棄物 | ▶274 |
| ⓲ | 廃棄物の排出量と成分 | ▶276 |
| ⓳ | 建築物内の廃棄物管理と処理設備 | ▶278 |
| ⓴ | 廃棄物の中間処理と最終処分 | ▶280 |

## 7章　ねずみ・昆虫等の防除　　283

- ❶ 建築物環境とねずみ・昆虫等　▶284
- ❷ 建築物内で発生しやすい被害　▶286
- ❸ ペストコントロール・IPM　▶288
- ❹ ねずみ類の分類・生態　▶290
- ❺ ねずみ類の防除方法　▶292
- ❻ ゴキブリ類の分類・生態　▶294
- ❼ ゴキブリ類の防除方法　▶296
- ❽ 蚊類の分類・生態　▶298
- ❾ 蚊類の防除方法　▶300
- ❿ ハエ類の分類・生態　▶302
- ⓫ ハエ類の防除方法　▶304
- ⓬ ダニ類その他昆虫の分類・生態　▶306
- ⓭ ダニ類その他昆虫の防除方法　▶308
- ⓮ 防除用具　▶310
- ⓯ 防除薬剤　▶312

索　引————315

# ビル管理技術者（建築物環境衛生管理技術者）試験について

## (1) ビル管理技術者とは

「建築物における衛生的環境の確保に関する法律（略称：建築物衛生法）」に基づき，政令に定める建築物（特定建築物）の所有者は，その建築物の空気環境の調整，給水及び排水の管理，清掃，ねずみ・昆虫等の防除について定められた管理基準に従って，維持管理することが義務づけられています。さらに，特定建築物の所有者等は，資格を有する「建築物環境衛生管理技術者（略称：ビル管理技術者）」を選任し，その維持管理が適正に行われるよう監督させなければなりません。

この資格を得るには，受験資格（実務経験）を有するものが，定められた規定の講習会を受講するか，あるいは年に一度開催される試験に合格しなければなりません。

## (2) ビル管理技術者試験とは

① 試験の日程

例年毎年1回，10月の第1日曜日に行われています。

② 試験会場

現在のところ，札幌市，仙台市，東京都，名古屋市，大阪府，福岡市の6会場で行われています。

③ 受験資格

ビル管理技術者の受験資格を有するのは，建築物衛生法令で規定される特定用途あるいはこれに類する用途に供される建築物の当該用途部分において，環境衛生上の維持管理に関する実務において，業として2年以上従事した人です。

```
＜建築物の用途＞
 1  興行場（映画館，劇場等），百貨店，集会場（公民館，結婚式場，市民ホール
    等），図書館，博物館，美術館，遊技場（ボーリング場等）
 2  店舗，事務所
 3  学校（研修所を含む）
 4  旅館，ホテル
 5  上記1～4に類する用途（多数の者の使用に供され，衛生的環境も上記の用途に
    類似したもの）＊1
＜維持管理に関する実務＞
 1  空気調和設備管理
 2  給水，給湯設備管理（貯水槽の維持管理を含む）
 3  排水設備管理（浄化槽の維持管理を含む）
```

4　ボイラ設備管理
　　5　電気設備管理（受電，配電のみの業務を除く）＊2
　　6　清掃および廃棄物処理
　　7　ねずみ，昆虫等の防除
　　　＊1　該当する用途：共同住宅，保養所，老人ホーム，病院等
　　　　　 該当しない用途：倉庫，駐車場，工場等
　　　＊2　1～5の「設備管理」とは，設備についての運転，保守，環境測定および評価等の業務をいい，修理専業，アフターサービスなどは該当しない。

④　試験科目

　試験は筆記試験で，以下の7つの科目があります。問題数は全部で180問です。出題形式は5つの記述の中から「最も不適当なもの」あるいは「最も適当なもの」を選ぶ五肢択一方式となっています。

　　1　建築物衛生行政概論
　　2　建築物の構造概論
　　3　建築物の環境衛生
　　4　空気環境の調整
　　5　給水及び排水の管理
　　6　清掃
　　7　ねずみ，昆虫等の防除

　試験の科目と問題数・時間割はここ数年は次のようになっています。

```
＜午前＞
  9：00～9：30　受験上の注意
  9：30～12：30（3時間）　試験（3科目・90問）
                        ・建築物衛生行政概論（20問）
                        ・建築物の環境衛生（25問）
                        ・空気環境の調整（45問）
 12：30～13：15　休憩
＜午後＞
 13：15～13：30　受験上の注意
 13：30～16：30（3時間）　試験（4科目・90問）
                        ・建築物の構造概論（15問）
                        ・給水及び排水の管理（35問）
                        ・清掃（25問）
                        ・ねずみ，昆虫等の防除（15問）
```

⑤　試験の手続き

- 願書受付期間：毎年5月1日頃～6月15日頃
- 試験日：毎年10月第1日曜日
- 合格発表日：11月上旬
- 願書受付先：財団法人ビル管理教育センター　各地区事務局

⑥　合格発表

11月上旬，厚生労働省とビル管理教育センター（各地区事務局）に掲示されるほか，受験者には合格通知が郵送されます。

### (3) 出題傾向

この国家試験は，ビル管理技術者の業務の性格上，幅広い知識と技能が求められるためきわめて広範囲な分野から出題されているのが特徴です。ここ数年の出題傾向として，環境問題に関する出題が急増しています。最近の試験を例に上げると，廃棄物処理に関する出題が14問，大気汚染，排水処理に関する出題が11問，合計25問と全体（180問）の14パーセントを占めています。環境問題は必ず押さえておかなければならない重要なポイントです。さらに，以前は広く浅く覚えておけばよかったのですが，最近では設備機器の専門性を問うような出題が増えているのも特徴です。

### (4) 受験対策

① 受験者・合格者数

最近3年間のデータでは，受験者数はほぼ横ばいで平均すると9573名，合格者数の平均は1746名で，合格率平均は18.2％です。合格率は年によって10％未満と30％以上を乱高下したこともありますが，この3年間の実績では，合格率は18％強となっています。

② 受験対策

この国家試験の合格ラインは，正答率65％（180問中117問正解）です。また，科目別最低点は40％で，1科目でも下まわると総合で65％以上得点しても不合格となります。出題のレベルは，難問と中程度の問題，比較的やさしい問題の3つに区分されますが，難問の出題は10％程度ですので，本書の基本事項をしっかり押さえておけば十分合格ラインまで到達できます。繰り返し読みこなし，重要事項はサブノートにメモをして記憶しましょう。

なお，本書はビル管理に必要な項目はすべて網羅しており，試験合格の後は座右の書として活用していただければ幸いです。

## 本書の特徴と使い方

　本書は，ビル管理技術者の受験に向けて，効率よく学習をするために，以下のような編集方針で作成しました。

① 試験の出題傾向を分析し，試験の内容を1項目見開き2ページ，全部で150項目にまとめました。

② 本書は，試験の科目と同じく7章で構成されています。順序としては，建築物と環境衛生のかかわりが良く理解できるよう，以下の配列と項目数としました。なお，章の名称は試験科目名を少し変えています。

　1章　建築物衛生行政（12項目）
　2章　建築物の計画と構造（15項目）
　3章　室内環境の衛生（30項目）
　4章　空気環境の調整（34項目）
　5章　給水および排水の管理（24項目）
　6章　清　　掃（20項目）
　7章　ねずみ・昆虫等の防除（15項目）

③ 各項目のタイトルの次に，その項目で覚えるべきポイントをまとめています（POINT ①〜）。まずここでの要点を把握しましょう。

④ 試験に出る内容を体系的に本文で記述しています。見出しの用語以外で重要なものは太字で表記しています。

⑤ 各項目の最後には，「○×問題に挑戦！」の欄を設けています。これは過去の出題を参考にした，その記述の正誤を答える形式の問題です。正しいと思う記述には，はじめの□の欄に○，誤りと思う記述には×を付けましょう。解答はそれぞれの前のページの下の欄に掲載しました。

⑥ POINTと本文の見出しや太字，そして○×問題でその項目の要点をきっちり覚えることができ，また弱点が把握できます。

⑦ 巻末には索引を掲載しています。用語の意味を知りたいときや，ほかの項目とのかかわりを知りたいときにご活用下さい。

⑧ 本書は，ビル管理に関する技術的手法や知識が網羅されており，ビル管理技術者の受験のみならず，事業所や防災センター等のビル管理の現場に1冊常備していただくと，トラブルを未然に防ぎ円滑に維持管理を行うため，また万が一のトラブルへの対応に役立つものと思います。ぜひ現場での座右の書としてもご活用ください。

# 1

# 建築物衛生行政

| 1 | 建築物衛生法の概要 | ▶ | 2 |
| 2 | 特定建築物の定義 | ▶ | 4 |
| 3 | 建築物環境衛生管理基準 | ▶ | 6 |
| 4 | 建築物環境衛生管理技術者 | ▶ | 8 |
| 5 | 届出・帳簿・立入検査 | ▶ | 10 |
| 6 | 事業の登録 | ▶ | 12 |
| 7 | 建築物衛生法と関連する法律 | ▶ | 14 |
| 8 | 生活衛生関連営業に関する法律 | ▶ | 16 |
| 9 | 環境の管理に関する法律 | ▶ | 18 |
| 10 | 給水と排水の管理に関する法律 | ▶ | 20 |
| 11 | その他の関連する法律 | ▶ | 22 |
| 12 | 公衆衛生と衛生行政組織 | ▶ | 24 |

建築物衛生行政

# 1 建築物衛生法の概要

> POINT ①建築物衛生法の適用を受ける建築物を特定建築物という
> ②特定建築物は建築物環境衛生管理基準に従って維持管理する
> ③同法はビルメンテナンス事業者の登録制度を定めている

## (1) 制定の意義

昭和30年代には、建築物の維持管理に起因する健康障害の例がいくつも報告された。しかし当時は、特定の施設、または設備・構造面の規制のみで、建築物の衛生上の維持管理についての一般的法規制はなかった。このような事情を背景に、昭和45（1970）年に建築物衛生法が公布・施行された。

建築物衛生法の歴史的意義は、それまで設計・建設が中心となっていた建築物の体系から、管理・運転の重視という居住のための体系への転換といえる。

## (2) 法の目的

建築物衛生法は、正式名称を「建築物における衛生的環境の確保に関する法律」といい、従来は「ビル衛生管理法」や「ビル管法」とも呼ばれていた。

建築物衛生法の目的は、多数の者が使用し、または利用する建築物の維持管理に関し環境衛生上必要な事項を定め、その建築物における衛生的な環境の確保を図り、もって公衆衛生の向上および増進に資することである（法第1条）。

建築物衛生法は、建築物の維持管理についての総合的な規制であり、運用にあたっては建築基準法、労働安全衛生法、学校保健安全法、環境基本法はじめ、水道法、浄化槽法、廃棄物処理法、下水道法、感染症予防法、消防法等の多くの法規が関連してくる。

## (3) 特定建築物とは（→ 2 参照）

建築物衛生法の直接の規制対象となるのは、興行場、百貨店、店舗、事務所、学校、旅館などの用に供される建築物で、相当程度の規模を有するもので、これを**特定建築物**という。特定建築物は、

① 建築物環境衛生管理基準に従って維持管理すること
② 維持管理の監督に建築物環境衛生管理技術者を選任すること

などが義務づけられている。特定建築物は、**特定用途**と**延べ面積**の2つの要件で規定される。

・延べ面積　3000m²以上
　興行場、百貨店、集会場、図書館、博物館・美術館、遊技場、店舗、事務所、旅館、専門学校等
・延べ面積　8000m²以上
　学校

---

［解答］1—×（建築物の設備・構造ではなく、建築物の維持管理）　2—○　3—○　4—○　5—○（建築物衛生法第4条第3項に規定されている）

(4) 保健所の業務

保健所は，次の業務を行う（法第3条）。

① 多数の者が使用し，または利用する建築物の維持管理について，環境衛生上の正しい知識の普及を図ること。

② 多数の者が使用し，または利用する建築物の維持管理について，環境衛生上の相談に応じ，および環境衛生上必要な指導を行う。

(5) 建築物環境衛生管理基準（→ 3）

空気環境の調整，給水および排水の管理，清掃，ねずみ・昆虫等の防除その他環境衛生上良好な状態を維持するのに必要な措置について定める。

特定建築物の維持管理権原者は，建築物環境衛生管理基準に従って当該建築物の維持管理をしなければならず，建築物環境衛生管理基準に違反し，かつ環境衛生上著しく不適当な事態となった場合は改善命令，使用停止等の行政措置がとられる。

(6) 特定建築物の届出（→ 5）

特定建築物の所有者は，当該特定建築物が使用されるにいたった時は，その日から1か月以内に，場所，用途等，必要な項目について届け出る必要がある。

(7) 建築物環境衛生管理技術者の選任（→ 4）

① 特定建築物の所有者は，免状を有する建築物環境衛生管理技術者を選任すること。

② 建築物環境衛生管理技術者は，建築物の所有者，占有者等に，意見を述べることができる。また，所有者らは，その意見を尊重すること。

(8) 事業の登録（→ 6）

建築物の環境衛生上の維持管理を行う事業者は，所在地を管轄する都道府県知事の登録を受けると，登録業者である旨を表示することができる。登録の対象となる事業は以下のとおり。

① 清掃を行う事業
② 空気環境測定を行う事業
③ 空気調和ダクト清掃を行う事業
④ 飲料水の水質検査を行う事業
⑤ 飲料水の貯水槽の清掃を行う事業
⑥ 排水管の清掃を行う事業
⑦ ねずみ・昆虫などの防除を行う事業
⑧ 清掃など総合的な管理を行う事業

---

○×問題に挑戦！（記述の正誤を考えよう。解答は前ページ）

☐ Q1 建築物衛生法の目的は，建築物の設備・構造について規制を行うことによって，環境衛生を確保することである。

☐ Q2 建築物衛生法は，公衆衛生の向上および増進を目的としている。

☐ Q3 特定建築物は，建築物の用途や延べ面積等によって定められる。

☐ Q4 保健所の業務として，多数の者が使用・利用する建築物の維持管理について，環境衛生上の正しい知識の普及を図ることを規定している。

☐ Q5 特定建築物以外の建築物であっても，多数の者が使用・利用する場合は，建築物環境衛生管理基準に従った維持管理に努めなければならない。

建築物衛生行政

# 2 特定建築物の定義

POINT ①興行場・百貨店・集会場・図書館・博物館・美術館・遊技場・店舗・事務所・旅館・専門学校の用に供される部分が3000m²以上の建築物が対象となる
②建築物全体ではなく特定用途に供される部分の延べ面積で規定される
③学校教育法第1条の学校は延べ面積が8000m²以上が対象となる

## (1) 法令による定義

建築物衛生法第2条において**特定建築物**が定義されている。

「この法律において「特定建築物」とは，興行場，百貨店，店舗，事務所，学校，共同住宅等の用に供される相当程度の規模を有する建築物（建築基準法第2条第1号に掲げる建築物をいう）で，多数の者が使用し，または利用し，かつ，その維持管理について環境衛生上特に配慮が必要なものとして政令で定めるものをいう。」

また，政令において，「建築物の用途，延べ面積等により特定建築物を定める」としている。

この建築物衛生法第2条に基づいた政令（建築物衛生法施行令第1条）では，以下のように規定されている。

「法第2条第1項の政令で定める建築物は，次の各号に掲げる用途に供される部分の延べ面積（建築基準法施行令第2条第1項第3号に規定する床面積の合計をいう）が**3000m²以上**の建築物および専ら学校教育法第1条に規定する学校の用途に供される建築物で延べ面積が**8000m²以上のものとする**。

① 興行場，百貨店，集会場，図書館，博物館，美術館または遊技場
② 店舗または事務所
③ 学校教育法第1条に規定する学校以外の学校（研修所を含む）
④ 旅館

なお，ここでいう「特定建築物」は建築物衛生法上のものであり，他法令での定義や建築基準法の「特殊建築物」とは区別が必要である。

## (2) 建築物とは

建築物衛生法および同施行令で定義される建築物とは，建築基準法第2条第1号で定める建築物のことである。

これは，土地に定着する工作物のうち，屋根および柱もしくは壁を有するもの（これに類する構造のものを含む），これに附属する門もしくは塀，観覧のための工作物または地下もしくは高架の工作物内に設ける事務所，店舗，興行場，倉庫

[解答] 1—× （駅のプラットフォームは建築基準法で定める建築物ではない） 2—× （病院・医院・診療所は特定用途ではないので，特定用途は4000－1100＝2900m²） 3—◯ 4—◯ 5—◯

その他これらに類する施設（鉄道および軌道の線路敷地内の運転保安に関する施設並びに跨線橋，プラットホームの上家，貯蔵槽その他これらに類する施設を除く）をいい，建築設備を含むものとする。

(3) **特定用途とは**

建築物衛生法施行令第1条の各号に掲げる用途（興行場，百貨店，店舗，事務所等）を特定用途という。特定用途は，多数の人が使用・利用し，一般的な環境規制になじむものという観点から定められている。したがって，工場，自然科学系の研究所，病院は除外される。

なお，共同住宅については，法第2条の条文に例示されているが，個人住宅の集積であり，その維持管理が個人の責任で行われるべきものであるので，施行令で特定用途とされておらず，現在のところこの法律の規制対象外である。

(4) **延べ面積の要件**

延べ面積の要件は1つの建築物において特定用途に供される部分の延べ面積が3000m²（ただし，学校教育法第1条に定める学校では8000m²）である。

この場合，特定用途に供される部分と

表2.1 特定建築物の要件

| 特定用途 | 特定用途に供される部分の面積 |
|---|---|
| 興行場 | 3000m²以上 |
| 百貨店 | |
| 集会場 | |
| 図書館 | |
| 博物館・美術館 | |
| 遊技場 | |
| 店舗 | |
| 事務所 | |
| 旅館 | |
| 専修学校・各種学校・研修所 | |
| 学校（小学校・中学校・高校・大学等：学校教育法第1条に規定するもの） | 8000m²以上 |

は，特定用途そのものに用いられる部分のほか，廊下，階段，洗面所等の特定用途に付随する部分，また，百貨店内の倉庫，事務所の付属の駐車場等特定用途に付属する部分も含まれる。

また同一敷地内に数棟の建築物がある場合には1棟ごとに計算して判断する。

---

**○×問題に挑戦！**（記述の正誤を考えよう。解答は前ページ）

- ☐ Q1　1棟の延べ面積が4000m²の建築物で，1100m²の駅のプラットフォームがある百貨店は，特定建築物である。
- ☐ Q2　低層階に延べ面積1100m²の診療所をもつ，1棟が4000m²の商業建築物は特定建築物である。
- ☐ Q3　建築物内の公共駐車場は特定用途ではないが，事務所に付属する駐車場は特定用途の延べ面積に参入する。
- ☐ Q4　観光客や参拝客の多い神社仏閣は特定用途に該当しない。
- ☐ Q5　企業の自社職員対象の事務系研修所は特定用途に該当する。

建築物衛生行政

# 3 建築物環境衛生管理基準

> POINT①建築物環境衛生管理基準は空気環境の調整，給水および排水の管理，清掃，ねずみ・昆虫等の防除等について定めている
> ②空気環境の調整では，ホルムアルデヒド以外の6項目の測定は2か月以内ごとに1回定期に行う

建築物衛生法第4条により，特定建築物の維持管理権原者は，空気環境の調整，給水および排水の管理，清掃，ねずみ・昆虫等の防除等の措置に関する基準を定めた，建築物環境衛生管理基準に従って維持管理をしなければならない。

(1) 空気環境の調整に関する基準

空気調和設備を設けている特定建築物は，以下の7項目について，各基準値を遵守しなければならない。

① 浮遊粉じん…$0.15mg/m^3$以下

室内に堆積した粉じんの飛散，たばこ等，室内での燃焼，自動車排気ガスや土砂のまきあげ等の室内への流入などが浮遊粉じんの発生源である。建築物衛生法では浮遊粉じんとは，粒径が$10\mu m$以下のものをいう。

② 一酸化炭素（CO）…10ppm以下

一酸化炭素はきわめて有毒な気体であり，室内の発生源としては，石油，石炭，都市ガスおよびその他の燃料等の不完全燃焼等である。地下街等の場合は，特例として20ppmまで認められる。

③ 二酸化炭素（$CO_2$）…1000ppm以下

室内の二酸化炭素濃度は，室内空気の汚染度や換気の状況を評価する1つの指標としても活用されている。

④ 温度…17℃以上28℃以下

⑤ 相対湿度…40%以上70%以下

⑥ 気流…0.5m/s以下

⑦ ホルムアルデヒド…$0.1mg/m^3$以下

ホルムアルデヒドは刺激臭を有する気体で，それを原料として用いた合板，パーティクルボード，接着剤，生活用品，燃焼器具等から発生する。

(2) 空気環境の測定

① ホルムアルデヒド以外の6項目の測定…2か月以内ごとに1回定期に測定する。

② ホルムアルデヒドの測定…特定建築物の建築，大規模の修繕，大規模の模様替の完了後，建築物の使用を開始した日以後最初に到来する測定期間（6月1日から9月30日までの期間）中に1回測定する。

③ 空気環境の測定点は，各階ごとに1か所以上の居室を選び，その中央部の床上75cm以上150cm以下の位置で

---

[解答] 1―○ 2―○ 3―× （まず調査を行う。殺そ剤・殺虫剤はむやみに使用しないこと）

測定する。

**(3) 空気調和設備の病原体汚染防止**
① 冷却塔や加湿装置に供給する水は，水道法第4条の規定による水質基準に適合する水を供給しなければならない。
② 冷却塔，冷却水および加湿装置の汚れの状況を，使用開始時および使用開始期間中の1か月以内ごとに1回，定期に点検し，必要に応じて換水，清掃等を行う。
③ 排水受け（ドレンパン）は，空気調和設備の使用開始時および使用期間中の1か月以内ごとに1回，定期に点検し，必要に応じて清掃等を行う。
④ 冷却塔，冷却水の水管，加湿装置は，さらに1年以内ごとに1回の清掃が義務づけられている。

**(4) 飲料水の水質確保**
建築物衛生法では，飲料水を供給する場合は，水道法第4条の規定により定められた**水質基準**に適合しなければならない。すなわち水道水と同じ水質を確保すること（→3章㉚参照）。

貯水槽内での飲料水の汚染を防止するため，貯水槽の清掃は，1年以内ごとに1回定期に行わなければならない。

**(5) 排水の管理**
排水に関する基準として，排水設備の掃除を6か月以内ごとに1回実施する。実施にあたっては，排水槽，トラップおよび阻集器，排水ポンプ等は定期的に点検，整備および掃除を行うとともに，ちゅう房内の排水管等を常時掃除し，排水系統の配管，マンホール，ルーフドレン等の点検を行う。

**(6) 清　掃**
清掃にはビルクリーニング，ごみやし尿の廃棄物処理等がある。日常の清掃のほか，統一的かつ計画的な清掃（大清掃）を6か月以内ごとに1回定期的に行う。

**(7) ねずみ・昆虫等の防除**
ねずみ等の防除は，IPM（総合防除）の概念に基づいて実施する。IPMとは，薬剤のみに頼らず，有効，適切な防除技術を組み合わせ，有害生物を制御しようという防除体系である。
① ねずみ等の発生場所，生息場所および侵入経路ならびにねずみ等による被害の状況について，6か月以内ごとに1回，定期に，統一的に調査を実施し，その結果に基づき，ねずみ等の発生を防止するため必要な措置を講ずる。
② 殺そ剤または殺虫剤を使用する場合には，薬事法による承認を受けた医薬品または医薬部外品を用いる。

---

**○×問題に挑戦！**（記述の正誤を考えよう。解答は前ページ）

☐ Q1　空気環境の測定（ホルムアルデヒドの量は除く）は2か月以内ごとに1回定期に行う。
☐ Q2　貯水槽の清掃は1年以内ごとに1回定期に行う。
☐ Q3　ねずみ等の発生の防止のため6か月以内ごとに1回，殺そ剤や殺虫剤を定期に使用する。

建築物衛生行政

## 4 建築物環境衛生管理技術者

POINT①特定建築物には建築物環境衛生管理技術者を選任しなければならない
②環境衛生管理技術者の職務は特定建築物の維持管理が環境衛生上適正に行われているか監督し，必要に応じ維持管理権原者に意見を述べる
③免状の取得には講習会を修了するか，試験に合格すること

### (1) 選任

特定建築物所有者等は，その特定建築物の維持管理が環境衛生上適正に行われるように監督させるため，建築物環境衛生管理技術者免状を有する者のうちから**建築物環境衛生管理技術者**を選任しなければならない。

① 特定建築物ごとに選任しなければならない。
② 同時に2つ以上の特定建築物について建築物環境衛生管理技術者とならないようにしなければならない。ただし，職務遂行上支障がないときは，この限りでない。

なお，建築物環境衛生管理技術者は所有者と直接の雇用関係でなくとも，委任契約があればよく，また，その特定建築物に必ずしも常駐しなくともよい。

### (2) 職務

建築物環境衛生管理技術者の職務は，維持管理が環境衛生上適正に行われるように監督することであるが，具体的には，次のとおりである。

① 管理業務計画の立案
② 管理業務の指揮監督
③ 建築物環境衛生管理基準に関する測定または検査の評価
④ 環境衛生上の維持管理に必要な各種調査の実施

なお，建築物環境衛生管理技術者は，維持管理が管理基準に従って行われるようにするため，必要があると認めるときは，建築物維持管理権原者に対して意見を述べることができるが，これらの者は，その意見を尊重しなければならない。

### (3) 免状

建築物環境衛生管理技術者の免状は，厚生労働大臣の登録を受けた者が行う講習会の課程を修了した者または厚生労働大臣が行う試験に合格した者に対して厚生労働大臣が交付する。

① 講習会の受講資格

講習会を受講するためには，一定の学歴，免許等および実務経験を有しなければならない（建築物衛生法施行規則第6条および第7条）。

② 講習会の基準

講習会は，次に示す基準等によって実

---

[解答] 1―○ 2―×（必ずしも当該特定建築物に常駐する必要はない） 3―○ 4―○
5―×（受講資格を有し所定の講習を修了した者にも交付される）

表4.1 講習会の科目と講習時間
（建築物衛生法第7条の4別表）

| 科目 | 講習時間 |
|---|---|
| 建築物衛生行政概論 | 10時間以上 |
| 建築物の構造概論 | 8時間以上 |
| 建築物の環境衛生 | 12時間以上 |
| 空気環境の調整 | 26時間以上 |
| 給水及び排水の管理 | 20時間以上 |
| 清掃 | 16時間以上 |
| ねずみ・昆虫等の防除 | 8時間以上 |

施されている。

　講習会の科目は規定の条件に適合する知識経験を有する者が教授しなければならない。また，公正に，かつ，厚生労働省令で定める基準に適合する方法により講習会が行われること。

　③　国家試験の受験資格

　受験資格は実務経験が2年以上あればよく，学歴，免許等は必要とされない。また実務の内容も，特定用途のほか，これに類する用途に供される建築物の当該用途に供される部分において業として行う環境衛生上の維持管理に関する実務であればよく，講習会の受講資格と異なり，建築物の規模は問われない。また，単純労働であっても差し支えない。

　④　国家試験の試験科目

　試験科目は，講習会の科目と同様である（本書「ビル管理技術者試験について」を参照のこと）。

　⑤　国家試験の欠格事項

　次のいずれかに該当する者に対しては，免状の交付を行わないことができる。

　1）免状の返納を命ぜられ，その日から起算して1年を経過しない者。

　2）この法律またはこの法律に基づく処分に違反して罰金の刑に処せられた者で，その執行を終わり，または執行を受けることがなくなった日から起算して2年を経過しない者。

　なお，免状の返納は，すでに交付を受けている者が，この法律またはこの法律に基づく処分に違反したときに命ぜられるものである。

―○×問題に挑戦！（記述の正誤を考えよう。解答は前ページ）―

☐　Q1　建築物環境衛生管理技術者は，特定建築物の維持管理が環境衛生上適正に行われるよう監督する。

☐　Q2　特定建築物に選任された建築物環境衛生管理技術者は，当該特定建築物に常駐しなければならない。

☐　Q3　特定建築物に選任された建築物環境衛生管理技術者は，必要があると認めるときは当該特定建築物の維持管理について権原を有するものに対し，意見を述べることができる。

☐　Q4　特定建築物に選任された建築物環境衛生管理技術者を変更した場合，1か月以内に届け出なければならない。

☐　Q5　建築物環境衛生管理技術者免状は，建築物環境衛生管理技術者試験に合格した者のみ交付される。

建築物衛生行政

## 5 届出・帳簿・立入検査

POINT①特定建築物の所有者等が1か月以内に都道府県知事に届け出る
②空気環境の調整，給水および排水の管理，清掃ならびにねずみ・昆虫等の防除の状況を記載した帳簿書類を備え保存しなければならない
③都道府県知事が環境衛生監視員を使い立入検査を行う

(1) 特定建築物の届出

特定建築物の所有者等は，その特定建築物が使用される日から1か月以内に，厚生労働省令で定める事項（(2)で記述の事項）を都道府県知事（保健所を設置する市または特別区にあっては，市長または区長。以下同じ）に届け出なければならない。

① 届出義務のある「特定建築物の所有者等」とは，所有者あるいは当該特定建築物の全部の管理について権原を有する者をいう。

② 現に使用されている建築物が，政令の改正，用途の変更，増築による延べ面積の増加等により，新たに特定建築物に該当することになった場合には，その日から1か月以内に届出を行う。

③ 届出事項に変更があったとき，または用途の変更等によって特定建築物に該当しなくなったときは，1か月以内に，その旨を届け出る。

(2) 特定建築物の届出事項

① 特定建築物の名称
② 特定建築物の所在場所
③ 特定建築物の用途
④ 特定用途に供される部分の延べ面積および専ら特定用途以外の用途に供される部分の延べ面積
⑤ 特定建築物の構造設備の概要
1）階段ならびに各階の床面積，居室数および用途
2）空気調和設備または機械換気設備の，機器名，型式，性能，台数および設置の場所ならびに各居室への空気等の供給の方式
3）飲料水の水源の種別およびその使用用途ならびに受水槽，高置水槽，ポンプ，滅菌器，給湯器等の給水に関する設備の容量，能力および設置の場所
4）雑用水の水源の種類およびその使用用途ならびに雑用水槽，ポンプ，滅菌器等給水に関する設備の容量，能力および設置の場所
5）排水槽等排水に関する設備の容量

［解答］1－×（都道府県知事（保健所を設置する市または特別区では市長または区長）に届け出る）　2－×（届出を怠ったり，虚偽の届出をすると30万円以下の罰金に処せられる）　3－×　4－×（基準に適合せず，かつ人の健康が損われるおそれがあり，環境衛生上著しく不適当な場合）

および設置の場所
6）ダストシュート，廃棄物の集積所，焼却炉等廃棄物の処理に関する設備の集積容量または処理能力および設置の場所
⑥ 特定建築物の所有者等の氏名および住所等
⑦ 建築物環境衛生管理技術者の氏名，住所および免状番号ならびにその者が他の特定建築物の建築物環境衛生管理技術者である場合には，当該特定建築物の名称および所在場所
⑧ 特定建築物が使用されるに至った年月日

(3) **帳簿書類の備付け**
特定建築物の所有者等（届出義務者と同じ）は，当該特定建築物の維持管理に関し，環境衛生上必要な事項を記載した以下の帳簿書類を備えておくこと。
① 空気環境の調整，給水および排水の管理，清掃ならびにねずみ・昆虫等の防除の状況（これらの措置に関する測定または検査の結果ならびに設備の点検および整備の状況を含む）を記載した帳簿書類
② 平面図および断面図ならびに維持管理に関する設備の配置および系統を明らかにした図面
③ その他，維持管理に関して環境衛生上必要な事項を記載した帳簿書類
なお，保存期間は①と③については5年，②は永久である。

(4) **立入検査，改善命令等**
① 報告徴取，立入検査
都道府県知事（市長または区長）は，必要があると認めるときは，特定建築物の所有者等に必要な報告をさせ，または立入検査を行うことができる。なお，立入検査の権限を行使する職員を**環境衛生監視員**と称する。
② 改善命令等
都道府県知事（市長または区長）は，立入検査を行った場合において，特定建築物の維持管理が建築物環境衛生管理基準に従って行われておらず，かつ，その特定建築物内における人の健康が損なわれているかそのおそれがあり，環境衛生上著しく不適当と認めるときは，その特定建築物の維持管理権原者に対して維持管理方法の改善，その他必要な措置をとることを命じ，または一部使用停止等の処分を行うことができる。

---

**○×問題に挑戦！**（記述の正誤を考えよう。解答は前ページ）

- □ Q1 特定建築物の届出は，所在地を管轄する保健所を経由して厚生労働大臣に対して行う。
- □ Q2 特定建築物の届出をしなかった場合は，建築物の使用停止の処分が行われる。
- □ Q3 特定建築物の所有者等が備え付けるべき帳簿書類には，消火設備の点検整備に関する記録がある。
- □ Q4 都道府県知事による立入検査の結果，維持管理が建築物環境衛生管理基準に従って行われていないときは，直ちに改善命令が出される。

建築物衛生行政

# 6 事業の登録

POINT ①清掃業，空気環境測定業，空気調和用ダクト清掃業，飲料水水質検査業，飲料水貯水槽清掃業，排水管清掃業，ねずみ・昆虫等防除業，建築物環境衛生総合管理業の8事業の登録がある
②登録は営業所ごとに行われ，有効期間は6年である

(1) 登録の業種

大型建築物の増加に伴い，建築物所有者等の委託を受けて，建築物の清掃，空気環境の測定等，建築物内の環境衛生上の維持管理を業とする者が増加している。建築物の衛生的環境を確保するためには，こうした建築物の環境衛生上の維持管理を行う事業者が，適切にその業務を遂行するように資質の向上を図っていくことが重要である。

これらの事業者について，一定の人的，物的基準を充足していることを要件とする都道府県知事の登録制度が設けられている。登録の対象となっているのは，次の8つの事業を営んでいる者である。

① 建築物における清掃を行う事業（建築物清掃業）
② 建築物における空気環境の測定を行う事業（建築物空気環境測定業）
③ 建築物の空気調和用ダクトの清掃を行う事業（建築物空気調和用ダクト清掃業）
④ 建築物における飲料水の水質検査を行う事業（建築物飲料水水質検査業）
⑤ 建築物の飲料水の貯水槽の清掃を行う事業（建築物飲料水貯水槽清掃業）
⑥ 建築物の排水管の清掃を行う事業（建築物排水管清掃業）
⑦ 建築物におけるねずみ・昆虫等の防除を行う事業（建築物ねずみ・昆虫等防除業）
⑧ 建築物における清掃，空気環境の調整および測定，給水および排水の管理ならびに日常の簡易な飲料水の水質検査（給水栓における残留塩素および水の色，濁り，臭い，味の検査）を行う事業（建築物環境衛生総合管理業）

登録は営業所ごとに行われる。また，**登録の有効期間は6年**で，登録を受けた事業者は，登録業者である旨を表示することができる。一方，登録を受けていない者が，登録業者もしくはこれに類似する表示をすることは禁止されている。

(2) 登録基準

登録を受けるには，各事業を行うための機械器具その他の設備（物的要件），

[解答] 1—○ 2—×（6年である） 3—○ 4—×（財務管理基準等は定められていない） 5—○

監督者および従事する者の資格（人的要件），その他の事項（その他要件）が一定の基準を満たしていなければならない。この基準は，厚生労働省令で定められている。

#### (3) 申請の手続き

登録を受けようとする者は，次に掲げる事項を記載した登録申請書を都道府県知事に提出しなければならない。また，申請にあたっては，業種ごとに必要な書類を添付する。

① 氏名または名称および住所，法人にあってはその代表者の氏名および住所
② 登録にかかわる営業所の名称および所在地ならびに責任者の氏名
③ 登録を受けようとする事業の区分

#### (4) 報告，検査等

都道府県知事は，必要があると認めるときは，登録業者に対して必要な報告をさせ，またはその職員に，登録営業所に立ち入り，その設備，帳簿書類その他の物件を検査させ，もしくは関係者に質問させることができる。

また都道府県知事は，登録営業所が登録基準に適合しなくなった場合には，登録を取り消すことができる。

#### (5) 登録業者等の団体の指定

建築物の環境衛生上の維持管理を行う事業者の資質の向上を図るためには，事業者が組織する団体によって，自主的に技術・技能の改善向上を図っていくことが重要である。このような観点から，登録業者の業務の改善向上を図ることを目的とし，登録業者またはその団体を社員とする社団法人を，厚生労働大臣が，各事業ごとに全国的に事業を行う団体として指定することしている。現在までに，清掃業，飲料水貯水槽清掃業，ねずみ・昆虫等防除業，環境衛生総合管理業について団体の指定が行われている。

指定を受けた社団法人（指定団体）は，次の事業を行う。

① 登録業者の業務を適正に行うため必要な技術上の基準の設定
② 登録業者の求めに応じて行う業務の指導
③ 登録業者の業務に従事する者に対するその業務に必要な知識および技能についての研修
④ 登録業者の業務に従事する者の福利厚生に関する事業

---

○×問題に挑戦！ （記述の正誤を考えよう。解答は前ページ）

☐ Q1 事業の登録制度は，事業者の資質向上を図るために設けられた。
☐ Q2 事業の登録の有効期間は3年である。
☐ Q3 指定団体の業務のひとつに，登録業者の業務に従事するものに対するその業務に必要な知識および技能について研修を行うことがある。
☐ Q4 登録基準として，機械器具その他の設備の物的要件および監督者や従事する者の資格の人的要件のほか，財務管理基準が定められている。
☐ Q5 事業の登録を受けないで，登録の表示および類似の表示はできない。

建築物衛生行政

## 7 建築物衛生法と関連する法律

POINT ①地域保健法では基本方針，保健所の設置・事業などを定めている
②学校保健安全法では学校の換気，採光，照明，保温，清潔等の維持が規定される
③労働安全衛生法は職場における労働者の安全と健康を確保するとともに，快適な職場環境の形成を促進することを目的とする

(1) 地域保健法
① 目　的
　この法律は，地域保健対策の推進に関する基本指針，保健所の設置その他地域保健対策の推進に関し基本となる事項を定めることにより，地域保健対策に関する法律による対策が地域において総合的に推進されることを確保し，もって地域住民の健康の保持および増進に寄与することを目的とする。
② 保健所の事業
　建築物衛生法第3条においては，保健所の業務として，『多数の者が使用し，または利用する建築物の維持管理について，1）環境衛生上の正しい知識の普及を図ること，2）環境衛生上の相談に応じ，環境衛生上必要な指導を行うこと』を定めている。
　地域保健法に定める保健所の業務は，以下の事項についての企画・調整・指導および必要な事業を行うことである。
　1）地域保健に関する思想の普及および向上に関する事項
　2）人口動態統計その他地域保健に係る統計に関する事項
　3）栄養の改善および食品衛生に関する事項
　4）住宅，水道，下水道，廃棄物の処理，清掃その他の環境の衛生に関する事項
　5）医事および薬事に関する事項
　6）保健師に関する事項
　7）公共医療事業の向上および増進に関する事項
　8）母性および乳幼児ならびに老人の保健に関する事項
　9）歯科保健に関する事項
　10）精神保健に関する事項
　11）治療方法が確立していない疾病その他の特殊の疾病により長期に療養を必要とする者の保健に関する事項
　12）エイズ，結核，性病，伝染病その他の疾病の予防に関する事項
　13）衛生上の試験および検査に関する事項
　14）その他地域住民の健康の保持および増進に関する事項

(2) 学校保健安全法
① 目　的

［解答］1―×　2―×（水質検査は学校薬剤師が行う環境衛生検査の1項目である）　3―○　4―○

学校における児童生徒等及び職員の健康の保持増進を図るため，学校における保健管理に関し必要な事項を定めるとともに，学校における教育活動が安全な環境において実施され，児童生徒等の安全の確保が図られるよう，学校における安全管理に関し必要な事項を定め，もって学校教育の円滑な実施とその成果の確保に資することを目的とする。なお，ここで児童生徒等とは，学校に在学する幼児，児童，生徒又は学生をいう。学校保健安全法の所管は，文部科学省である。

② 定　義

1）学校環境衛生：学校において換気，採光，照明および保温を適切に行い，清潔を保つ。このことにより環境衛生の維持に努め，必要に応じてその改善を図ることが決められている。

2）定期環境衛生検査：検査事項は，温熱・空気清浄度，換気回数，ホルムアルデヒドなどの濃度，ダニ（アレルゲン）量であり，場所等をあらかじめ決め，定期的に検査する。

3）臨時環境衛生検査：新築，改築，改修等必要がある時に検査を行う。

③ 学校薬剤師の職務

1）学校保健安全計画の立案に参与する。2）環境衛生検査に従事する。3）学校環境衛生の維持・改善に関し必要な指導と助言を行う。4）医薬品・毒物・劇物や保健管理に必要な用具の管理に関し指導や助言を行い，必要に応じ試験・検査・鑑定を行う。5）その他保健管理に関する専門的技術や指導に従事する。

(3) 労働安全衛生法

① 目　的

この法律は，労働基準法と相まって，労働災害の防止のための危害防止基準の確立，責任体制の明確化および自主的活動の促進の措置を講ずる等その防止に関する総合的計画的な対策を推進することにより，職場における労働者の安全と健康を確保するとともに，快適な職場環境の形成を促進することを目的とする。

② 適　用

労働安全衛生法は，労働者という集団を対象として工場等，特定の作業場における環境条件等を定めている。工場等は建築物衛生法の特定建築物から除外されているが，事務所の建築物の環境衛生管理については，労働安全衛生法と建築物衛生法の2つの規制を受けることになる。

労働安全衛生法に基づき，**事務所衛生基準規則**が定められている（3章 **1** 参照）。

---

○×問題に挑戦！（記述の正誤を考えよう。解答は前ページ）

☐ Q1　保健所の業務に関する事項には，国民健康保険に関することがある。

☐ Q2　学校保健安全法に基づく学校の飲料水の水質検査の職務執行者は，学校保健技師である。

☐ Q3　学校保健安全法における学校環境衛生の検査項目として，教室内の照度がある。

☐ Q4　労働安全衛生法は，職場における労働者の安全と衛生を健康を確保するとともに，快適な職場環境の形成を促進することを目的としている。

建築物衛生行政

# 8 生活衛生関連営業に関する法律

POINT ① 興行場の経営，旅館業の経営，公衆浴場の営業，飲食店・食品製造業を営むにあたっては，都道府県知事（保健所を設置する市または特別区では，市長または区長）の許可を受ける
② 理容所，美容所，クリーニング所の開設は，都道府県知事等へ届け出る

(1) 興行場法
① 興行場とは，映画，演劇，音楽，スポーツ，演芸または観せ物を，公衆に見せ，または聞かせる施設をいう。
② 業として興行場を経営しようとする者は，都道府県知事（保健所を設置する市または特別区では，市長または区長）の許可を受ける。
③ 興行場の営業者は興行場の，換気，照明，防湿および清潔その他入場者の衛生に必要な措置を講じること。
注）展覧会，博覧会，公営の動物園・植物園・博物館は教育的配慮により除外。キャバレーや旅館内のショーは，営業実態に応じて判断する。

(2) 旅館業法
① この法律は，旅館業の業務の適正な運営を確保すること等により，旅館業の健全な発達を図るとともに，旅館業の分野における利用者の需要の高度化および多様化に対応したサービスの提供を促進し，もって公衆衛生および国民生活の向上に寄与することを目的とする。
② 旅館業とは，ホテル営業，旅館営業，簡易宿所営業および下宿営業をいう。
③ 旅館業を経営しようとする者は，都道府県知事（保健所を設置する市または特別区では，市長または区長）の許可を受ける。
④ 旅館業の営業者は営業の施設の，換気，採光，照明，防湿および清潔その他宿泊者の衛生に必要な措置を講じなければならない。

(3) 公衆浴場法
① 公衆浴場とは，温湯，潮湯または温泉その他を使用して，公衆を入浴させる施設をいう。
② 業として公衆浴場を経営しようとする者は，都道府県知事（保健所を設置する市または特別区では，市長または区長）の許可を受ける。
③ 浴場業の営業者は公衆浴場の，換気，採光，照明，保温および清潔その他入浴者の衛生および風紀に必要な措置を講じなければならない。
注）普通公衆浴場は，銭湯ともいわれている（物価統制令，適正配置の対象。条例による銭湯間の距離制限あ

［解答］ 1 —× （都道府県知事への届出でよい） 2 —○ 3 —○

り（200m））。その他の公衆浴場はソープランド，サウナ，健康ランド等がある。寄宿舎（労働基準法），旅館内の浴場，もらい湯，コインシャワー（区によって届出有り）は除く。

**(4) 食品衛生法**
① この法律は，食品の安全性の確保のために公衆衛生の見地から必要な規制その他の措置を講ずることにより，飲食に起因する衛生上の危害の発生を防止し，もって国民の健康の保護を図ることを目的とする。
② 飲食店・喫茶店その他食品製造業を営もうとする者は，都道府県知事（保健所を設置する市または特別区では，市長または区長）の許可を受けなければならない

**(5) 理容師法・美容師法**
① 理容師・美容師の資格を定めるとともに，その業務が適正に行われるように規律し，もって公衆衛生の向上に資することを目的とする。
② 理容とは，頭髪の刈込，顔そり等の方法により，容姿を整えること。
③ 美容とは，パーマネントウエーブ，結髪，化粧等の方法により，容姿を美しくすること。
④ 理容師（美容師）試験に合格した者は，厚生労働大臣の免許を受けて理容師（美容師）になることができる。
⑤ 理容所または美容所を開設しようとする者は，理容所の位置，構造設備，管理理容師（美容師）その他の従業者の氏名その他必要な事項をあらかじめ都道府県知事（保健所を設置する市または特別区では，市長または区長）に届け出なければならない。
⑥ 理容所（美容所）は，常に清潔に保ち，消毒設備を設け，採光，照明および換気を十分にしなければならない。

**(6) クリーニング業法**
① この法律は，クリーニング業に対して，公衆衛生等の見地から必要な指導および取締りを行い，もってその経営を公共の福祉に適合させるとともに，利用者の利益の擁護を図ることを目的とする。
② クリーニング所を開設しようとする者は，クリーニング所の位置，構造設備および従事者数ならびにクリーニング師の氏名その他必要な事項をあらかじめ都道府県知事（保健所を設置する市または特別区では，市長または区長）に届け出る。

---

**○×問題に挑戦！**（記述の正誤を考えよう。解答は前ページ）

☐ Q1 クリーニング業の開設または営業にあたっては，都道府県知事（保健所を設置する市または特別区では市長または区長）の許可を要する。
☐ Q2 旅館業の開設または営業にあたっては，都道府県知事（保健所を設置する市または特別区では市長または区長）の許可を要する。
☐ Q3 飲食店の開設または営業にあたっては，都道府県知事（保健所を設置する市または特別区では市長または区長）の許可を要する。

建築物衛生行政

# 9 環境の管理に関する法律

POINT①環境基本法の公害とは,大気汚染,水質汚濁,土壌汚染,騒音,振動,地盤沈下,悪臭が原因で,人の健康や生活環境に係る被害が生じること
②特定悪臭物質としてアンモニアその他22の物質が規定されている

## (1) 環境基本法
### ① 目 的

環境基本法は,環境の保全について,基本理念を定め,ならびに国,地方公共団体,事業者および国民の責務を明らかにするとともに,環境の保全に関する施策の基本となる事項を定めることにより,環境の保全に関する施策を総合的かつ計画的に推進し,もって現在および将来の国民の健康で文化的な生活の確保に寄与するとともに人類の福祉に貢献することを目的とする。

環境問題に関する理念や政策の中心となる法律である。

### ② 公害の定義

**公害**とは,環境の保全上の支障のうち,事業活動その他の人の活動に伴って生ずる相当範囲にわたる大気の汚染,水質の汚濁,土壌の汚染,騒音,振動,地盤の沈下および悪臭によって,人の健康または生活環境に係る被害が生ずることをいう。

## (2) 大気汚染防止法

大気汚染防止法は,事業活動や建築物の解体に伴う,ばい煙,揮発性有機化合物および粉じんの排出等の規制,また有害大気汚染物質対策の実施の推進,あるいは自動車排出ガスの許容限度の規定等により,大気の汚染に関し,国民の健康を保護するとともに生活環境を保全すること,大気の汚染に関して人の健康に係る被害が生じた場合における事業者の損害賠償の責任について定め,被害者の保護を図ることを目的とする。

## (3) 悪臭防止法
### ① 目 的

悪臭防止法は,工場その他の事業場における事業活動に伴って発生する悪臭について必要な規制を行い,その他悪臭防止対策を推進することにより,生活環境を保全し,国民の健康の保護に資することを目的とする。

### ② 特定悪臭物質

アンモニア,メチルメルカプタンその他の,不快なにおいの原因となり,生活環境を損なうおそれのある物質を**特定悪臭物質**といい,悪臭防止法施行令で22の物質が規定されている。

[解答] 1-×(二酸化硫黄,一酸化炭素,浮遊粒子状物質,光化学オキシダント,二酸化窒素について基準がある) 2-○ 3-×(メタンは無臭である) 4-×(一類〜五類感染症,指定感染症,新感染症の7つがある)

### (4) 感染症予防法
#### ① 目　的
　感染症予防法は，正式名称を「感染症の予防及び感染症の患者に対する医療に関する法律」といい，感染症の予防および感染症の患者に対する医療に関し必要な措置を定めることにより，感染症の発生を予防し，およびそのまん延の防止を図り，もって公衆衛生の向上および増進を図ることを目的とする。

#### ② 感染症の分類
　この法律では感染力と，り患した場合の重篤性に基づく観点から，感染症を，一類感染症，二類感染症，三類感染症，四類感染症，五類感染症，指定感染症，新感染症の7段階に分けている。

#### ③ ねずみ族，昆虫等の駆除
　都道府県知事は，一類感染症，二類感染症，三類感染症または四類感染症の発生を予防し，またはそのまん延を防止するため必要があると認めるときは，当該感染症の病原体に汚染され，または汚染された疑いがあるねずみ族，昆虫等が存在する区域を指定し，当該区域の管理をする者またはその代理をする者に対し，当該ねずみ族，昆虫等を駆除すべきことを命ずることができる。

#### ④ 生活の用に供される水の使用制限等
　都道府県知事は，一類感染症，二類感染症または三類感染症の発生を予防し，またはそのまん延を防止するため必要があると認めるときは，当該感染症の病原体に汚染され，または汚染された疑いがある生活の用に供される水について，その管理者に対し，期間を定めて，その使用または給水を制限し，または禁止すべきことを命ずることができる。

#### ⑤ 建築物に係る措置
　都道府県知事は，一類感染症の病原体に汚染され，または汚染された疑いがある建築物について，当該感染症のまん延を防止するため必要があると認める場合であって，消毒により難いときは，厚生労働省令で定めるところにより，期間を定めて，当該建築物への立入りを制限し，または禁止することができる。

---

○×問題に挑戦！（記述の正誤を考えよう。解答は前ページ）

- □　Q1　環境基本法に定められた大気の汚染にかかる環境基準に，二酸化炭素の濃度の基準がある。
- □　Q2　大気汚染防止法の目的のひとつに，建築物の解体に伴う粉じんの排出を規制し，国民の健康を保護することがある。
- □　Q3　悪臭防止法により，メタンは特定悪臭物質として規定されている。
- □　Q4　感染症予防法では感染力と，り患した場合の重篤性に基づく観点から感染症を，一類感染症，二類感染症，三類感染症，四類感染症，五類感染症，指定感染症，重大感染症の7段階に分けている。

建築物衛生行政

# 10 給水と排水の管理に関する法律

POINT ①建築物環境衛生管理基準では水道法第4条の水質基準に従う
②浄化槽管理者は浄化槽法による保守点検や清掃をしなければならない
③水質汚濁防止法では26種の有害物質が規定されている

## (1) 水道法

この法律は，水道の敷設および管理を適性かつ合理的に行う。併せて，水道を計画的に整備し，水道事業を保護育成することによって，清浄にして豊富低廉な水の供給を図る。水の供給を図ることにより，公衆衛生の向上と生活環境の改善とに寄与することを目的としている。

① 水道とは，導管およびその他の工作物により，水を人の飲用に適する水として供給する施設の総体をいう。

② 水道事業とは，一般の需要に応じて水道により水を供給する事業をいう。ただし，給水人口が100人以下である水道を除く。

③ 専用水道とは，100人を超える者にその居住に必要な水を供給するものをいう。確認行為が必要で月報，水道技術管理者変更等の届出が義務づけられている。

[専用水道の基準]

1) 口径25mm以上の導管で，全長が，1500m以上の場合。2) 水槽の有効容量の合計が，100$m^3$を超える場合。3) 人の飲用などの目的のために使用する水量が，20$m^3$を超える場合。

④ 簡易専用水道とは，水道事業の用に供する水道および専用水道以外の水道で，他から供給を受け，受水槽の有効容量が10.1$m^3$以上のもの（マンション，学校）。

⑤ 建築物環境衛生管理基準において，飲料水を供給する場合は，水道法第4条の水質基準に適合しなければならない。

## (2) 下水道法

この法律は，流域別下水道整備総合計画の策定に関する事項ならびに公共下水道，流域下水道および都市下水路の設置その他の管理の基準等を定めて，下水道の整備を図り，もって都市の健全な発達および公衆衛生の向上に寄与し，あわせて公共用水域の水質の保全に資することを目的とする。

① 公共下水道とは，主として，市街地における下水を排除し，または処理するために地方公共団体が管理する下水道で，終末処理場を有するもの，または流域下水道に接続するものであり，かつ，汚水を排除すべき排水施設の相当部分が暗渠である構造のものをいう。

② 終末処理場とは，下水を最終的に

[解答] 1―○ 2―○ 3―×（市町村長の許可を受ける） 4―○

処理して，河川その他の公共の水域または海域に放流するために下水道の施設として設けられる処理施設およびこれを補完する施設をいう。

(3) 浄化槽法

この法律は，浄化槽の設置，保守点検，清掃および製造について規制するとともに，浄化槽工事業者の登録制度および浄化槽清掃業の許可制度を整備し，浄化槽設備士および浄化槽管理士の資格を定めること等により，公共用水域等の水質の保全等の観点から浄化槽によるし尿および雑排水の適正な処理を図り，もって生活環境の保全および公衆衛生の向上に寄与することを目的とする。

- 浄化槽管理者は，環境省令で定めるところにより，毎年1回（環境省令で定める場合にあっては，環境省令で定める回数），浄化槽の保守点検および浄化槽の清掃をしなければならない。

(4) 水質汚濁防止法

この法律は，工場などから公共用水域に排出される水の排出および地下に浸透する水の浸透を規制する。とともに，生活排水対策の実施を推進すること等によって，公共用水域および地下水の水質汚濁の防止を図る。よって，国民の健康の保護や生活環境を保全し，排出される汚水などに関して，健康にかかる被害が生じた場合の損害賠償の責任について定める。併せて，被害者の保護を図ることを目的としている。

① 公共用水域とは，河川，湖沼，港湾，沿岸海域その他公共の用に供される水域およびこれに接続する公共の溝きょ。また，かんがい用水路，その他公共の用に給される水路，公共下水道および流域下水道であって，終末処理場を設置しているものをいう。

② 特定施設とは，人の健康や生活衛生に対して害をもたらすおそれのあるものを含んだ水を流す施設で政令で定めるものをいう。

③ 排水基準は，有害物質による汚染状態にあっては，排出水に含まれる有害物質の量について，有害物質の種類ごとに定める許容限度として，その他の汚染状態にあっては，項目ごとに定める許容限度とする。カドミウムなど，その他の人の健康にかかる被害を生ずる物質として，26種が規定される。

---

○×問題に挑戦！（記述の正誤を考えよう。解答は前ページ）

- □ Q1 水質汚濁防止法により，人の健康に係る被害を生じるおそれのある物質として，六価クロム化合物が定められている。
- □ Q2 水質汚濁防止法により，人の健康に係る被害を生じるおそれのある物質として定められていないものに，亜鉛がある。
- □ Q3 浄化槽法では，浄化槽清掃業を営もうとする者は，業を行おうとする地域を管轄する都道府県知事の許可を受けなければならない。
- □ Q4 公共下水道の設置，改築，修繕，維持その他の管理は市町村長が行う。

建築物衛生行政

# 11 その他の関連する法律

POINT ①健康増進法では，受動喫煙の防止対策が採られる
②バリアフリー新法は，高齢者・障害者が円滑に安全に施設を利用できるよう定めている
③建築物に吹き付けられたアスベストに対し，必要な措置を講じる

(1) 健康増進法
① 目　的
　急速な高齢化，疾病構造の変化に伴い，国民の健康増進の重要性が増大している。このことにかんがみ，国民の健康増進の総合的な推進に関し基本的な事項を定めている。併せて，国民の栄養の改善，健康の増進を図るための処置を講じ，もって国民保健の向上を図ることである。
② 基本方針等
 1) 健康増進計画等：都道府県は，食生活，運動，喫煙等の健康増進の総合的な推進を定めた基本方針を勘案して，施策について計画を定める。
 2) 健康・栄養調査の実施：厚生労働大臣は，国民の健康の増進の総合的な推進を図るための基礎資料として，健康・栄養調査を行う。
③ 特定給食施設について
 1) 特定給食施設：継続的に1回100食以上または，1日250食以上の食事を供給する施設のことをいう。
 2) 届　出：特定給食施設を設置した者は，その事業の開始の日から1か月以内に，届け出なければならない。
 3) 栄養管理：設置者は，管理栄養士を置かなければならない。
④ 受動喫煙の防止
　**受動喫煙**とは，室内またはこれに準ずる環境において，他人のたばこ煙を吸わされることである。症状としては，流涙，頭痛等の症状や呼吸抑制や心拍増加が見られる。受動喫煙防止のため，学校，劇場，事務所等の管理者は，受動喫煙を防止するために，必要な措置を講ずるように努めなければならない。

(2) バリアフリー新法
① 目　的
　バリアフリー新法は，正式名称を「高齢者，障害者等の移動等の円滑化の促進に関する法律」といい，高齢者，障害者等が，車両等，道路，路外駐車場，公園施設ならびに建築物の構造および設備を改善するための措置，一定の地区における旅客施設，建築物等およびこれらの間の経路を構成する道路，駅前広場，通路その他の施設の一体的な整備を推進するための措置などにより，高齢者，障害者等の移動上および施設の利用上の利便性および安全性の向上の促進を図り，もっ

[解答]　1—○　2—○

て公共の福祉の増進に資することを目的とする。
　② 定　　義
　1）特定建築物：学校，病院，劇場，観覧場，集会場，展示場，百貨店，ホテル，事務所，共同住宅，老人ホームその他の多数の者が利用する建築物またはその部分をいい，これらに附属する建築物特定施設を含むものとする。
　2）建築物特定施設：出入口，廊下，階段，エレベータ，便所，敷地内の通路，駐車場その他の建築物またはその敷地に設けられる施設をいう。

(3) **アスベスト対策**
　① アスベストとは
　石綿（せきめん，いしわた）と呼ばれている。種類は，クリソタイル，クロシドライト，アモサイトなど。
　② アスベストの種類と用途
　1）吹付け材は，天井などの吸音に使われ，平成17年に全面禁止。
　2）保温材は，煙突などの断熱に使われ平成3年までに製造禁止。
　3）成型板等は，煙突などに使われた石綿セメント円筒など，平成16年に製造・使用が禁止。
　4）非建材として，クラッチ，ブレーキ，石綿テープ，パッキン等に使われていた。一部の例外を除き平成18年に製造・使用が禁止。
　③ アスベストによる健康影響
　目に見えないぐらい小さな繊維を吸い続けることによって，健康に影響がでる場合がある。病名として，肺癌，悪性中皮腫，アスベスト肺などがある。建材に，アスベストを使用している建築物などの解体や回収，吹付けアスベスト材の経年劣化などアスベストの飛散が心配される。
　④ 石綿障害予防規則について
　1）建築物に吹き付けられたアスベストの管理として，事業者は，労働者がアスベストによる粉じんに暴露するおそれがあるときは，除去，封じ込め，囲い込み等の措置を講じなければならない。
　2）労働者を臨時に就業させる建築物の壁等に，吹き付けられたアスベストが飛散するおそれがある時は，保護具などを使用させなければならない。
　3）届　出：除去時などは，市長，特別区の区長，労働基準監督署長に届け出る。

---

**○×問題に挑戦！**（記述の正誤を考えよう。解答は前ページ）

☐ Q1　受動喫煙防止のため，学校，劇場，事務所等の管理者は，受動喫煙を防止するために，必要な措置を講ずるように努めなければならない。

☐ Q2　バリアフリー新法において，建築主等は，特定建築物の建築をしようとするときは，当該特定建築物を建築物移動等円滑化基準に適合させるために必要な措置を講ずるよう努めなければならない。

建築物衛生行政

# 12 公衆衛生と衛生行政組織

POINT ①健康とは身体的,精神的,社会的に完全に良好な状態をいう(WHO憲章)
②すべて国民は,健康で文化的な最低限度の生活を営む権利を有する(憲法第25条)
③都道府県の他,政令市と東京都23区には直轄の保健所がある

## (1) 健康の定義

公衆衛生の専門機関としては,WHO(世界保健機構)がある。活動の理念を表すWHO憲章の前文に,健康の定義が以下のように示されている。

「健康とは,身体的,精神的および社会的に完全に良好な状態にあることであり,単に病気または病弱でないということではない。」

## (2) 公衆衛生の考え方

アメリカの近代公衆衛生学の始祖といわれるウィンスローにより次のように定義されている。

「公衆衛生とは,環境衛生の改善,伝染病の予防,個人衛生を原則とした個人の教育,疾病の早期診断と治療のための医療と看護サービスの組織化,および地域社会のすべての人に健康保持のための適切な生活水準を保障する社会制度の発展のために,共同社会の組織的な努力を通して疾病を予防し,寿命を延長し,肉体的・精神的健康と能率の増進を図る科学であり,技術である。」

## (3) 健康危機管理

グローバル化した社会において,ウイルスによる感染症の世界的拡大,また,毒ガスを用いたテロが発生するなど,危機管理の重要性が認識されるようになった。

危機管理のうち,医薬品,食中毒,感染症,飲料水その他何らかの原因によって生じる国民の生命,健康の安全を脅かす事態に対して行われる健康被害の発生予防,拡大予防,治療等の業務であって,厚生労働省の所管に属するものが**健康危機管理**である。

## (4) 憲法第25条について

憲法の条文の中で,第25条は,公衆衛生および衛生行政に関わりがある条文といえる。第25条には,生存権,国の生存権保障義務が書かれており暗記してほしい条文である。その内容は,

1) すべて国民は,健康で文化的な最低限度の生活を営む権利を有する。
2) 国は,すべての生活部面について,社会福祉,社会保障および公衆衛生の向上および増進に努めなければならない。

[解答] 1—×(身体的,精神的および社会的に完全に良好な状態にあること) 2—×(社会福祉,社会保障および公衆衛生の向上および増進に努める)

第1項に示されている健康とは，精神的にも肉体的にも病気でないことである。国民が，社会生活を営むうえでその能力を最大限発揮するためには，最低限の生活環境が補償されなければならない。そのため，建築物衛生法や学校保健安全法の基準を定め，所有者や管理者に責務を課している。国民の社会の権利として重要な条文といえる。

### (5) 保健所の組織と業務
① 組　　織

わが国の衛生行政の組織としては，国（厚生労働省）―都道府県（衛生主管部局）―保健所―市町村（衛生主管課係）という一貫した体系ができている。

保健所には，都道府県が設置するもののほか，政令市および東京都23区は直轄の保健所が設置されている。これらの政令市および特別区では，国―政令市・特別区―保健所，という体系となっている。保健所は，平成18年4月現在で535か所が設置されている。保健所の組織は，住民に対する業務（対人保健サービス）と，建築物やものに対する業務（対物保健サービス）に分けることができる。建築物に関するものとして，食品衛生，環境衛生，獣医衛生，薬事衛生からなるが，これらは，営業許可申請に基づく許可や不許可，許可後の監視指導，営業許可の取消しなど，強い権限を持っている。

② 健康危機発生時

保健所は，広域災害・救急医療情報システムを活用し，患者の診療情報等，患者の生命に係る情報収集および提供を行う。併せて健康被害者に対する適切な医療を確保するための支援措置等を図る。また，管内の市町村に対して法令に基づき，健康危機管理を適切に行う。

③ 地域保健対策の推進

1）生活衛生対策：都道府県や特別区等は，生活対策の中で，浴場業，旅館業の営業者，建築物衛生法に規定する維持管理権原者に対し規定を設けている。

2）食品衛生対策：生活衛生対策と同じように，健康危機管理機能を強化するとともに，食中毒等飲食に起因する事故に対して，関係部局と連携をとる。

3）産業保健の連携：保健所が，医療機関や，健康保険組合，労働基準監督署，地域産業保健センター等から構成する連携推進協議会を設置し，組織間の連携を推進する。

なお，保健所の一般業務については，**7** の項目を参照のこと。

---

○×問題に挑戦！　（記述の正誤を考えよう。解答は前ページ）

☐ Q1　WHO憲章の前文で，健康とは，身体的，精神的および経済的に完全に良好な状態にあることであり，単に病気または病弱でないということではない，と定義されている

☐ Q2　憲法第25条の規定では，国はすべての生活部面について，社会福祉，公共医療，および環境衛生の向上および増進に努めなければならない。

# 2

# 建築物の計画と構造

| | | | |
|---|---|---|---|
| ❶ | 建築設計と関連法規 | ▶ | 28 |
| ❷ | 建築のプロセスと運用 | ▶ | 30 |
| ❸ | 建築構造の種類と形式 | ▶ | 32 |
| ❹ | 鉄筋コンクリート構造 | ▶ | 34 |
| ❺ | 鉄骨構造・木構造 | ▶ | 36 |
| ❻ | 建築部材と応力 | ▶ | 38 |
| ❼ | 荷重と構造計画 | ▶ | 40 |
| ❽ | 建築材料（コンクリート） | ▶ | 42 |
| ❾ | 仕上材料（ガラス・非金属材料） | ▶ | 44 |
| ❿ | 不燃材料・断熱材 | ▶ | 46 |
| ⓫ | 建築設備の一般知識 | ▶ | 48 |
| ⓬ | 建築物の日射受熱と建築計画 | ▶ | 50 |
| ⓭ | 建築物の消防と避難計画 | ▶ | 52 |
| ⓮ | 防災と防犯対策 | ▶ | 54 |
| ⓯ | 図面の種類と表示記号 | ▶ | 56 |

建築物の計画と構造

# 1 建築設計と関連法規

POINT ①事務所ビルの建築設計では,コアプラン,レンタブル比などの用語がある
②建築基準法は構成上,単体規定と集団規定に分けられている。用語の定義として,建築物,建築面積,床面積,延べ面積,容積率などがある

## (1) 建築設計

建築設計は,与えられた条件に適合する空間をイメージし,具体化し,形態や使い勝手,納まり(部材の取り合い)などを考慮して,それらを図面化し施工できるようにするための表現手段といえる。

例えば,貸事務所ビルでは,いかに効率のよい快適なスペースを確保するかがポイントとなる。**レンタブル比**(有効面積)は,(収益部分の床面積／延べ面積)×100％で表されるが,一般に65～75％とし,エレベータ,階段,ホール,便所等を1つのコア(核)中に入れ,事務室の区画に融通性をもったコアプランが採用されることが多い。

## (2) 建築基準法

### ① 建築基準法の目的

建築物の敷地,構造,設備および用途に関する最低の基準を定めて,国民の生命,健康および財産の保護を図り,もって公共の福祉の増進に資することを目的とする。

### ② 建築基準法の構成

図1.1に示すように,個々の建築物の安全,衛生,防火などの基準を定めた**単体規定**と,都市における建築物相互のあり方を定めた**集団規定**とに大別できる。この単体規定と集団規定を総称して,実体規定と呼び,これらの性格の異なる基準を1つの法律の中で規定している点が,建築基準法の構成上の特徴といえる。

### ③ 用語の定義

・建築物:土地に定着する工作物のうち,「屋根」および「柱または壁」を有するものをいう。1)屋根のある工作物およびこれに付属する門または塀,2)観覧のための工作物(競技場や野球場のスタンドなど),3)地下または高架の工作物内(地下街,展望室等)に設ける事務所,店舗,興行場,倉庫など,4)建築物に設置される建築設備。

　鉄道線路敷地内の運転保安施設,跨線橋・プラットホームの上家,ガスタンク,貯蔵槽などは除外。

・特殊建築物:劇場,映画館,公会堂,集会場,病院,旅館,共同住宅,学校,体育館,物品販売店,飲食店,百貨店,ダンスホール,倉庫,自動車車庫,自動車修理工場,テレビスタジオなど。

・建築設備:建築物に設置される電気,ガス,給排水,換気,排煙等設備,昇降機,避雷針など。

---

[解答] 1－×(「最適な基準」ではなく,「最低の基準」である)　2－○　3－○

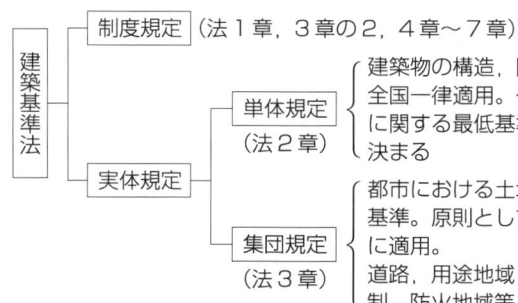

```
建築基準法 ─┬─ 制度規定 （法1章，3章の2，4章～7章）
           │
           └─ 実体規定 ─┬─ 単体規定  ┌ 建築物の構造，防災，衛生等に関する技術的最低基準。
                      │ （法2章）  │ 全国一律適用。一般構造，構造強度，防火，避難，設備
                      │           └ に関する最低基準で建築物の用途・構造・規模によって
                      │             決まる
                      │
                      └─ 集団規定  ┌ 都市における土地利用の調整と環境保護を図る計画的な
                        （法3章）  │ 基準。原則として都市計画区域および準都市計画区域内
                                  │ に適用。
                                  └ 道路，用途地域，建ぺい率，容積率，高さ制限，日影規
                                    制，防火地域等
```

図1.1　建築基準法の構成

- 建築：新築，増築，改築，移転をいう。
- 主要構造部：建築物の構造上重要な部分のことで，壁，柱，床，梁，屋根，階段をさす。
- 大規模の修繕：主要構造部の1種以上について行う過半の修繕をいう。
- 敷地：1棟または用途上不可分の関係にある2棟以上の建築物のある一団の土地をいう。
- 敷地面積：敷地の水平投影面積による。なお，法42条2項により道路とみなされる部分は算入しない。
- 建築面積：外壁または柱の中心線で囲まれた部分の水平投影面積。なお，「地階で地盤面上1m以下の部分」「軒・ひさし等で先端から1mまでの部分」は，算入しない。
- 床面積：各階またはその部分で壁その他の区画の中心線で囲まれた部分の水平投影面積。
- 延べ面積：各階の床面積の合計（屋階や地階部分も算入する）
- 容積率：容積率＝延べ面積／敷地面積

**(3)　建築士法**

- 建築士とは，一級建築士，二級建築士および木造建築士をいう。
- 設計図書とは，建築物の建築工事実施のために必要な図面（現寸図その他これに類するものを除く）および仕様書をいう。
- 設計とは，建築士の責任において設計図書を作成することをいう。

---

**○×問題に挑戦！**（記述の正誤を考えよう。解答は前ページ）

- □　Q1　建築基準法の目的は，「建築物の敷地，構造，設備及び用途に関する最適な基準を定めて，国民の生命，健康及び財産の保護を図り，もって公共の福祉の増進に資すること」である。
- □　Q2　建築基準法の構成のうち，個々の建築物の安全，衛生，防火などの基準を定めた部分を単体規定という。
- □　Q3　設計競技（コンペティション）とは，複数の設計者に案を求め，審査によって適切な設計案を選ぶことをいう。

建築物の計画と構造

# 2 建築のプロセスと運用

> **POINT** ①建築設計・施工のプロセスは，企画・構想，基本設計，実施設計，工事施工の順に進められる
> ②LCCとはライフサイクルコストのことで，建築物生涯の費用である

## (1) 建築のプロセス

ある1つの建築物をつくるにあたり，その規模が大きくなればなるほど多数の者が参画して作業が進められる。したがって完成までには綿密な計画が求められる。大まかには設計・施工のプロセスは，企画・構想，基本設計，実施設計，工事施工（工事監理）の順に進められる（図2.1）。企画段階においても，竣工後の維持保全のしやすさやランニングコストの検討が必要とされる。

## (2) LCCの概要

### ① LCC

LCCとは，ライフサイクルコスト（Life Cycle Cost）のことで，企画設計費，建設費，運用管理費および解体再利用費にわたる建築物の生涯に必要なすべてのコストをさす。このうち，保全費，修繕費，改善費，運用費（光熱水費等）を含む運用管理費は，一般に考えられている以上にコストが大きい。

建設費のコストを考えるとき，その建

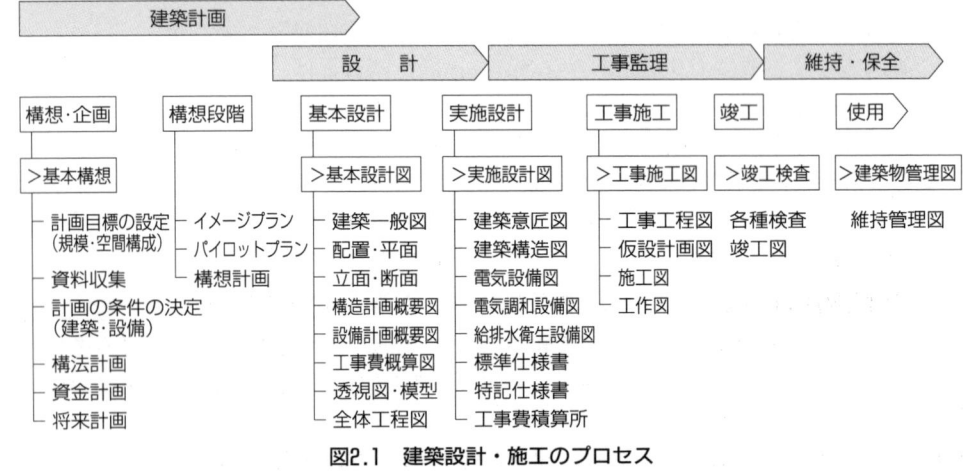

**図2.1 建築設計・施工のプロセス**
（不動産流通近代化センター：「不動産コンサルティング 建築の手引き」より）

---

[解答] 1－○　2－×（保全費，修繕費，改善費，運用費（光熱水費等）を含む運用管理費は一般に考えられている以上にコストが大きい）　3－○

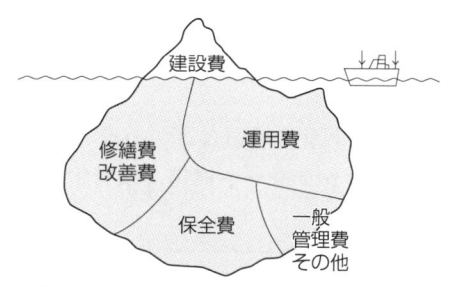

図2.2 建設費とその他の費用との関係

設費のみを対象として評価しがちであるが，建設費は全コストから考えれば，**図2.2**に示すように，氷山の一角にあたるもので，水面下に隠れている保全費，修繕費，改善費，運用費（光熱水費），一般管理費等のコストを同時に含めて考えていかなければ，実際の建築・設備のコストを検討できない。

② LCCの分析と評価

企画・設計段階から維持管理に至る各段階における性能およびコストの決定・未決定の状況の事例を**図2.3**に示す。この図のように，ライフサイクルに係わるコストは企画・設計の段階での決定のウエイトが高いことから，企画・設計段階でのライフサイクル計画がきわめて重要といえる。

また，建築・設備の耐用年数を把握し，

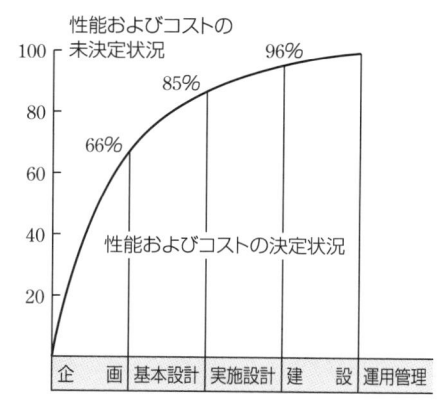

図2.3 企画・設計段階での性能およびコストの決定・未決定の状況

計画的な中長期維持管理計画や大規模改修などの計画を立案する必要がある。

(3) LCMの概要

LCMとは，ライフサイクルマネジメント（Life Cycle Management）のことである。LCMは，LCCの要素とともに，地球環境問題となる全体の二酸化炭素等の排出量，エネルギー使用量，資源使用量などを含んだ管理手法といえる。

LCMの要素としては，生涯二酸化炭素等排出量（$LCCO_2$），生涯エネルギー使用量（LCE），生涯資源使用量（LCR）や生涯労働力（LCL）などがある。

---

○×問題に挑戦！　(記述の正誤を考えよう。解答は前ページ)

- [ ] Q1　設計・施工のプロセスは，建築の企画・構想，基本設計，実施設計，工事施工という手順で実施される。
- [ ] Q2　LCCのうち，一般に，保全費，修繕費，改善費，運用費（光熱水費等）を含む運用管理費の占める割合は小さい。
- [ ] Q3　LCMとは，ライフサイクルマネジメントのことで，地球環境問題となる全体の二酸化炭素等の排出量などを含んだ管理手法といえる。

建築物の計画と構造

# 3 建築構造の種類と形式

POINT ①構造形式による分類では，ラーメン構造，トラス構造などがある
②使用材料による分類では，木構造，鉄筋コンクリート構造，鉄骨構造，鉄骨鉄筋コンクリート構造などがある

## (1) 構造形式による分類

建築構造は，その骨組みの形式によって，図3.1のように，いくつかの種類に分類できる。

① 骨組構造（ラーメン構造）：柱や梁などの水平方向と鉛直方向の部材を強く接合させた骨組みの構造である。ドイツ語で骨組みを意味するRahmenから，ラーメン構造とも呼ばれている。

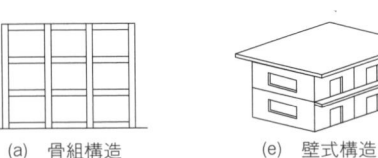

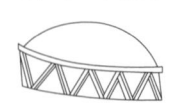

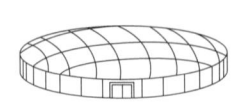

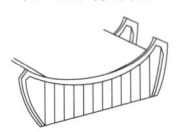

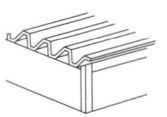

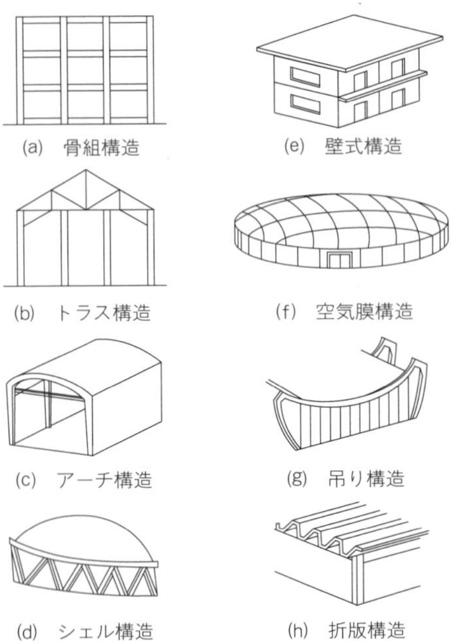

② トラス構造：骨組みの各部材が三角形になるようにつくられた構造である。比較的に細い部材で，大スパン空間などをつくることができる。

③ アーチ構造：湾曲した部材あるいは石造や，れんがを積み重ねて，曲線状や曲板状につくる構造である。

④ シェル構造：貝殻や卵の殻のように，非常に薄い曲面状の板で立体的な骨組みをつくる構造である。

⑤ 壁式構造：柱や梁がなく，板状の壁と床でつくる構造である。住宅などのように，壁の多い建築物に適している。

⑥ 空気膜構造：内外の気圧差を利用して，膜状の材料で空間を覆う構造である。室内気圧を高くして膜に生じる張力で形状を保つ構造となっている。

⑦ 吊り構造：ケーブルなどの吊り材を用いて，主要な骨組みの部分を吊って支え，空間をつくる構造である。

**図3.1　各種の構造形式**
(a) 骨組構造　(b) トラス構造　(c) アーチ構造　(d) シェル構造　(e) 壁式構造　(f) 空気膜構造　(g) 吊り構造　(h) 折版構造

[解答] 1-○　2-○　3-○　4-×（鉄骨構造はS造，鉄筋コンクリート構造はRC造）　5-○（耐震的に有利な構造にしやすいが，鉄骨が露出していると耐火性が乏しいので鉄骨には通常，耐火被覆が施される）

⑧ 折版構造：面板や筒状あるいは多面体状の材料の強度によって，外力に抵抗する構造である。

**(2) 材料による分類**

① 木構造

木構造は，木材を組み立ててつくる構造のことである。在来軸組工法，枠組壁工法（ツーバイフォー工法），プレハブ工法などがある。

② 鉄筋コンクリート構造（RC構造）

鉄筋コンクリート構造は，コンクリートを鉄筋で補強した構造である（❹参照）。現場で鉄筋を組み，型枠をつくってその中にまだ固まっていないコンクリートを流し込み硬化させることによって鉄筋と一体化させる。

③ 鉄骨構造（S構造）

鉄骨構造（Steel構造）は，RC構造と比較して大スパン構造，高層建築物でよく用いられる。鉄骨構造は，S構造（S造）あるいは鋼構造とも呼ばれる。

[長所]

1）じん性に富み，柔構造であるため，耐震的に有利な構造にしやすい。2）強度が高いので部材断面は小さくなる。3）施工期間が短い。

[短所]

1）鉄骨が露出している場合，耐火性が乏しい。2）耐火性を強化するために，耐火被覆や防錆処理が必要である。

④ 鉄骨鉄筋コンクリート構造（SRC構造）

鉄骨構造の骨組みの周囲を鉄筋コンクリートで固めた構造である。つまり，鉄筋コンクリートと鉄骨構造の混合構造といえる。英語で Steel and Reinforced Concrete Construction ということから，SRC構造（SRC造）と呼ばれる。長所としては，RC構造よりも高層の建築が可能である点であり，短所としては構造物の自重が，さらに大きくなる点である。

**(3) 免震構造**

最近，免震構造を有する建築物がある。免震構造とは，一般に積層ゴムなどの材料で免震する機構をつくり，主として振動系の固有周期を延長させることによって，地震力に対する建築物の応答を抑制あるいは制御しようとする構造である。

---

**○×問題に挑戦！** （記述の正誤を考えよう。解答は前ページ）

☐ Q1 シェル構造とは，一般に大スパン構造物の屋根などが曲面でつくられたものをいう。

☐ Q2 アーチ構造とは，柱や梁の区別をなくし，全体をアーチ状に構成する構造をいう。

☐ Q3 免震構造とは，一般に積層ゴムなどの材料で免震する機構をつくり，地震力に対する建築物の応答を抑制あるいは制御しようとする構造である。

☐ Q4 通常，鉄骨構造をS造と称し，鉄筋コンクリート構造をSRC造と称する。

☐ Q5 鉄骨構造は，高層建築，大スパン建築に適しているが，露出している鉄骨の耐火性が低いという欠点がある。

建築物の計画と構造

# 4 鉄筋コンクリート構造

POINT① RC構造とは鉄筋コンクリート構造のことである
②主筋，帯筋，あばら筋など，各方向に鉄筋が配される
③かぶり厚さは鉄筋コンクリートの耐久性で重要となる

### (1) 鉄筋コンクリート構造（RC構造）

鉄筋コンクリート構造は，図4.1に示すように，棒状の鋼材（鉄筋）とコンクリート，2つの異なる性質をもつ材料を合理的に組み合わせた構造である。そして，鉄筋コンクリート構造は，英語でReinforced Concrete Constructionということから，RC構造あるいはRC造と呼ぶことがある。

鉄筋コンクリート構造の構成材料は，鉄筋とコンクリートの2つである。表4.1に，鉄筋とコンクリートの特性をまとめる。

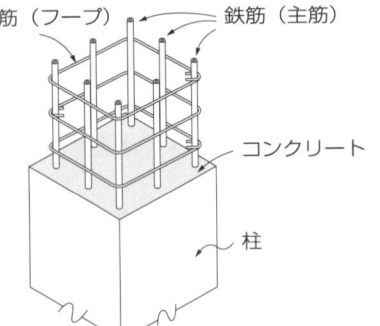

[長所]
① 耐久性，耐火性に富んでいる。
② 自由な形状の構造物をつくることができる。
③ 比較的に安価である。
④ 剛構造のため，変形が少ない。
⑤ 中層建築物に適している。

[短所]
① 自重が大きく，梁，柱の断面が大きくなる。また，地震力による影響を受けやすい。
② 取り壊しが容易ではない。
③ 施工期間が長い。
④ 耐火構造であるが，長時間火災にあうと強度が低下する。

### (2) 鉄筋の種類と役目

各鉄筋の種類と受けもつ役割は次の通りである。

図4.1 鉄筋コンクリートの柱

**表4.1 鉄筋とコンクリートの特性**

| 材料＼特性 | 引張力に対して | 圧縮力に対して | 熱に対して | その他 |
|---|---|---|---|---|
| 鉄筋 | 非常に強い | 細長いので弱い | 熱を伝えやすい | 錆びやすい |
| コンクリート | 非常に弱い | 強い | 熱を伝えにくい。熱膨張係数は鉄筋とほぼ同じ | アルカリ性（鉄筋の錆を防ぐ） |

[解答] 1—○（約1/10である） 2—○ 3—×（せん断力に抵抗する） 4—○ 5—○ 6—○

① あばら筋（補助筋の一種）：梁に作用するせん断力に抵抗する（スターラップともいう）。
② 帯筋（補助筋の一種）：柱に作用するせん断力に抵抗する（フープ筋ともいう）。
③ 柱の主筋：柱に作用する曲げモーメントと軸方向に抵抗する。
④ 梁の主筋：梁に作用する曲げモーメントと軸方向に抵抗する。
⑤ 梁の折曲げ筋（補助筋の一種）：その部分に作用するせん断力に抵抗する。
⑥ らせん筋（補助筋の一種）：丸柱に作用するせん断力に抵抗する。

(3) **かぶり厚さ**

コンクリートの表面から内部の鉄筋の表面までのコンクリートの厚みをコンクリートの**かぶり厚さ**という（図4.3）。

かぶり厚さは，鉄筋を熱から守るだけでなく，鉄筋が錆びるのを長年にわたって防ぐという役割があるので，これを確保することが鉄筋コンクリートの耐久性上重要となる。

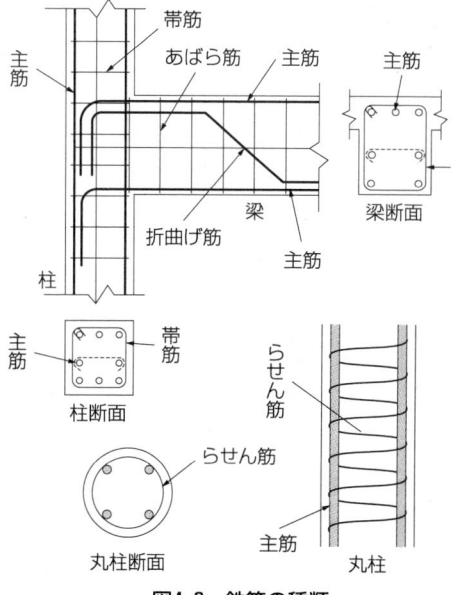

**図4.2　鉄筋の種類**

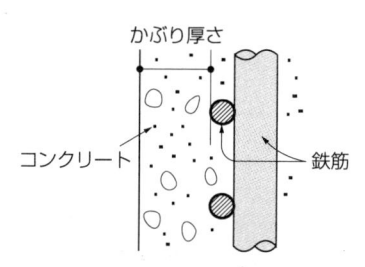

**図4.3　鉄筋のかぶり厚さ**

---

○×問題に挑戦！（記述の正誤を考えよう。解答は前ページ）

☐ Q1　コンクリートの引張強度は，圧縮強度と比較して小さい。
☐ Q2　コンクリートの熱膨張係数は，鉄筋とほぼ等しい。
☐ Q3　鉄筋コンクリート構造において，梁のあばら筋は，曲げモーメントに対して配筋される。
☐ Q4　鉄筋コンクリート構造において，柱の帯筋は，せん断力に対して配筋される。
☐ Q5　鉄筋に対するコンクリートのかぶり厚さは，耐久性上重要である。
☐ Q6　コンクリートはアルカリ性であるから，コンクリートで被覆された鉄筋は錆びにくい。

建築物の計画と構造

# 5 鉄骨構造・木構造

POINT①トラス構造はピン接合，ラーメン構造は剛接合である
②鉄骨構造の使用部材は，H形鋼，山形鋼，みぞ形鋼，デッキプレートなど
③大引，根太，母屋，垂木など木構造の基本的構造部材の名称がある

## (1) 鉄骨造の梁の種類

① トラス梁：斜材と垂直材を用いて組み立てた梁
② ラチス梁：上下フランジ（山形鋼）間を平鋼で斜めに組み合わせた梁
③ プレート梁：山形鋼と鋼板，または鋼板と鋼板を組み合わせた梁
④ 帯板梁：上下フランジ（山形鋼）間を平鋼の垂直材のみで結合した梁
⑤ 形鋼梁：形鋼をそのまま単一材として用いた梁

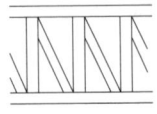

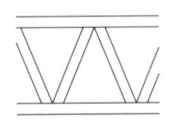

(a) トラス梁　　(b) ラチス梁

図5.1　梁の種類

## (2) 部材接合方法による構造の区分

① トラス構造

節点がピン接合で組み立てられた構造を**トラス構造**という。以下にその性質を示す。

1) 原則として構成面を三角形とする。
2) 外力がかかっても構造体の変形は少ない。
3) 垂直材と水平材は引張応力に抵抗し，斜め材は圧縮応力に抵抗する。
4) 柔構造の基本で超高層ビルに適している。

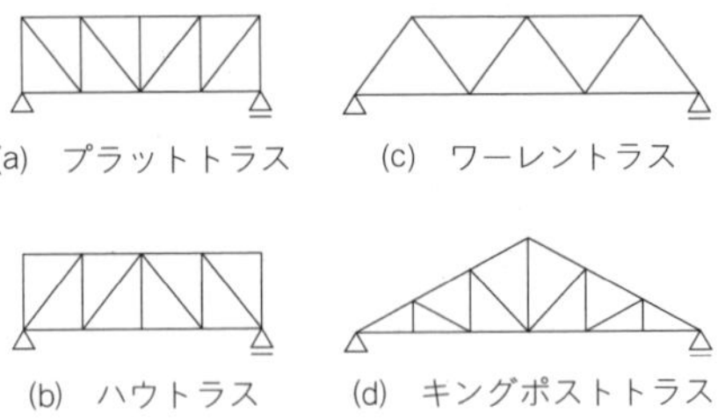

(a) プラットトラス　(c) ワーレントラス
(b) ハウトラス　　(d) キングポストトラス

図5.2　トラス構造

② ラーメン構造

接合部を剛に接合した構造を**ラーメン構造**という。

鉄筋コンクリート建築物はラーメン構造である。ラーメン構造は変形は少ないが自重が大きい。

---

［解答］　1−×（床はデッキプレートと称して凸凹と状の鋼板が使われる。平板は荷重で反り返ってしまうので使えない。柱は角形鋼管の他に丸形鋼管やH形鋼など，梁は主としてH形鋼である。筋かいはみぞ形のほか山形なども使われる。母屋は山形のほかH形鋼も使われている）　2−×（ラーメン構造の梁継手の現場接合には，主として高力ボルト接合が行われている）　3−○　4−○

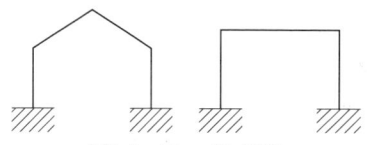

図5.3 ラーメン構造

(3) 鉄骨構造の接合
① 鉄骨構造の使用部材
鉄骨構造（S構造）の使用部材には次のようなものがある
　1) H形鋼：梁，母屋，柱
　2) 山形鋼：筋かい，母屋
　3) みぞ形鋼：母屋，間柱，野縁
　4) 角形鋼管：柱
　5) デッキプレート（凸凹状の鋼板）：床
② 鉄骨構造の接合方法
　1) 柱梁部材の現場接合には，主として高力ボルトが用いられる（トルクレンチで一定力に締める）。
　2) 工場における柱梁部材の接合には，一般的にアーク溶接（電気溶接）が用いられる。

(4) 木造建築部材の用語（図5.4）
① 大引（おおびき）：床の根太を支える横材
② 母屋（もや）：屋根の垂木や屋根裏板を支える横材
③ 胴縁（どうぶち）：板壁，板塀，羽目などの板を取り付けるための横板
④ 合掌（がっしょう）：洋風小屋組において，小屋梁とともにトラスの三角形を構成し母屋を受ける斜材
⑤ 方杖（ほうづえ）：柱が梁，桁，あるいは土台と交わる隅に取り付ける材で，結合部がぐらつかないようにするための補助材
⑥ 野縁（のぶち）：天井板の木ずりを取り付けるための天井裏の横材

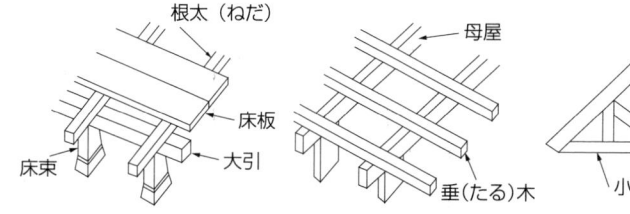

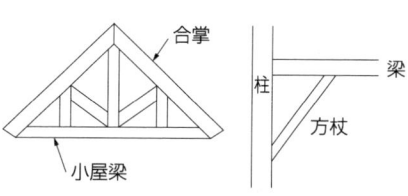

図5.4 主な木造建築部材

---

**○×問題に挑戦！**（記述の正誤を考えよう。解答は前ページ）

☐ Q1　鉄骨造建築物の使用鋼材として，床には平鋼が使われる。
☐ Q2　ラーメン構造の梁継手の現場接合には，主として溶接接合が用いられる。
☐ Q3　高圧ボルト接合では，接合される2材間の摩擦によって応力を伝達する。
☐ Q4　ラーメンとは，一般に柱，梁などの接合点が剛接合でできている骨組構造をいい，トラスとは，一般に直接部材をピン接点で三角状に接合して構成した骨組構造をいう。

建築物の計画と構造

# 6 建築部材と応力

> POINT ①軸方向力(引張力,圧縮力),せん断力,曲げモーメントの3つの応力がある
> ②支点には可動端,回転端,固定端がある
> ③曲げモーメント=荷重×支点からの距離。各種梁の曲げモーメント図がある

## (1) 部材に生じる力と曲げモーメント

さまざまな外力が骨組みに働くと,それらによって柱や梁などの部材には,図6.1に示すような力が生じる。つまり,部材を両端で引っ張ったときに生じる**引張力**,両端で圧縮したときに生じる**圧縮力**,部材に,ずれを起こそうとする**せん断力**,部材を湾曲させようとする**曲げモーメント**である。また,各部材は,その部材に生じている力の種類によって,引張材,圧縮材,曲げ材などと呼ばれている。なお,引張力,圧縮力など軸方向への力を**軸方向力**ともいう。

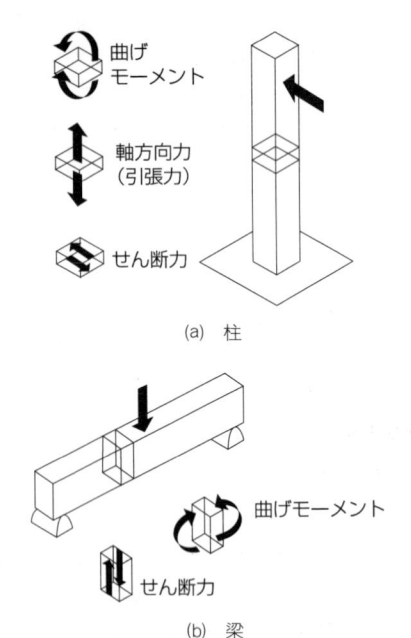

## (2) 支　点

支点には次の3種類がある（図6.2）。
① 可動端：1つの力が作用（例：ローラー接合）（移動端ともいう）
② 回転端：2つの力が作用（例：ピン接合）
③ 固定端：3つの力が作用（例：溶接接合）

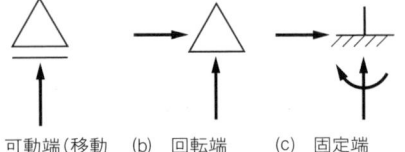

図6.1 部材に生じる力の種類

図6.2 支点の種類

## (3) 梁構造の基本形

梁構造には図6.3に示す4つの基本形がある。

単純梁は,片方の支点が回転端,もう片方が可動端であり,両端において曲げ

［解答］ 1―○　2―×（逆三角形になる。(4)が正しい)　3―×（(2)は単純ばり）

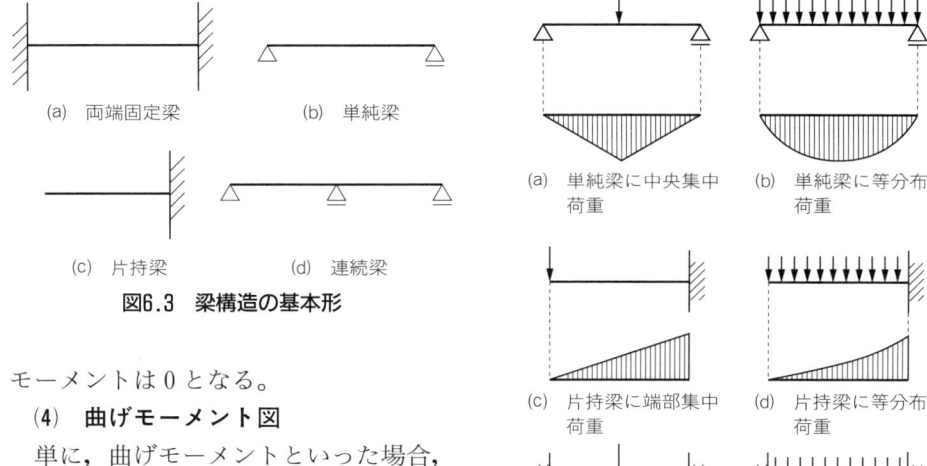

図6.3　梁構造の基本形
(a) 両端固定梁　(b) 単純梁　(c) 片持梁　(d) 連続梁

モーメントは0となる。

(4) 曲げモーメント図

単に，曲げモーメントといった場合，部材を湾曲させようとする力のことであり，（曲げモーメント）=（荷重）×（支点からの距離）で表すことができる。

そして，曲げモーメント図は，その曲げモーメントの計算で得た値を図に示したものである。図6.4に主な梁の曲げモーメント図を示す。

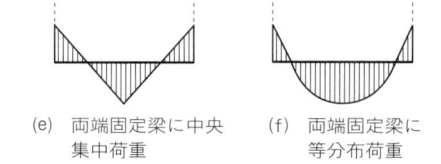

図6.4　主な梁の荷重と曲げモーメント図
(a) 単純梁に中央集中荷重
(b) 単純梁に等分布荷重
(c) 片持梁に端部集中荷重
(d) 片持梁に等分布荷重
(e) 両端固定梁に中央集中荷重
(f) 両端固定梁に等分布荷重

---

**○×問題に挑戦！**（記述の正誤を考えよう。解答は前ページ）

☐ Q1　等分布荷重を受ける単純支持梁の曲げモーメント図として，(1)が正しい。

☐ Q2　集中荷重を受ける単純ばりの曲げモーメント図として，(2)が正しい。

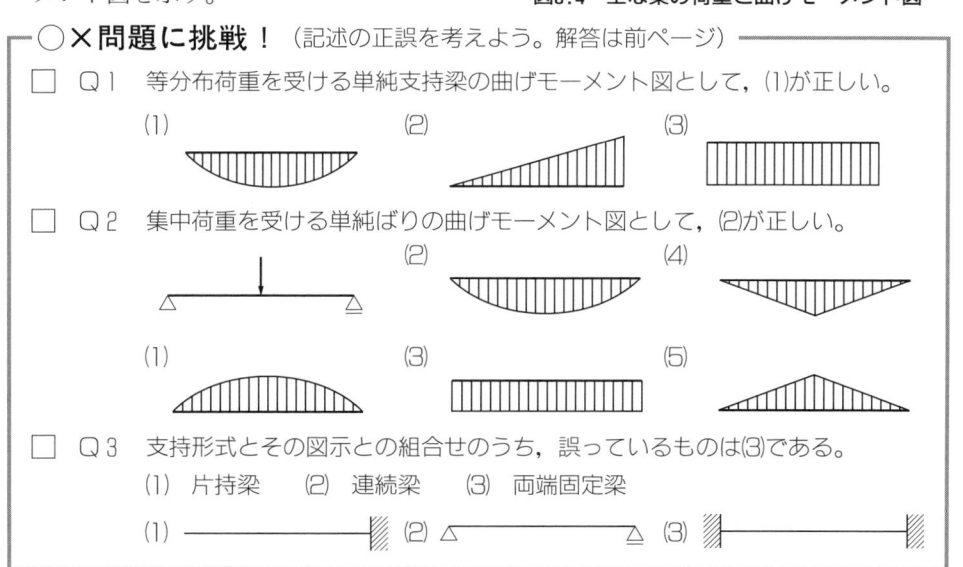

☐ Q3　支持形式とその図示との組合せのうち，誤っているものは(3)である。
(1) 片持梁　(2) 連続梁　(3) 両端固定梁

建築物の計画と構造

# 7 荷重と構造計画

**POINT** ①建築物に働く外力には，固定荷重，積載荷重，積雪荷重，風圧力，地震力，土圧・水圧その他の荷重に分類される
②構造計算の原則，許容応力度計算，限界耐力計算によって構造の安全を確認する

## (1) 建築物に作用する荷重

建築物の構造計画とは，建築物の規模や用途に応じて，荷重に対して力学的に安全かつ経済的な構造形式，材料等を計画し，選定することをいう。

建築物には，さまざまな外力が働く（図7.1，表7.1）。

この外力は，作用方向によって鉛直荷重と水平荷重に分けることができる。鉛直荷重には，建築物そのものに働く重力である**固定荷重**，人や家具など固定されていないものに働く重力である**積載荷重**，屋根などの積雪の重力による**積雪荷重**がある。水平荷重は，**風圧力**，**地震力**，そして，地下室などの場合，外壁の壁には地下水からの**水圧**，周囲の土から**土圧**が働く。

作用時間による分類では，建築物に対して常に働いている固定荷重と積載荷重の和を長期（常時）荷重，また長期荷重に，一時的に働く積雪荷重や水平荷重を加えたものを短期荷重（非常時荷重）という。

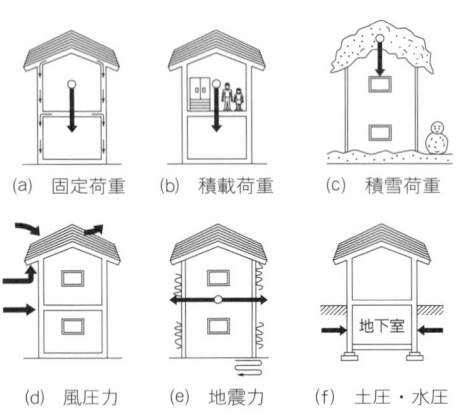

(a) 固定荷重　(b) 積載荷重　(c) 積雪荷重
(d) 風圧力　(e) 地震力　(f) 土圧・水圧
**図7.1 建築物に働く外力**

**表7.1 建築物の荷重の分類**

| 作用方向による分類 | 原因による分類 | 作用時間による分類 |
|---|---|---|
| 鉛直荷重<br>（重量による力） | 固定荷重 | 常時荷重<br>（長期） |
| | 積載荷重 | |
| | 積雪荷重 | 非常時荷重<br>（短期） |
| 水平荷重<br>（風・地震等の作用による力） | 風圧力 | |
| | 地震力 | |
| | 土圧・水圧 | 常時荷重 |
| その他 | 振動・衝撃・熱・強制変位 | 状況による |

[解答] 1―○　2―×（固定荷重と積載荷重は長期（常時）荷重による応力，積雪荷重，風圧力および地震力は短期（非常時）荷重による応力で算定される）　3―○　4―×（一般区域の場合，積雪の単位重量は積雪量1cmごと1m²につき20N以上で計算する）

## (2) 作用する荷重に対する計画

### ① 固定荷重
構造体や仕上げ材料，移動が困難である大型の建築設備機器などの重量のことである。屋根や床などの建築物の部分ごとに，仕上げや使用材料に応じ，単位面積あたりの荷重に面積を乗じて計算する。

### ② 積載荷重
主として床，梁等に載せられる荷重のうち，人間，家具，物品等の重量をいう。室の種類により構造計算に用いる単位面積あたりの荷重が異なる。

### ③ 積雪荷重
積雪の単位荷重と，建築物の建設地における積雪量を考慮して計算する。一般区域の場合，積雪の単位重量は積雪量1cmごと1m²につき20N以上で計算する。なお，多雪区域では，特定行政庁が定める値とされている。

### ④ 風圧力
風の速度圧×風力係数で計算される。ここで，風力係数とは，風向と建築物の形状によって決まる。また，風圧力は，木造や空気膜構造のように軽い建築物，超高層建築物に強く影響し，その力は，地震力よりも大きい場合もあり得る。

### ⑤ 地震力
地震によって建築物が振動することで生じる慣性力である。地震力の応力算定では，地震力と風圧力とは同時に作用しないものとする。一般に，地震力は，建築物の上部構造を軽量化すると地震力は小さくなる。なお，地震力には，建築物自体の重量が影響する。

### ⑥ その他の荷重
地下の外壁，擁壁，水槽の壁，床等にかかる水圧，土圧，搬送設備等の荷重，動力設備の振動・衝撃による荷重，大きな温度変化による温度荷重等がある。

## (3) 構造計算
構造設計にあたっては，建築基準法第20条に規定されている安全性の確保のために構造計算を行う。また，構造計算をしなければならない建築物については，建築基準法で規定されている。

---

**○×問題に挑戦！**（記述の正誤を考えよう。解答は前ページ）

- ☐ Q1　固定荷重とは，建築物本体，移動困難な設備機器などの重量のことである。
- ☐ Q2　積載荷重，積雪荷重，風圧力および地震力は，短期（非常時）荷重として応力を算定される。
- ☐ Q3　地下室を設置する場合，水圧，土圧についても荷重も考慮しなければならない。
- ☐ Q4　積雪荷重は，一般区域に場合，積雪の単位重量は積雪量1cmごと1m²につき30N以上で計算する。

建築物の計画と構造

# 8 建築材料（コンクリート）

POINT ①コンクリートは圧縮強度が大きいが，引張強度は小さい
②コンクリートは使用する骨材，要求性能，施工条件，部材条件によって各種のコンクリートに分類できる
③コンクリートの強度は，水セメント比によって左右される

### (1) コンクリートの概要

コンクリートは，図8.1に示すように，水，セメント，細骨材，粗骨材からつくられている。セメントと適量の水を練り混ぜたものを**セメントペースト**という。コンクリートは，セメントペーストが接着剤の役割を果たし，砂（細骨材），砂利（粗骨材）などの骨材を結合させたものである。また，セメントと水と細骨材を練り混ぜたものを**モルタル**という。

コンクリートの長所と短所を以下にまとめる。

[長所]
① 圧縮強度が大きい
② 耐久性，耐火性に富んでいる
③ 腐食しないので，土や水に接している箇所に使用することができる

[短所]
① 引張強度が小さい
② 硬化，乾燥による収縮が起こる

### (2) コンクリートの種類

コンクリートは，使用する骨材，要求性能，施工条件，部材条件によって，各種のコンクリートに分類できる。

使用骨材によっては，普通骨材を用いた普通コンクリート（単位容積質量が$2.3t/m^3$前後）と骨材の一部または全部に人工軽量骨材を用いた軽量コンクリートに分けられる。

要求性能では，高強度コンクリート，高流動コンクリート，遮蔽用コンクリー

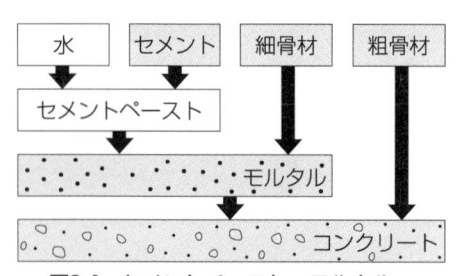

図8.1 セメントペースト・モルタル・コンクリートの構成材料

---

[解答] 1－○（コンクリートの圧縮強度は，水とセメントの混合割合（水セメント比）によって左右される。コンクリートの強度は，水セメント比が大きくなる（水の割合を増す）と低下する）　2－○（海砂は，十分に洗浄すれば，コンクリートの強度に対する影響は少ない）　3－×（コンクリートの凝結時間は，周囲温度が高くなると短縮できる）　4－○　5－○（コンクリートの耐火性能は，花こう岩よりも良いが，長時間の火炎に遭遇すると強度は低下する。ちなみに，鋼材の熱伝導率は約 $53\ W/m・K$，木材約 $0.156\ W/m・K$，繊維系断熱材は約 $0.056\ W/m・K$ である）

トなどがあり，また，施工条件によって，暑中コンクリート，寒中コンクリート，マスコンクリート，水中コンクリートなどがある。

さらに，モルタルやコンクリート等の中に多数の微小な空気泡を均一に分布させるために用いる混和剤であるAE（Air Entrained）剤を用いたAEコンクリート（AEC）や，膨張剤を添加した無収縮コンクリートなどがある。AE剤など混和剤を用いないものをプレーンコンクリートという。

### （3） コンクリートの性質

図8.2にコンクリートの基本的な性質と影響要因を示す。同図のように，コンクリートの圧縮強度は，水とセメントの混合割合（水セメント比）によって左右される。**水セメント比**は水とセメントの質量比で，パーセント（％）で表されることが多い。また，記号 $W/C$ で示される。水セメント比が小さい（セメントの割合が大きい）ほど，コンクリートの強度は大きくなる。一般に，水セメント比は40〜65％程度である。また，強度は練混ぜ方法や養生方法によって影響され，JISで規定されているスランプ試験などによる品質を確保する必要がある。

コンクリートの品質の三大目標は，強度，ワーカビリティー，耐久性である。

ワーカビリティーとは，材料分離を生じることなく，運搬，打込み，締固め，仕上げなどの作業が容易にできる程度を表すフレッシュコンクリート（まだ固まらない状態のコンクリート）の性質をいう。

コンクリートの耐火性能は，花こう岩よりも良いが，長時間の火炎に遭遇すると強度は低下する。また，コンクリートは引張力には弱いが，圧縮力には強い。ただし，木材の繊維方向よりは弱い。さらに，コンクリートはアルカリ性のため，コンクリートで被覆された鉄筋が錆びるのを防ぐ効果がある。

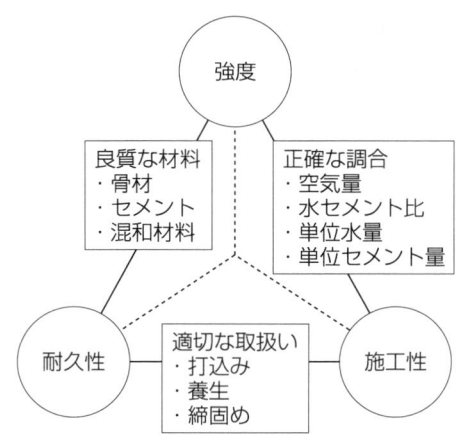

**図8.2 コンクリートの基本的な性質と影響要因**

---

**○×問題に挑戦！**（記述の正誤を考えよう。解答は前ページ）

- ☐ Q1　コンクリートの強度は，水セメント比が大きくなると低下する。
- ☐ Q2　海砂は十分に洗浄すれば，コンクリートとして使用できる。
- ☐ Q3　コンクリートの凝結時間は，周囲温度が低くなると短縮できる。
- ☐ Q4　単位セメント量が過少の場合は，ワーカビリティーが悪くなる。
- ☐ Q5　コンクリートの熱伝導率は，約 1.6 W/m・K である。

建築物の計画と構造
# 9 仕上材料（ガラス・非金属材料）

POINT ①建築用板ガラスには，フロート板ガラス，熱線吸収板ガラス，熱線反射板ガラスなどがある
②プラスチックには熱可塑性樹脂，熱硬化性樹脂がある
③FRPとは繊維強化プラスチックのことである

## (1) ガラス

ガラスは，主原料が珪砂（ケイ砂）で，主成分である二酸化ケイ素（$SiO_2$）である。ガラスは，グラス，玻璃(はり)，硝子(しょうし)とも呼ばれる。また，ケイ酸塩以外を主成分とする，ガラス状態となるガラス質物質もある。ケイ酸ガラスと区別するために物質名を付けて○○ガラスと呼ばれるもので，アクリルガラス，有機ガラスなどである。

ガラスのうち，建築に多用される板ガラスは，珪砂・ソーダ灰・石灰石が三大主原料で，その他少量の成分が含まれている。板ガラスの製造は，原料の調合，溶融（最高温度1500～1600℃），泡抜き，成形，徐冷，加工（切断，研磨），検査，包装という過程で生産される。

建築用板ガラスには，フロート板ガラス，熱線吸収板ガラス，熱線反射板ガラス，網入板ガラス，複層ガラスなどがある。また，通常の板ガラスに比べて非常に高い強度をもつ強化ガラスは，自動ドアなどに使われる。表9.1に主な建築用板ガラスの特性を示す。

## (2) プラスチック材料

### ① プラスチック

そもそもプラスチックとは「まつやに」などの天然の樹脂のような性質を持ったものを人工的に合成して作ったという意味で合成樹脂とも呼ばれる。プラスチック（plastic）の元の意味は可塑であり，柔らかい状態で流れることを意味し，型に流し込んで目的の形状の固体材料を得る。その合成された固体材料をプラスチックと呼ぶ。

プラスチックは，通常，炭素，水素，酸素からなる基本単位（単量体，モノマー）が多数連結した巨大分子（高分子，ポリマー）から成る。プラスチックは石油の精製の際に発生するガス成分の一部（エチレン，プロピレンなど）を主な原料として化学的に合成される。

プラスチックは，その単量体の種類によって，ポリエチレン（PE），ポリプロピレン（PP），ポリスチレン（PS），塩化ビニル（PVC）を始め，多くの種類がある。

なお，熱的な性質から，塩化ビニル

---

[解答] 1―○ 2―×（熱線遮断性は優れているが，防火性は，他のガラスと比較して多少劣る） 3―○ 4―○ 5―×（FRPの引張強度は，木材よりも大きい）

(PVC)，アクリル，ポリエチレンなどを熱可塑性樹脂，フェノール，メラニン，ポリエステルなどを熱硬化性樹脂という。

プラスチック成形物は，耐食性，熱・電気絶縁性，耐水性等が良く，化学的に安定している一方で，環境的に欠点があることを克服したリサイクル可能なプラスチック材料も開発され，建築材料にも多用されている。

② FRP

FRPとは，Fiber Reinforced Plastics の略で，繊維強化プラスチックのことである。つまり，繊維と樹脂を用いてプラスチックを補強することによって，強度を著しく向上し，建築材料にも使用されている。

FRPの特性は，耐候性，耐熱性，耐薬品性にすぐれ，電気絶縁性があり電波透過性，そして，断熱性にも優れている。また，軽量かつ強度的にも優れ，引張強度は木材よりも大きい。

表9.1　建築用板ガラスの種類と特性

| 品種 | 概要 | 厚さ[mm] | 可視光線透過率[%] | 日射透過率[%] | 熱貫流率[W/m²·K] |
|---|---|---|---|---|---|
| フロート板ガラス | フロート板ガラスは溶融金属の上に流して製板する。良好な平滑平面を有し，ゆがみがなく透明性・採光性に優れ，大面積の使用が可能である。 | 3.0<br>6.0 | 89.9<br>87.8 | 85.4<br>78.3 | 5.93<br>5.83 |
| 熱線吸収板ガラス（ブロンズ） | 一般ガラス組成に鉄・ニッケル・コバルト・セレン等を微量添加したもの。色調はブルー・グレー・ブロンズがある。 | 6.0 | 61.9 | 61.8 | 5.82 |
| 熱線反射板ガラス | 無色や熱線吸収ガラスの表面に金属被膜を形成させたもの。可視光線反射率も30～40%でミラー効果もある。 | 6.0 | 60.0 | 59.0 | 5.82 |
| 複層ガラス（3mm-6mm-3mm） | 2枚以上の板ガラス周囲にスペーサを使い一定間隔（6，12mm）をもたせ，中空部に完全乾燥空気を封入したもの。熱貫流率が単板の1/2。 | 12.0 | 82.1 | 72.8 | 3.41 |

○×問題に挑戦！　（記述の正誤を考えよう。解答は前ページ）

☐ Q1　強化ガラスは，板ガラスを焼き入れ処理したもので，耐衝撃性に優れ，割れても，破片は粒状になって安全性がある。
☐ Q2　熱線反射ガラスは，割れにくく，防火性に優れている特性をもっている。
☐ Q3　合せガラスは，複数の板ガラスの間にプラスチックフィルムの膜をはさんで張り合わせたもので，割れても飛散しない。
☐ Q4　樹脂の性質には，熱可塑性と熱硬化性の2種類がある。
☐ Q5　FRP（繊維強化プラスチック）の引張強度は，木材よりも小さい。

建築物の計画と構造
## 10 不燃材料・断熱材

> POINT ①建築基準法によって，不燃材料，準不燃材料，難燃材料が定義されている
> ②断熱材は，鉱物繊維系，発泡プラスチック系，自然素材系に分類される

### (1) 不燃材料

不燃材料とは，建築基準法第2条第9号に，コンクリート，煉瓦，瓦，石綿スレート，鉄鋼，アルミニウム，ガラス，モルタル，漆喰，その他これに類する建築材料で，法令で定める不燃性を有するものとされ，建築基準法施行令第108条の2で，通常の火災による火熱を加えられた場合に，加熱開始後20分間燃焼せず，防火上有害な変形，溶融，き裂その他の損傷を生ぜずかつ避難上有害な煙またはガスを発生しない材料と規定されている。

### (2) 準不燃材料

準不燃材料とは，建築基準法施行令第1条第5号で，木毛セメント板，石膏ボードその他の建築材料で不燃材に準ずる防火性能を有するものとして，国土交通大臣が指定するものとされ，通常の火災による火熱を加えられた場合に，加熱開始後10分間燃焼せず，防火上有害な変形，溶融，き裂その他の損傷を生ぜずかつ避難上有害な煙またはガスを発生しない材料と規定されている。

### (3) 難燃材料

難燃材料とは，建築基準法施行令第1条第6号で，難燃合板，難燃繊維板，難燃プラスチック板その他の建築材料で難燃性を有する物として，国土交通大臣が指定するものとされ，通常の火災による火熱を加えられた場合に，加熱開始後5分間燃焼せず，防火上有害な変形，溶融，き裂その他の損傷を生ぜずかつ避難上有害な煙またはガスを発生しない材料と規定されている。

### (4) 断熱材

断熱材の種類を素材で分類した場合，鉱物繊維系（グラスウール，ロックウール等，なお，アスベストは現在，使用が不可），発泡プラスチック系（ポリウレタン，ポリスチレン，ポリエチレン等），自然素材系（炭化コルク，セルロースファイバー，ウール等）に分けられる。

以下に主な断熱材の特徴等をまとめる。

① 鉱物繊維系

1) グラスウール

ガラスを繊維状にしたもので，難燃性

---

［解答］1―○　2―×（木毛セメント板，石膏ボードは，準不燃材料である）　3―○
4―○　5―×（炭化コルク，セルロースファイバー，ウール等の断熱材は，自然素材系である。なお，発泡プラスチック系断熱材には，ポリウレタン，ポリスチレン，ポリエチレン等がある）

があり，シロアリがつきにくいなどの利点がある。従来は，空気や水を通すため建築構造によっては性能を低下させるという短所があったが，近年では，はっ水加工されたものや，繊維の方向を変えたものなど優れたものがある。

2）ロックウール（岩綿）

玄武岩などを繊維状にしたもので，石綿と字が似ていても，$0.3\mu m$ 程度の極く細い結晶性の繊維である石綿とは基本的に違い，発癌性はない。性能はグラスウールと類似している。

② 発泡プラスチック系（ポリスチレン）

ポリスチレン樹脂に炭化水素や代替フロンなどの発泡剤を加えて押出成形される。製品は，板状の形状となる。発泡プラスチック系断熱材の中では，最もコストパフォーマンスに優れているため普及率が高い。また，形状の維持性能が高いので，コンクリート打ち込み工法に対応できる。

③ 自然素材系

1）炭化コルク

コルク樫の皮を粉砕し，炭化発砲させてつくられる。腐食しにくく，遮音・防振性能もある。また，セルロースファイバーと同様，保湿・吸放湿性にすぐれているため，防湿シートがなくても結露を防ぐことができる。

2）セルロースファイバー

セルロースファイバーとは，天然の木質繊維のことである。天然素材の繊維は，一般に，自然がつくった小さな空気の粒にある。セルロースファイバーは，さまざまな太さの繊維が絡み合っている。この繊維の絡みあいが空気の層をつくることはもちろん，1本1本の繊維の中にも自然の空気胞があり，熱や音を伝えにくくする。さらに，木質繊維特有の吸放湿性で適度な湿度を保つ。

---

**○×問題に挑戦！**（記述の正誤を考えよう。解答は前ページ）

☐ Q1　不燃材料とは，建築基準法で，コンクリート，煉瓦，瓦，石綿スレート，鉄鋼，アルミニウム，ガラス，モルタル，漆喰，その他これに類する建築材料で，法令で定める不燃性を有するものとされている。

☐ Q2　木毛セメント板，石膏ボードは，難燃材料である。

☐ Q3　通常の火災による火熱を加えられた場合に，加熱開始後20分間燃焼しないのが不燃材料，加熱開始後10分間燃焼しないのが準不燃材料，加熱開始後5分間燃焼しないのが難燃材料と規定されている。

☐ Q4　断熱材の種類を素材で分類した場合，鉱物繊維系，発泡プラスチック系，自然素材系に分けられる。

☐ Q5　炭化コルク，セルロースファイバー，ウール等の断熱材は，発泡プラスチック系に分類されている。

建築物の計画と構造

# 11 建築設備の一般知識

> POINT ①建築設備は大きく，空気調和設備，給排水衛生設備，電気設備，その他の設備に分けられる
> ②建築設備を一括管理するための中央監視システム，BEMSがある

(1) 建築設備の種類と役割

建築設備は，建築設備を使用する人間の安全性，健康性，能率性，快適性を確保するため，さらに幅広い建築物の用途と機能に対応するため，図11.1に示すような多種多様な建築設備がある。

建築物環境衛生管理技術者としては，これらの建築設備システム・機器を管理・運用していくことが求められる。

(2) 主要な建築設備の役割

図11.1に示した多岐にわたる建築設備のうち，主要な建築設備システム，機器を大別すると，表11.1に示すように，空気調和設備，給排水衛生設備，電気設備，その他の設備に大別することができる。

① 空気調和設備

空気調和設備は，室内空間の使用目的に合わせて，温度，湿度，気流，清浄度などを調整する設備で，暖房，冷房，換気，加湿，排煙などの技術を統合して，室内環境を快適に保つための設備である。一方，快適性を追求する人間を対象とした，いわゆる快感空調（保健空調）に対して，主に製品の品質保持や生産性能の向上のために用いられる産業空調がある。

② 給排水衛生設備

給排水衛生設備は，人間の飲用に適する水である上水道の水を有効に使うための給水設備，使用後の水の再利用を考え，安全な水として捨てる排水設備を中心としたものがあり保健衛生上，公衆衛生上，必要不可欠な設備といえる。

③ 電気設備

電気設備は，生活に必要なエネルギーを供給する設備として，ガス設備と並ん

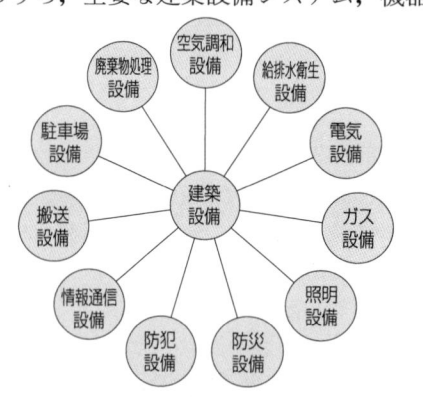

図11.1 建築設備の種類

[解答] 1－○（主に製品の品質保持や生産性能の向上のために用いられる産業空調がある。一方，快適性を追求する人間を対象としたものを快感空調という）　2－○（BEMSは，ビル管理と自動制御ならびに情報通信との密接な関係，省エネルギーやLCC，LCM，故障検知制御などの先端技術管理への展開の動向によって，その包含範囲についてのコンセンサスな関係がある）

で重要な設備である。電気設備には，電力，電源，照明設備などがある。近年，各分野でコンピューターが多用され，その重要性は，ますます増大している。

④ その他の設備

その他の設備としては，エレベータ，エスカレータといった搬送・昇降機設備，電話・通信回線といった情報通信設備，建築物内部の安全性を高める設備として，防犯・防災設備，消火設備などがある。

表11.1　建築設備の種類

| 建築設備の種類 | 設備に必要な装置や機器 |
|---|---|
| 空気調和設備 | ●ボイラ，温風暖房器　●冷凍機<br>●空気調和機（ユニット）　●冷却塔<br>●空気清浄装置　●全熱交換器<br>●放熱器　●送風機<br>●ポンプ　●タンク，ヘッダ<br>●ダクト |
| 給排水衛生設備 | ●衛生陶器　●ポンプ<br>●給湯ボイラ　●タンク<br>●消火機器　●消防装置<br>●厨房機器　●排水金具 |
| 電気設備 | ●電力設備　●受電および変電設備<br>●電源設備　●照明設備<br>●自家発電設備　●通信情報設備<br>●中央監視制御装置 |
| その他の設備 | ●ガス設備（都市ガス，液化石油ガス）<br>●さく井設備　●し尿浄化槽設備<br>●昇降機設備（エレベーターなど） |

(3) **中央監視システムとBEMS**

建築物のオートメーション化に伴い，建築設備は一括管理する中央監視システムが防災センター等に設置されている。

さらに，BEMSといわれるビル・環境・エネルギー管理システムが多く使用されている。BEMSとは，Building and Energy Management Systemの略であり，ビル管理と自動制御ならびに情報通信との密接な関係，省エネルギーやLCC，LCM，故障検知制御などの先端技術管理への展開によって，その重要性を増している。

BEMSは建築設備システムの中央監視・遠隔制御に端を発する機器運転・環境状態監視・DDC（Direct Degital Control）にルーツをもちつつ，コンピュータ・制御・環境・エネルギー・情報通信・維持管理・診断評価のキーワードの下に，アプリケーションの範囲と管理内容の深みと広さを保有し，OA（オフィスオートメーション）や電信電話および企画管理系の情報処理システムと融合，さらには，コンピュータや通信ネットワークシステム技術の展開に深く関連している。

---

┌─ ○×問題に挑戦！　（記述の正誤を考えよう。解答は前ページ）

☐　Q1　空気調和設備の中には，製品の品質保持や生産性能の向上のために用いられる産業空調がある。

☐　Q2　BEMSとは，ビル・環境・エネルギー管理システムのことである。

建築物の計画と構造

# 12 建築物の日射受熱と建築計画

> POINT ① 日射の強さは単位面積が単位時間に受ける熱量で表され、日射量（単位：$W/m^2$）という
> ② 太陽常数（$1353W/m^2$），吸収や散乱，反射により直達日射量は小さくなる
> ③ 直達日射量は，面の方位，季節により変化する

## (1) 日射と日射量

日射は，太陽の放熱エネルギーによる熱作用を表すものである。物体は，この放熱を受けると，その一部を吸収して温度が高くなる。例えば，昼間に気温が上昇するのは，日射によって大気や地表面が暖められたためである。

日射の強さは，単位面積が単位時間に受ける熱量［$W/m^2$］で表され，これを**日射量**という。

太陽から地球の大気圏外に到達した法線面（太陽と直角な面）の受ける太陽の放射エネルギーを**太陽常数**といい，季節によって多少変化するが，国際的に1353 $W/m^2$ とされている。なお，実際に地上に到達するものは，大気中の水蒸気やじん埃に吸収されて，これよりも少ない。太陽常数に対して，太陽が天頂にあるときに地表面付近で太陽に直角な面の受ける放射エネルギーとの比を大気透過率という。

大気層を通り抜けて直接地表に達する太陽光線の日射量を**直達日射量**といい，途中で，水蒸気などによって乱反射されて地上に達する日射量を天空日射量という。

直達日射量は大気層の厚さにも関係し，南中時に比べて朝夕は少ない。また天空

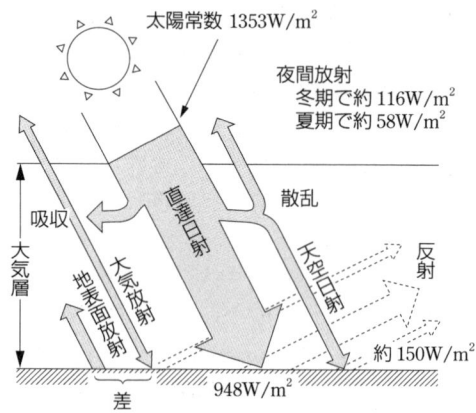

図12.1 直達日射と天空日射の概念図

［解答］ 1―○ 2―×（太陽常数は太陽から地球の大気圏外に到達した法線面（太陽と直角な面）の受ける太陽の放射エネルギー，国際的に 1353 $W/m^2$ とされる）  3―○  4―×（夜間放射（実効放射）は，大気放射と地表面放射との差のことである。大気放射は大気中の水蒸気分圧が低いと小さく，夜間放射は空気の乾いた冬期で約 116 $W/m^2$，湿度が高い夏期では約 58 $W/m^2$ である）  5―×（図12.2 に示すように，夏至における終日の直達日射量は，東・西面よりも水平面のほうが大きい。なお，大小関係は，夏至においては，水平面＞東・西面＞南東・南西面＞北東・北西面＞南面＞北面である）

日射量は，直達日射量に比べて少ないが，朝夕を除き，水平面で約150W/m²，垂直面ではその半分である。なお，**図12.1**に直達日射と天空日射などの概念を示す。また，直達日射量と天空日射量を合計した全天日射量がよく用いられる。

さらに，大気放射と地表面放射との差を夜間放射（実効放射）という。大気放射は大気中の水蒸気分圧が低いと小さく，夜間放射は空気の乾いた冬期で約116W/m²，湿度が高い夏期では約58W/m²である。快晴時が，曇った日よりも朝夕の冷え込みが厳しいのは，この夜間放射によるもので，建築物などの表面温度も気温よりも低下して，結露を生じる原因にもなる。

### (2) 建築物が受ける日射量

日射は，気温に大きな影響を与えるとともに，建築物に対してもいろいろな熱作用を及ぼす。例えば，日射を受けた屋根や壁体は，太陽の放射熱を吸収して温度が高まり，その熱が室内に伝わって室温を上昇させる。このような現象は，とくに夏期に著しいため，屋根の断熱性を高めたり，ひさしやルーバーなどで，適切な日射防止をはかり，快適な室内環境とすることが大切である。

日射を受ける面の熱効果は，その面の方位，材質などで異なるが，**図12.2**に示すように，水平面および東西南北の鉛直面が受ける1日間の直達日射量の年変化を見ると，特に南面の受ける直達日射量は，冬期に多くなるので，暖房負荷を減じる点では，南面を大きくするのが有利である。

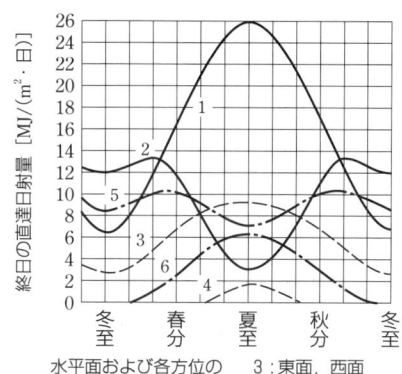

水平面および各方位の鉛直面の受ける1日間の直達日射量を示す
1：水平面
2：南　面
3：東面，西面
4：北　面
5：南東面，南西面
6：北東面，北西面

**図12.2　各面の直達日射量（東京）**

---

**○×問題に挑戦！**（記述の正誤を考えよう。解答は前ページ）

- ☐ Q1　日射量とは，日射の強さのことで，単位面積が単位時間に受ける熱量［W/m²］で表される。
- ☐ Q2　太陽常数とは，太陽から地球の大気圏の中に到達した法線面（太陽と直角な面）の受ける太陽の放射エネルギーのことである。
- ☐ Q3　直達日射量と天空日射量を合計したものを全天日射量という。
- ☐ Q4　大気放射と直達日射量との差を夜間放射という。
- ☐ Q5　東京を例にすると，夏至における終日の直達日射量は，水平面よりも東・西面のほうが大きい。

建築物の計画と構造
## 13 建築物の消防と避難計画

> POINT ①消防の用に供する設備には消火設備，警報設備，避難設備がある
> ②避難計画では2方向避難を確保する
> ③自動火災報知設備では，熱・煙・炎の各感知器が用いられる

**(1) 消防用設備とは**
消防法では消防設備の分類を次のように区分している。
① 消防の用に供する設備
1) 消火設備（5章 23 参照）
2) 警報設備
3) 避難設備
② 消防用水
③ 消火活動上必要な施設

**(2) 避難設備の種類**
① 直通階段：廊下や部屋などの他の部分を迂回しないで，階段と踊り場だけで上階と下階を直接連絡している階段で，1階等の避難階に直接出られる階段。
② 避難階段：階段および階段室を耐火構造とし，火災や煙に対しても安全に避難できるように配慮した直通階段。
③ 特別避難階段：安全性をいっそう高めるために，防火区画されたバルコニーまたは附室を設けた避難階段。
④ 避難階：直接地上に出られる階。
⑤ 歩行距離：避難階または地上に通じる直通階段に至る，居室の各部分からの実際の距離（直線距離ではない）。事務所における歩行距離は，50m以内とされている。

**(3) 避難計画の原則**
① 2方向避難の確保
建築物内のすべての位置から，2方向以上に避難できる経路を確保する。
② わかりやすい避難経路
単純で明快な避難路を計画し，何度も折れ曲がる廊下や，位置のわかりにくい階段は避ける。
③ 安全区画の設定
避難経路上に火災危険から守られた安全な区域（安全区画）を段階的に設定し，避難安全の向上をはかる。
④ 避難施設の確保
階段や特別避難階段の階段室と付室は，最後まで安全を確保すべき避難経路であるので，耐火性能に特に配慮する。
⑤ 避難行動への配慮
建築物内の経路を熟知していない人の多くは，既知の経路を避難路として使用する傾向があるので，避難動線を日常動線と一致させる計画がよい。
⑥ 高齢者，身体障害者等への配慮
スロープなどの設置や，音声だけでな

---

［解答］1―○（専用の避難路は普段使用しない例が多く，非常の時だけ使うというのは適当ではない。常時使っている経路を使用して避難する計画とする）　2―○　3―○

く視覚に訴える警報装置の設置など。

**(4) 非常用照明**

非常用照明設備は，火災などの発生時に不特定多数の人々を安全に避難させ，かつ，その救助，消火活動のための照明を確保することを目的として設けられる。

① 非常用の進入口の表示灯

非常用の進入口は，消防隊が外部から建築物内に進入できるように設けるもので，進入口の直近には予備電源を設けた赤色の表示灯を付ける。

② 誘導灯

誘導灯は，火災その他非常の際に安全な場所に避難できるように，方向や出入口を表示し，人々を誘導する装置である。誘導灯には避難口誘導灯（**図13.1**），通路誘導灯などがある。いずれも，常用電源は専用通路とするほか非常電源を必要とし，非常電源を内蔵していない器具の場合は耐火配線を必要とする。

**(5) 警報設備**

火災の発生を報知する機械器具または設備であり，次のようなものがある。

① 自動火災報知設備
② ガス漏れ火災警報設備
③ 漏電火災警報器

図13.1 避難口誘導灯（緑地に白文字）

表13.1 感知器の種類

| | |
|---|---|
| 熱感知器 | 差動式<br>定温式<br>熱複合式スポット型 |
| 煙感知器 | イオン化式<br>光電式<br>複合式スポット型 |
| 炎感知器 | 紫外線式スポット型<br>赤外線式スポット型<br>併用式スポット型 |

④ 消防機関へ通報する火災報知設備
⑤ 警鐘，携帯用拡声器，手動式サイレンその他の非常警報器具および非常ベル，自動式サイレン，放送設備の非常警報設備

なお，自動火災報知設備に使用される感知器には**表13.1**に示すものがある。

**(6) 防煙・排煙設備**

火災時に煙が避難経路や安全区画に侵入するのを防ぐために，防煙壁，排煙口，排煙ダクト，排煙機などの防煙・排煙設備が設けられる。

---

**○×問題に挑戦！**（記述の正誤を考えよう。解答は前ページ）

☐ Q1 火災時の避難計画の原則として最も不適当なものは(3)である。
　(1) 2方向避難の確保　(2) 安全区画の設定　(3) 専用の避難経路のみ使用　(4) 階段室などの避難施設の確保　(5) 非常時における人間の心理・生理への配慮

☐ Q2 屋外避難階段は，その建築物の大きく解放できる窓に接しないようにする。

☐ Q3 消防隊が進入するための非常用進入口の表示は，1辺が20cmの正三角形で，赤色の反射塗料を塗ったもので行う。

建築物の計画と構造

## 14 防災と防犯対策

POINT①震度，ガル，カインは計測している地点の揺れの強さ，マグニチュードは地震そのものの規模を表す
②防犯対策は，防犯体制，防犯知識，防犯設備が一体となって発揮できる
③建築物の警備は，警備業法で1号警備業務に該当する

### (1) 地震対策

#### ① 地震の大きさ

地震の大きさは，震度，ガル（gal），カイン（kine），マグニチュード（M）の4つの単位が用いられる。震度，カイン，ガルは地震時に計測している各地点の揺れの強さを，また，マグニチュードは地震のそのものの規模を表す数値である。

震度は気象台や測候所の担当官が体感および周囲の状況から推定していたが，平成8年（1996年）4月からは，多くの地点で客観的な震度を迅速に定めるため，計測地震計により計測し，自動的に速報している。

震度を表す震度階級も従来は0（無感），1（微震），2（軽震），3（弱震），4（中震），5（強震），6（烈震），7（激震）の8階級であったが，平成8年10月から震度5を震度5弱，震度5強に震度6を震度6弱，震度6強に分け，震度階級は10階級になった。

#### ② 地震時の防災対策

建築物は，その目的に応じた機能を維持するための電気，水道，ガス等のライフラインと各種の付帯設備が組み込まれ，各種の生産活動を行っている。

この建築物が大きな地震を受けると，構造体や設備が被害を受け機能停止するとともに人命に危害を及ぼすことになる。このため地震に備え設備の耐震診断のほか利用者による避難訓練等ハード・ソフトの両面から対策を立てておく必要がある。

#### ③ 設備機器の耐震対策

建築設備は建物の機能を維持するために設けられており，強い地震にも耐えられるように構築しておかねばならない。機器の基礎の据付，配管・ダクト等の支持の耐震強度が十分に保たれているか，配管・ダクトの建物貫通部等に緩衝部材（フレキシブル型継手等）を採用した耐震設計・施工がなされているか，また，それらが経年劣化で弱体化していないか等の診断が必要であり，弱点と思われるところは**耐震補強**を施さなくてはならない。

また，運転中の機器においても，地震

[解答] 1－○　2－○　3－○　4－○　5－×（サムターン回しとは，ドアに小穴を開け外部からサムターンをまわそうとする犯罪の手口をいう）

の大きさによって作動する感震器による自動停止，または手動停止により機器および設備を保護し，二次災害の発生を防ぐ必要がある。

### (2) 建築物の防犯
#### ① 建築物の防犯対策
近年犯罪は増加傾向にあり，その内容も組織化，凶悪化が見られる。

防犯対策は，防犯体制，高い防犯意識，効果的な防犯設備であり，これらが有機的に機能して初めて効果が現れる。

#### ② 防犯体制の整備
建築物の防犯を積極的に推進するために防犯責任者を指定し，その責任者を中心に，防犯体制の計画と実施，従業員に対する防犯指導，防犯環境や防犯設備の整備点検等を行い，事業者や従業員が一体となった体制を整備する。

#### ③ 防犯のための環境整備
建築物内の犯罪を防止するためには，犯罪を行いにくい環境づくりが重要である。

1) 建築物内の整理整頓
2) 死角の解消
3) 侵入されやすい箇所への補強工作
4) 出入口の限定
5) 入退室管理の徹底

等があげられる。これらと併せ，各種のセンサ，防犯機器の設置が有効である。

#### ④ 警備業者の活用
建築物の犯罪を未然に防ぐには，専従の警備員なしでは困難であり，建築物の設備・構造および各種防犯機器の取り扱いに習熟した，専従の警備員の配置が必要である。

建築物の警備は警備業法で定められた1号警備業務（いわゆる施設管理ともいわれるもので警備員が当該施設に常駐する業務および機械警備業務）に該当するもので，警備員は必要な教育訓練を受けたものでなければならない。

#### ⑤ 機械警備業務
機械警備業務とは警備業務機械装置（警備対象施設に設置する機械により感知した盗難等の事故発生に関する情報を当該警備業務対象施設以外の施設に設置する機器に送信し，受信する）で行う業務であって，利用する通信回線は，

1) 一般加入電話回線
2) 専用回線
3) 特定通信回線

がある。通常用いられているものは一般加入電話回線である。

---

○×問題に挑戦！（記述の正誤を考えよう。解答は前ページ）

- ☐ Q1 マグニチュードは地震の規模を表す単位である。
- ☐ Q2 配管・ダクトの耐震対策として，支持金物の耐震強度とともに建築物等の貫通部には緩衝部材を採用した耐震設計・施工が必要である。
- ☐ Q3 気象庁震度階級は10階級である。
- ☐ Q4 通路誘導灯は，地は白，文字は緑である。
- ☐ Q5 特殊解錠用具にはサムターン回しが含まれる。

建築物の計画と構造

# 15 図面の種類と表示記号

> POINT ①図面の種類には、平面図、矩形（かなばかり）図など数多くある
> ②原則として寸法の縮尺は、平面図では1/100，矩形図では1/20である
> ③材料ごとに表示記号が定められている

## (1) 図面の表示記号

図面に表記される表示記号のうち、**図15.1**に主な建築材料の表示記号を、**表15.1**に主な建具の表示記号を示す。

## (2) 図面の種類と寸法

建築設計の主な図面の種類としては、周辺敷地図、仕上表、配置図、平面図、立面図、断面図、各部の詳細図、展開図、標準図、構造図面、設備関係図面、工事仕様書、構造計算書などである。なお、**表15.2**に主な図面の種類を示す。

建築設計図面における寸法の縮尺は、平面図では1/100，矩形図では1/20，（1/10，1/50）としている。

表15.1　主な建具の表示記号

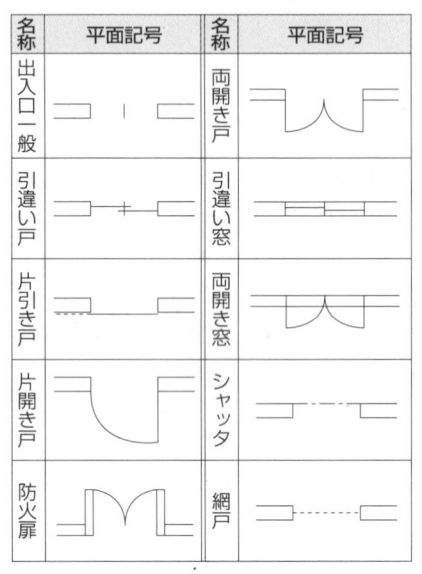

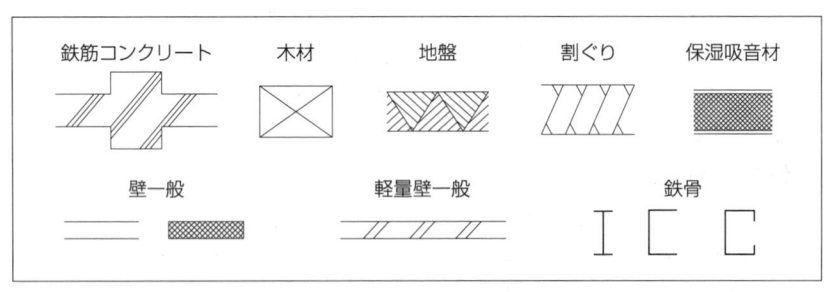

| 名称 | 平面記号 | 名称 | 平面記号 |
|---|---|---|---|
| 出入口一般 | | 両開き戸 | |
| 引違い戸 | | 引違い窓 | |
| 片引き戸 | | 両開き窓 | |
| 片開き戸 | | シャッタ | |
| 防火扉 | | 網戸 | |

図15.1　主な建築材料の表示記号
（鉄筋コンクリート、木材、地盤、割ぐり、保湿吸音材、壁一般、軽量壁一般、鉄骨）

---

[解答]　1－×（建築設計図面における寸法の縮尺は，平面図では1/100，矩形図では1/20が原則である）　2－×（図の表示記号は，「割ぐり」である。なお，「地盤」の表示記号は，図15.1を参照のこと）　3－×（図の表示記号は，「防火扉」である）

表15.2 図面の種類

| 図面名称 | | 内容 | 図面名称 | | 内容 |
|---|---|---|---|---|---|
| | 表　紙 | 作品名，設計者名，設計期日を記入する | 意匠図面 | 建具表 | 建具の詳細，付属金物，数量，仕上げ等を示す |
| | 建築概要書 | 建築物の規模，階数，構造，設備の概要 | | 現寸図 | 実物大の各部取り合い，仕上げの詳細を示す。原寸図ともいう |
| | 仕様書 | 工法や仕様材料の種別・等級・方法・メーカー等を指示 | | 透視図 | 雰囲気や空間の構成を理解しやすいように絵が表現したもの。アイソメトリックで表すこともある |
| | 面積表 | 建築面積，延床面積，建ぺい率，容積率等を記入 | | 日影図 | 冬至における日照状況を描く。建築基準法で定められた方法によること |
| | 仕上書 | 外部・内部の表面仕上材や色彩等の指示 | | 積算図 | コストプランニングや工事概算，工事費の見積もり等 |
| | 案内図 | 敷地環境・都市計画的関連，方位，地形等。必ず北を上にする | 構造図面 | 仕様書 | 特記事項の記入，構造概要・工法・材料等の指定 |
| 意匠図面 | 配置図 | 建築物のプロット，アプローチ，庭園樹木等を記入する | | 杭伏図 | 地質調査結果との関係，位置，大きさ等を示す |
| | 平面図 | 部屋の配置を平面的に示したもの。家具や棚等も記入することがある | | 基礎伏図 | 基礎の形状等を示す |
| | | | | 床伏図 | 床材の位置，大きさ，形状等を示す |
| | 立面図 | 建築物の外観，普通は東，西，南，北の4面，隠れた部分は別図で示す | | 梁伏図 | 梁材の位置，大きさ，形状等を示す |
| | | | | 小屋伏図 | 小屋梁，材料の大きさ，位置，構造等を示す |
| | 断面図 | 建築物の垂直断面で，主要部を2面以上つくる。垂直寸法関係を示す | | 軸組図 | 柱・間柱等の垂直架構材を主に示す |
| | 矩計図（かなばかりず） | 建築物と地盤，垂直方向の各部寸法の基準や基準詳細を示す | | 断面リスト | 柱・梁・床・階段等の断面リスト，詳細を示す |
| | | | | 矩計図 | 柱・梁の垂直方向の架構詳細図 |
| | 詳細図 | 出入口，窓，階段，便所，その他主要部分の平面・断面・展開などの詳細な収まりを示す | | 詳細図 | 架構部分の構造別詳細，階段等 |
| | | | | 構造計算書 | 構造設計図の根拠となるもの，強度の計算 |
| | 展開図 | 各室の内部壁面の詳細，北から時計回りに描く。設備関係の取り付けも併せて示す | 設備図面 | 仕様書 | 設備のシステムや工法・材料，メーカー等の指定 |
| | | | | 電気設備図 | 盤結線図 ┐ ＋配置図，系統図， |
| | 天井伏図（てんじょうふせず） | 天井面の仕上材，割付，照明の位置等記入 | | 給排水衛生設備図 | 計算書　│ 平面図，各部詳細 |
| | | | | 空気調和設備図 | 熱計算書 ┘ 図，機器・器具一覧表 |
| | 屋根伏図 | 屋根面の見おろし図，形状，仕上げ，こう配等を示す | | ガス設備図 | ― |
| | | | | 防災設備図 | ― |
| | | | | 昇降機設備図 | 平面詳細図・断面図・機器表等 |

─ ○×問題に挑戦！（記述の正誤を考えよう。解答は前ページ）─

☐ Q1　建築設計図面における寸法の縮尺は，平面図で1/100，矩形図で1/10が原則である。

☐ Q2　右の建築材料の表示記号は，「地盤」を示す。

☐ Q3　右の建築建具，扉等の表示記号は，「両引き戸」を示す。

# 3

# 室内環境の衛生

| | | | |
|---|---|---|---|
| 1 | 室内環境と基準 | ▶ | 60 |
| 2 | 人体生理と環境の影響要因 | ▶ | 62 |
| 3 | 生体機能の恒常性とストレス | ▶ | 64 |
| 4 | 体温調節と代謝量 | ▶ | 66 |
| 5 | 温熱要素と温熱指標(1) | ▶ | 68 |
| 6 | 温熱要素と温熱指標(2) | ▶ | 70 |
| 7 | 感染と病原体 | ▶ | 72 |
| 8 | 主な感染症 | ▶ | 74 |
| 9 | 感染症の予防と対策 | ▶ | 76 |
| 10 | シックビル症候群 | ▶ | 78 |
| 11 | アレルギー疾患 | ▶ | 80 |
| 12 | 発癌とアスベスト | ▶ | 82 |
| 13 | 空気の組成 | ▶ | 84 |
| 14 | 二酸化炭素・一酸化炭素 | ▶ | 86 |
| 15 | 窒素酸化物・二酸化硫黄 | ▶ | 88 |
| 16 | オゾン・ホルムアルデヒド・VOCs | ▶ | 90 |
| 17 | 浮遊粉じん・たばこ煙 | ▶ | 92 |
| 18 | 臭気・ラドン | ▶ | 94 |
| 19 | 細菌類・ウイルス | ▶ | 96 |
| 20 | 音の属性と計算 | ▶ | 98 |
| 21 | 騒音基準・残響時間 | ▶ | 100 |
| 22 | 防音・遮音 | ▶ | 102 |
| 23 | 振動 | ▶ | 104 |
| 24 | 光と視覚 | ▶ | 106 |
| 25 | 光の単位 | ▶ | 108 |
| 26 | 照明方式・照明計算 | ▶ | 110 |
| 27 | VDT作業・照度基準 | ▶ | 112 |
| 28 | 色と色彩 | ▶ | 114 |
| 29 | 磁場・電場・電磁波 | ▶ | 116 |
| 30 | 水と健康・水質基準 | ▶ | 118 |

室内環境の衛生
# 1 室内環境と基準

> POINT ①建築物の衛生的な環境因子は，温熱環境，空気清浄度，音と振動，照明，磁場・電場・電磁波，水質がある
> ②労働者の健康障害を防ぐため，日本産業衛生学会が有害物質に暴露される場合の許容濃度を示している

## (1) 室内環境と環境管理基準

建築物は，人間が外界の劣悪な自然環境から身を守る目的で構築されてきたが，最近では建築技術が向上し，高気密，高断熱が進み，閉鎖空間としての機能とともに建築設備で自然に変わる人工環境を提供するようになってきた。

しかし，空間を構成する建築材料の多様化，空間の環境を制御する建築設備の不適切な運用から生じる居住者への不快感などの健康影響の訴えが起きている。

冷房障害，シックビル症候群，目の疲労，カビや微生物による健康障害など人体への影響が見られ，環境を適切に維持するために構築されたこれら施設は人体への凶器にもなりうる状況になっている。

室内環境において健康を損ねる環境は排除することが重要であり，人間活動においてさらに高い健康水準を確保するような配慮が求められている。

## (2) 建築物の衛生的な環境因子

### ① 温熱環境

室内の温度，湿度，風速等であり，長時間の冷し過ぎや短時間の急激な温度変化，さらに気流を直接受けるなどは体温の調節や心身の機能に影響を与えることが考えられる。

### ② 空気清浄度

酸素濃度の低下や二酸化炭素濃度の増加，一酸化炭素やホルムアルデヒドなどの有害な化学物質，細菌やかびなどの空気汚染物質が人の健康に影響を与える。

また，たばこ煙粒子，アスベストのような発癌物質はもちろん，非発癌物質でもその濃度および粒径によっては悪影響を及ぼすこともある。

### ③ 音と振動

職場等における強大な騒音により聴力低下等の健康影響が起こる。また，チェーンソー等の局所の振動によって健康影響が起こる。

### ④ 照明

光環境による目の疲労のように，照明は目の機能に影響を与える。また，VDT作業における照明は目の疲労に影響している。

### ⑤ 磁場，電場，電磁波

強い磁場，電場，電磁波はそれぞれ生

---

[解答] 1－×（許容濃度は，この数値以下であれば，ほとんどすべての労働者が悪影響を受けないと判断される濃度）　2－○　3－○

体に影響を及ぼしうるが，日常の生活環境レベルでの影響については不明である。

⑥ 水　質

飲料水は人の存在に必要であるが，飲料水中の感染性微生物や有害物質は，人の健康に重大な被害や影響を与える。

(3) 作業環境の基準

労働安全衛生法に基づく**事務所衛生基準規則**では，事務所における環境の基準を**表1.1**に示すように規定している。

また，職場における環境要因による労働者の健康障害を防ぐために，日本産業衛生学会が**許容濃度等の勧告**で以下の要因の許容基準を示している。

化学物質の許容濃度，生物学的許容値，発がん物質，感作性物質，騒音の許容基準，高温の許容基準，寒冷の許容基準，全身振動の許容基準，手腕振動の許容基準，電場・磁場および電磁場の許容基準。

このなかで，**化学物質の許容濃度**とは，労働者が1日8時間，週間40時間程度，肉体的に激しくない労働強度で有害物質に暴露される場合に，その有害物質の平均暴露濃度がこの数値以下であれば，ほとんどすべての労働者に健康上の悪い影響が見られないと判断される濃度と定義されている。

この勧告を運用するにあたっては以下のような点に注意すること。

① 許容濃度等は，設定するにあたって考慮された暴露時間，労働強度を越えている場合には適用できない。

② 人への有害物質等への感受性は個人ごとに異なるので，許容濃度等以下の暴露であっても，不快，既存の健康異常の悪化，職業病の発生を防止できない場合がある。

③ 許容濃度等は，安全と危険の明らかな境界を示したものと考えてはならない。

④ 許容濃度等の数値を労働の場以外での環境要因の許容限界値としてはならない。

表1.1　事務室における環境の基準

| 項目 | 衛生基準 |
|---|---|
| 気温 | 空気調和有　17～28℃ |
| 気流 | 空気調和有　0.5m/s 以下 |
| 湿度 | 空気調和有　40～70% |
| 二酸化炭素（$CO_2$） | 空気調和有　1000ppm 以下<br>空気調和無　5000ppm 以下 |
| 一酸化炭素（CO） | 空気調和有　10ppm 以下<br>空気調和無　50ppm 以下 |
| 浮遊粉じん | 空気調和有　0.15mg/m³ 以下 |
| 気積（室内空気容積，床上4m以上の高さを除く，労働者1人あたり） | 10m³ 以上 |
| 照明 | 精密作業　300lx 以上<br>普通作業　150lx 以上<br>粗作業　70lx 以上 |

---

○×問題に挑戦！　（記述の正誤を考えよう。解答は前ページ）

- ☐ Q1　日本産業衛生学会の「許容濃度等の勧告」における，化学物質の許容濃度は，この数値以下であれば，1人も健康障害が起こらない。
- ☐ Q2　許容濃度は，職場の環境中有害物質による健康障害を防ぐために決められている。
- ☐ Q3　有害物質の影響による健康被害を出さないためには，疫学調査，動物実験のデータ等の客観的かつ定量的な評価が必要となる。

室内環境の衛生
## 2 人体生理と環境の影響要因

> POINT① 人体生理の機能は，神経系，循環器系，呼吸器系，消化器系，内分泌系，免疫系，感覚器系，その他の系に分類される
> ② 健康に影響を与える環境要因には，物理的，化学的，生物的，社会的要因などがある

(1) **人体生理**

人体は，種々の機能を保有する細胞が集合して臓器をつくり，それらの臓器が効率よく連動して，ひとりの人間として活動できるようになっている。

① 神経系

感覚器官からの刺激を中枢に伝達する「知覚神経」，中枢からの命令を運動器官に伝える「運動神経」，そして無意識に，生命維持に必要な消化，呼吸，循環などの諸機能を調整している「自律神経」に大別できる。

また，神経系を中枢神経系と末梢神経系に分類することもできる。人体の各器官や臓器に起因する刺激は中枢に伝達され，これに反応した中枢の興奮が身体の箇所に末梢神経系によって伝えられる。なお，脳は精神機能，運動機能，視・聴覚，言語などの機能を司る。

② 循環器系

心臓，動脈系，静脈系，毛細管系からなり，さらに毛細管系は血液循環系とリンパ管系に分けられる。主な役割は，人体内への酸素と栄養供給である。

③ 呼吸器系

空気の通路といえる気道と肺である。主な役割は，人体内への酸素の摂取と，体外への二酸化炭素の排出である。

④ 消化器系

口腔から食道，胃，十二指腸，小腸，大腸，直腸，肛門に至るまでの消化管，肝臓，膵臓などの臓器に分けられる。主な役割は，栄養や水を摂取し，人体内で再合成と排泄を行うものである。なお，消化器系のうち，肝臓に蓄積されているグリコーゲンは，運動時に，ぶどう糖となり，血液によって筋肉や心臓に運ばれ，運動のエネルギー源となる。

⑤ 腎臓・泌尿器系

腎臓，尿管，膀胱，尿道などの臓器で，主な役割は，老廃物などを尿として排泄することである。

⑥ 内分泌系

脳の一部位（視床下部，下垂体），副腎，甲状腺，性腺系（卵巣，精巣など）の臓器で，主な役割は，栄養分の吸収や，

[解答] 1－×（リンパ節は免疫系に分類される。循環器系に分類されるのは，リンパ管である） 2－○ 3－×（体外からの刺激を受け，それらを神経系に伝達する役割を果たしているのは，感覚器系である） 4－○ 5－○

人体内でつくられたホルモンによって，生体機能の恒常性（**3**参照）を維持し，さらに成長，発達，代謝などの活性を制御する。なお，内分泌系に関係が深い血糖値は，身体運動や食後，一時的に増加する（一般に，血糖値は，食前で100程度，食後で130程度である）。

⑦ 免疫系

胸腺，骨髄，脾臓，リンパ節などの臓器で，主な役割は，人体内に有害な物質等が侵入した場合，有害かどうかを選択して，排除する。

⑧ 感覚器系

視覚，聴覚，臭覚，味覚，触覚の5つからなり，主な役割は，体外からの刺激を受け，それらを神経系に伝達する。

⑨ その他の系

造血系，生殖器系，筋骨格系，皮膚系。

**(2) 健康に影響を与える環境要因**

図2.1のように，環境は自然環境と人為的環境に分けることができ，人間以外の生物は自ら自然環境のみに順応しながら生存してきたのに対して，人間は衣類をまとったり，建築物を構築したりして，人為的な環境をつくりあげることで，環境に順応して生きてきた。環境のなかで健康に与える要因を分類すると，気候，温度，湿度などの物理的要因，空気，酸素，二酸化炭素（$CO_2$），窒素などの化学的要因，植物，ウイルス，細菌，寄生虫などの生物的要因，文化，産業，教育，医療などの社会的要因がある。

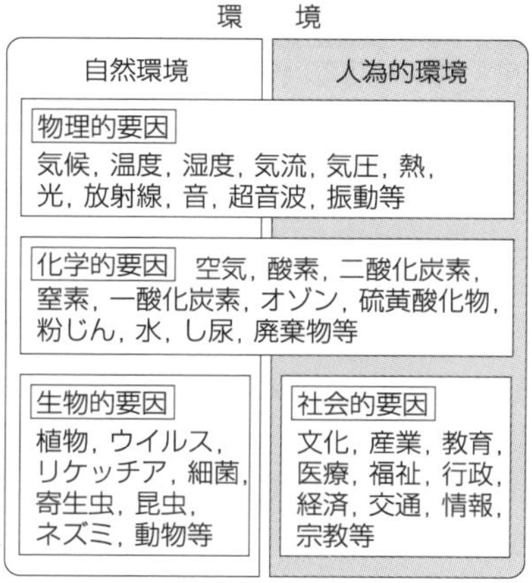

**図2.1 健康に影響を与える環境要因**
（田中正敏ほか：「衛生・公衆衛生学・環境と健康［改訂］」より）

| 環境 | |
|---|---|
| 自然環境 | 人為的環境 |

**物理的要因**
気候，温度，湿度，気流，気圧，熱，光，放射線，音，超音波，振動等

**化学的要因**
空気，酸素，二酸化炭素，窒素，一酸化炭素，オゾン，硫黄酸化物，粉じん，水，し尿，廃棄物等

**生物的要因**
植物，ウイルス，リケッチア，細菌，寄生虫，昆虫，ネズミ，動物等

**社会的要因**
文化，産業，教育，医療，福祉，行政，経済，交通，情報，宗教等

---

**○×問題に挑戦！**（記述の正誤を考えよう。解答は前ページ）

☐ Q1　リンパ節は循環器系に分類されている。
☐ Q2　消化器系の主な役割は，栄養や水を摂取し，人体内で再合成と排泄を行うものである。
☐ Q3　免疫系の主な役割は，体外からの刺激を受け，それらを神経系に伝達することである。
☐ Q4　感覚器系は，視覚，聴覚，臭覚，味覚，触覚の5つからなる。
☐ Q5　健康影響因子と環境要因との関係において，ウイルスや細菌は生物的要因である。

室内環境の衛生
# 3 生体機能の恒常性とストレス

POINT ①恒常性とは，生体の状態が一定に維持される性質，状態のことである
②ストレスをもたらす刺激をストレッサーという
③恒常性は，生体のフィードバック機構で維持されている

## (1) 生体機能の恒常性

### ① 恒常性とは

恒常性（ホメオスタシス）とは，生物のもつ重要な性質のひとつで，生体の内部や外部の環境因子の変化にかかわらず，生体の状態が一定に維持されるという性質，あるいはその状態のことで，生物が生物である要件のひとつであるほか，健康を定義する重要な要素でもある。生体恒常性ともいわれる。ちなみに，ホメオスタシスとは，20世紀初頭に米国の生理学者ウォルター・B・キャノン（Walter B. Cannon）が同一の（homeo）状態（stasis）を意味するギリシャ語から造語し命名したものである。

### ② 生体機能との関係

恒常性の保たれる範囲は，体温や血圧，体液の浸透圧やpHなどをはじめ，病原性微生物の排除，創傷の修復など生体機能全般に及ぶ。恒常性が保たれるためには，これらが変化したとき，それを元に戻そうとする作用，すなわち，生じた変化を打ち消す向きの変化を生む働きが存在しなければならない。

## (2) ストレス

### ① ストレスとは

そもそもストレスの語源は「物体を押したときにできるひずみ」という物理学用語であった。その後，1936年カナダの生理学者ハンス・セリエ（H. Selye）が，生体内のひずみの状態をストレス学説に基づいて解明した。

生体に対して，一定以上の強い刺激が加えられると，生体内にさまざまな変化が生じて，それらへ適応しようとする。このような状態をストレスといい，ストレスをもたらす刺激をストレッサーという。ストレッサーのうち，生体機能の恒常性を乱そうとする力が，有害なストレッサーとなる。

ストレス学説では，物理的刺激（大けが，発熱，寒冷，放射線，騒音など），化学的刺激（薬物，二酸化炭素中毒など），生物的刺激（細菌の感染）などのストレス作因，または精神的（受験，手術，試合などの不安，恐怖），情緒ストレスが加わると，下垂体から副腎皮質刺激ホルモンが分泌され，これが全身に働いて一連の反応（全身適応症候群）が起

---

[解答] 1―○　2―○　3―○　4―×（高齢者は，若年者に比べてストレスに対する耐性は低下する）　5―○（図を参照）

こると唱えた。

② 調節・適応とストレス

環境変化に対する調節や適応の能力には，おのずと限界があり，その限界を超えるとストレスとなる。いにしえの時代，過酷な自然環境が人間のストレスであった。その後，人間は衣類をまとったり，建築物を構築したりして，人為的な環境をつくりあげることで，環境条件によるストレスを緩和してきた。

上述したように，ストレス作因に加え，精神的な条件や環境への不適合によってストレスを生じる。つまり，調節・適応は環境条件と人的な要因とのバランスが必要である。

③ 加齢とストレス

人間は加齢によって，身体的な機能は衰える傾向にあり，外部刺激に対する適応能力も低くなる。したがって，ストレスに対して過剰または過小に反応するなど，ストレスに対する耐性は，若年者と比較して低下する。

(3) 生体のフィードバック機構

図3.1のように，人体は，外部環境が変化しても，生体のフィードバック機構によって，生体機能の恒常性を維持する

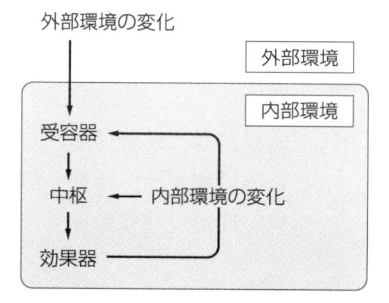

**図3.1 生体のフィードバック機構**
（田中正敏ほか：「衛生・公衆衛生学・環境と健康［改訂］」より）

ことができる。ここでは，環境を外部環境と内部環境に大別するが，外部環境の変化はまず受容器に伝達され，そこから神経系などの人体生理の機能（❷参照）によって中枢に伝えられる。そして，中枢は，それらの変化に反応して，再び神経系などの人体生理の機能によって，筋肉などの運動機能をもつ効果器に伝達され，行動を起こしたり，反応したりすることとなる。

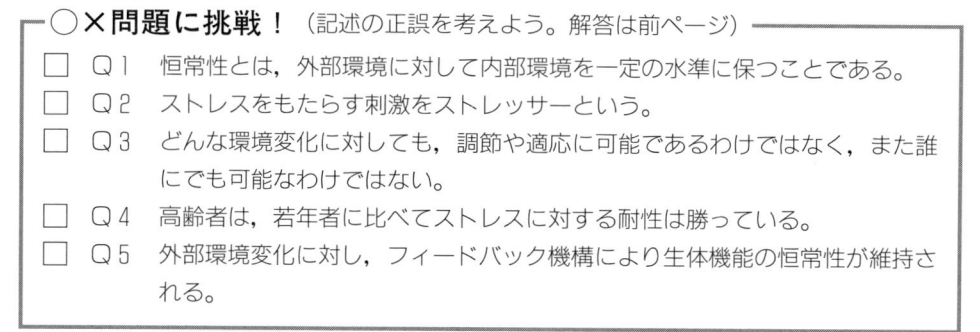

---

**─○×問題に挑戦！**（記述の正誤を考えよう。解答は前ページ）

- □ Q1　恒常性とは，外部環境に対して内部環境を一定の水準に保つことである。
- □ Q2　ストレスをもたらす刺激をストレッサーという。
- □ Q3　どんな環境変化に対しても，調節や適応に可能であるわけではなく，また誰にでも可能なわけではない。
- □ Q4　高齢者は，若年者に比べてストレスに対する耐性は勝っている。
- □ Q5　外部環境変化に対し，フィードバック機構により生体機能の恒常性が維持される。

室内環境の衛生

# 4 体温調節と代謝量

POINT①体温には，基礎体温，皮膚温，深部体温などがある
②人体の体温は，産熱と放熱のバランスで決まる
③基礎代謝量は空腹安静時の代謝量をいう

## (1) 体温

人間を含む哺乳類は定温動物（恒温動物）である。定温動物とは，気温にかかわらずいつも体温を一定に保持できる動物のことである。人間が体温を一定に維持できる中枢は，間脳の視床下部にあり，外気温や血流温度に合わせて体温を調節している。この体温を一定に調節するメカニズムを体温調節機序ともいう。

例えば，外気温が高い場合，視床下部の温熱中枢を刺激し，体温調節中枢の設定温度を低くして体熱の放散を図ろうとする。逆に，外気温や血流温度が低いと，視床下部の冷中枢を刺激して体温調節中枢の設定温度を高くし，熱の放散を抑制する。皮膚の血管は，寒さに対して収縮し，暑さに対しては拡張する。さらに，寒いと体がガタガタ震えるのは，筋肉を動かすことによって体熱を生産し，体温を上げようとするためである。

人間の基礎体温は，成人で36.0～36.6℃程度であり，小児は成人と比較して，わずかに高く，加齢すると低くなる傾向になる。

皮膚表面に近い部分や手足の温度のこととをシェル（人体表面部分）の温度，皮膚温といい，体温の恒常性を保っている温度をコア（人体内部）温度または深部体温という。暑熱時にはコアの占める割合が大きく，寒冷時にはシェルの占める割合が拡大する。コアは胸や腹部の内臓，そして脳の部位を含み，周囲の寒暑にかかわらず，一定した温度に保たれている。なお，人体各部位の温度を高い順に列挙すると，直腸温（深部体温），顔面の体温（皮膚温），手の体温（皮膚温），足の体温（皮膚温）の順となる。

## (2) 人体の熱平衡

人体には，(1)で説明したように，体温を一定に保とうとする恒温作用がある。

人体の産熱放熱の関係を表した熱平衡式を以下に示す。

$$M-(R+C+K+E)=\pm S$$

ここで，$M$：産熱量，$R$：放射による放熱量，$C$：対流による放熱量，$K$：伝導による放熱量，$E$：蒸発による放熱量，$S$：身体貯熱量

産熱は主に筋肉，肝臓（グリコーゲン）で，放熱は主に皮膚や呼吸器を介して行われる。人間の体温においては，産

---

[解答] 1―×（人体各部位の温度を高い順に並べると，直腸温，顔面の体温，手足の体温の順となる）　2―○（日本人の20歳代の平均的な基礎代謝量は，単位時間単位体表面積あたり男子で約43W，女子で約39Wである）　3―○　4―○

熱と放熱とのバランスが不可欠といえる。

### (3) 代謝量

人間が作業をするために必要な消費エネルギーを代謝量といい，単位時間あたりの発熱量［J/h，またはW］で表す。空腹時仰臥姿勢の安静状態の代謝量を**基礎代謝量**という。日本人の20歳代の平均的な基礎代謝量は，単位時間単位体表面積あたり男子で約43W，女子で約39Wである。なお，座位安静時の代謝量は基礎代謝量の約20％増，睡眠時は基礎代謝量の約95％とされている。

また体表面積あたりの基礎代謝量は幼少期が最大で，成人の1.6倍，以降20歳代まで低下して行き，その後は大きく変化しないが，老化とともに低下する。

人間の作業状態を表す指標として作業量があり，次式のように安静時の代謝量に対する比［met］で示される。

$$作業量 = \frac{作業時の代謝量}{いす座安静時の代謝量}[met]$$

ここで，いす座安静時の代謝量は58.2 W/m²である。

なお，**表4.1**に人体の主な活動における代謝量および作業量 met を示す。

### (4) 着衣量

着衣の熱的抵抗をクロ値［clo］で表す。1cloとは，気温21℃，相対湿度50％，気流速度0.1m/sの室内で，着席安静にした人が快適（平均皮膚表面温度33℃）である着衣量の熱抵抗である。なお，標準的な背広が約1clo，夏服が0.6clo，冬服で1.5clo程度である。

**表4.1 人体の主な活動における代謝量**

| 活動 | | 代謝量 [W：ワット] | met |
|---|---|---|---|
| 安静時 | 睡眠時 | 70 | 0.7 |
| 休息 | いす座 | 75 | 0.8 |
| | 立位 | 120 | 1.2 |
| 事務所 | いす座読書 | 95 | 1.0 |
| | いす座ワープロ | 110 | 1.1 |
| | いす座ファイル整理 | 120 | 1.2 |
| | 立位ファイル整理 | 135 | 1.4 |
| | 歩き回る | 170 | 1.7 |
| | 梱包作業 | 205 | 2.1 |
| 平坦地歩行 | 3.2km/h | 195 | 2.0 |
| | 4.6km/h | 255 | 2.6 |
| | 6.4km/h | 375 | 3.8 |
| 自動車運転 | 乗用車 | 100～195 | 1.0～2.0 |
| | 重機 | 315 | 3.2 |
| 家庭内作業 | 料理 | 160～195 | 1.6～2.0 |
| | 掃除 | 195～340 | 2.0～3.4 |
| 工場内作業 | ミシン掛け | 180 | 1.8 |
| | 軽作業 | 195～240 | 2.0～2.4 |
| | 重作業 | 400 | 4.0 |
| ツルハシ，ショベル作業 | | 400～475 | 4.0～4.8 |
| レジャー | 社交ダンス | 240～435 | 2.4～4.4 |
| | 美容体操 | 300～400 | 3.0～4.0 |
| | テニス，シングルス | 360～460 | 3.6～4.7 |
| | バスケットボール | 490～750 | 5.0～7.6 |
| | 競技レスリング | 700～860 | 7.0～8.7 |

標準的な体表面積1.7m²の人を想定している
（ASHRAE：1993 ASHRAE Handbook Fundamentals，より）

---

**○×問題に挑戦！**（記述の正誤を考えよう。解答は前ページ）

- ☐ Q1 人体各部位の温度を低い順に並べると，直腸温，手足の皮膚温，顔面の皮膚温である。
- ☐ Q2 成人の平均的基礎代謝量は，女性と比較して男性のほうが高い値である。
- ☐ Q3 met（メット）の値は，いす座位における安静時代謝量を基準としている。
- ☐ Q4 エネルギー代謝量は，人体の活動量によって異なる。

室内環境の衛生
# 5 温熱要素と温熱指標(1)

POINT ①温熱要素には環境要因4要素（温度，湿度，気流，周囲表面温度）と人体要因2要素（人体の活動量，着衣量）がある
②不快指数（$DI$）は温・湿度，有効温度（$ET$）は温・湿度と気流，修正有効温度（$CET$）は温・湿度と気流，放射熱によって規定される

## (1) 温熱要素

快適な室内気候は，人々が感じる暖かさや涼しさの心地よい環境といえる。このような状態を決定する要素には，空気の温度，湿度，気流，周囲表面温度による環境要因の4要素と，人体の活動量，着衣量の人体要因2要素，合計6要素の温熱要素がある。

温熱要素は人体に総合的に作用するので，例えば，室内の温度が25°Cであっても他の要素が異なれば，人体に感じる暑さの程度は異なる。快適な室内気候とするためには，これらの要素を適切に調節する必要があるが，別々に表示することは，複雑であるとともに，快適性を示す組合せも無数にあるので，温熱要素などを組み合わせて表5.1のような指標をつくり，その尺度で表示する方法が用いられる。

## (2) 不快指数（DI：Discomfort Index）

気候の不快度を指数として表示するために，アメリカ合衆国気象局が採用したもので，不快指数 $DI$ は次式に示すように気温と湿度だけを考慮したものである。

$$DI = 0.72(t_a + t_w) + 40.6$$

ただし，$t_a$ は乾球温度（°C），$t_w$ は湿球温度（°C）である。

表5.1 温熱要素とその関連指標

| 名称 | 記号 | 関係要素 | | | |
|---|---|---|---|---|---|
| | | 気温 | 湿度 | 気流 | 放射熱 |
| 有効温度(感覚温度)〔ヤグロー〕 | ET | ○ | ○ | ○ | |
| 修正有効温度(修正実効温度) | CET | ○ | ○ | ○ | ○ |
| 作用温度(効果温度) | OT | ○ | | ○ | ○ |
| 不快指数 | DI | ○ | ○ | | |
| 新有効温度〔ASHRAE〕 | ET* | ○ | ○ | | |

［解答］1—○　2—×（不快指数は，気温，湿度のみで計算できる指標である）　3—○
4—○（修正有効温度は，主に壁や天井が熱せられて放射熱の影響が大きい放射暖房を使用している室などに用いられる）

この指数を日本人にあてはめた場合，75以上で「やや暑い」，80以上で「暑くて汗が出る」，85以上あると「全員不快」となる。

### (3) 有効温度（ET：Effective Temperature）

有効温度（$ET$）は，ヤグローの有効温度あるいは感覚温度ともいい，温熱要素のうち乾球温度，相対湿度，気流の3つの要素を組み合わせた指標である。

有効温度による表示は，ある乾球温度，相対湿度，気流の室内気候と同じ体感状態になる湿度100％，風速0 m/s（無風）とした時の乾球温度で表す。

有効温度は，図5.1のような方法で求めることができる。つまり，乾球温度26℃，湿球温度18℃，風速0.5m/sとすると，乾球温度26℃の点と湿球温度18℃の点を直線で結び，中央の風速0.5 m/sとの交点から有効温度約22℃を求めることができる。ほぼ無風状態であるとしたら，風速0 m/sの交点から有効温度23℃を求めることができる。

有効温度で示された値が，冬期で$ET$17〜22℃，夏期で$ET$19〜24℃（いずれも湿度40〜60％，風速0.5m/s以下）であれば，室内気温は良好であり，

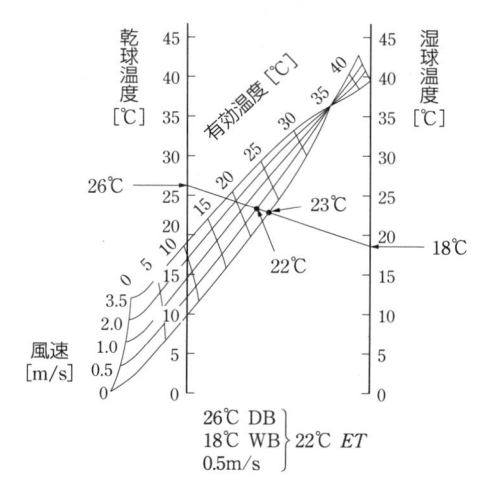

**図5.1　有効温度（$ET$）の線図**

$ET$25℃以上になると，暑さを感じて不快になる。

### (4) 修正有効温度（CET：Corrected Effective Temperature）

(3)で説明した有効温度は，温熱要素のうち，放射熱（周囲表面温度）が欠けているので，壁や天井が熱せられて放射熱の影響が大きい場合には，修正有効温度（$CET$）を用いる。修正有効温度は，乾球温度をグローブ温度に変え，湿球温度は相当する湿球温度を湿り空気線図から求めるものである。

---

**○×問題に挑戦！**（記述の正誤を考えよう。解答は前ページ）

- □ Q1　温熱要素は，環境要因4要素と人体要因2要素で構成されている。
- □ Q2　不快指数は，気温，湿度，気流によって表される指標である。
- □ Q3　ヤグローの有効温度は，相対湿度100％，ほぼ無風のときの乾球温度を基準にしている。
- □ Q4　修正有効温度は，主に壁や天井が熱せられて放射熱の影響が大きい場合に用いられる。

室内環境の衛生

# 6 温熱要素と温熱指標(2)

POINT①その他の温熱示標として，作用温度（$OT$），新有効温度（$ET^*$），標準有効温度（$SET^*$），予測平均申告（$PMV$）がある
②快適温度は，年齢，性別，健康状態，衣服，作業，季節などによって異なるが，一般に男子の快適温度は女子よりも低い

## (1) 作用温度（OT：Operative Temperature）

温熱要素のうち，湿度を除く，気温，気流，放射熱と体感を示すものとして提案され，気流が0.2m/s以下の微気流の場合は次式となる。

$$OT ≒ (T + MRT) / 2$$

$T$：室温，$MRT$：平均放射温度

ここで，$MRT$ とは，平均放射温度（Mean Radiant Temperature）で，温度が異なる壁体に囲まれた人体表面の放射熱取得量と，これに等しい放射熱が取得できるような室の均一な表面の放射温度をいう。近似的には室内の平均表面温度となるが，厳密には在室者の位置などで異なる。

## (2) 新有効温度（ET*）

イーティースターと呼び，等価な温熱感覚を示す温度と湿度の組合せを湿り空気線図上に，相対湿度50％の温度を表示したものである。また，新有効温度における標準条件としては，着衣量0.6clo，

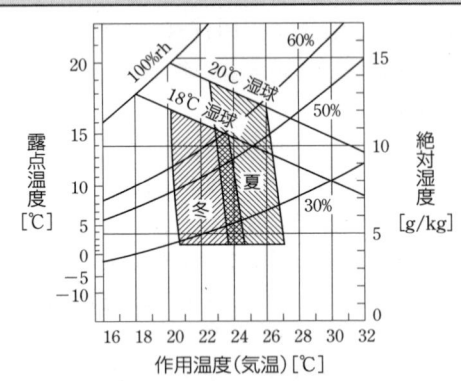

図6.1 $SET^*$の快適範囲

作業量1.0met，風速0.15m/s以下の静穏。$MRT$ が室温と等しいときの新有効温度を標準有効温度 $SET^*$ という。図6.1に快適範囲を示す。

## (3) 予測平均申告（PMV：Predicted Mean Vote）

予測平均申告（$PMV$）は，温熱の環境4要素と clo のほか，人間の作業時のエネルギー代謝量 met を含めた複合効果をどのように評価するかについて，O.ファンガーによって提案された総合的な

---

[解答] 1―○（線図上では，作用温度と新有効温度の一致点の相対湿度は，すべて50％である）　2―○（厳密には在室者の位置などで異なるが，一般的には室を構成する各壁体の平均表面温度といえる）　3―○　4―×（一般に男子の快適温度は，女子の快適温度よりも低い）　5―○

表6.1　$PMV$ と $PPD$（不満足者率）との関係

| PMV | −2.0 | −1.5 | −1.0 | −0.5 | 0 | 0.5 | 1.0 | 1.5 | 2.0 |
|---|---|---|---|---|---|---|---|---|---|
| PPD（不満足者率）[%] | 76 | 54 | 27 | 10 | 5 | 10 | 27 | 54 | 76 |

快適指標である。$PMV$ は，1984年にISO 7730として国際規格化された。**表6.1**は，$PMV$ と $PPD$（不満足者率）との関係を示したものである。ある寒暖の状態のときに，何％の人が，その環境に不満足かを示したものが $PPD$ である。ISO 7730では，$-0.5<PMV<+0.5$，$PPD$ が10％以下という推奨値を示している。

**(4) 快適感覚と快適温度**

快適感覚は，年齢，性別，健康状態，栄養，衣服，作業強度，季節等の要因によって差異を生じる。そして，快適とされる温度（快適温度）は，一般に，男子では，女子の快適温度よりも低く，老人の快適温度は，成人の快適温度よりも高い。また夏期の快適温度は，冬期の快適温度よりも高い。さらに低温では，湿度が温度感覚にあまり影響しない。

**(5) 負荷量と個体レベルにおける影響**

人体の個体内部での恒常性が維持されている場合とは，外部からの有害物の影響が少ないものと考えられる。逆にいえば，個体に対する有害物の影響は，その有害物の量が増大するにつれて，個体内部での恒常性が保てなくなり，それらがストレスとなり，疾病を経て影響がきわめて大きい場合には死に至る。人体に対する負荷量と個体レベルにおける影響の関係を量-影響関係という。この概念図の例を**図6.2**に示す。

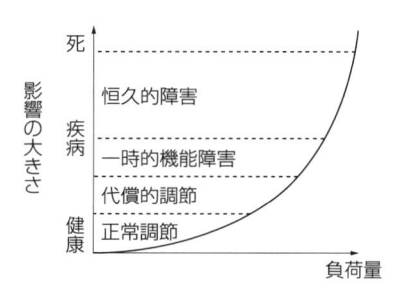

**図6.2　量-影響関係**
（「建築物の環境衛生管理 上巻」p.256，ビル管理教育センター，より）

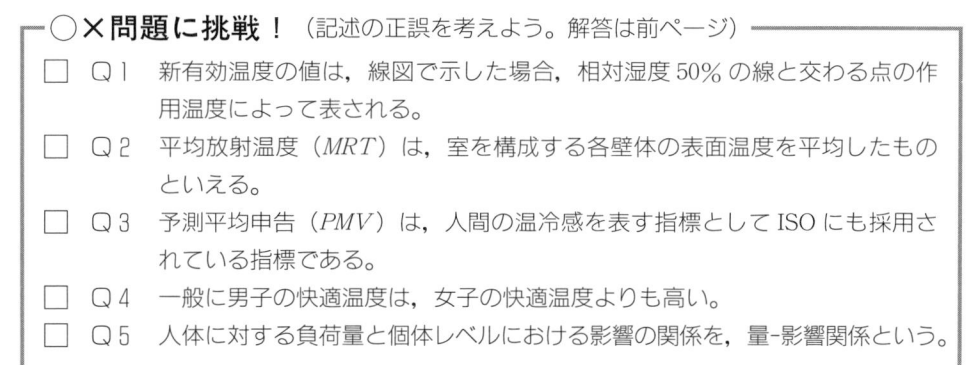

---

**○×問題に挑戦！**（記述の正誤を考えよう。解答は前ページ）

- [ ] Q1　新有効温度の値は，線図で示した場合，相対湿度50％の線と交わる点の作用温度によって表される。
- [ ] Q2　平均放射温度（$MRT$）は，室を構成する各壁体の表面温度を平均したものといえる。
- [ ] Q3　予測平均申告（$PMV$）は，人間の温冷感を表す指標としてISOにも採用されている指標である。
- [ ] Q4　一般に男子の快適温度は，女子の快適温度よりも高い。
- [ ] Q5　人体に対する負荷量と個体レベルにおける影響の関係を，量-影響関係という。

室内環境の衛生

# 7 感染と病原体

> POINT①病原体には，細菌，ウイルス，リケッチア，スピロヘータ，原虫，真菌などがある
> ②空気感染や水系感染，媒介動物感染を防ぐことが建築物衛生管理上大切である

## (1) 感染とは

「人が微生物に感染する」とは，人の細胞の中に微生物（病原体）が侵入して増殖することによって，人の正常な細胞活動を障害することをいう。

障害が軽度のときは，症状が現れずに抗体がつくられ，「不顕性感染」となり，障害が大きいと各種の症状が現れ，「発病」となる。

## (2) 病原体

病原体としては，細菌，ウイルス，リケッチア，スピロヘータ，原虫，真菌等が主なものである。表7.1に病原体の種類と感染症の例を示す。

## (3) 感染経路

感染の経路は，呼吸器経路から飛沫やじんあいなどが，消化器経路からは食品や手指を介して，粘膜からは微生物に汚染されたものに直接接触することで侵入する。また，皮膚組織の損傷，節足動物の吸血や咬傷によるもの，動物に接触することによる人畜共通病原体への接触感染（特に愛玩動物から感染するもの），そして医療行為によるものなどがある。

感染経路を直接伝播と間接伝播に分けた場合は次のようになる。

① 直接伝播

1）直接接触：他人との接触や咬傷等

表7.1 病原体の種類と感染症の例

| 分類 | 大きさ／形態 | 感染症の例 |
|---|---|---|
| ウイルス | 10〜400nm／球状の小体 | 痘瘡，麻疹，B型肝炎，インフルエンザ |
| リケッチア | 300〜500nm／球形ないしは桿形の小体 | 発疹チフス，つつが虫病 |
| 細菌 | 1μm前後／球形ないしは桿形の単細胞生物 | コレラ，ペスト，結核，レジオネラ症 |
| 真菌 | 1〜10μm程度／かびの仲間 | カンジダ症，白癬症 |
| スピロヘータ | 6〜15μm／らせん形の細長い単細胞生物 | 梅毒，ワイル病 |
| 原虫 | 20〜500μm以上／単細胞生物 | マラリア，クリプトスポリジウム症 |

（中山宏明，光山正雄ほか：「微生物学」より）

[解答] 1—○（インフルエンザはウイルスが病原体）　2—×（(2)のクリプトスポリジウム症は水や食べ物を介して感染する水系感染である）

により感染する（代表例：梅毒）
2）飛沫感染：くしゃみ，咳等が直接あるいは粉じんに付着して経気道感染する（代表例：インフルエンザ，肺結核）
3）胎盤感染：妊娠中の母体を通して胎児へ感染する（代表例：風疹，エイズ）
② 間接伝播
1）媒介物感染
・間接接触：衣類等を通じて感染する（代表例：結核，エイズ）
・食物感染：病原体等を含んだ魚介類や牛乳等の摂取により感染する（代表例：A型肝炎，ジストマ，腸チフス）
・水系感染：水を通して感染する（代表例：クリプトスポリジウム症）
2）媒介動物感染
・伝播動物により感染する（代表例：ゴキブリやハエによる食中毒）
3）空気感染
・飛沫核感染：飛沫が空気中で乾燥し浮遊した空気により感染する（代表例：結核）
・飛じん感染：汚染されたほこりによって感染する（代表例：レジオネラ症）

### （4）建築物と感染の問題

建築物は室内で作業をしたり，催し物を開催したりして大勢の人が出入りする。この人たちに快適な空間を提供するために空調設備や給排水衛生設備等が設けられ，自然気候に変わって人口気候をつくり出している。これら設備は機械であり，運転方法を誤ったり，維持管理を適切に行わなかったりすると，これが病原体の巣窟になり，各種の病気を感染させることになるので衛生管理はきわめて重要である。

空調設備では，空気清浄装置，加湿装置，冷却塔，ダクト等が細菌や真菌等の病原性微生物の汚染源となることが考えられる。同様に給排水設備についても，受水槽などの水槽類，各種の排水装置についても同様なことがいえる。一方，ねずみ，ゴキブリ等が建築物の内部に生存し病原菌のもととなることなど多様である。これらは，設備の衛生管理とあわせ，ねずみ，昆虫などの防除の対策を真剣に考えることが重要である。これらについては，建築物衛生法において基準が定められており，総合的に対応が必要である。

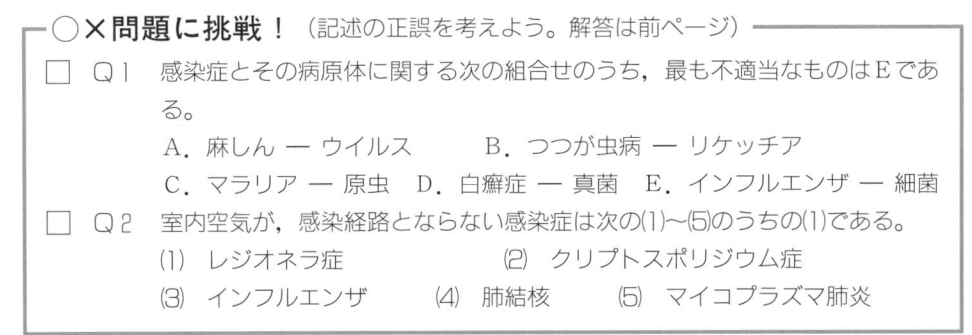

---

**○×問題に挑戦！** （記述の正誤を考えよう。解答は前ページ）

☐ Q1　感染症とその病原体に関する次の組合せのうち，最も不適当なものはEである。
　　A．麻しん － ウイルス　　B．つつが虫病 － リケッチア
　　C．マラリア － 原虫　　D．白癬症 － 真菌　　E．インフルエンザ － 細菌

☐ Q2　室内空気が，感染経路とならない感染症は次の(1)〜(5)のうちの(1)である。
　　(1) レジオネラ症　　(2) クリプトスポリジウム症
　　(3) インフルエンザ　　(4) 肺結核　　(5) マイコプラズマ肺炎

室内環境の衛生
# 8 主な感染症

POINT ①感染症は一類から五類および指定感染症，新感染症の7つに分類される
②主な感染症には，ペスト，結核，コレラ，腸管出血性大腸菌感染症，日本脳炎，レジオネラ症，クリプトスポリジウム症などがある

## (1) 感染症の分類

感染症の防止は，公衆衛生の向上や増進を図るうえで重要である。

感染症は，感染症予防法（感染症の予防及び感染症の患者に対する医療に関する法律）で，一類から五類，指定感染症，新感染症の7つに分けられている。

① 一類感染症

エボラ出血熱，痘そう，ペスト，ラッサ熱などの感染性の疾病をいう。原則として入院が必要で，就業制限や交通の制限がとられる。

② 二類感染症

結核，ジフテリア，重症急性呼吸器症候群（病原体がコロナウイルス属SARSコロナウイルスであるものに限る）などの感染性の疾病をいう。状況に応じて入院が必要で，特定職種への就業制限がある。

③ 三類感染症

コレラ，細菌性赤痢，腸管出血性大腸菌感染症，腸チフスなどの感染性の疾病をいう。集団発生を起こすことがあり，特定職種への就業制限がある。

④ 四類感染症

E型肝炎，A型肝炎，黄熱，狂犬病，鳥インフルエンザ，マラリア，ウエストナイル熱，つつが虫病，日本脳炎，レジオネラ症などの感染性の疾病をいう。人から人への感染はほとんどないが，動物や物の消毒や破棄などの措置が必要である。

⑤ 五類感染症

インフルエンザ（鳥インフルエンザを除く），クリプトスポリジウム症，梅毒，麻しん，破傷風，百日咳，風しんなどの感染性の疾病をいう。国が感染症発生動向調査を行って，その結果を国民や医療機関に公表し，発生や拡大を防止する。

⑥ 指定感染症

すでに知られている感染性の疾病（一類～三類感染症を除く）であって，情報収集，健康診断，就業制限，入院，消毒，医療などの対応をしなければ，当該疾病のまん延により国民の生命および健康に重大な影響を与えるおそれがあるものをいう。

⑦ 新感染症

人から人に伝染すると認められる疾病であって，すでに知られている感染性の疾病とその病状または治療の結果が明らかに異なるもので，当該疾病にかかった

[解答] 1－○　2－○　3－×（潜伏期間は5～10日である）

場合の病状の程度が重篤であり，かつ，当該疾病のまん延により国民の生命および健康に重大な影響を与えるおそれがあると認められるものをいう。

### (2) 主な感染症の特徴

① ペスト（一類）

ペスト菌を持つねずみの血を吸ったノミに，人が血を吸われ取り込まれることがある。リンパ節の腫れ，肺炎，潰瘍を呈する。

② 結核（二類）

結核患者の咳，会話などにより，結核菌が飛沫・空気を介して感染する。感染しても多くの人は治癒し，発病には至らないが，菌は体内で数年〜数十年生存する。近年の集団感染の増加には，建築物の気密性の向上との関係が示唆されている。

③ SARS（二類）

SARSコロナウイルスが，飛沫や接触感染を通して取り込まれる。発熱，インフルエンザ様症状，下痢を呈する。

④ コレラ（三類）

食物を通して取り込まれることによって感染する。嘔吐，下痢を呈する。潜伏期は5日以内である。

⑤ 腸チフス（三類）

飲食から取り込まれることで感染する。発熱，下痢，腹痛を呈する。潜伏期は2週間である。

⑥ 腸管出血性大腸菌感染症（三類）

腸管出血性大腸菌が，水や食物を通して取り込まれることで感染する。嘔吐，下痢，血尿を呈する。潜伏期は，2〜5日が最も多い。

⑦ 日本脳炎（四類）

日本脳炎ウイルスに感染した豚から，コガタアカイエカを通して取り込まれることで感染する。頭痛，嘔吐，意識障害を呈する。潜伏期は15日くらいである。

⑧ レジオネラ症（四類）

レジオネラ属菌が原因で起こる。高熱，呼吸困難，筋肉痛，吐き気，下痢，意識障害が起こり，死亡する場合がある。

⑨ ウエストナイル熱（四類）

ウエストナイルウイルスが，蚊を通して取り込まれることで感染する。発熱，頭痛，倦怠感を呈する。潜伏期は3〜14日である。

⑩ クリプトスポリジウム症（五類）

クリプトスポリジウムオーシスト（原虫）が，水や食物を通して取り込まれることで感染する。嘔吐，下痢，腹痛を呈する。潜伏期は5〜10日である。

⑪ ポリオウイルス

感染者の糞便から取り込まれることで感染する。発熱，嘔吐，下痢を呈する。

---

○×問題に挑戦！ （記述の正誤を考えよう。解答は前ページ）

- [ ] Q1 結核菌は，感染すると体内で数年から数十年存在する。
- [ ] Q2 レジオネラ症は，主として冷却塔，循環式浴槽に供した水を介して感染する。
- [ ] Q3 クリプトスポリジウム症の潜伏期間は，約1か月である。

室内環境の衛生
# 9 感染症の予防と対策

> POINT①感染症には，空気を介して感染するもの，飛沫を介して感染するもの，接触を介して感染するものがある
> ②消毒には主に熱を利用する物理的方法，薬品を用いる化学的方法がある

## (1) 感染症の予防
感染症の予防として，感染源の早期発見とその隔離，除去である。感染症については感染症予防法により，感染症の種類ごとに処置・対応が決められている。

## (2) 具体的な感染症の対処法
### ① 空気を介して感染するもの
1）病原体の種類
　結核菌，麻疹ウイルス・水痘（帯状疱疹ウイルス）
2）具体的手法
・患者は，個室管理を行う。
　まず，個室はマイナス圧とし，ウイルスを室内から出さないようにする。また，換気回数に配慮し，排気は外気に直接排気する方法を行う。個室が利用できない場合は，同じ病人を同じ部屋に収容するよう配慮する。
・病原体に感受性のある担当者は，患者との接触を避ける。
・患者の移動は，なるべく制限する。

### ② 飛沫を介して感染するもの
1）病原体の種類
　ジフテリア菌，百日咳・インフルエンザ菌，インフルエンザウイルス他

2）具体的手法
・個室管理または同病者を集めて隔離管理する。もし，隔離管理ができない場合は，ベッドの間隔を1m以上あけるようにする。
・看護する場合は，マスクを着用する。
・患者の移動はなるべく制限し，必要な場合は，患者にマスクを着用させる。

### ③ 接触を介して感染するもの
1）病原体の種類
赤痢菌，コレラ菌，ジフテリア菌，病原性大腸菌他
2）具体的手法
・隔離管理する。
・看護者は，手袋の着用を行い，終了後は，手を洗う。
・患者との接触がある場合は，ガウンを着用する。

## (3) 消　　毒
感染源および感染経路を絶つうえで重要なものである。消毒はある環境の中で病原体のみを死滅させる方法である。なお，滅菌とはある環境の中の微生物を全部死滅させることをいう。

消毒・滅菌方法としては，物理的方法

---

[解答]　1－×（(1)が感染源対策である）　2－×（(4)のクレゾールは飲食物，食器には不適である）

（熱や紫外線を利用する方法）と化学的方法（薬品を利用する方法）がある。
① 物理的方法
 1）流通蒸気法：100℃の蒸気の中に，30〜60分通す。
 2）煮沸法：沸騰水の中で，15分以上煮沸する。
 3）熱水法：80℃の湯の中に10分以上浸す。
 4）高圧蒸気滅菌法：オートクレーブを利用する。121℃で15分以上，接触させる。
 5）紫外線消毒法
② 化学的方法
　クレゾール，次亜塩素酸ナトリウム，ホルマリン，逆性石けんなどの薬品を用いる。
 1）清拭法：ガーゼや布を使って消毒薬をしみこませて，必要な部分を拭き取る方法である。ガーゼなどに十分しみこませないと，不完全な消毒となる場合がある。
 2）浸漬法：容器に消毒薬を入れて，薬液と接触させる方法である。十分に浸漬していない場合や気泡がある場合は，不完全な消毒となる場合がある。
 3）散布法：スプレー式の道具を用いて，消毒する方法である。
 4）灌流方法：チューブや内視鏡等に消毒薬を灌流する方法である。
 5）病原体ごとの消毒方法：次亜塩素酸ナトリウムや消毒用アルコールを使用する。

**（4） 日常の予防**
　一般的に，感染症は糞口経由（動物などの糞に触れた手などが口に触れること）が多く，予防法の原点は手洗いに尽きる。①清潔な流水をかけ流しながら物理的に微生物を洗い流すこと，②石けんで脂肪を除去すること，③できるだけ温度の高い流水を使うことが最善の方法である。脂肪とともに微生物を洗い流し，温水で汗腺内の微生物を排除する。それによって知らぬ間に手に付着した病原微生物を口に運ぶことが少なくなり，また食器や食物に微生物が付着することを防ぐことから有効である。
　注）昆虫による感染を防ぐには，昆虫の生活空間に近寄らないこと。

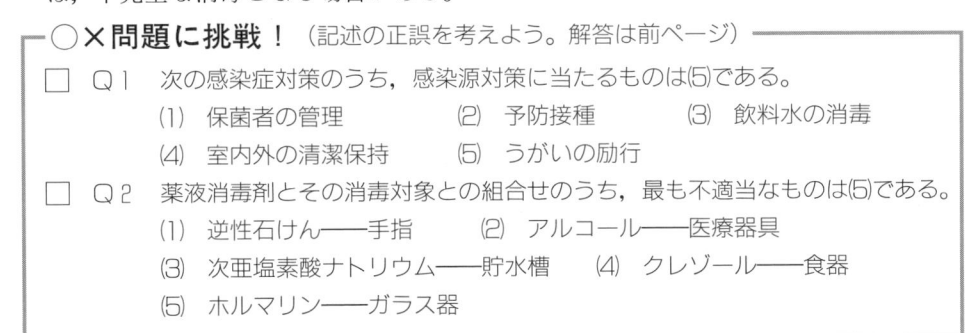

---

**○×問題に挑戦！**（記述の正誤を考えよう。解答は前ページ）

□ Q1　次の感染症対策のうち，感染源対策に当たるものは(5)である。
　　(1) 保菌者の管理　　(2) 予防接種　　(3) 飲料水の消毒
　　(4) 室内外の清潔保持　　(5) うがいの励行

□ Q2　薬液消毒剤とその消毒対象との組合せのうち，最も不適当なものは(5)である。
　　(1) 逆性石けん——手指　　(2) アルコール——医療器具
　　(3) 次亜塩素酸ナトリウム——貯水槽　　(4) クレゾール——食器
　　(5) ホルマリン——ガラス器

室内環境の衛生
# 10 シックビル症候群

POINT ①シックビル症候群には特異的な症状はなく,目鼻の痛み,頭痛など多様
②外気取入れ量の低減,気密性の向上,新建材に含まれるVOCsが主な発生要因

## (1) シックビル症候群とは

1970年代に2度にわたる石油ショックを受けて,欧米では,冷暖房費節約のため,建築物の外気取入れ量低減等による省エネルギー化が進められた。このような経過の中で1980年代の初頭からこれら地域の省エネルギービルにおいて,めまい,吐き気,頭痛,目,鼻,のどの痛み,ゼイゼイする,のどがかれるなどの呼吸器系の諸症状,体の不調を訴える居住者が多数見られるようになってきた。これらは,ビルの居住者が訴える症状であることから「シックビル症候群」と呼ばれたのが始まりで,「ビル病」とかSBSといわれるようになった。

このシックビル症候群は,特異な症状はなく目の刺激,鼻と副鼻腔の刺激・閉塞感,咽頭刺激,胸部圧迫感,胸やけ,吐き気,頭痛,めまい,疲労感等,多様な症状が出現する特徴があり,これらの症状は,滞在しているビルを離れれば普通は消失する特徴をもっている。

## (2) 発生要因

シックビル症候群は,原因としての当該建築物の換気不足,各種汚染物質(単一または複数)の発生量の増大がベースにあって,それらがその他の物理化学的要因や心理的要因と結びついた時,さまざまな症状として現れている。1993年,米国環境保護庁(EPA)はシックビル症候群について表10.1のように定義した。いわゆる,本症の原因となる物質は同定されていないが,共通の要因は外気の取入れが少なく,再循環される空気の多い空気調和設備が備わっている。

表10.2には,建築物以外の要因として,個人の医学的背景,仕事の要因,建築物の要因を示す。

## (3) 建築物の課題

わが国では,1970年に建築物衛生法が

表10.1 シックビル症候群の定義と発生要因

| 定義 |
|---|
| 1. そのビルの居住者の20%以上が不快感にもとづく症状の訴えを申し出る |
| 2. それらの症状の原因(因果関係)は必ずしも明確ではない |
| 3. それらの症状のほとんどは該当ビルを離れると解消する |

| 発生要因 |
|---|
| 1. 室内の空気を循環させている |
| 2. 屋外空気の換気量を低減している |
| 3. 気密性が高すぎる |
| 4. 室内がテクスタイルやカーペット仕上げになっている |

(「建築物の環境衛生管理 上巻」p.275,ビル管理教育センター,より)

[解答] 1—× (室内の明るさとはあまり関係ない)　2—○　3—○　4—○　5—○

**表10.2 シックビル症候群の背景**

| 1. 個人の医学的背景 | アトピー体質・アレルギー疾患, 皮膚炎, 女性, 更年期 |
|---|---|
| 2. 仕事の要因 | 複写機, 新改築・新改装, 職場でのストレス, 不安 |
| 3. 建築物 | 室外空気の供給不足, 強力なあるいはまれな汚染源の存在, 清掃の回数不足 |

(「建築物の環境衛生管理 上巻」p.275, ビル管理教育センター, より)

定められ, 空気環境の管理基準および必要換気量の規定が設けられており, 欧米のような大きな問題には至っていない。しかし, 気密性の向上と併せ, 化学物質を含む新建材が多用される中で, シックビル症候群が発生しやすい状況といえる。

化学物質を含んだ新建材には, 内装材や家具その他調度品, 芳香剤, 塗料, さらにはシロアリ駆除剤等がある。この結果, **揮発性有機化合物（VOCs）** は室内に数百種類あるといわれている。これらにはアルデヒド類, ケトン類, 芳香族炭化水素類等が含まれる。これらの汚染物質による汚染はいずれも複合汚染であり, 新たな汚染物質のカテゴリーとしてVOCs全体の総濃度として, 総揮発性有機化合物（TVOC）の基準が必要である（**16**参照）。

一方, 生物汚染物質には, ダニ, かび, 細菌, 室内ペットがある。これらはアレルゲンとしてアレルギー症状を引き起こす可能性がある。

さらに, 室内の湿度の影響があるといわれ, 低湿度では, 目やのどの乾燥, 皮膚の乾燥等の訴えが見られ, 相対湿度が25〜35％から35〜45％と高くなると, 鼻閉, 鼻汁やくしゃみ等のアレルギー症状も減少する。

シックビル症候群を, 建築物の設計上の欠陥から調査した研究では, 外気の供給が不十分な例が70％, 室内空気の分布が不十分であった例が50〜70％, 換気のろ過機能の不良が60％, 断熱材による汚染が40％, 温度調節がうまく行われなかった例が20％あったという。

シックビル症候群は, 室内環境条件, 人体およびその心理反応, 生活習慣を含めて多くの要素があり, 解消は簡単ではない。常時適切な環境を提供する空調設備の維持管理は重要な問題である。なお,「シックハウス症候群」は, シックビル症候群から転じた和製造語である。

---

**○×問題に挑戦！** （記述の正誤を考えよう。解答は前ページ）

- ☐ Q1 室内を過度に明るくしていると, シックビル症候群の発生要因となる。
- ☐ Q2 屋外空気の導入量を低減させていると, シックビル症候群の発生要因となる。
- ☐ Q3 気密性が高すぎると, シックビル症候群の発生要因となる。
- ☐ Q4 室内がカーペット仕上げになっていると, シックビル症候群の発生要因となる。
- ☐ Q5 室内の空気を循環させていると, シックビル症候群の発生要因となる。

室内環境の衛生
# 11 アレルギー疾患

> POINT①アレルギー反応とは体内につくられた抗体が同じ物質の摂取で起こす反応
> ②アレルゲンとは体内でアレルギー反応を起こす物質のこと
> ③換気装置肺炎は，微生物で汚染された空調機や加湿器が原因となる

## (1) アレルギーおよびアレルギー疾患

### ① アレルギー反応の仕組み

アレルギーとは，ある種の物質の摂取または接触により生体内に抗体がつくられ，同じ物質の再摂取または再接触により**抗原抗体反応**が起きて病的症状が現れる状態をいう。例えば，アレルギー体質の人の体内では，異物（**アレルゲン**）が皮膚や口・鼻・胃腸粘膜を介して侵入してきた場合，「からだに不利益に働く」アレルギー抗体がつくられる。次に，その抗原が再度侵入すると，抗体が反応して，肥満細胞からヒスタミンなどの化学伝達物質が分泌されて，咳，じんま疹，嘔吐，下痢，鼻水，くしゃみ，呼吸困難などの異常な反応が出現する。

このように，本来はからだを守る**免疫反応**が，「からだに不利益な反応」となって現れる症状を**アレルギー反応**と呼ぶ。人に細菌やウイルス等の病原体が侵入した場合の免疫反応は，「病原体を排除するのに必要」であるが，アレルギー反応は，逆に「からだにとって有害なもの」をいう。アレルギーがもとで起こる病気は多くあるが，これらはアレルギー性疾患としてまとめられている。

### ② 免疫反応

免疫とは，一度感染症に罹患した後に再び同じ感染症に罹患しないことが経験的に学習されたことから「疫病を免れる」という意味で命名された。つまり，免疫とは，生体が自分の組織と異なるもの（微生物，新生物など）を細胞レベルで異物（非自己）と認識し，それを排除するため抗体を産生して，抗原抗体反応によって異物を排除する反応である。

## (2) 気管支喘息，アレルギー性鼻炎

気管支喘息では，上記のようにアレルゲンの吸入により抗体反応が生じ，気管支の内腔が狭くなるとともに空気の流れが悪くなり，ヒューヒュー，ゼーゼーといった喘息発作を起こす。アレルギー性鼻炎の場合は，同様にアレルゲンの吸引により鼻水が出たり，くしゃみが起こったりする等の症状を起こす。

これらの症状の原因となるアレルゲンは，室内に存在するちりほこりの他に，ダニの糞，花粉，ペットの毛，真菌（かび）などがある。このため，室内湿度を適正にしてダニや真菌の増殖を防いだり，またダニの増殖を促すカーペット等を必要以上に使用しない，さらに清掃を励行

[解答] 1―○ 2―○ 3―×（免疫グロブリンは抗体ではない） 4―○ 5―○

するなど建築物の日常管理を適正に行うことが重要である。

### (3) 過敏性肺炎

過敏性肺炎は，アレルゲンの反復吸入により起こるアレルギー性肺炎である。症状は，悪寒，発熱，頭痛，全身倦怠感，胸痛，咳，呼吸困難などである。

これらの原因となるアレルゲンは，真菌や細菌などを含んだちりやほこり，また化学物質などであり，これらを吸い込んでいるうちに，気管支の先の部分（肺胞や細気管支の内部および周辺）でアレルギー反応を起こして発病する。

過敏性肺炎には，急性のものと慢性のものとがあり，急性のものは原因抗原から離れることにより回復するが，慢性になると病変と症状は続き，進行することがある。症状は，急性では発熱，悪寒，息切れ，吐き気，筋肉痛，倦怠感，咳等が抗原曝露から4～6時間で出現する。慢性では徐々に倦怠感，呼吸困難，咳，体重減少が生じる。

原因は好熱性放線菌が多いが，真菌や原虫の場合もある。発生時の対策と予防上最も重要なことは，環境からの抗原の除去であり，そのために貯水槽やフィルタの清掃や消毒を頻繁に行い，空気調和設備や加湿器が微生物で汚染されるのを防止することである。

また，住宅やオフィスの空気調和設備や加湿器が微生物によって汚染され，これを反復吸入することにより感作されて発症する過敏性肺炎を換気装置肺炎（空気調和病，加湿器肺）ともいう。オフィス，住宅，自動車の空気調和設備や，加湿器の汚染に伴う過敏性肺炎が相次いで報告され，これらをまとめて換気装置肺炎と称するようになった。

### (4) 花粉症

スギ花粉に代表される花粉は，近年特に注目される季節性の物質で，アレルギー反応を引き起こす。暖房終了後の中間期に窓を開放したり，外気フィルタが不十分だったりした場合，室内にも飛散し，目のかゆみやくしゃみ，いらいらなど不快感の原因となる。

---

○×問題に挑戦！（記述の正誤を考えよう。解答は前ページ）

- ☐ Q1 アレルギー体質者は，特定の抗原に対してのみ反応する。
- ☐ Q2 アレルギー反応は，免疫反応である。
- ☐ Q3 免疫グロブリンをアレルゲンと称する。
- ☐ Q4 アトピー性皮膚炎では，低湿度が増悪因子となりうる。
- ☐ Q5 花粉やソバガラは，アレルゲンとなる。

室内環境の衛生
# 12 発癌とアスベスト

> POINT ①癌は，イニシエーション，プロモーション，プログレッションの過程で進行する
> ②アスベストは自然界に存在する鉱物繊維で，人が吸引すると中皮腫や肺癌を引き起こす

## (1) 癌の発生と増殖

癌は老化とともに必然的に発生してくる病気であり，癌によるリスクは，40歳以上80歳間で5年ごとに約2倍ずつ高くなるといわれている。

癌の原因は，突然変異による潜在的な癌遺伝子の活性化や，癌抑制遺伝子の欠失によって引き起こされる無制限な細胞増殖と考えられている。

癌は，細胞の遺伝子が傷ついて癌の芽ができるイニシエーション過程と，さらに癌の芽の増殖が促進されるプロモーション過程の2つの過程を経て，発生・成長していく。

癌細胞は増殖していく過程で次第に多くの遺伝子変異を獲得し，増殖速度も速くなり，転移等を起こすような悪性度の高い癌細胞に変化していく。これを癌のプログレッションという。このようにイニシエーション，プロモーション，プログレッションという癌の進展は，遺伝子変異の蓄積の結果起こり，これを多段階発癌という。

## (2) アスベスト（石綿）と悪性腫瘍

アスベストは，天然の鉱物繊維で，単一の鉱物名でなく6種類の鉱物の総称である。

国内で産業に利用されたもので代表的なものとして次の3種類が挙げられる。クリソタイル（白石綿），アモサイト（茶石綿），クロシドライト（青石綿）である。アスベストの繊維は細く，中でもクリソタイルが最も細く，一本の太さが約 $0.01 \sim 0.03 \mu m$ で髪の毛の5000分の1程度である。

そのため大気中に飛散しやすく，これを人が吸引すると肺組織などに残留する。その耐久性のゆえ，いったん吸い込んで肺の中に入ると，組織につき刺さり，長い間とどまって，何十年か経ってから悪性の中皮腫や肺癌などの種々の病気を引き起こすといわれている。

アスベストによる肺癌のメカニズムは，今のところ明確には解明されていないが要因物質であると疑われている。なお，

表12.1 アスベストと喫煙の関係

|  | 一般市民 | アスベスト労働者 |
|---|---|---|
| 非喫煙者 | 1とする | 5倍 |
| 喫煙者 | 10倍 | 50倍 |

（「建築物の環境衛生管理 上巻」ビル管理教育センター，p.280より）

[解答] 1－○ 2－○ 3－×（金属鉱山だけでなく発生している） 4－× 5－○

喫煙とアスベスト曝露の相乗作用があるといわれている（**表12.1**）。

### (3) 建築物内のアスベストとその処置
#### ① アスベストの特性

アスベストは熱に強く，酸，アルカリにも強い。摩擦に強く，ピアノ線よりも強いといわれるほど切れにくい。丈夫で，変化しにくく，柔軟で，加工しやすく，安価で，耐久性のある物質のため多くの産業で使われてきた。建築関係では主な用途としては耐熱材，外壁材，屋根材などに使われてきた。例えば，オフィスビル，学校，マンション等では，耐火，防火，防音などの目的で電気室，機械室，ボイラ室などの天井や壁の表面に吹付けアスベストが，さらにSRC造の鉄骨の表面に耐火被覆用としてアスベスト含有吹付け材等が施されていた。同様に，アスベストをセメントで固め成形板とした石綿スレートは，廊下の天井や外壁に使われてきた。一方，配管やダクトの保温材，また配管のパッキンやダクトの接合部のキャンバス等かなりの部分で使われている可能性がある。平成7年にアスベストのうち有害性の高いアモサイトとクロシドライトを含有する製品の製造が禁止され，さらに平成16年にクリソタイルを含有する建材等の製品の製造等が禁止され，平成18年からは特殊な製品を除き原則使用禁止となった。

アスベストの有害性が強調される今，その代替品が開発，使用されているものの，人体への問題が表面化して以来かなりの建築物で撤去されているがまだ残存しているものがあるおそれがある。

#### ② アスベスト対策

アスベストは，人間の健康を害するきわめて危険な物質であるため，建築物では空気中に存在する可能性のある発癌物質をできる限り抑えてリスクを低減させることが最重要課題であり，調査を行い適切な処置が必要である。

対応の判断としては，飛散のおそれの程度を把握して人との係わり合いの強いものを中心に対応する。飛散のおそれの判断は，①吹付け表面全体に毛羽立ち，損傷等がある場合には「飛散のおそれが大きい」，②損傷・欠陥は局部的で損傷部分等の周辺の吹付け材が下地にしっかり固着している場合には「損傷のおそれが小さい」，③吹付け面に引っかき傷等の物理的損傷や下地の腐食・ひび割れ等の影響による損傷がないような場合には「安定」とする。

処理の方法は，除去工事，封じ込め工事，囲い込み工法がある。

---

**○×問題に挑戦！**（記述の正誤を考えよう。解答は前ページ）

- ☐ Q1　アスベストによる健康障害は，喫煙との相乗作用が示唆されている。
- ☐ Q2　アスベストによる健康障害は，肺の繊維化を生ずることがある。
- ☐ Q3　アスベストによる健康障害は，金属鉱山労働者特有の職業病である。
- ☐ Q4　アスベストは，自然界には存在しない。
- ☐ Q5　アスベストは，胸膜の悪性中皮腫を起こしうる。

室内環境の衛生
# 13 空気の組成

POINT ①空気の組成は窒素（78％），酸素（21％），アルゴン，二酸化炭素，ネオン，ヘリウムなど
②酸素濃度が15％以下になると人の大脳機能が低下する

## (1) 空気の組成

一般に，空気は**表13.1**に示すように，体積％で，窒素78.08％，酸素20.95％，アルゴン0.93％，二酸化炭素0.034％，ネオン0.0018％，ヘリウム0.00052％から組成されている。

最初に地球ができた頃には，地球の大気の大部分は，二酸化炭素であったといわれている。二酸化炭素は海中のカルシウムなどと結合して炭酸塩をつくり，さらに地球上に現れた細菌や藻などの生物が太陽光を利用し，二酸化炭素を分解して炭水化物を合成し，大量の酸素を放出して，何億年もかかって大気中の酸素濃度が増加し，最終的には，現在のような空気組成になったと考えられている。

空気の組成の計測は，空気液化分離装置という装置を使い，沸点の差を利用して空気の中に含まれるそれぞれのガスを分離する。それらは原子または分子の重さが違うので，質量分析計によって，原子または分子の種類による重さの違いを検知して，その組成が計測できる。なお，**表13.1**に，空気を組成するガス，1atmの沸点，分子量を示す。

以下，空気を組成している物質のうち，酸素，窒素の特徴等をまとめる。

## (2) 酸素

人体が，その生命を維持して行くのになくてはならない酸素は，一般的に，大気中には約21％含まれている。この量が19％以下になると，不完全燃焼が始まり，一酸化炭素（CO）が発生し，15％以下になると，消火するといわれている。酸

表13.1 空気の組成

| ガス名 | 化学式 | 体積[％] | 沸点（1atm） | 分子量 |
|---|---|---|---|---|
| 窒素 | $N_2$ | 78.08 | −195.8℃ | 28.01 |
| 酸素 | $O_2$ | 20.95 | −183℃ | 32.00 |
| アルゴン | Ar | 0.93 | −185.7℃ | 39.95 |
| 二酸化炭素 | $CO_2$ | 0.034 | −78.4℃（昇華点） | 44.01 |
| ネオン | Ne | 0.0018 | −246.1℃ | 20.18 |
| ヘリウム | He | 0.00052 | −268.94℃ | 4.003 |

[解答] 1―○ 2―×（酸素は，一般的に，大気中には約21％含まれている） 3―○ 4―○

素濃度がこの程度になると，脈拍や呼吸数が増え，大脳機能が低下する。また，10％以下になると意識不明となり，約6％以下になると，数分間で昏睡，死亡してしまう。

　人間は，他の動物と比較して著しく発達した脳を持っている。脳を構成している細胞は，それら自身でエネルギー源のブドウ糖と酸素によって大量のエネルギーを生産し，それらを消費しつつ，休むことなく活動している。そのエネルギー消費量は1日あたり約2000kJにも及び，全身の約4分の1に相当する。

　脳は，生命現象における中枢的存在であるが，酸素に対する依存度は最も高く，酸素不足によって，活動は直ちに不活発になり，その酸素供給停止，すなわち無酸素下においては，瞬時に活動を停止する。また活動停止から約2分後には，大脳皮質細胞において，不可逆的な崩壊が始まり，たとえ蘇生しても重篤な障害を残すこととなる。無酸素空気の呼吸1回でも意識喪失をきたすおそれがある。

(3) 窒　　素

　窒素（Nitrogen）は，アミノ酸をはじめ，多くの生体物質中に含まれており，すべての生物にとって必須の元素といえる。窒素は，かつて物が燃える元と考えられていた「燃素」の研究の過程で発見された。そして1772年にダニエル・ラザフォードが窒素を単体分離し，その中に生物を入れると窒息して死んでしまうことからNoxious Air（有毒空気）と命名した。日本語の「窒素」はこのことに因む。

　一般に窒素という場合は，窒素の単体である窒素分子（窒素ガス，$N_2$）を指すことも多い。窒素分子は常温では無色無臭の非常に安定な気体である。窒素ガスは，不活性ガスなので不燃性が高い，また窒素ガス中に水分がほとんど含まれていないのが特徴である。

　液化した窒素分子（液体窒素：Liquid Nitrogen）は，液体窒素温度（−195.8℃）まで冷却でき，安価で比較的安全なため，冷却剤として，低温における化学および物理学の実験，CPUの冷却，工業用プラント，受精卵の凍結保存，爆発物処理などに用いられる。

## 3　室内環境の衛生

---

┌─ ○×問題に挑戦！ （記述の正誤を考えよう。解答は前ページ） ─────

　☐　Q1　清浄な外気における空気組成の体積比は，酸素約20〜21％，窒素78〜79％，二酸化炭素0.03〜0.04％，アルゴンほかから組成されている。

　☐　Q2　酸素濃度が，約21％になると，健常な人は，めまいを生じ，口唇が青紫色になる。

　☐　Q3　酸素濃度が，10％以下になると意識不明となる。

　☐　Q4　窒素は，多くの生体物質中に含まれており，すべての生物にとって不可欠な元素といえる。

室内環境の衛生

# 14 二酸化炭素・一酸化炭素

POINT①二酸化炭素濃度の室内許容値は0.1%であり，3〜4%を超えると頭痛，めまいを起こす
②一酸化炭素中毒は死亡率が高く危険であり，室内許容値は10ppmである

## (1) 二酸化炭素（$CO_2$）

二酸化炭素は，常温常圧では無色無臭の気体で，常圧では液体にならずに，マイナス79℃で昇華して固体であるドライアイスとなる。水に比較的よく溶け，水溶液（炭酸）は弱酸性を示す。なお，二酸化炭素と炭酸ガスは同義語といえる。

二酸化炭素は，物質の燃焼や人間や動物の体内での代謝によって発生する（人間の呼気中には約4%存在する）。通常の大気中には0.03%（300ppm）程度含まれているが，二酸化炭素は温室効果ガスのひとつとしてその排出量の削減が求められている。

**二酸化炭素濃度**は室内空気汚染の指標として用いられている。表14.1に，$CO_2$濃度の許容量と基準値を示す。

空気中の二酸化炭素濃度がきわめて高くなると，人間は危険な状態に置かれる。濃度が3〜4%を超えると，頭痛，めまい，吐き気などを催し，7%を超えると数分で意識を失う。この状態が継続すると麻酔作用による呼吸中枢の抑制のため，呼吸が停止し，二酸化炭素中毒を引き起こす。

## (2) 一酸化炭素（CO）

一酸化炭素は，常温常圧では無色無臭の気体である。炭素を含む物が燃焼すると二酸化炭素が発生するが，酸素の不十分な環境で燃焼（**不完全燃焼**）が起こると，一酸化炭素が発生する。

表14.1　$CO_2$濃度の許容量と基準値

| $CO_2$濃度 | | 各種の影響，基準など |
|---|---|---|
| [%] | [ppm] | |
| 0.03 | 300 | 標準大気 |
| 0.04〜0.06 | 400〜600 | 市街地外気 |
| 0.07 | 700 | 多人数が継続して在室する場合の許容量 |
| 0.1 | 1000 | 一般の場合の許容量，建築基準法，建築物衛生法などの基準値 |
| 0.15 | 1500 | 換気計算に使用される許容量 |
| 0.2〜0.5未満 | 2000〜5000未満 | 相当不良と認められる |
| 0.5以上 | 5000以上 | 最も不良と認められる |

注）$CO_2$そのものの有害限度ではなく，空気の物理的・化学的性状が$CO_2$の増加に比例して悪化すると仮定したときの汚染の指標を示す

---

[解答] 1−×（二酸化炭素と炭酸ガスとは同義語である）　2−○　3−×（一酸化炭素は，低濃度で長時間吸入しても，高濃度で短時間吸引しても，さらに慢性的，急性的な吸入でも，中毒症状や健康障害をきたす可能性が高い物質である）　4−×（一酸化炭素中毒は，後遺症を伴う）　5−○（単位は，百万分の1が1ppmである）

一酸化炭素は不完全燃焼による発生のほか，都市ガスに燃焼成分として含まれており，ガス漏れによって発生する場合もある。

冬期に密閉した室での暖房器具の使用等で発生する一酸化炭素中毒は，一酸化炭素が呼吸によって体内で血液中のヘモグロビンと結合し，全身に酸素が届かなくなる症状といえる。表14.2に血中CO-ヘモグロビン濃度と症状の関係を示す。

一酸化炭素中毒の初期症状は，頭痛，吐き気，めまい，倦怠感などで，呼吸数や脈拍数の増加が起こり，意識があっても身体が自由に動かなる。さらに進むと意識がなくなり，呼吸が停止し，死に至る場合もある。

表14.3にCO濃度の許容量と基準値を示す。なお，一酸化炭素中毒は，死亡率が30％以上といわれるほど，危険なものであり，万一，発生してしまった場合には，適切な救出方法や応急処置を取ることが大切である。また，一酸化炭素中毒は，すぐに意識が戻り，その時はまったく症状が見られなくても，事故から数日あるい数週間後に，記憶障害や人格変化などさまざまな神経症状が現れることがあることから，意識の有無にかかわらず，必ず医療機関を受診する必要がある。

表14.2 血中CO-Hb濃度と症状の関係

| 濃度[％] | 症状 |
|---|---|
| 0～5 | 無症状 |
| 10～20 | 前頭部が締めつけられる感じ，時には動作により軽度の呼吸困難を示すことがある |
| 20～30 | 側頭部に軽度ないし中等度の拍動性の頭痛をきたす |
| 30～40 | 激しい頭痛，回転性めまい，悪心，嘔吐，脱力が出現し，易刺激性や判断力の低下，動作時失神をきたす |
| 50～60 | 時にけいれんやチェーンストークス型呼吸とともに昏睡を示すことがある |
| 60～70 | 昏睡とともにけいれん，呼吸抑制をきたす。時に死亡することがある |
| 70～80 | 呼吸中枢の抑制により死亡する |

表14.3 CO濃度の許容量と基準値

| CO濃度[ppm] | 各種の影響，基準など |
|---|---|
| 0.01～0.2 | 標準大気 |
| 5 | 市街地の平均値 |
| 10 | 建築基準法，建築物衛生法などの基準値 |
| 200 | 2～4時間で軽い頭痛 |
| 500 | 2～4時間で激しい頭痛・視力障害・脱力感など |
| 1000 | 2～3時間で脈拍が速くなり，けいれんを伴う失神 |
| 2000 | 1～2時間で死亡 |

(井上尚英著・荒記俊一編：「中毒学　化学性窒素ガス」より)

── ○×問題に挑戦！ （記述の正誤を考えよう。解答は前ページ）

- □ Q1　二酸化炭素と炭酸ガスとは，空気中の濃度に違いがある。
- □ Q2　二酸化炭素は，人の呼気中に約4％存在する。
- □ Q3　一酸化炭素は，低濃度であれば，中毒症状や健康障害を起こさない物質である。
- □ Q4　一酸化炭素中毒は，一時的なもので，後遺症が残らない。
- □ Q5　建築物衛生法における室内環境基準では，二酸化炭素で1000ppm以下，一酸化炭素では10ppm以下と規定されている。

室内環境の衛生
# 15 窒素酸化物・二酸化硫黄

POINT ①窒素酸化物であるノックス（NOx）は，各種燃焼器具や，たばこ煙から排出される
②二酸化硫黄（$SO_2$）は刺激臭を有し，人の呼吸器に障害をもたらす

## (1) 窒素酸化物

### ① 窒素酸化物とは

窒素酸化物は，窒素の酸化物の総称である。一酸化窒素(NO)，二酸化窒素($NO_2$)，一酸化二窒素（亜酸化窒素）($N_2O$)，三酸化二窒素($N_2O_3$)，四酸化二窒素（$N_2O_4$），五酸化二窒素($N_2O_5$)などである。一般に化学式のNOxから「ノックス」ともいう。

自然界において窒素酸化物は，雷あるいは土壌中の微生物によって生成される。例えば，微生物が多い土壌に豊富な化学肥料を与えると，土壌微生物が分解して窒素酸化物を放出する事例は，よく知られている。

### ② 燃焼と窒素酸化物

物質が燃焼するときにも，一酸化窒素や二酸化窒素などが発生する。この場合，高温・高圧で燃焼することで本来反応しにくい空気中の窒素と酸素が反応して窒素酸化物になる場合と，燃料由来の窒素化合物から窒素酸化物となる場合がある。例えば，排気ガスや厨房用ガスレンジなどから排出される窒素酸化物は前者が主であり，石炭が燃焼した場合の窒素酸化物はそのほとんどが石炭中の窒素化合物に由来することが知られている。

表15.1に各種燃焼器具からのNOx排出量を，表15.2にたばこ煙からのNOx排出量をそれぞれ示す。NOxは，外気のほうが濃度は高いのが一般的であるが，室内で開放型の石油ストーブ等を使用すると室内のほうが外気に比べて濃度が高くなる。

### ③ 窒素酸化物の規制

窒素酸化物は，光化学スモッグや酸性雨などを引き起こす大気汚染の原因物質のひとつである。主な発生源は，自動車の排気ガスであり，平成4年に制定され，平成13年に一部改正された「自動車から排出される窒素酸化物及び粒子状物質の特定地域における総量の削減等に関する特別措置法」（自動車NOx・PM法）によって規制されている。

特に，毒性の高い二酸化窒素（$NO_2$）は，大気汚染防止法によって環境基準が

---

[解答] 1－×（電気ストーブは，燃焼器具ではないので，窒素酸化物は発生しない）
2－○（窒素酸化物は，光化学スモッグや酸性雨などを引き起こす大気汚染の原因物質のひとつである） 3－○（窒素酸化物は，物質が燃焼するとき発生する。したがって，たばこの煙にも含まれている） 4－×（二酸化硫黄と亜硫酸ガスとは同義語である） 5－○

表15.1 各種燃焼機器からのNOx排出量

| | 形式 | 使用量 [l/h] | 発熱量 [kJ/h] | NO₂発生量 [ml/h] | NO₂発生量 [g/h] | NO発生量 [ml/h] | NO発生量 [g/h] |
|---|---|---|---|---|---|---|---|
| 石油ストーブ | 対流式 | 0.3 | 10.47 | 64 | 0.13 | 93 | 0.12 |
| | 反射式 | 0.26 | 8.79 | 16 | 0.02 | 16 | 0.02 |
| ガスストーブ | 放射式 | — | 11.51 | 4.2 | 0.009 | 0.3 | 0.0004 |
| ガスこんろ | | | 21.35 | 68 | 0.14 | 124 | 0.17 |

(「建築物の環境衛生管理 上巻」ビル管理教育センター, p.371より)

表15.2 たばこ煙からのNOx排出量

| たばこの種類 | 燃焼時間[分] | 煙量[ml] | NO+NO₂[ppm] |
|---|---|---|---|
| 両切りたばこ | 6～8 | 400～460 | 211～655 |
| 同上キングサイズ | 6～9 | 350～460 | 246～485 |
| フィルタ付たばこ | 6 | 400 | 145～396 |
| 同上キングサイズ | 6～11 | 400～560 | 287～640 |
| 同上メンソールたばこ | 6～7 | 381～520 | 342～500 |
| 葉巻たばこ | 10 | 560 | 368～1,250 |
| パイプたばこ | 6 | 560 | 126～1,154 |

注) たばこの種類, フィルタの有無であまり変わらない。燃焼速度を速めるとNOx濃度も増加する
(日本建築学会:「建築設備資料集成 1 環境」より)

定められており，1時間値の1日平均値が0.04～0.06ppmのゾーン内またはそれ以下であることとされている。なお，一酸化二窒素（亜酸化窒素）は，温室効果ガスのひとつとされている。

### (2) 二酸化硫黄（$SO_2$）

二酸化硫黄は，硫黄の燃焼によって生じる刺激臭を有する気体であり，亜硫酸ガスともいう。有毒であり，自動車の排気ガスや火山ガスにも含まれる。二酸化窒素と反応して，一酸化窒素と三酸化硫黄になることで硫酸を生じ，酸性雨の原因となる。

二酸化硫黄は呼吸器を刺激し，せき，気管支ぜんそく，気管支炎などの障害を引き起こす。一般に，0.5ppm以上でにおいを感じ，1ppm程度で特有な刺激臭，5～10ppmでせき，咽頭痛，ぜんそく等，20ppmで目の刺激症状，30～40ppm以上で呼吸困難を引き起こし，100ppmの雰囲気下に50～70分以上留まると危険とされている。また400ppm以上の場合，数分で生命に危険が及ぶ。

二酸化硫黄は，大気汚染防止法によって環境基準が定められており，1時間値の1日平均値が0.04ppm以下，かつ1時間値が0.1ppm以下であることとされている。

---

**○×問題に挑戦！**（記述の正誤を考えよう。解答は前ページ）

- ☐ Q1 窒素酸化物の発生源としては，自動車の排気ガス，電気ストーブなどがあげられる。
- ☐ Q2 窒素酸化物は，低濃度であっても，気管支炎やぜんそくの患者に対しては，特に影響が大きい。
- ☐ Q3 窒素酸化物は，たばこの煙にも含まれている。
- ☐ Q4 二酸化硫黄と亜硫酸ガスとは，空気中の濃度によって分類されている。
- ☐ Q5 二酸化硫黄は，約20ppmで目の刺激症状を引き起こす。

室内環境の衛生

# 16 オゾン・ホルムアルデヒド・VOCs

**POINT** ①オゾンは，光化学スモッグの原因のひとつである
②ホルムアルデヒドは，シックビル症候群の原因物質のひとつである
③揮発性有機化合物（VOCs）は，常温常圧で揮発する有機化合物の総称である

## (1) オゾン（$O_3$）

オゾンは，3つの酸素原子からなる酸素の同素体である。腐食性が高く，生臭く特徴的な刺激臭を持つ有毒物質である。不安定な酸素結合分子であり，急性の呼吸困難の原因となる。臭気性，刺激性のガスであり，目，鼻，のどの炎症を引き起こす。外気中にも少量存在するが，室内でも乾式複写機などからも発生する。

オゾンは，ドイツ・スイスの化学者，クリスチアン・シェーンバインによって1840年に発見された。雷雨の中でオゾンが現れることに注目し，そしてその奇妙な臭いからギリシャ語で臭いを意味するOzo, Ozein から Ozone と名付けた。

地球の大気を取り巻く成層圏に存在するものはオゾン層と呼ばれ，生命にとって有害な紫外線が地上に降り注ぐ量を和らげている。しかし，地上付近に存在するオゾンは，光化学スモッグの原因であり，大気汚染を引き起こす。

## (2) ホルムアルデヒド

ホルムアルデヒド（Formaldehyde）は有機化合物のうち，最も簡単なアルデヒドのひとつで，分子式は HCHO である。酸化メチレン，メタナールとも呼ばれている。

室内環境では，数多くの合板・建材や家具に使用される接着剤，衣類の仕上げ加工剤などから発生するガスに粘膜への刺激性を中心とした急性毒性がある。蒸気は呼吸器系，目，のどなどの炎症や皮膚や目などが水溶液に接触した場合には，激しい刺激を受け，アレルギー炎症を起こす。

ホルムアルデヒドは，空気中に放出れることがあり，その場合は低濃度でも人体に悪影響を及ぼす，いわゆる「シックビル症候群」あるいは「シックハウス症候群」の原因物質のひとつとされている。

平成15年3月の建築基準法の改正によって，ホルムアルデヒドを放散する建材の使用制限が設けられた。建材には，F☆ から F☆☆☆☆ までの放散量によるランクがあり，F☆☆☆☆ が最も放散量が

［解答］ 1−○　2−○　3−×（ホルムアルデヒドは，低濃度でも人体に悪影響を及ぼし，「シックビル症候群」あるいは「シックハウス症候群」の原因物質のうちのひとつとされている）　4−×（常温常圧で揮発性を有する有機化合物の総称である）

表16.1 ホルムアルデヒドのわが国の各種建築物における測定例

| 建築物 | 測定場所 | 時間値[ppm] |
|---|---|---|
| オフィスビル | 本館 | 0.047 |
| 公共図書館 | 閲覧室 | 0.028 |
| 映画館 |  | 0.035 |
| デパート | 玩具売り場 | 0.040 |
|  | 乳児休憩室 | 0.029 |
|  | カーペット売り場 | 0.089 |
| スーパーマーケット | 雑貨売り場 | 0.065 |
| 大規模家具店 |  | 0.060 |
| 一般住居 | 居間 | 0.197 |
|  | 子供部屋 | 0.290 |
|  | 台所 | 0.107 |
| マンション | 居間 | 0.083 |
|  | 寝室 | 0.125 |
|  | 子供部屋 | 0.048 |

(長田英二:「建築材料による室内空気汚染の現状と対策」より)

少ない。厚生労働省指針値，WHO（世界保健機構）の基準値で，0.08ppm以下という値が設定されている。室内の代表的な濃度測定例を表16.1に示す。

なお，ホルムアルデヒドは水などには溶けやすく，37％以上の水溶液はホルマリンと呼ばれる。ホルムアルデヒドおよびホルマリンを含むホルムアルデヒド水溶液は，毒物及び劇物取締法によって，医薬用外劇物として指定されている。

(3) VOCs（揮発性有機化合物）

揮発性有機化合物（Volatile Organic Compounds）は，常温常圧で大気中に容易に揮発する有機化学物質の総称である。VOCsとは，揮発性を有し，大気中で気体となる有機化合物の総称であり，トルエン，ベンゼン，キシレン，酢酸エチル，フロン類など洗浄剤や溶剤，燃料として，産業界で幅広く使用されている多種多様な物質が含まる。

WHOの定義では，沸点0℃以下から50～100℃のものを高揮発性有機化合物（VVOC），50～100℃から240～260℃のものをVOC，240～260℃から400℃のものを準揮発性有機化合物（SVOC），380℃以上のものを粒子状有機化合物（POM）とVOCsを分類している。

なお，(2)で説明したホルムアルデヒドはVVOCに該当するが，単独のガイドラインを設定していることが多いので，VOCsとは区別する場合が多い。

また，TVOCという表現をする場合がある。TVOCは，Total Volatile Organic Compounds，つまり，総揮発性有機化合物のことである。TVOCは，空気中に存在するすべてのVOCsの総量で質量で表現され，VOCsによる濃度レベルの指標である。

―○×問題に挑戦！（記述の正誤を考えよう。解答は前ページ）――
- □ Q1 オゾンは，光化学スモッグの原因となる物質のひとつである。
- □ Q2 ホルムアルデヒドは，数多くの合板・建材や家具に使用される接着剤などに使用されている物質である。
- □ Q3 ホルムアルデヒドは，低濃度であれば，人体に悪影響を及ぼさない。
- □ Q4 VOCsとは，固体として存在する有機化合物の総称である。

室内環境の衛生
# 17 浮遊粉じん・たばこ煙

> **POINT** ① 浮遊粉じんは，気体中に微小粒子が浮遊する総称でエアロゾルともいう
> ② 浮遊粉じんには，粉じん，ヒューム，煙，ミストがある
> ③ たばこ煙は，主流煙と副流煙に分けることができる

## (1) 浮遊粉じん

浮遊粉じんは，空気中に浮遊している微小粒子の総称であり，**エアロゾル**とも呼ばれる。地球全体の大気中に存在する浮遊粉じんの約10％が人間の活動によって生成されたものであるといわれている。浮遊粉じんの粒径は，100nm（ナノメートル）〜100$\mu$m（マイクロメートル）程度まで範囲が広く，その分布は対数正規分布になることが多い。

狭い意味の粉じんとは，機械的な粉砕，研磨，爆破など物理的な破砕過程で発生した固体の粒子状物質をいい，固体の加熱，蒸発によって生成された**ヒューム**，液体の噴霧によって生成される**ミスト**，物質の燃焼によって生じる**煙**とは区別される。表17.1に生成過程をもとに分類した浮遊粉じんの種類を示す。

10$\mu$m以上の粉じんは，発じんしたとしても，すぐに沈降してしまうので，人間の呼吸によって気道内に取り込まれるおそれは少ないが，5$\mu$m程度の粉じんは，気道の粘液と線毛などで捕集され，排出される。一方，肺に沈着するなど，人体に有害な影響を及ぼす粉じんは，通常1$\mu$m以下の大きさのもの（**サブミクロン粒子**）である。なお，図17.1に粉じんのサイズと呼吸器各部位への沈着について示す。また，表17.2に室内における主なエアロゾルについてまとめる。

## (2) たばこ煙

たばこ煙には，非常に多くの種類の粒子状，ガス状汚染物質が含まれている。特に，健康に有害という点で注目されて

**表17.1 生成過程をもとに分類した浮遊粉じんの種類**

| エアロゾルの種類 | 相 | 生成様式 | 実例 |
|---|---|---|---|
| 粉じん（dust） | 固体 | 固体の粉砕，粉体の飛散 | 石英粉じん，アスベスト粉じん，土ぼこり，花粉，顔料，農薬 |
| ヒューム（fume） | 固体 | 固体の加熱により発生した蒸気の冷却凝縮 | 銑鉄，鋳鉄の出湯，注湯時，溶接・溶断 |
| 煙（smoke） | 固体・液体混合 | 有機物の燃焼 | 石油・石炭の不完全燃焼時，高分子材料の燃焼時 |
| ミスト（mist） | 液体 | 液体の分散，液体の蒸発凝縮 | 切削油の飛沫，乳剤状農薬の散布，もや霧，硫酸ミスト |

（本間克典：「実用エアロゾルの計測と評価」より）

[解答] 1—×（人体に有害となるのは1$\mu$m以下の粉じんである） 2—×（物質の加熱，蒸発によって生成されたものはヒュームという） 3—○ 4—×（たばこ煙に含まれる有害物質の量は，主流煙よりも副流煙のほうが多い） 5—○

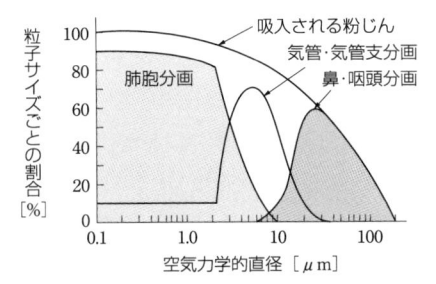

**図17.1 粉じんのサイズと呼吸器各部位への沈着**
(「建築物の環境衛生管理 上巻」ビル管理教育センター, p.288より)

いるのがタール, ニコチンと一酸化炭素, そして刺激物質と微細粒子である。たばこ煙粒子の大きさは平均 $0.2〜0.25\mu m$ である。

**表17.2 室内における主なエアロゾル**

| 種類 | 主な発生源 | 健康影響 |
|---|---|---|
| ハウスダスト<br>砂じん<br>繊維状粒子<br>ダニ(糞,破片) | 外気, 衣服<br>じゅうたん, ペット<br>食品くず, ダニ | アレルギー反応 |
| たばこ煙 | 喫煙 | 肺癌その他 |
| 細菌 | 人その他, 外気 | 病原性のあるものはまれ<br>室内空気汚染の指標となる |
| 真菌(かび) | 建築材料, 外気 | アレルギー反応 |
| 花粉 | 外気 | アレルギー反応 |
| アスベスト | 断熱材, 耐火被覆材 | 石綿肺, 肺癌, その他 |

(紀谷文樹・入江建久ほか:空気調和・衛生工学 Vol.72, No.5より)

喫煙によって, 循環器系に血圧や心拍数の上昇など急性変化がみられるほかに, たばこの煙を長年にわたって吸い込むことによって, さまざまな疾患のリスクが増大する。一方, 受動喫煙は本人が喫煙していないのに周囲のたばこ煙を吸い込むことである。受動喫煙でもニコチンなどの有害物質は当然吸収され, 種々の健康障害を引き起こす原因となる。

たばこ煙は, 吸い口から吸い込まれる煙(主流煙)と, 火のついた先から立ちのぼる煙(副流煙)に大別される。喫煙者の周囲にいる人は, この副流煙と喫煙者の吐き出す煙(呼出煙)の両方を吸うこととなる。主流煙と副流煙に含まれる成分を比較すると, 副流煙はニコチン, タール, 一酸化炭素などの有害物質が3〜5倍多く含まれている。

一般的なオフィスにおける室内の浮遊粉じん中の30〜80%が, たばこ煙に由来しているといわれている。

なお, 平成14年7月に制定された健康増進法により, 多数の者が利用する施設における受動喫煙防止措置の努力義務が規定されている。

## 3 室内環境の衛生

---

**○×問題に挑戦!** (記述の正誤を考えよう。解答は前ページ)

- ☐ Q1 肺に沈着して, 人体に有害な影響を及ぼす粉じんは, 通常 $1〜10\mu m$ の大きさのものである。
- ☐ Q2 浮遊粉じんのうち, 物質の加熱, 蒸発によって生成されたものをミストという。
- ☐ Q3 たばこの粒子は, 平均 $0.25\mu m$ と小さく, フィルタでの除去が困難である。
- ☐ Q4 たばこ煙に含まれる有害物質の量は, 副流煙よりも主流煙のほうが多い。
- ☐ Q5 たばこを現に吸っている人を自発喫煙といい, 喫煙者の周囲の非喫煙者を受動喫煙という。

室内環境の衛生
# 18 臭気・ラドン

> POINT ①臭気は，悪臭防止法によって規制され，臭気指数で示すことができる
> ②臭気指数は，臭気の強さを表す数値で$10×\log(臭気濃度)$で求められる
> ③ラドンは，ラジウム元素の放射性崩壊によってつくられるガスである

## (1) 臭　気

特有の臭気を保有する化学物質は約40万種あるといわれている。それらの臭気の中で，工場や事業場から発生するような，いわゆる悪臭については，悪臭防止法に基づいて，アンモニア，硫化水素など22物質の濃度による物質濃度が規制されている。しかしながら，最近の悪臭の苦情は，22物質だけでなく，さまざまなにおいが混ざり合った複合臭が原因であるものが増加している。

そこで，現在の悪臭防止法では，臭気濃度の対数を10倍した臭気指数に基づいた規制を併用している。

**臭気指数**とは，臭気の強さを表す数値で，嗅覚測定法により正常な嗅覚をもっていると判断された被検者（パネル）が嗅いで，においのついた空気や水をにおいが感じられなくなるまで無臭空気（水の場合は無臭水）で薄めたときの希釈倍数（臭気濃度）を求め，その常用対数に10を乗じた数値であり，臭気指数の算出式は，

臭気指数＝$10×\log(臭気濃度)$
で求められる。

例えば，臭気を10倍に希釈したときに大部分の人がにおいを感じなくなった場合の臭気濃度は10で，その臭気指数は10となる。また，臭気を100倍に希釈したときに大部分の人がにおいを感じなくなった場合の臭気濃度は100（＝$10^2$）で，その臭気指数は20となる。

測定方法は，「臭気指数及び臭気排出強度の算定の方法（嗅覚測定法）」によって規定されており，**表18.1**に示すように，臭気の測定に関連した臭気の強度についてのスケールが決められている。なお，室内の一般環境に関する基準は，現時点では設定されていない。

臭気に関する環境基準としては，事業所から出る外気に関する悪臭物質を対象とした，悪臭防止法により，**表18.2**に示すような基準がある。

## (2) ラドン

ラドンは，元素記号Rnの希ガス放射性物質であり，地殻内のラジウムの崩壊

---

［解答］1－○（悪臭防止法に基づいて，アンモニア，硫化水素など22物質の濃度による物質濃度が規制されている）　2－×（悪臭の苦情は，22物質だけでなく，さまざまなにおいが混ざり合った複合臭が原因であるものが増加している）　3－×（室内の一般環境に関する基準は，現時点では設定されていない）　4－○　5－○

表18.1　臭気の強度に関するスケール

| 指数 | 示性語 | 影響 |
|---|---|---|
| 0 | 無臭 | まったく感知しない |
| 0.5 | 最小限度 | きわめて微弱で訓練された者により，かぎ出しうる |
| 1 | 明確 | 正常人には容易にかぎ出しうるが，不快ではない |
| 2 | 普通 | 愉快ではないが不快でもない。室内での許容強さ |
| 3 | 強い | 不快である。空気は嫌悪される |
| 4 | 猛烈 | 猛烈であり，不快である |
| 5 | 耐ええず | 吐き気を催す |

(「建築物の環境衛生管理 上巻」ビル管理教育センター，p.290より)

表18.2　悪臭防止法の基準値の例

| 悪臭物質 | 基準値 [ppm] |
|---|---|
| アンモニア | 1～5 |
| メチルメルカプタン | 0.002～0.01 |
| 硫化水素 | 0.02～0.2 |
| 硫化メチル | 0.01～0.2 |
| 二硫化メチル | 0.009～0.1 |

によって生じた後，地表面から大気中へ拡散される。希ガス放射性物質の中では，最も重い元素である。なお，ラドンの語源はラジウムから生まれる気体という意味である。

ラドンは，ラジウム元素の放射性崩壊によってつくられるガスである。ここで，放射性崩壊とは，ある元素の原子が，素粒子（陽子，中性子または電子）を放出することにより，崩壊したり，他の元素へと変化する過程といえる。ラジウムやラドンのように，自然にある放射能を持つ元素には，ウラン，トリウム，炭素，カリウムなどがある。ウランはラジウム，ラドンを生じる長い崩壊系列の最初の元素である。この時，ウランは親核種であり，ラジウムやラドンは娘核種と呼ばれる。また，ラジウムやラドンも崩壊により娘核種をつくる。ラドンの半減期は，たった3.8日である。

保健衛生面からは，ラドンは気体として呼吸器に取り込まれ，その娘核種が肺胞に付着するといわれている。室内環境においては，建材や土壌に含まれるラジウムによって，ラドン濃度が高くなるので，石造りの家，土中の空気や地下水の動きに影響を受けやすい地下室などでは，空気中のラドン濃度調査が重要といえる。

なお，よく見かけるラドン温泉は，ごく微量のラドンや放射線によって，本来人間が持っている自然治癒能力を刺激，活性化する効果（ホルミシス効果）を促すために放射線を活用したものである。

---

**○×問題に挑戦！** （記述の正誤を考えよう。解答は前ページ）

- □ Q1　いわゆる悪臭については，悪臭防止法に基づいて，物質濃度が規制されている。
- □ Q2　悪臭の苦情は，ほぼ悪臭防止法の規制物質が原因である。
- □ Q3　悪臭については，嗅覚測定法による室内環境に関する基準がある。
- □ Q4　ラドンは気体として呼吸器に取り込まれ，その娘核種が肺胞に付着するといわれている。
- □ Q5　ラドンは揮発性有機化合物（VOCs）に含まれない物質である。

室内環境の衛生
# 19 細菌類・ウイルス

> POINT ①レジオネラ属菌の発生原因は，冷却塔の冷却水，循環式の浴槽水である
> ②結核は，3大感染症のひとつである
> ③インフルエンザ，SARSコロナウイルスなどはウイルス性疾患である

## (1) レジオネラ属菌

レジオネラ症（Legionnaires' Disease）は，別名「在郷軍人病」と呼ばれている。その由来は，1976年7月21日～24日に，米国フィラデルフィアのホテルで開催された在郷軍人の200年祭で，参加者を中心に肺炎患者が集団発生したことに由来する。その原因が微生物感染症であることが判明し，その属菌は，レジオネラと命名された。

冷却塔の冷却水の中で増殖したレジオネラ属菌を含んだエアロゾルが外気導入口から空気調和機に混入され，ホテルの宿泊者およびホテルの冷却塔の真下を通りかかった通行人を含めて感染したことが確認された。

レジオネラ属菌は，多臓器障害を伴うレジオネラ肺炎および，かぜのような症状を引き起こすポンティアック熱の原因菌である。特にレジオネラ肺炎は急激に重症となり死亡する場合もある。

わが国では，レジオネラ属菌が原因とされる疾病を**レジオネラ症**と称し，平成11年4月に施行された「感染症の予防及び感染症の患者に対する医療に関する法律」において，届出義務のある四類感染症とした。特に高齢者，新生児および免疫力が低下している人は感染の危険性が高いと考えられている。

また，最近では，空気調和設備の冷却水の汚染だけでなく，新たな感染源として温泉施設や公衆浴場施設の循環式の浴槽水および家庭用の24時間風呂などの浴槽水のほかに，循環式の給湯器の水，観賞用の噴水および加湿器の汚染も指摘されている。

## (2) 結核菌

世界では，総人口の約3分の1（20億人）が**結核**に感染しており，毎年800万人が新たに発病し，200万人が命を落としている。そして，その多くはアジア地域をはじめとする開発途上国で発生して

---

[解答] 1—○（レジオネラ属菌は，多臓器障害を伴うレジオネラ肺炎および，かぜのような症状を引き起こすポンティアック熱の原因菌である。特にレジオネラ肺炎は急激に重症となり死亡する場合もある）　2—○　3—○（HIV/エイズ，マラリアとともに3大感染症といわれている）　4—×（インフルエンザウイルスによる急性感染症の一種で，流行性感冒あるいは流感ともいわれる）　5—○（人に感染し，発症すると，かぜのような症状を起こす）

いる。結核は，HIV／エイズ，マラリアとともに3大感染症といわれている。

結核とは，結核菌によって，主に肺に炎症を起こす病気で，結核菌は重症の結核患者がせきやくしゃみをした時に飛び散り，それをまわりの人が直接吸い込むことによって感染する。

結核の初期症状は，かぜとよく似ており，せきやタンが2週間以上続くといわれている。なお，平成17年4月に結核予防法が約50年ぶりに改正され，乳幼児へのツベルクリン反応検査は廃止され，BCG接種を生後6か月までに行うとともに，定期結核健診の対象も変更された。

(3) インフルエンザウイルス

インフルエンザは，インフルエンザウイルスによる急性感染症の一種である。発病すると，高熱，筋肉痛などを伴うかぜのような症状が現れる。また，ごくまれに急性脳症や二次感染によって死亡することもある。インフルエンザウイルスは，本来はカモなどの水鳥を自然宿主として，その腸内に感染する弱毒性のウイルスであったものが，突然変異によってヒトの呼吸器への感染性を獲得したと考えられていたが，水鳥に限らず，一部のインフルエンザウイルスはニワトリなどの家禽類や高病原性の鳥類，豚など，新型インフルエンザの出現が予測されており，世界的規模で警戒しつづけられている。インフルエンザは，このように，変異のしやすさや，ひとたびに流行したときの被害の大きさから，医学上継続的に注視されているウイルスのひとつである。

(4) SARS コロナウイルス

SARSは，重症急性呼吸器症候群のことで，Severe Acute Respiratory Syndromeの略である。電子顕微鏡で見た場合に，ウイルス表面から花弁状の突起が出ていて，太陽のコロナのように見えるウイルスをまとめてコロナウイルスと称している。

WHOは，平成15（2003）年4月，これまで疑われていた新種のコロナウイルスがSARSの病原体であると断定し，このウイルスを「SARSウイルス」と命名した。人に感染し，発症すると，かぜのような症状を起こす。また，動物に感染すると，呼吸器系，消化管，肝臓，神経系などの障害をきたすとされている。

―○×問題に挑戦！（記述の正誤を考えよう。解答は前ページ）―

☐ Q1 レジオネラ属菌は，多臓器障害を伴うレジオネラ肺炎などの原因となる細菌のひとつである。

☐ Q2 レジオネラ属菌は，免疫力が低下している人に感染の危険性が高い。

☐ Q3 結核は，3大感染症のひとつといわれている。

☐ Q4 インフルエンザは，インフルエンザウイルスによる慢性的な感染症のひとつである。

☐ Q5 SARSは，重症急性呼吸器症候群のことで，動物に感染すると，呼吸器系，消化管，肝臓，神経系などの障害をきたすとされている。

室内環境の衛生
# 20 音の属性と計算

POINT ①音の3属性は，強さ，高さ，音色である
②音の強さはデシベル［dB］で表し，音の高さはヘルツ［Hz］で表す
③人間の耳の可聴範囲は20～20000Hzである

### (1) 耳の構造と働き

耳は，音の感覚を司る重要な受容器であり，図20.1に示すように，外耳，中耳，内耳に分けることができる。

音波が外耳に入ると，耳介で音波を集め，外耳道によって，音波を中耳に伝える。外耳道はラッパの管のように音を増幅させる効果がある。音波は鼓膜を振動させ，鼓膜に付着している耳小骨により増幅され内耳に伝わる。

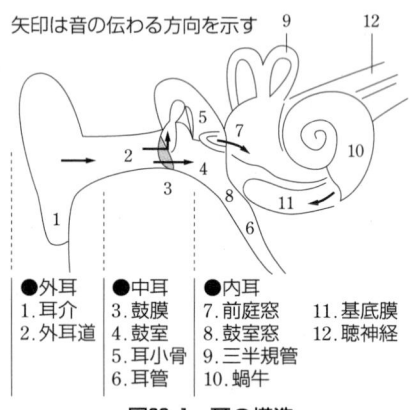

矢印は音の伝わる方向を示す

●外耳
1. 耳介
2. 外耳道

●中耳
3. 鼓膜
4. 鼓室
5. 耳小骨
6. 耳管

●内耳
7. 前庭窓
8. 鼓室窓
9. 三半規管
10. 蝸牛
11. 基底膜
12. 聴神経

**図20.1　耳の構造**
（「建築物の環境衛生管理　上巻」ビル管理教育センター，p.293より）

内耳は，聴覚を担当する蝸牛と平衡感覚（バランス）を司る前庭窓などからできている。蝸牛とは「かたつむり」のことで，名前はその形に由来している。蝸牛にはリンパ液が入っていて，振動でリンパ液が揺れ，その揺れを感覚細胞（有毛細胞）がとらえて，電気信号に変え蝸牛神経に伝える。感覚細胞は蝸牛の内側に並んでいて，その場所によって担当する周波数（音の高さ）が違う。

電気信号は，蝸牛神経を通って大脳に伝えられ，大脳皮質の聴覚を司る部位がその信号を認知・処理した時，「音が聞こえた」と認識し，それが何の音なのかを識別する。

### (2) 音の属性とデシベルの計算

音は，空気中を伝わる縦波，すなわち空気密度の高い部分と低い部分が交互に伝わってゆく波動現象である。しかし，音は空気中だけでなく，音源から耳に到達するまでの間では，液体の中でも固体の中でも振動として伝わり，再び空気を振動させて音として伝わる。

---

［解答］　1－○（人間の耳に聴きとれる範囲を可聴範囲といい，その範囲は20～20000Hzである）　2－○（80dBの音に，他の80dBの音が加わった場合，音のエネルギーは2倍になり，デシベル数は$10\log_{10}2$増加するから，3dB増えて83dBとなる。同様に，83dBの音に，他の83dBの音が加わると，86dBとなる）　3－○　4－○（等ラウドネス曲線のことを，等感度曲線ともいう）

音は物理的に, 強さ, 高さ, 音色という3つの属性からとらえることができる。

① 強　　さ

音のエネルギーの大きさであり, 人間の耳には音の大小として感じられる。音の強さは音源からの距離の2乗に反比例する。つまり, 距離が2倍になれば強さは4分の1になる。

音の強さの単位は, $W/m^2$ で表すことができるが, この単位を使うと人間が聞くことができる音の大きさは $10^{-12} W/m^2 \sim 1 W/m^2$ と数値の範囲がきわめて広くなるため, その対数をとって**デシベル** [dB] で表す。やっと聞こえる音の強さ $10^{-12} W/m^2$ を0dBとし, その10倍が10dB, 100倍が20dBとなる。表20.1に音の強さとデシベルとの関係を示す。

また, 音が2つ以上ある場合には, その強さの和で示される。例えば, 50dBの音に, 他の50dBの音が加わった場合, 音のエネルギーは2倍になり, デシベル数は $10 \log_{10} 2$ 増加するから, 3dB増えて53dBとなる。

② 高　　さ

音の波が1秒間に振動する回数を周波数という。周波数が大きい音は高い音として聞こえ, 小さい音は低く聞こえる。

周波数を表す単位は**ヘルツ** [Hz] である。人間の耳が聞こえる周波数（**可聴範囲**）は, 普通20～20000Hzの10オクターブ幅の範囲である。なお, ここでオクターブ幅とは, 2つの周波数の関係が2倍となっている状態をいう。人の声は, 男性で100～400Hz, 女性で150～1200Hz程度である。また, 可聴範囲外の20Hz以下を超低周波音, 20000Hz以上を超音波という。

耳の感度は周波数によってかなり異なり, 4000Hz付近の音が最も感度がよく, それよりも低い音や高い音は聴きにくくなる。つまり, 耳の感度が悪くなるということである。周波数ごとの同じ大きさに聞こえる音圧レベルを表示したグラフで**等ラウドネス曲線**という。

③ 音　　色

音は, 一般的にいろいろな周波数の音が混合したものであり, その混合の状態によって, 人間の耳にいろいろな感覚を呼び起こす。これを音色と称している。音楽のように快いものもある一方, 無秩序に混合した音は不快な騒音にすぎない。

また, 音環境の調整のために, マスキング効果（ある音で他の音を遮へいすること）やBGMが利用されている。

表20.1　音の強さとデシベルとの関係

| 音の強さ [W/m²] | $10^{-12}$ | $10^{-11}$ | $10^{-10}$ | $10^{-9}$ | $10^{-8}$ | $10^{-7}$ | $10^{-6}$ | $10^{-5}$ | $10^{-4}$ | $10^{-3}$ | $10^{-2}$ |
|---|---|---|---|---|---|---|---|---|---|---|---|
| デシベル [dB] | 0 | 10 | 20 | 30 | 40 | 50 | 60 | 70 | 80 | 90 | 100 |

──○×問題に挑戦！（記述の正誤を考えよう。解答は前ページ）──

☐　Q1　人間の耳の可聴範囲は, 20～20000Hzである。
☐　Q2　80dBの音を4つ合成したときの騒音レベルは, 86dBである。
☐　Q3　1オクターブ幅とは, 周波数が2倍になる間隔のことである。
☐　Q4　等ラウドネス曲線では, 1本の曲線上にある音は同じ大きさに聞こえる。

室内環境の衛生
# 21 騒音基準・残響時間

POINT ①騒音は，騒音規制法で規制されており，騒音計によって計測される
②S/N 比とは，信号対雑音比のことである
③残響時間とは，音の強さのレベルが 60dB 下がるのに要する時間である

### (1) 騒音の許容値

日常生活の中で，不快でとり除きたい音を総称して騒音と呼んでいる。しかし，ここからここまでは必要な音で，他は騒音というように，はっきりと区切ることはできない。

騒音は，会話や安眠を妨げるなど，人々の生活に大きな障害をもたらすもので，生活環境をよくするために各種の騒音についての環境基準が定められている。なお，**表21.1**に騒音の事例を，**表21.2**に規制基準を示す。

### (2) 騒音レベルによる許容値

騒音基準は JIS に定められている普通騒音計の A 特性で測定した値による許容値で，測定が簡単で精度もよいので，一般的な騒音の許容値を表す尺度として広く用いられている。騒音レベルの単位は，dB(A)であり，(A)は普通騒音計の A 特性で測定することを示す。特性には，40dB の曲線に近似した A 特性，70dB の曲線に近似した B 特性，85dB 以上の曲線に近似した C 特性があり，B 特性は廃止され，主に A 特性と C 特性が用いられている。

### (3) S/N 比

S/N 比とは，信号対雑音比（Signal to Noise Ratio）のことである。つまり，信号に雑音が含まれている場合に，信号と雑音の比率を示す指標で，音響装置の性能を決める要素のひとつである。この比率が高いほど装置としての性能がよく，

**表21.1　騒音の事例**

| 状　態 | デシベル |
|---|---|
| 木の葉のそよぎ | 20 |
| ささやき声 | 30 |
| 自動車音，静かな事務所 | 40〜50 |
| 駅構内，百貨店内雑音 | 60 |
| 繁華街，電車内，工場内 | 80〜85 |
| リベット打ち，地下鉄 | 90〜100 |

**表21.2　規制基準**　　単位〔dB(A)〕

| 地　域　別 | 時　間　別 | | |
|---|---|---|---|
| | 昼間 | 朝夕 | 夜間 |
| （第一種・第二種）低層住居専用地域 | 45〜50 | 40〜45 | 40〜45 |
| （第一種・第二種）中高層住居専用地域，（第一種・第二種・準）住居地域 | 50〜60 | 45〜50 | 40〜50 |
| 近隣商業地域，商業地域，準工業地域 | 60〜65 | 55〜65 | 50〜55 |
| 工業地域 | 65〜70 | 60〜70 | 55〜65 |

注）工事・工場騒音等を対象とし，90％レンジを上限として計測した値である

［解答］1—○（JIS に定められている普通騒音計では，A，B，C の 3 特性で計測できるようになっているが，通常は，人間の聴感曲線に近似した周波数をもつ A 特性で計測する）
2—○　3—×（音の強さのレベルが 60dB 下がるのに要する時間をいう）　4—○

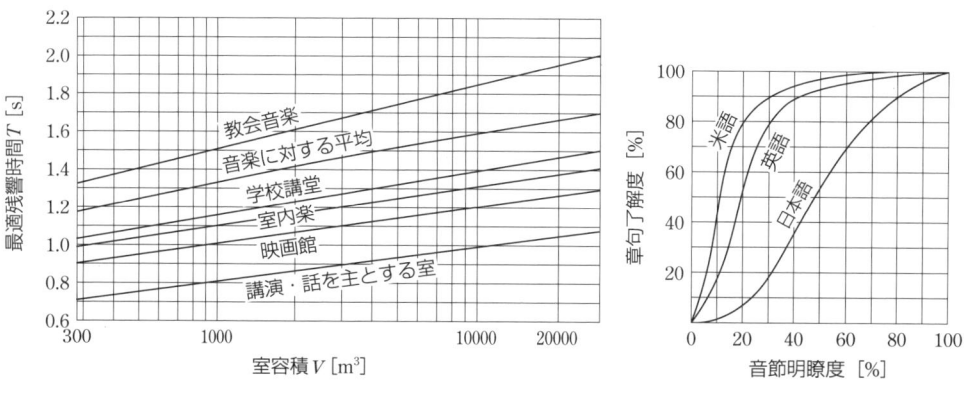

**図21.1 最適残響時間**

**図21.2 明瞭度と了解度**

一般にS/N比が10dB以上であれば、その音は聞こえやすいといわれている。

**(4) 残響時間**

音の響きは、音源から発生した音が室内全体に広がるとともに、その余韻が適当な長さで室内に残る音響状態をいう。音源から発生した音は、天井や壁などで反射を繰り返し、そのたびにそれらの材料に吸収され、減衰するので、音が鳴りやんでからも、室内にわずかの間残る。これを**残響**という。

一定の強さの音を急に止め、室内の平均音響エネルギー密度が、最初の100万分の1、すなわち、音の強さのレベルが60dB下がるのに要する時間を**残響時間**という。図21.1に示すように、室の使用目的に応じた最適の響きが得られる残響時間を最適残響時間という。

このように室内を良好な音響状態にするには、その使用目的に応じた最適残響時間を確保しなければならないので、室内の残響時間を考慮した音響設計が必要になる。さらに、劇場や講堂などでは、言葉を明瞭に聞き取れるかどうかを評価する必要がある。一語一語を何%の人が正確に聞き取れるかを**明瞭度**[%]といい、文章などの一連の会話をどの程度、理解できたかを示す度合いを**了解度**[%]という。図21.2に明瞭度と了解度の関係を示す。

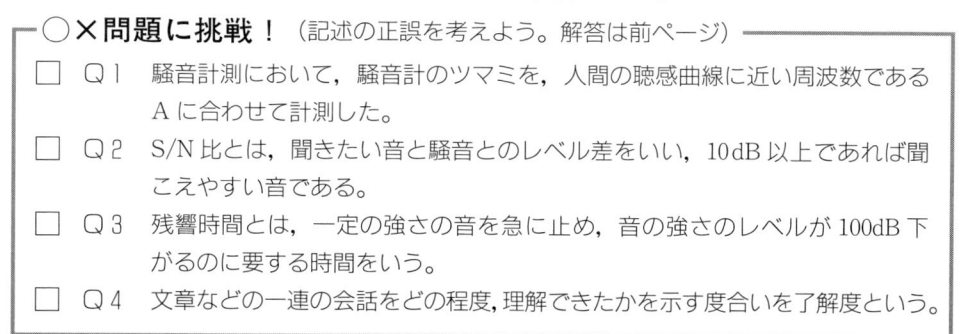

## ○×問題に挑戦！（記述の正誤を考えよう。解答は前ページ）

- ☐ Q1　騒音計測において、騒音計のツマミを、人間の聴感曲線に近い周波数であるAに合わせて計測した。
- ☐ Q2　S/N比とは、聞きたい音と騒音とのレベル差をいい、10dB以上であれば聞こえやすい音である。
- ☐ Q3　残響時間とは、一定の強さの音を急に止め、音の強さのレベルが100dB下がるのに要する時間をいう。
- ☐ Q4　文章などの一連の会話をどの程度、理解できたかを示す度合いを了解度という。

室内環境の衛生

## 22 防音・遮音

**POINT** ①点音源の距離減衰は，音源からの距離の2乗に反比例して減衰する
②透過損失とは，入射音が壁や窓などによって遮音される量のことである
③主な吸音材料には，多孔質材料，板状材料，孔あき板がある

### (1) 距離による騒音防止

　音の強さは，音源からの距離が大きくなるほど小さくなる。これを**距離減衰**という。減衰のしかたは音源の種類や形状で異なる。例えば，1点から球面状に広がる音源（点音源）の場合は，音源からの距離の2乗に反比例して減衰する性質がある。したがって，音源からの距離が2倍になると音の強さのレベルは1/4になり，6dB低下する。また，高速道路を走る自動車のような，線音源の場合は，距離が2倍になると音のレベルは1/2になり，3dB低下する。

### (2) 遮音による騒音防止

　図22.1に示すように，音波が空気中を伝わり，壁や屋根などの物体にぶつかると，その一部は物体で跳ね返って，残りの音波は物体の中に入る。物体内に伝わった音波は，物体に吸収されてエネルギーが弱められるが，物体を通過した音波は，再び空気中に伝わり人の耳に達する。室内に伝わる透過音は，入射音に比べると，反射音と吸収音の和だけ減少することになる。

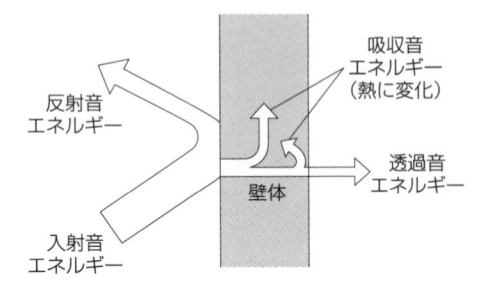

図22.1 壁に当たった音のエネルギーの経路

　入射音が壁や窓などによって遮音される量を**透過損失**〔単位：dB〕という。例えば，入射音の強さが材料による反射や吸収で減衰して，透過音が入射音の強さの1/10に低下したとすると，音の強さのレベルでは10dB減少する。この減少した10dBを透過損失という。

　遮音による騒音防止の効果を上げるには，壁や窓などの透過損失の値を高めなければならない。

---

〔解答〕1－○（なお，距離による音の減衰は，面音源が最も小さく，線音源，点音源の順に大きくなる）　2－○（単層均等な壁における透過損失は，その壁の面密度に比例する値となる）　3－○（壁体の共振現象によって透過損失が小さくなる）　4－○（高周波音は，低周波音よりも透過損失が大きい。つまり，低周波音は音が透過しやすい）　5－×（同一の素材の場合，厚い材料ほど，遮音性能は大きくなる。つまり，壁の遮音性能を高めるには，厚い材料を用いることが有効である）

一般に，材料の透過損失は，普通コンクリートのような密度が高いものほど，その値が増大する傾向にあり，材厚も大きいほど値が増加する。また，高音ほど透過損失が大きくなるが，ある特定の周波数になると透過損失が小さくなる現象が見られる。これを**コインシデンス効果**という。コインシデンス効果は材料の共振作用によって生じるものである。

開口部は，部材間にすきまが生じて，遮音の効果が低下しやすくなるので，できるだけ気密性を高め，さらに騒音防止をはかる場合は二重窓にする必要がある。

### (3) 吸音による騒音防止

一般に，騒音は広域に広がると，その防止が困難となる。したがって，騒音防止には，騒音を発生する音源に近いところで，局部的にその騒音を止めることが効果的である。

このような騒音防止には，材料による吸収音を増大させ，音の強さを減衰する方法がある。例えば，空気調和設備に用いられる送風ダクトは，送風機が発生する機械音が広がる経路ともなるので，その騒音を室内に入れないため，送風ダクト内で吸音しなければならない。このためには，ダクトの内側に岩綿やグラスウールなどの吸音材を内張りし，その表面を金網などで包んだ構造として，送風ダクト内で騒音をできるだけ吸収させるほかに，ダクトの途中や室内への吹出口の手前に，吸音材を利用してつくられた消音器（サイレンサ）を設置し，送風ダクトからの騒音防止をはかる必要がある。

残響時間の調整や騒音防止には吸音材料を用いる。主な吸音材料には，多孔質材料，板状材料，孔あき板がある。

多孔質材料は，綿やグラスウールなど繊維状，連続気泡性の発泡樹脂など細粒状の通気性がある材料で，吸音材として，最も一般的に使用されている。

また板状材料は，合板やハードボードなど薄い板状の材料で，背後に空気層を設けると，音のエネルギーによって板が振動し，材料の内部摩擦によって吸音する。

さらに，孔あき板は，合板など板状材料に多数の貫通孔をあけたもので，背後に空気層があると，音波が入射したとき，孔の部分の空気を振動させて，背後の空気がバネの役割をし，孔部分の空気の摩擦抵抗により，吸音される仕組みである。

---

**○×問題に挑戦！**（記述の正誤を考えよう。解答は前ページ）

- ☐ Q1　音の強さは，音源からの距離によって変化する。また，変化の状態は音源の種類や形状で異なる。
- ☐ Q2　遮音による騒音防止の効果を上げるには，壁や窓などの透過損失の値を高める必要がある。
- ☐ Q3　コインシデンス効果が生じると，壁体の透過損失が低下する。
- ☐ Q4　一般に吸音材は，低周波音よりも高周波音のほうが，吸音率は高い。
- ☐ Q5　同一の素材の場合，厚い材料ほど，遮音性能は小さくなる。

室内環境の衛生

# 23 振　　　動

> POINT ① 人間の振動に対する感覚は，水平振動よりも鉛直振動のほうが敏感である
> ② 人間の振動に対する直接的な生理的影響は，約100dB以上で生じる
> ③ 振動レベルの測定は，振動規制法に基づきJISの振動レベル計で測る

## (1) 人間の振動感覚

人間が振動を感じる感覚器は，内耳のほか，皮膚，関節，内臓，知覚神経末端などである。

人間の振動に対する感覚は，人体の全身で感じる振動と局所で感じる振動に大別できる。また，体位（立位，座位，臥位），振動周波数によって感じ方が異なる。

さらに，鉛直振動か水平振動かによっても異なり，一般に，鉛直振動で4〜8Hz，水平振動で3Hz以下が最も敏感に感じる。

振動感覚は周波数によって異なるので，その特性を補正し，振動の加速度レベルを**振動レベル**［単位：デシベル（dB）］として表す。

## (2) 振動に関する規格

ISOでは1985年，ISO 2631/1（全身振動に対する暴露の評価）が規格化され，同時に三成分振動が人体に作用する場合の評価法についても定められている。図23.1にISO 2631/1の8時間労働の許容限界を示す。振動感覚等感曲線は，この図に示す許容限界線に平行な線で示される。

さらに，1989年，ISO 2631/2（建物内における振動及び衝撃に対する暴露の評価）が規格化されている。

## (3) 振動の影響

振動は，一般的な環境においては地震以外に感じることは，まれではあるが，ひとたび振動を感じると，不快感などの心理的影響を生じる。さらに振動レベルが高くなると地震や電車や飛行機などの乗り物で体験することがあるように，不安感や疲労も感じるようになる。

振動に関する人間への直接的な生理的影響は，約100dB以上の強い振動で発生し，呼吸数の増加，血圧の増加，胃腸の働きの抑制等，騒音と同じような自律神経系の影響が確認されている。

## (4) 振動に関する基準

振動レベルの測定は，1977年に施行された振動規制法に基づき，JIS C 1510に定める振動レベル計またはこれと同程

［解答］1−×（鉛直振動で4〜8Hz，水平振動で3Hz以下が最も敏感に感じる）　2−○　3−○　4−×（屋外における振動は，振動規制法で鉛直方向の振動だけを規制の対象としている。一般に地表での振動は鉛直振動のほうが水平振動より大きいものが多く，人体が鉛直振動をより強く感じることによるためである）

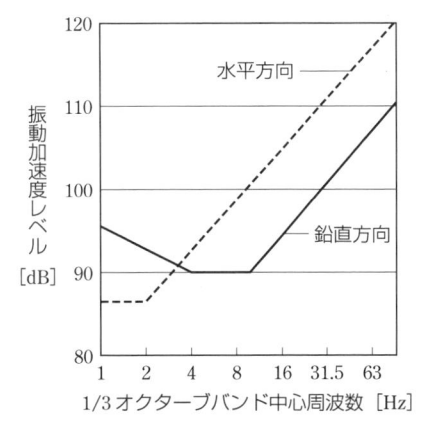

**図23.1　8時間労働の振動許容限界**（ISO 2631/1-1985）（縦軸の単位を加速度実効値 [m/s²] から振動加速度レベル [dB] に換算）

**表23.1　振動の規制基準（特定工場等）**

| 区域＼時間 | 昼間 | 夜間 |
|---|---|---|
| 第1種区域 | 60dB 以上 65dB 以下 | 55dB 以上 60dB 以下 |
| 第2種区域 | 65dB 以上 70dB 以下 | 60dB 以上 65dB 以下 |

第1種区域：一般住居地域
第2種区域：住居・商工混合区域
都道府県別に、この範囲内で規制基準値を定める

度以上の性能を有する測定器を用いて行われる。

建築物の室内における鉛直振動については、床の振動評価基準が規定されており、床の振動数、振動振幅、減衰定数などから、床の居住性を評価することができる。

一方、屋外においては、振動規制法で鉛直方向の振動だけを規制の対象としている。その理由は一般に地表での振動は鉛直振動のほうが水平振動より大きいものが多く、また公害の対象となる振動の周波数帯域では、人体が鉛直振動を、より強く感じるためである。

表23.1に、振動規制法による特定工場に関する振動の規制基準を示す。表のように、第1種区域の夜間での鉛直振動は、戸外地面上で55～60dB、第2種区域の夜間での鉛直振動は60～65dBと決められている。

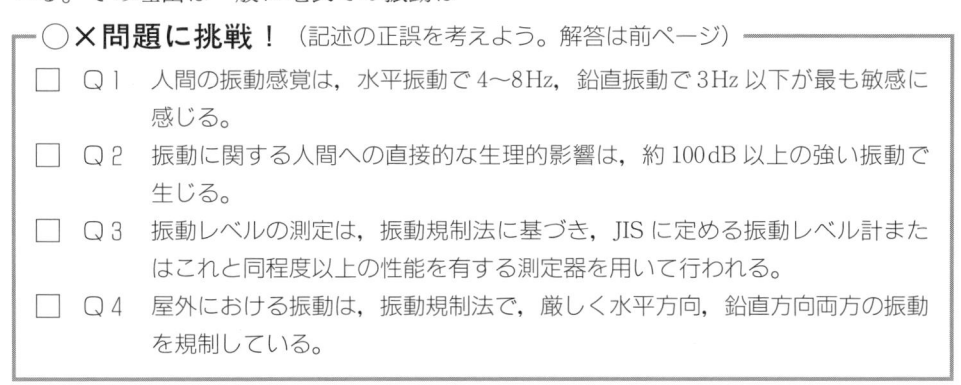

---

**○×問題に挑戦！**（記述の正誤を考えよう。解答は前ページ）

- [ ] Q1　人間の振動感覚は、水平振動で4～8Hz、鉛直振動で3Hz以下が最も敏感に感じる。
- [ ] Q2　振動に関する人間への直接的な生理的影響は、約100dB以上の強い振動で生じる。
- [ ] Q3　振動レベルの測定は、振動規制法に基づき、JISに定める振動レベル計またはこれと同程度以上の性能を有する測定器を用いて行われる。
- [ ] Q4　屋外における振動は、振動規制法で、厳しく水平方向、鉛直方向両方の振動を規制している。

室内環境の衛生
# 24 光と視覚

> POINT ①目の構造は，眼球と視神経に大別される
> ②人間の目に光として感じるのは，380〜780nmの波長範囲である
> ③明るさに慣れる作用を順応といい，明順応と暗順応とがある

## (1) 目の構造と働き

図24.1に目の構造を示す。目は，眼球とその後部の視神経に大別される。眼球は視覚の入口であり，黒目の部分は透明な角膜で構成されており，その後ろに虹彩がある。虹彩の間に瞳孔(瞳)が透けて見え，光に対し，絞りの役割をしている。

網膜のまわりには，色素をたくさん含み，血流の豊富な脈絡膜がある。網膜の外側に視細胞があり，ここに光が当たると化学構造が変化してパルスを発生し，電気エネルギーに変換され，信号が脳に伝えられる。

感覚細胞が受けた刺激を脳に伝える神経細胞の箇所では，神経回路網が構成されている。

脳と眼球は至近距離で多数の並列信号線でつながれているので，非常に速い伝送が可能となる。また，網膜の中心部の視神経は細かく，周辺部は粗くなっているので，情報が多くなることはなく，効率的である。そして，電気信号が脳で情報処理されて，はじめて物体が見えるようになる。

## (2) 波　長

波の山と山の間隔の長さを波長という。また，1秒間に進む波の数を周波数という。波長の単位は，nm（ナノメートル）で表される。1nmは，10億分の1（$10^{-9}$）mである。

人間の目に光として感じるのは380〜780nmの波長範囲のものだけであり，その範囲の光線を**可視光線**という。また，可視光線だけなく，紫外線，赤外線，電波，γ（ガンマ）線，X線などを総称して**電磁波**という（表24.1）。

## (3) 光と視覚

人間の眼球に入射する放射エネルギー

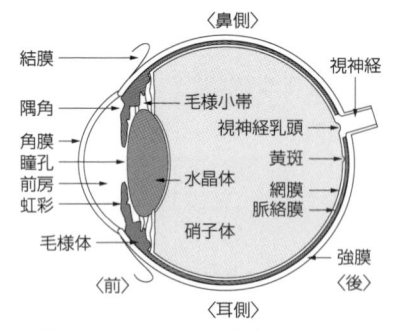

図24.1 人間の目の構造（水平断面図）

---

[解答] 1 —○ (可視光線は，380〜780nm（ナノメートル）の波長範囲である)　2 —× (555nmの波長（緑〜黄）に最も敏感に感じるといわれている)　3 —× (暗い所では青いほうの波長へずれて見える。これをプルキンエ現象という)　4 —○

のうち，可視光線の波長範囲のものだけが網膜上の視細胞を刺激し，これが脳に伝達されて光として感知される。これを視覚という。また，光の強さを感じる能力を視感といい，555nmの波長（緑〜黄）に最も敏感に感じることから，555nmの波長の視感を1.0として，他の波長における視感の比を**比視感度**という。図24.2は比視感度曲線で，暗い所では青いほうの波長へずれて見える。これを**プルキンエ現象**という。

暗い所から急に明るい所に出ると瞬時まぶしさを感じ，明るい所から暗い所に入ると一時的にものの見分けがつかなくなる。明るさによって視細胞の切り替えが起こるため，明るさに慣れる作用を順応といい，**明順応**は視力の回復が早いのに対して，**暗順応**は時間がかかる。

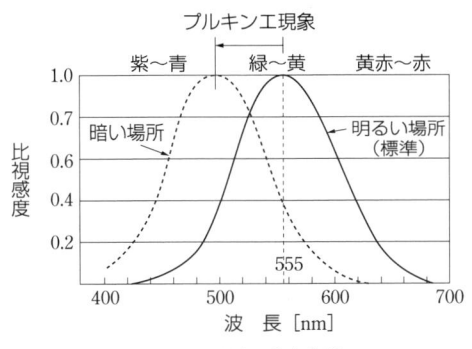

**図24.2 比視感度曲線**

### 表24.1 電磁波の波長と種類

| | | | 周波数 | 波長 | 主な発生源 |
|---|---|---|---|---|---|
| 電磁波 | 電離放射線 | γ（ガンマ）線 | 3000万THz〜 | 0.0001nm〜 | 科学観測機器 |
| | | X（エックス）線 | 3万〜3000万THz | 10〜0.001nm | 医療機器（X線，CTスキャナ） |
| | 非電離放射線 | 光 / 紫外線 | 789〜3万THz | 380〜10nm | レーザー |
| | | 光 / 可視光線 | 384〜789THz | 780〜380nm | 光学機器 |
| | | 光 / 赤外線 | 3000GHz〜384THz | 0.1mm〜780nm | 工業用（加熱・乾燥） |
| | | 電波 / サブミリ波 | 300〜3000GHz | 1〜0.1mm | 光通信システム |
| | | 電波 / ミリ波（EHF）（マイクロ波） | 30〜300GHz | 1cm〜1mm | レーダ |
| | | 電波 / センチ波（SHF）（マイクロ波） | 3〜30GHz | 10〜1cm | 衛星放送，マイクロウェーブ |
| | | 電波 / 極超短波（UHF）（マイクロ波） | 300〜3000MHz | 1m〜10cm | テレビ，電子レンジ，携帯電話 |
| | | 電波 / 超短波（VHF） | 30〜300MHz | 10〜1m | テレビ，FM放送，ポケットベル，業務無線 |
| | | 電波 / 短波（HF） | 3〜30MHz | 100〜10m | 短波放送，国際放送，アマチュア無線 |
| | | 電波 / 中波（MF） | 300〜3000kHz | 1,000〜100m | ラジオ放送 |
| | | 電波 / 長波（LF） | 30〜300kHz | 10〜1km | |
| | | 電波 / 超長波（VLF） | 3〜30kHz | 100〜10km | 電磁調理器 |
| | | 電波 /（VF） | 300〜3000Hz | $10^3$〜100km | |
| | | 電波 / 極超長波（ELF） | 3〜300Hz | $10^5$〜$10^3$km | 家電製品，高圧送電線 |

（「建築物の環境衛生管理 上巻」ビル管理教育センター，p.315より）

---

**○×問題に挑戦！**（記述の正誤を考えよう。解答は前ページ）

☐ Q1 可視光線とは，人間が目で見ることができる波長の範囲のことである。
☐ Q2 比視感度曲線において，人間は，900nmの波長に最も敏感に感じるといわれている。
☐ Q3 比視感度曲線において，暗い所では赤色の波長へずれて見える。
☐ Q4 明順応は視力の回復が早いのに対して，暗順応は時間がかかる。

室内環境の衛生
# 25 光の単位

> POINT ①光の単位には，光度［カンデラ：cd］，光束［ルーメン：lm］，照度［ルクス：lx］，光束発散度［ラドルクス：rlx］，輝度［cd/m²］がある
> ②光を受ける面の明るさを表すのが照度［ルクス：lx］である

## (1) 概　要

　明るい，暗いという言葉は，いろいろな意味をもっているので，明るさを示す光の単位を規定する必要がある。それら光の単位を表25.1に，また，光の単位のイメージを図25.1に示す。なお，それらの単位の意味を以下にまとめる。

## (2) 光度と光束

　ある単位量の光を1本の筋で表し，光源から光の筋がどのくらい出ているかで表すため，光源を頂点とし，単位面積を底辺とする角錐を仮定し，その中を何本の光の筋が通るかを測る。ここで，光の筋を光束といい，ルーメン［lm］という単位で表す。つまり，光のエネルギーが，ある面を通過する割合といえる。また，単位立体角あたり1ルーメンの光束を放射する光源の強さを1カンデラ［cd］という。カンデラは光度を表す単位であり，光源の明るさを示す。

## (3) 照　度

　次に光を受ける面の明るさを測るには，まず受光面に入射する光束の量を測る必要がある。単位面積あたりの入射する光

表25.1　光の単位

| 測光量 | 記号 | 単位 | 摘　要 |
|---|---|---|---|
| 光　度 | I | カンデラ[cd] | 光源から発散する光のエネルギーの強さを表す尺度で，光の基本単位。$540 \times 10^{12}$Hz の放射強度が $1/683$［W/sr］である方向の光度を1 cdと定義される |
| 光　束 | F | ルーメン[lm] | 光のエネルギーがある面を通過する割合で，単位時間あたりの光の放射エネルギーで表す |
| 照　度 | E | ルクス[lx] | 光を受けている面の入射光束の面積密度，1 m²に1 lmの光束を受けている面の照度が1 lx＝1 lm/m² |
| 光束発散度 | M | ラドルクス[rlx] | 光源，反射面，透過面から出射する単位面積あたりの光束で表す。1 rlx＝1 lm/m² |
| 輝　度 | L | [cd/m²] | 光源または光の反射面や透過面の光度の面積密度 |

［解答］1－× (一般に，照明の量は，照度［単位：lx］で表される)　2－× (光源や光を反射または透過している面から目に入る光の量，つまり，光源や反射または透過面の単位面積あたりの光度を示すのは輝度である)　3－○　4－○

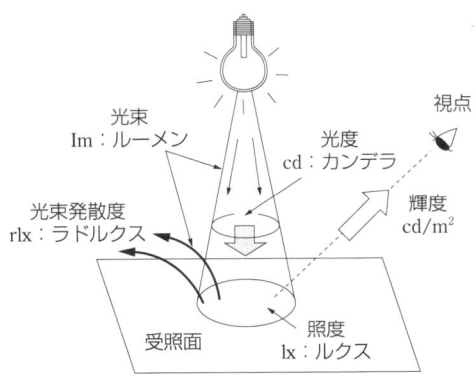

図25.1 光の単位のイメージ

束の量は**照度**で表し，その単位は**ルクス**[lx]で示す。つまり，1 m²の面積に1ルーメンの光束が入射する場合，その受光面の照度を1ルクスという。照度は受光面に入射する光束の量である。

同じ光度の光源の下でも，受光面の照度は光源からの距離と受光面の角度（入射角）によって異なる。つまり照度は，距離の2乗に反比例し，入射角の余弦（cos）に比例する。

(4) 光束発散度

光で照らされている表面を見たとき，目で感ずる明るさは，照度とともに，受光面の反射率が作用する。同一の照度でも反射率が変われば，目に感じる明るさは異なる。

光束発散度は，光源，反射面，透過面から出射する単位面積あたりの光束のことで，単位はラドルクス[rlx]で表すことができる。

(5) 輝　度

目にとび込んでくる光は，光源からの光と，その光を受けて反射した光や透過した光などいろいろである。そこで，光源や光を反射または透過している面から目に入る光の量，つまり，光源や反射または透過面の単位面積あたりの光度を示すのが**輝度**である。単位は$cd/m^2$で示され，スチルブという。同一の明るさの光源でも裸電球と蛍光灯を比べると，光っている部分の面積の小さな裸電球のほうが輝度が高い。

輝度計の外観を**図25.2**に示す。

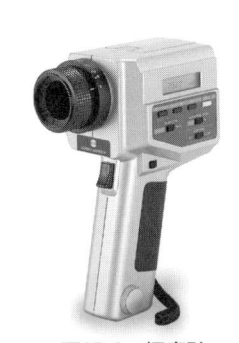

図25.2　輝度計
（写真提供：コニカミノルタセンシング株式会社）

---

○×問題に挑戦！（記述の正誤を考えよう。解答は前ページ）

- ☐ Q1　一般に，照明の量は，輝度で表される。
- ☐ Q2　光源や光を反射または透過している面から目に入る光の量を光束という。
- ☐ Q3　照度とは，単位面積あたりの入射する光束の量のことである。
- ☐ Q4　光束発散度とは，光源，反射面，透過面から出射する単位面積あたりの光束のことである。

室内環境の衛生

# 26 照明方式・照明計算

POINT ①照明方式には，間接照明と直接照明とがある
②均せい度とは，室内の最も暗い位置の照度を，最も明るい位置の照度で割った値である

## (1) 照明方式の比較

照明方式には，直接照明，間接照明，拡散照明，局部照明，全般照明などがある（直接照明と間接照明の比較などは，4章 32 参照）。

## (2) 照明器具

① 白熱電球：タングステンの温度放射を光として利用している。
② 蛍光ランプ：同じワット数の白熱電球に比べ光束が大きい。
③ 高圧水銀ランプ：点灯後4〜5分経過しないと正常な明るさにならないため，点滅の頻繁な場所での使用には適さない。
④ メタルハライドランプ：主に建築物の比較的天井が高いところで使用されている。
⑤ 注意事項：空気調和では照明器具から発生する熱を考慮する必要がある。

## (3) 均せい度

① 均せい度とは，室内の最も暗い位置の照度を，室内の最も明るい位置の照度で割った値をいう。
② 均せい度は人工照明では1/3以上，昼光照明では1/10以上，狭い範囲では1/1.5以上とすること。

## (4) 平均照度

平均照度とは，室内照度測定値の算術実平均値をいう。例えば室内10か所で測った照度の合計値が5000 lx であったとすると，平均照度は500 lx である。

## (5) 照明計算

水平面の照度は，光源の光度に比例し，光源からの距離の2乗に反比例する。

$$E = \frac{I}{r^2}$$

$E$：水平面の照度 [lx]
$I$：光源の光度 [cd]
$r$：光源から水平面までの距離 [m]

また，鉛直線と角 $\theta$ をなす水平面の照度は次式で求める。

$$E = \frac{I}{r^2} \times \cos\theta$$

## (6) 照明計算の例題

① 図26.1(a)のように，a点の電球の照度が150 lx であった。これを(b)のように電球の位置を下げたとき，b点の照度はいくらになるか。
[解答]

---

[解答] 1—○ 2—×（1000×cos 45≒700） 3—○（なお，ある期間使用後の作業面上の平均照度に対して，初期における作業面上の平均照度の割合を保守率という）

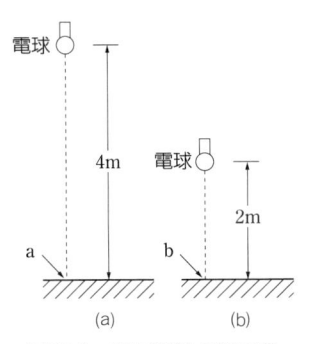

図26.1 照明計算の例題①

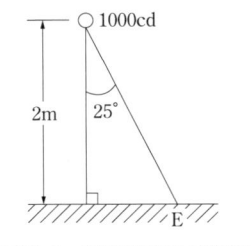

図26.2 照明計算の例題②

$$150 = \frac{I}{4^2}$$

$$I = 150 \times 4^2 = 2400 \ [\mathrm{cd}]$$

$$E = \frac{2400}{2^2} = 600 \ [\mathrm{lx}]$$

② 図26.2において鉛直線との角が25度の水平面上の点 $E$ の照度を求めよ。ただし，$I = 1000\ \mathrm{cd}$　$r = 2\ \mathrm{m}$　$\cos 25° ≒ 0.9$とする。

[解答]

$$\frac{1000}{2^2} \times 0.9 = 225 \ [\mathrm{lx}]$$

(7) 光束法による照明率，保守率の計算

照明設計の代表的な方法に光束法がある。そして，この光束法では，室の全光束を以下のように求めることができる。

$$N \cdot F = \frac{E \cdot A}{U \cdot M}$$

ここで，$N$：ランプの数，$F$：ランプ1灯あたりの光束 [lm]，$E$：照度 [lx]，$A$：面積 [m²]，$U$：照明率，$M$：保守率

したがって，$N \cdot F$ は，室の全光束となる。光源から出る全光束は，一部が直接作業面に入射し，他は天井や壁に反射して，ある程度減衰してから作業面に到達する。このように，ランプから出る全光束に対して，作業面上に入射する光束の割合を**照明率**という。

また，保守率とは日時経過による照度低下の補正係数で，ある期間使用した後の作業面の平均照度と初期の平均照度の比をいう。

3 室内環境の衛生

─○×問題に挑戦！ （記述の正誤を考えよう。解答は前ページ）─

☐ Q1　室内照明における均せい度とは，室内の最低照度を室内の最高照度で割った値である。

☐ Q2　点光源の直下1mの水平面照度が1000 lxである場合，同じ場所で水平面から45度傾斜した面での照度は約500 lxである。

☐ Q3　ランプから出る全光束に対して，作業面上に入射する光束の割合を照明率という。

室内環境の衛生
## 27 VDT作業・照度基準

POINT ①明視の条件は，明るさ，対比（コントラスト），大きさ，見る時間の長さ・早さである
②グレアとは，見えにくさあるいは不快感を生じさせる現象のことである
③照度基準は，JIS Z 9110で定められている

### (1) 明視

見やすさのことを明視といい，その条件には，以下の4つがある。

#### ① 明るさ

視対象の精細度，明度に応じて目が疲れないような明るさが必要となる。明るさは，むらがあり，差が大きいと疲れやすいといわれている。したがって，オフィスや学校の教室などでは，なるべく均一な照度が望ましい。

机の上あるいは部屋全体の最高照度と最低照度との比を均せい度というが，オフィスや教室の均せい度は，1/3以上が望ましい。また，採光（昼光照明）による場合で1/10以上が望ましい。

#### ② 対比（コントラスト）

対比の指標として，輝度対比がある。
輝度対比とは，2つの面の相対的な輝度の相違またはこれを量的に示したものであり，視野内の輝度対比が大きくなると，作業者の目の疲労を増大させる。
輝度対比は近辺で3：1，やや離れた場所で10：1，窓や照明器具では1：20以下が望ましい。

#### ③ 大きさ

劇場などで重視され，一般的には個々人の視力によって左右される。

#### ④ 見る時間の長さ，早さ

対象物を見るのに要する最短時間の逆数を視速度といい，急速に動くものは見えにくいとされている。また，対象物のちらつきについては5～15回/秒が煩わしく感じられ，これよりも多くても少なくても不快感は減少する。

### (2) グレア

見えにくさ，あるいは不快感を生じさせる現象をグレアと呼ぶ。室の中に直射日光が入ると，輝度対比が激しい場合や，照度が高い場合，生じやすい。そして，グレアのため，落ちつきのない雰囲気となりやすい。また，光沢のある机の上で本をひろげた場合や，つやのあるアート紙の写真集などを見ると見にくく，目が疲れるのも反射によるグレアが原因であ

[解答] 1－×（作業対象と周囲との輝度対比は近辺で3：1，やや離れた場所で10：1，窓や照明器具では1：20以下が望ましい）　2－○　3－×（視野を囲む30度以内にある光源は，特にグレアを起こしやすい）　4－○　5－×（会議室で300～750 lx 必要である。なお，30～75 lx でよいのは非常階段である）

見ようとする対象物とその周辺との輝度の比は1：3～1：5くらいまでにとどめるとよい。また，グレアは，視野を囲む30度以内にある光源では起こりやすい。

### (3) VDT作業とグレア

パソコンなどの作業環境において，VDT（Visual Display Terminal）面の直角に近い位置に照明器具などの高輝度のものがあると，器具が映り込み，いわゆる反射グレアを生じる。そこで視線の反対側の30度以内に高輝度の照明等の設置を避けるとともに，VDT面への鉛直面照度は100～300 lx程度と高すぎないようにする。

### (4) 照度基準

**表27.1**に示すようなJIS Z 9110の照度基準では，建物別，室別に照度基準が定められている。

**表27.1 照度基準**（JIS Z 9110からの抜すい）

| 用途 | 照度[lx] 30 | 50 | 75 | 100 | 150 | 200 | 300 | 500 | 750 | 1000 | 1500 | 2000 |
|---|---|---|---|---|---|---|---|---|---|---|---|---|
| 事務所 | 屋内非常階段 | | | 洗場，湯沸場，廊下，階段，洗面所，便所 | | 集会室，応接室，食堂，娯楽室，玄関ホール（夜間），エレベーターホール，受付 | | 事務室a 営業室，玄関ホール（昼間） 設計，製図，タイプ，キーパンチ | | | | |
| | | 喫茶室，宿直室，更衣室，倉庫，玄関 | | 書庫，作業室，金庫室，電気室，機械室 | | 事務室b，役員室，会議室，電算室，交換室 | | | | | | |
| 学校 | 倉庫，車庫，非常階段 | | | | | 教室，図書室，研究室，教職員室，会議室，実習室 | | | | | | |
| | | | | 講堂，集会室，廊下，便所 | | 製図室，電算室 | | | | | | |
| 旅館・ホテル | 廊下（深夜），非常階段 | | | ロビー，洗面所 | 宴会場 | | | | | | | |
| | | 娯楽室，脱衣室，客室，廊下，階段，浴室 | | 広間，食堂 | | 車寄せ，玄関，事務室，客室机 | | フロント，帳場 | | | | |

---

○×問題に挑戦！（解答は前ページ）

☐ Q1　作業対象と周囲との輝度対比は，近辺で10：1，やや離れた場所で20：1，窓や照明器具では1：30以下が望ましい。

☐ Q2　グレアは，光源の輝度が高く，背景の輝度が低いほど起こりやすい。

☐ Q3　視野を囲む45度以内にある光源は，特にグレアを起こしやすい。

☐ Q4　JIS Z 9110の照度基準では，事務室で300～1500 lx必要である。

☐ Q5　JIS Z 9110の照度基準では，会議室で30～75 lx必要である。

室内環境の衛生
# 28 色と色彩

POINT ①マンセル表色系は，色相，明度，彩度の順で示す
②心理的効果には，色の対比，同時・継時対比，同化，面積対比がある
③色彩調節の効果には，環境色と安全色とがある

## (1) 色彩体系

色を表す体系を**表色系**という。いくつかの表色系のうち，**マンセル表色系**は，アメリカの画家が考案したものであり，JISにも採用されている。このマンセル表色系では，色を**色相**（Hue），**明度**（Value），**彩度**（Chroma）の3要素で表される。

① 色相（記号H：Hue）

赤，青，黄などの色合いをいい，マンセル表色系では，R，Y，G，B，Pの5色相と，その中間の5色相YR，GY，BG，PB，RPの10の色相をもって構成され，それぞれ5R，5YR，5Yなどという。**図28.1**のように，これらを環状に並べたものを**色相環**という。また，色相環上で対角線上にある色同士を補色という。

② 明度（記号V：Value）

明度は，完全な黒を0，完全な白を10として，この間を感覚の差が等しい差になるように11段階に分ける。

③ 彩度（記号C：Chroma）

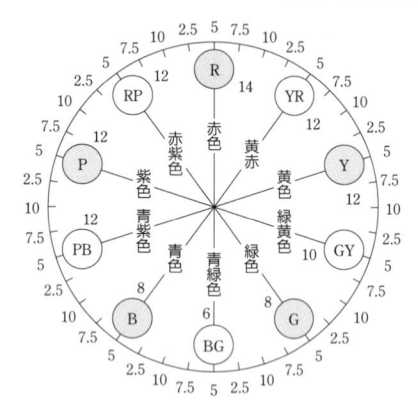

図28.1 マンセル色相環

色のあざやかさの度合いをいう。彩度は無彩色を0として，色があざやかになるに従って，段階的に数値が大きくなる。その色相のなかで，もっとも彩度の高い（数値が大きい）色を一般に純色というが，純色の彩度は色相によって異なる（例えば純色の赤の彩度は14）。

④ 色の記号表示と色立体

ある色を色の3要素で表す場合には，**図28.2**に示すような色の記号表示で表され，これを**色立体**といい，あらゆる色は，

[解答] 1—○　2—○　3—×（補色とは，2つの色を合わせると無彩色になるもので，マンセルの色相環で，赤—青緑，黄色—青紫のような対面関係にある色である）　4—○（なお，明るい色は軽く，暗い色は重く感じ，暖色は寒色よりも重く感じる効果を軽重効果という）　5—×（配管の識別色において，ガスは黄で表示される。なお，暗い赤は，蒸気である）

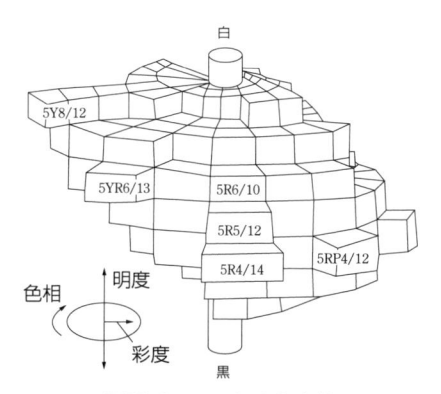

**図28.2　マンセル色立体**

この中に系統的に分類配列される。

$$\underbrace{7.5YR}_{色相}\ \underbrace{5}_{明度}/\underbrace{4}_{彩度}$$

純色の赤は，5R4/14と表示され，無彩色の場合には，無彩色の記号Nに明度段階の値をつけてN4.5と示す。

**(2) 色の心理的効果**

① 色の対比：色を単独に見るときと周囲の他の色と同時に見るときとでは異なって見えることが多い。2つの色が相互に影響し合って色の違いが強調されて見える現象を色の対比という。

② 同化（融合）：ある色が他の色に囲まれているとき，囲まれた色が周囲の色に近づく方向に変化して見える現象をいう。

③ 面積対比：面積が大きい色は明るく見え，彩度も高く見える。面積が小さい色は暗く見え，彩度も低く見える。

④ 暖色と寒色：マンセル表色系の色相でRP，R，YR，Y系の色は暖色，G，BG，B，PBは寒色である。

⑤ 進出色と後退色：一般に暖色は手前に進出しているように見え，寒色は後退しているように見える。

**(3) 色彩調節**

建築物だけでなく，生産工場の機械・設備や交通標識などの色彩を，色のもつ心理的，生理的，物理的性質を利用して計画し，快適で能率的，かつ安全な生活の環境づくりを目的としたものである。

色彩調節の効果としては，直接効果として環境を機能的に整える環境色のほか，間接効果として安全指示や注意喚起に用いられる安全色とがある。**表28.1**に，安全色による色彩調節を示す。

**表28.1　安全色と配管の識別色**

| 安全色 | 意味または目的 | 対応可能な対比色 | 配管の識別色 |
|---|---|---|---|
| 赤 | 防火，停止，禁止，高度の危険（火薬等） | 白，黒 | 消火標識（白線）蒸気（暗い赤） |
| 黄赤 | 危険，航海・航空の保安施設 | 黒 | 電気（薄い黄赤）油（暗い黄赤，茶） |
| 黄 | 注意 | 黒 | ガス（薄い黄） |
| 緑 | 安全，衛生，衛生・救護・保護，進行 | 白，黒 | ― |
| 青 | 業務的行動，指示 | 白，黒 | 水 |
| 赤紫 | 放射能 | 黒 | 放射能 |

---

**○×問題に挑戦！**（記述の正誤を考えよう。解答は前ページ）

- □ Q1　マンセル表色系において，有彩色は色相，明度，彩度の順で表される。
- □ Q2　彩度とは，色のあざやかさの度合いをいい，無彩色の0〜純色14までである。
- □ Q3　補色とは，マンセルの色相環で，隣り通しの関係にある色である。
- □ Q4　同じ色でも，広い面積のものほど，彩度が高く見える。
- □ Q5　配管の識別色において，ガスは暗い赤で表示される。

室内環境の衛生

## 29 磁場・電場・電磁波

POINT ①磁場とは，電気的現象・磁気的現象を表すための考え方で磁界ともいう
②電磁波は，電離放射線，紫外線，可視光線，赤外線，マイクロ波などに分けられる

### (1) 磁　場

磁場は，電気的現象・磁気的現象を表すための物理的考え方であり，工学分野では，磁界ということもある。

磁場は，空間の各点で向きと大きさを持つ物理量（ベクトル場）であり，電場の時間的変化または電流によって形成される。磁場の大きさは，+1 Wb（ウェーバー）のＮ極が受ける力の大きさで表される。

身近な磁場の現象が，砂鉄が磁石の周りを囲むように引きつけられる現象であることから，磁場の影響を受けるのは鉄だけであると思われがちであるが，強力な磁場の中では，さまざまな物質が影響を受けるといわれている。

### (2) 電　場

電場は，電界ともいい，空間上に電荷が存在することによって，引き起こされる電荷に作用する力によって定義される。おもに理学系では電場，工学系では電界ということが多い。

電場の大きさは，単位正電荷が受ける静電気力の大きさで表される。

### (3) 電磁波

電磁波は，人間が光として感じる可視光線だけでなく，紫外線，赤外線，電波，電離放射線（γ(ガンマ)線，X線など），など，すべてを含んだ空間を伝わる波の総称といえる。電磁波の速さは，光の速さを含めすべて同じで，1秒間に約30万km進む。

したがって，波長と周波数の間には，
波長×周波数＝電磁波の速さ＝光速
の関係がある。

以下に電磁波のいくつかを波長が短い（周波数が多い）順にまとめる（可視光線については，24 参照）。

① 電離放射線

物質をイオン化する作用がある高エネルギー放射線を電離放射線といい，粒子線（α線，β線，中性子線）と電磁線（波）であるγ線，X線に分けることができる。電離放射線の用途は，医療用として診断や治療に用いるほか，機器等の非破壊検査や滅菌，殺菌などに使用され

---

［解答］1－×（砂鉄が磁石のまわりを囲むように引きつけられる現象から，磁場の影響を受けるのは鉄だけであると思われがちであるが，強力な磁場の中では，さまざまな物質が影響を受ける）　2－○　3－○　4－×（290～320nmの紫外線が，ドルノ線（健康線）である）

**表29.1　細胞の放射線感受性の順序**

| 放射線感受性 | |
|---|---|
| 高 ↑ | 1. リンパ球 |
| | 2. 好中球および好酸球 |
| | 3. 上皮細胞 |
| | 　1）ある分泌腺の基底上皮，特に唾液腺 |
| | 　2）睾丸の精上皮または卵巣のろ胞上皮 |
| | 　3）皮膚の基底上皮，粘膜層および胃腸の基底上皮 |
| | 　4）肺胞上皮，胆管上皮 |
| | 　5）腎の管上皮 |
| | 4. 血管内皮細胞，胸膜，腹膜 |
| | 5. 結合組織細胞 |
| | 6. 筋肉細胞 |
| ↓ 低 | 7. 神経細胞 |

る。表29.1に細胞の放射線感受性の順序を示す。

② 紫外線

紫外線は，可視光線の380nmを上限として，下限がX線までの範囲の電磁波をいう。そのうち波長が200nmまでのものを近紫外線といい，UV-A（320～380nm），UV-B（290～320nm），UV-C（200～290nm）の3つに分けられる。特にUV-Bは，生物学的に重要であり，ドルノ線（健康線）といい，骨の発育に必要なビタミンDの形成に不可欠とされている。なお，ドルノ線は普通ガラスでは透過せず，日光浴のためには窓を開けるか，紫外線を透過する特殊ガラスを用いる。

③ 赤外線

可視光線よりも長い波長で，マイクロ波よりも短い電磁波で，780～1400nmを近赤外線，1400nm以上を遠赤外線という。なお，赤外線を熱線ともいう。波長1400nm以下では，皮膚を最も透過しやすいといわれている。また，赤外線は目に対する影響があるので，留意する。

④ マイクロ波

周波数が300MHz～300GHzの電磁波をいう。マイクロ波の用途は，テレビ放送，レーダー，通信衛星，家庭用電子レンジなどである。なお，強いマイクロ波では白内障や生殖系への影響があるといわれている。

⑤ レーザー光線

レーザー光線の波長域は，紫外線から可視光線，赤外線まで広範囲に及ぶ。レーザー光線とは，位相のそろった単一波長で，指向性，集束性に優れた光線である。総エネルギーは小さいが，微小面積に集中し，大きなエネルギーを発生するため，作用はきわめて強い。なお，レーザー光線の人体への影響としては，目や皮膚への影響があるといわれている。

---

**○×問題に挑戦！**（記述の正誤を考えよう。解答は前ページ）

- [ ] Q1　磁場現象は，磁石の周囲で起こる現象をいう。
- [ ] Q2　電磁波は，可視光線，電離放射線（γ線，X線など），紫外線，赤外線，電波など，すべてを含んだ空間を伝わる波の総称をいう。
- [ ] Q3　電離放射線の用途は，医療用として診断や治療に用いるほか，機器等の非破壊検査や滅菌，殺菌などに使用される。
- [ ] Q4　200～250nmの紫外線は，ドルノ線といい，骨の発育に必要なビタミンDの形成に不可欠とされている。

室内環境の衛生
# 30 水と健康・水質基準

POINT ①人は生きるために，1日に約2 $l$ の水が必要である
②クリプトスポリジウム症は，水が感染源となる
③水道で供給される水は，50項目の水質基準がある

## (1) 水と健康について

人は，健康や生命維持のため1日2 $l$ くらいの水を必要としている。水を摂取する方法は，飲料水や食物から取り入れる方法がある。また，水が体温の急激な上昇を防止するために，重要な役割を果たしている。運動時，平常時まで体温を下げるため，皮膚から水分が汗となって体の外に放出され，体温調節を行っている。人の健康を保つため，水が安全に供給され，安心して飲むことが求められている。このことは，公衆衛生の向上にも寄与することにつながる。

## (2) 水系感染原因微生物

平成6（1994）年，塩素に抵抗性を持つ原虫であるクリプトスポリジウムの感染症が雑居ビルで発生した。受水槽の管理が悪く外部から受水槽にこの原虫が侵入したと見られている。すでに欧米では水道水を原因とする集団感染の原因微生物としてよく知られており，法的な規制も用意されているが，この事例により日本でもクリプトスポリジウムによる水環境の汚染が現実にあることがクローズアップされ，旧厚生省では暫定的な指針を出している。

## (3) 水質基準とは

水道水として供給される水は，次の条件を備えていなければならない（水道法第4条）。また，具体的な基準は水質基準省令で定める。

- 病原生物に汚染され，または病原生物に汚染されたことを疑わせるような生物もしくは物質を含まないこと。
- シアン，水銀その他の有毒物質を含まないこと。
- 銅，鉄，フッ素，フェノールその他の物質をその許容量を超えて含まないこと。
- 異常な酸性またはアルカリ性を呈しないこと。
- 異常な臭味がないこと。ただし，消毒による臭味を除く。
- 外観は，ほとんど無色透明であること。

## (4) 水質基準項目

水道によって供給される水は，水道法第4条に基づき，水質基準省令により，水道水質基準は，平成16年4月1日に大幅に改正され，平成20年，21年，22年及び26年4月1日に一部改正されて，現在は51項目となっている（表30.1）。

[解答] 1—○ ((1)は基準値として0.8mg/$l$ 以下，(3)は0.01mg/$l$ 以下，(4)は0.05mg/$l$ 以下，(5)は1m$l$ 中，集落数100以下)

表30.1 水道水質基準（51項目）

| | 基準項目 | 基準 | | 基準項目 | 基準 |
|---|---|---|---|---|---|
| 1 | 一般細菌 | 1mLの検水で形成される集落数が100以下であること | 27 | 総トリハロメタン | 0.1mg/L以下 |
| | | | 28 | トリクロロ酢酸 | 0.2mg/L以下 |
| | | | 29 | ブロモジクロロメタン | 0.03mg/L以下 |
| 2 | 大腸菌 | 検出されないこと | 30 | ブロモホルム | 0.09mg/L以下 |
| 3 | カドミウム及びその化合物 | カドミウムの量に関して，0.01mg/L以下 | 31 | ホルムアルデヒド | 0.08mg/L以下 |
| | | | 32 | 亜鉛及びその化合物 | 亜鉛の量に関して，1.0mg/L以下 |
| 4 | 水銀及びその化合物 | 水銀の量に関して，0.0005mg/L以下 | 33 | アルミニウム及びその化合物 | アルミニウムの量に関して，0.2mg/L以下 |
| 5 | セレン及びその化合物 | セレンの量に関して，0.01mg/L以下 | | | |
| | | | 34 | 鉄及びその化合物 | 鉄の量に関して，0.3mg/L以下 |
| 6 | 鉛及びその化合物 | 鉛の量に関して，0.01mg/L以下 | 35 | 銅及びその化合物 | 銅の量に関して，1.0mg/L以下 |
| 7 | ヒ素及びその化合物 | ヒ素の量に関して，0.01mg/L以下 | 36 | ナトリウム及びその化合物 | ナトリウムの量に関して，200mg/L以下 |
| 8 | 六価クロム化合物 | 六価クロムの量に関して，0.05mg/L以下 | | | |
| 9 | シアン化物イオン及び塩化シアン | シアンの量に関して，0.01mg/L以下 | 37 | マンガン及びその化合物 | マンガンの量に関して，0.05mg/L以下 |
| 10 | 硝酸態窒素及び亜硝酸態窒素 | 10mg/L以下 | 38 | 塩化物イオン | 200mg/L以下 |
| 11 | フッ素及びその化合物 | フッ素の量に関して，0.8mg/L以下 | 39 | カルシウム，マグネシウム等（硬度） | 300mg/L以下 |
| 12 | ホウ素及びその化合物 | ホウ素の量に関して，1.0mg/L以下 | 40 | 蒸発残留物 | 500mg/L以下 |
| 13 | 四塩化炭素 | 0.002mg/L以下 | 41 | 陰イオン界面活性剤 | 0.2mg/L以下 |
| 14 | 1.4-ジオキサン | 0.05mg/L以下 | 42 | ジェオスミン | 0.00001mg/L以下 |
| 15 | 1.1-ジクロロエチレン | 0.02mg/L以下 | 43 | 2-メチルイソボルネオール | 0.00001mg/L以下 |
| 16 | シス-1.2-ジクロロエチレン | 0.04mg/L以下 | | | |
| 17 | ジクロロメタン | 0.02mg/L以下 | 44 | 非イオン界面活性剤 | 0.02mg/L以下 |
| 18 | テトラクロロエチレン | 0.01mg/L以下 | 45 | フェノール類 | フェノールの量に換算して，0.005mg/L以下 |
| 19 | トリクロロエチレン | 0.03mg/L以下 | | | |
| 20 | ベンゼン | 0.01mg/L以下 | | | |
| 21 | 塩素酸 | 0.6mg/L以下 | 46 | 有機物 | 5mg/L以下 |
| 22 | クロロ酢酸 | 0.02mg/L以下 | 47 | pH値 | 5.8以上8.6以下 |
| 23 | クロロホルム | 0.06mg/L以下 | 48 | 味 | 異常でないこと |
| 24 | ジクロロ酢酸 | 0.04mg/L以下 | 49 | 臭気 | 異常でないこと |
| 25 | ジブロモクロロメタン | 0.1mg/L以下 | 50 | 色度 | 5度以下 |
| 26 | 臭素酸 | 0.01mg/L以下 | 51 | 濁度 | 2度以下 |

3 室内環境の衛生

―○×問題に挑戦！（記述の正誤を考えよう。解答は前ページ）―

□ Q1 水道法に基づく水質基準として，検出されないこととされている項目は次のうち(2)である。
(1) フッ素　(2) 大腸菌　(3) カドミウム　(4) マンガン
(5) 一般細菌

# 4

# 空気環境の調整

| | | |
|---|---|---|
| **1** | 伝熱過程・熱の単位・熱貫流量 | ▶122 |
| **2** | 熱伝達率・熱伝導率・熱対流・熱放射 | ▶124 |
| **3** | 湿り空気の性質 | ▶126 |
| **4** | 湿り空気線図の使い方 | ▶128 |
| **5** | 露点温度と結露 | ▶130 |
| **6** | 流体の基礎知識 | ▶132 |
| **7** | 気流・換気効率 | ▶134 |
| **8** | 空気調和負荷・室熱負荷とその計算 | ▶136 |
| **9** | 空気調和設備 | ▶138 |
| **10** | 空調方式(1) | ▶140 |
| **11** | 空調方式(2) | ▶142 |
| **12** | 冷凍サイクルとモリエール線図 | ▶144 |
| **13** | 冷凍機の種類・熱源方式 | ▶146 |
| **14** | 成績係数の計算 | ▶148 |
| **15** | 蓄熱槽 | ▶150 |
| **16** | 冷却塔 | ▶152 |
| **17** | ボイラ | ▶154 |
| **18** | 全熱交換器 | ▶156 |
| **19** | 空気浄化装置 | ▶158 |
| **20** | ダクト | ▶160 |
| **21** | ダクトの付属品 | ▶162 |
| **22** | 通風と送風量の決定と計算 | ▶164 |
| **23** | 送風機 | ▶166 |
| **24** | ポンプ | ▶168 |
| **25** | 加湿器と加湿量の計算 | ▶170 |
| **26** | 換気の方法 | ▶172 |
| **27** | 換気量と換気回数の計算 | ▶174 |
| **28** | 温熱要素の測定 | ▶176 |
| **29** | 室内空気と汚染物質の測定 | ▶178 |
| **30** | 空気清浄度の測定 | ▶180 |
| **31** | VOCs・NOx等の測定 | ▶182 |
| **32** | 光環境の管理 | ▶184 |
| **33** | 電気の基礎知識 | ▶186 |
| **34** | 省エネルギーと自動制御 | ▶188 |

空気環境の調整

# 1 伝熱過程・熱の単位・熱貫流量

POINT①熱は，一般に高温部から低温部へと移動する性質をもっている
②高温側の空気の熱が熱伝達され，材料表面で熱対流や熱反射した後，材料内を熱伝導し，低温側の空気へ熱伝達される。この伝熱過程全体を熱貫流という

## (1) 伝熱過程と熱の性質

熱は，一般に高温部から低温部へと移動する性質をもっている。しかし，その移動は場合によって，いろいろと異なる方法で行われる。

例えば，室内の温度における熱の移動を考えた場合，たとえ窓や出入口を閉めきったとしても，高温側の空気の熱が建築物の各部を貫通して，低温側の空気に伝わるために変化する。熱の移動が激しい建築物の室内は，外気温の影響を大きく受け，特に，夏期や冬期には不快な室内気温になりやすい。

一般に，建築物の各部に熱が伝わる過程は，図1.1のように，高温側の空気の熱は熱伝達され，材料の表面で熱対流や熱反射した後，材料内を熱伝導される。そして材料と材料の間に中空層が存在する場合，熱対流や熱放射された後，ふた

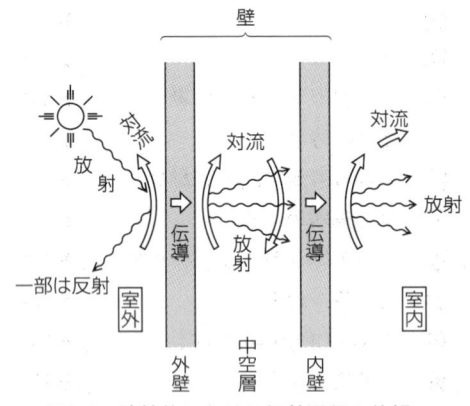

図1.1 建築物における伝熱過程の仕組み

表1.1 熱に関係した単位の表

| 項　　　目 | 記号 | 単位 |
|---|---|---|
| 熱　　　　量<br>仕　　　　事<br>電　力　量 | $\Sigma H$ | J（ジュール） |
| 電　　力<br>熱　　流 | $H$ | W（ワット） |
| 熱 伝 導 率 | $\lambda$ | W/(m·K) |
| 表面熱伝達率 | $\alpha$ | W/(m²·K) |
| 熱 貫 流 率 | $K$ | W/(m²·K) |
| 比　　　　熱 | $C$ | J/(kg·K) |
| エンタルピー | $i$ | J/kg |

［解答］1―○（熱貫流または熱過程という）　2―×（熱貫流率は，部位の両側の空気の温度差が1℃のとき，1m²あたりの通過熱量で，単位はW/(m²·K)で示される）　3―×（「単位面積あたりの熱貫流量」は，材料の熱の伝わりやすさを表す熱貫流率と高温側と低温側の温度差の積で示されるが，一般に，熱貫流量は，単位面積あたりの熱貫流量に壁体の面積をかけて算出される）　4―○

たび材料の表面から，一部は熱対流や熱反射され，低温側の空気へ熱伝達する。この伝熱過程の全体を**熱貫流**（または熱過程）という。なお，**表1.1**に熱に関係した単位の表をまとめる。

**(2) 熱貫流量**

室内の温度は，建築物の各部に流入したり，各部から流出したりする熱量で変化する。熱貫流によって流入したり，流出したりする熱量を**熱貫流量**という。

建築物は，正倉院の校倉造りやエスキモーのイグルーのようにそれぞれの物質が単独で用いられているということは稀で，一般には，いろいろな物質が組み合わされて構成されている。そこで，いろいろな物質でつくられた壁とか屋根などの建築物を構成する部位全体の熱の通しやすさを示す尺度を**熱貫流率**（部位の両側の空気の温度差が1℃の時，1m²あたりの通過熱量でW/(m²・K)で示される）という。

断熱材を天井や壁に用いることは，天井や壁の熱貫流率を小さくするのに有効である。建築物の要素別の熱貫流率が3.64 W/(m²・K)であったのに，片面に40mmのガラス繊維を張ると，0.71 W/(m²・K)になる。

熱貫流量 $Q$ は，上述した材料の熱の伝わりやすさを表す熱貫流率 $K$ と高温側と低温側の温度差 $(t_1-t_2)$ の積（$Q=K\times(t_1-t_2)$）で示すことができるが，この場合には，単位面積あたりの熱貫流量になる。**図1.2**のような壁体の熱貫流量を求める場合には，単位面積あたりの熱貫流量に壁体の面積 $S$ をかけて，次式のようにして算出する。

$$Q = K \times (t_1 - t_2) \times S$$

ここで，$Q$：熱貫流量 [W]
$K$：熱貫流率 [W/(m²・K)]
$t_1$：高温側の空気の温度 [℃]
$t_2$：低温側の空気の温度 [℃]
$S$：各部（壁体・屋根など）の面積 [m²]

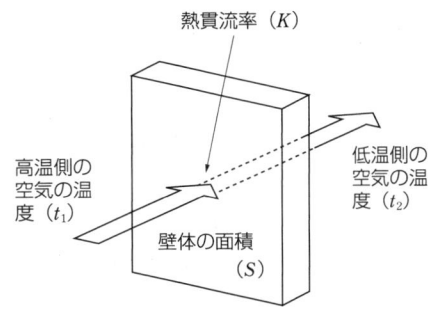

**図1.2 壁体の熱貫流量**

---

**○×問題に挑戦！** （記述の正誤を考えよう。解答は前ページ）

☐ Q1 伝熱過程全体を熱貫流という。
☐ Q2 熱貫流率の単位は，(m²・K)/W である。
☐ Q3 熱貫流量は，材料の熱の伝わりやすさを表す熱貫流率と高温側と低温側の温度差の積で示すことができる。
☐ Q4 断熱性を高めためには，熱貫流率が小さな材料を用いるとよい。

空気環境の調整

# 2 熱伝達率・熱伝導率・熱対流・熱放射

POINT ①熱伝達率 [W/($m^2$・K)] は，材料表面と周囲空気との間の熱の伝わりやすさを示す
②建築材料によって熱伝導率 [W/(m・K)] は異なる
③熱対流はもの自体が熱をもって移動することをいう

(1) 熱伝達率

熱伝達率とは，材料の表面と周囲の空気との間の熱の伝わりやすさを示すもので，単位は W/($m^2$・K) を用いる。伝熱計算に用いる熱伝達率を表2.1に示す。

(2) 熱伝導率

スプーンの先を熱い湯に入れると柄のほうまで熱くなってくる。これは，スプーン自体には，何の変化も起こらずに，スプーンの先端の熱だけが柄のほうへ移動したために起こった現象である。これを熱伝導という。

同じ物質の中でも，また接触した異なる物質の間でも起こる。物質によって，熱の伝わりにくいものと伝わりやすいものとがある。前述した事例のスプーンでも，鉄の代わりに木のスプーンを使えば，いくら熱い湯につけても手元は，ほとんど熱くならない。このように，熱の伝えやすさの度合いを数で表したものを熱伝導率という。

熱伝導率の単位は W/(m・K) を用いる。表2.2に各種材料の熱伝導率を示す。なお，室温が外気温より高い場合には，熱が室外に流出して室温は低下する。そこで，快適な室温を保つためには，建築物の各部の熱貫流量をできるだけ小さくして，外気温の影響を大きく受けないようにする。このために熱伝導率の小さい断熱材を用いる。

(3) 熱対流

表2.1 伝熱計算に用いる熱伝達率 $\alpha$
[単位：W/($m^2$・K)]

ⓐ 室外側熱伝達率 $\alpha_1$

| 冷暖房負荷 | | 風速 [m/s] | 熱伝達率 $\alpha_1$ |
|---|---|---|---|
| 冬季暖房 | 市街 | 約5 | 35 |
| | 郊外 | 約7 | 41 |
| 夏季冷房 | 市街 | 約3 | 23 |
| | 郊外 | 約5 | 35 |

ⓑ 室内側熱伝達率 $\alpha_2$

| 表面の位置および熱流方向 | | 熱伝達率 $\alpha_2$ |
|---|---|---|
| 垂直 | | 9 |
| 水平 | 上向 | 11 |
| | 下向 | 7 |

[解答] 1—○ (単位は W/($m^2$・K) を用いる) 2—× (熱伝導率の単位は W/(m・K) である) 3—○ (熱対流は，必ずしも熱い部分が冷たいほうへ動くわけではなく，温度の高い部分が上方へ，低い部分が下方へ移動しようとする) 4—○ 5—× (放射冷却は，地表の熱が放射によって，空に向かって発散して気温が下がるのが原因である)

表2.2 各種建築材料の乾燥状態における熱伝導率

| 建築材料 | 熱伝導率[W/(m・K)] |
|---|---|
| 鋼 | 45 |
| アルミニウム | 210 |
| 板ガラス | 0.78 |
| かわら・スレート | 0.96 |
| タイル | 1.3 |
| コンクリート | 1.3 |
| たたみ | 0.11 |
| 壁・天井仕上用クロス | 0.13 |
| 軟質繊維板 | 0.046 |
| 木 | 0.17 |
| パーティクルボード | 0.15 |
| 木毛セメント板 | 0.15 |
| 合板 | 0.15 |
| 石こう板 | 0.14 |
| 石綿スレート | 0.96 |
| フォームポリスチレン保温板 | 0.037 |
| 硬質ウレタンフォーム保温板 | 0.027 |

(日本建築学会:「建築設計資料集成 1 環境」より)

やかんで湯を沸かすとき，熱を加えるのは，やかんの底の部分だけである。しかし，湯は，全体がほぼ同じ温度で上昇していく。これは，暖められた湯が熱をもって上方へ移動し，代わりに冷たい水が下方へ動くためである。水や空気のような流体は，このように，もの自体が熱をもって移動する。これを熱対流という。熱対流は，必ずしも熱い部分が冷たいほうへ動くわけではなく，温度の高い部分が上方へ，低い部分が下方へ移動しようとするのである。このため，上から暖めると上のほうばかり熱くなって全体が均一に暖かくならない。対流暖房のときは器具を床付近に置き，冷房器具は上方に設けるのはこのためである。

(4) 熱放射

熱い部分と冷たい部分の間に物質がない場合，熱は物質と物質の間の空間を，電磁波(主として波長の長い目にみえない熱線)によって伝わる。これが放射(ふく射ともいう)である。太陽の日差しが暖かいのは，この放射によるものである。地球は，主として太陽からの放射によって暖められる。

放射は，空気中でも真空中でも伝わるが，間に障害物があるとそこで遮られてしまう。昼間晴れると気温が上昇するが，反対に夜間よく晴れると冷える。これは地表の熱が放射によって，空に向かって発散して気温が下がるのが原因である。これを放射冷却と呼んでいる。室内の電気ストーブなどでは，主として放射によって熱を伝えるので，熱線の方向にある対象物だけが極端に熱くなる。

─ ○×問題に挑戦！ （記述の正誤を考えよう。解答は前ページ）─

☐ Q1 熱伝達率とは，材料の表面と周囲の空気との間の熱の伝わりやすさを示すものである。

☐ Q2 熱伝導率の単位には，$W/(m^2・K)$ を用いる。

☐ Q3 水や空気のような流体が，もの自体が熱をもって移動する現象を，熱対流という。

☐ Q4 主として，電磁波によって伝わる熱を熱放射という。

☐ Q5 冬期など，昼間晴れると気温が上昇し，夜間よく晴れるとさらに温度が上昇する現象を放射冷却という。

空気環境の調整

# 3 湿り空気の性質

POINT ①湿り空気とは水蒸気を含んでいる空気をいう
②乾き空気とは水蒸気をまったく含んでいない空気をいう
③湿り空気中の水蒸気が作用していろいろな状態の空気をつくり出す

## (1) 湿り空気

空気は，酸素，窒素，アルゴン，二酸化炭素，水蒸気などの混合気体である。水蒸気を混合している空気を**湿り空気**という。湿り空気に混合している水蒸気量は質量比で1〜2%以下である。また，まったく水蒸気を含まない空気を**乾き空気**と呼ぶ。したがって湿り空気は乾き空気と水蒸気の混合気体として取り扱われる。

湿り空気を表す要素としては，絶対湿度，相対湿度，乾球温度，湿球温度，露点温度，比エンタルピーなどがある。

## (2) 絶対湿度

湿り空気を同容積 $V$ [m³] の乾き空気 $G_a$ [kg] と水蒸気 $G_v$ [kg] に分け，$G_v / G_a = x$ とすれば，この湿り空気は1kgの乾き空気に対し $x$ [kg] の水蒸気が混合する状態を示すことになり，この $x$ を絶対湿度 [kg/kg(DA)] という(DAとは乾き空気の意味)。

## (3) 相対湿度

空気中に含まれる水蒸気量は，温度，圧力によって含まれる量に限界があり，これ以上水蒸気を含めない状態の空気，すなわち，100%の水蒸気を含んだ空気を**飽和空気**という。いま，ある状態の湿り空気の水蒸気分圧を $p_w$ [kPa]，同温の飽和空気のそれを $p_s$ [kPa] とすれば，相対湿度(関係湿度) $\phi$ [%] は次式で与えられる。

$$\phi = (p_w / p_s) \times 100 \ [\%]$$

相対湿度は人間の湿感の表示用に，絶対湿度は水蒸気の絶対量を表すのでそれぞれの目的に応じて使われる。

## (4) 乾球温度，湿球温度

普通の温度計で測った湿り空気の温度を乾球温度 $t$ [℃] という。湿球温度 $t'$ [℃] は温度計の感温部にガーゼを巻き，水でぬらした水膜温度として計測できるもので，感温部に当たる風速によって異なる値を示す。しかし，風速が5m/s程度以上になると一定の値を示すので，空気線図などではこの値を湿球温度として用いている。湿度を測る測定器には図3.1に示すように，アウグスト乾湿計とアスマン通風乾湿計がある。前者は室内の温湿度の計測によく使われ，2本の温度計の片側をガーゼをまいて水でぬらした状態のもの，後者は同様に2本の温度計で構成されているが湿球温度の測定には強制的に風速を与える方式である。湿

[解答] 1―○ 2―○ 3―○ 4―○ 5―○

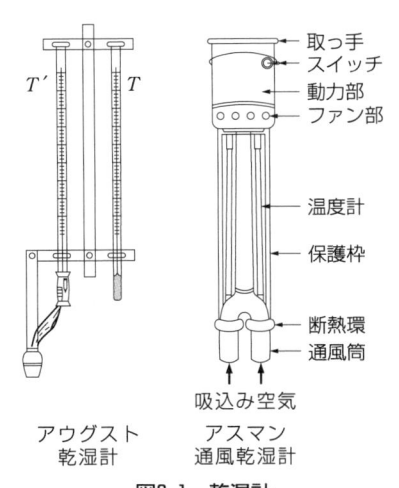

図3.1 乾湿計

度を正確に計測するには、湿球温度に規定の風速を与えるアスマン通風乾湿計による必要がある。

### (5) 露点温度

ある状態の空気を冷却し温度を下げると飽和空気となり、この時の温度をその空気の**露点温度**〔℃〕という。湿り空気を露点温度以下に冷却すると水蒸気が過剰になりこれが凝縮水として生じる。

身近な例では、コップに冷えたビールを注いだときにコップの表面に水滴が生じる現象である。

### (6) 比エンタルピー

湿り空気の比エンタルピー $h$〔kJ/kg (DA)〕は 1 kg の乾き空気が持つ熱量（顕熱）と $x$〔kg〕の水蒸気が持つ熱量の合計値であり下式で計算される。

$$h = c_{pa} \cdot t + (\gamma + c_{pv} \cdot t)x$$

- $c_{pa}$：乾き空気の定圧比熱〔1.006 kJ/(kg(DA)・℃)〕
- $c_{pv}$：水蒸気の定圧比熱〔1.805 kJ/(kg(DA)・℃)〕
- $\gamma$：1 気圧、0℃の水蒸気潜熱〔2501 kJ/kg〕
- $t$：湿り空気の温度〔℃〕
- $x$：絶対湿度〔kg/kg(DA)〕

この湿り空気の比エンタルピー $h$ は、同じ温度でも絶対湿度が大きいほど大きな値となる。

### (7) 顕熱および潜熱

顕熱とは例えば空気の温度が10℃から20℃に上昇するに必要な熱（式では $c_{pa} \cdot t$ あるいは $c_{pv} \cdot t$）をいい、潜熱とは水が蒸気（蒸気から水）になる際に必要な熱（式では $\gamma \cdot x$）をいう。

湿り空気には水蒸気が含まれており、必ず顕熱と潜熱の両方をもっている。

---

**○×問題に挑戦！**（記述の正誤を考えよう。解答は前ページ）

- ☐ Q1 湿り空気には水蒸気が質量比で1～2%程度含まれている。
- ☐ Q2 絶対湿度とは1kgの乾き空気に対する水蒸気の質量比である。
- ☐ Q3 アスマン温度計は湿球温度側に5m/sの気流を与えている。
- ☐ Q4 水蒸気潜熱とは水が水蒸気になるときに必要な熱である。
- ☐ Q5 乾き空気1m³の密度は1気圧、0℃の状態で1.239kg/m³である。

空気環境の調整

# 4 湿り空気線図の使い方

POINT ①湿り空気線図では2つの要素がわかれば他の要素が読み取れる
②空気を加熱する時は絶対湿度は変わらず，相対湿度は低下する
③空気を冷却するときは，冷却器の特性により変化は異なる

## (1) 湿り空気線図の原理

湿り空気線図（$h$-$x$）は，湿り空気の熱的性質を標準大気圧（760 mmHg）のもとで比エンタルピー $h$，絶対湿度 $x$ を座標軸とし線図化したものである。湿り空気線図の構成を図4.1に示す。

乾球温度 $t$ [℃]：横軸
湿球温度 $t'$ [℃]：斜め点線
露点温度 $t''$ [℃]：相対湿度100％の温度
比容積 $v$ [m³/kg（DA）]：斜め1点鎖線
相対湿度 $\phi$ [％]：右上がりの曲線
絶対湿度 $x$ [kg/kg（DA）]：縦軸
水蒸気分圧 $p_w$ [kPa]：縦線
比エンタルピー $h$ [kJ/kg（DA）]：斜め実線
熱水分比 $u$：円内の斜線

このうち2つの状態，例えば乾球温度と相対湿度がわかれば，他はこの線図から読み取ることができる。これにより湿り空気の加熱，冷却，加湿等の状態変化が定量的にわかり，空気調和設備の検討に広く利用されている。

## (2) 空気の状態変化

① 混合（図4.2）

例えば夏期，外気の状態1と室内の状態2の空気が空気調和機の入口で $k$：$(1-k)$ の割合で混合するとき混合空気の状態点3は1と2を直線で結んだ線上の $(1-k)$：$k$ の内分点3となる。

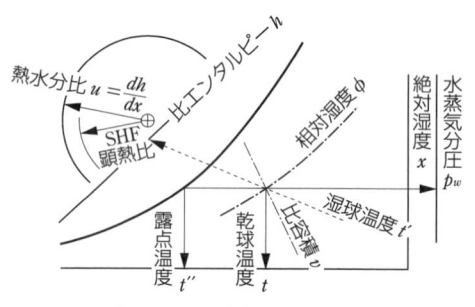

図4.1 湿り空気線図の構成

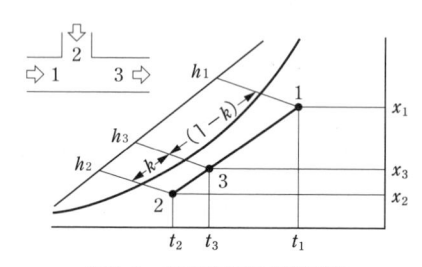

図4.2 混合空気の状態変化

[解答] 1―○ 2―○ 3―○ 4―○ 5―×（湿り空気線図で相対湿度の線上を空気が加熱（温度が上がる）する方向（右方向）に移動していくと露点温度はどんどん高くなっていくことがわかる）

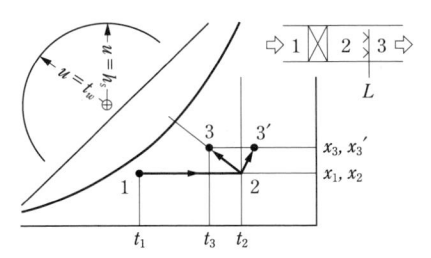

**図4.3 加熱・加湿の変化**

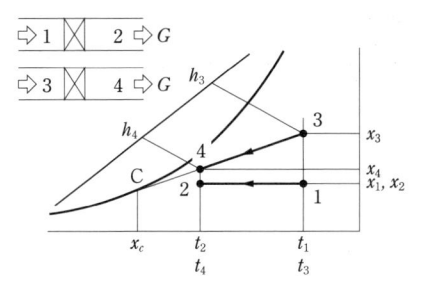

**図4.4 冷却の変化**

② 加熱・加湿

1）加熱（図4.3）

室内の空気1を加熱器で加熱するとき，この加熱では絶対湿度 $x$ の変化はないので $x$ 線上を2の方向に移動する。このとき相対湿度は低下する。

2）加湿（図4.3）

加熱器の出口空気2が加湿器によって加湿される場合は，加湿の方式により変化は異なる。

・加湿器が水噴霧方式の場合には水の蒸発潜熱によって空気が冷却されるとともに絶対湿度が増加するので空気の状態は2→3と左上へ変化する。

・蒸気噴霧方式の場合は蒸気のもつ熱が室温に影響を与えることになるので空気の状態は2→3'へ右上向きに移動する。

③ 冷却・減湿（図4.4）

空気を冷却するときに，冷却器の特性により変化は異なる。

・冷却器表面の温度が空気の露点温度より低い場合は，空気3が冷却されるとともに水分は除去され左下がりで4の状態になる。

・冷却器表面の温度が空気の露点温度より高い場合には，空気1は水分を除去されないで冷却され絶対湿度 $x$ の線にそって左へ，2に移動する。

(3) **空気調和設備における状態変化**

空調機には，加熱器，冷却器，加湿器が設けられており，これによって空気を加熱，冷却，加湿する働きを持っている。これら機器は，空調機筐体（きょうたい）の中に取り付けられており，空気はこれら機器を順々に通過していくことになり，空気の状態はこれら機器を通過するごとに変化する。

---

**○×問題に挑戦！**（記述の正誤を考えよう。解答は前ページ）

☐ Q1 温度が同じであれば，相対湿度が高くなると絶対湿度も高くなる。
☐ Q2 温度を高くすると，飽和水蒸気圧も高くなる。
☐ Q3 相対湿度が同じであれば，温度の高いほうが絶対湿度は高い。
☐ Q4 絶対湿度が一定であれば，空気を加熱すると相対湿度は低くなる。
☐ Q5 相対湿度が一定であれば，空気を加熱すると露点温度は低くなる。

空気環境の調整

# 5 露点温度と結露

POINT ①室内空気の露点温度以下に下がった部材には表面に結露が生じる
②湿度100%の湿り空気を飽和空気といい，このときの温度が露点温度
③結露を防ぐには室内空気の露点温度を下げるか,温度の低い表面をつくらない

## (1) 湿り空気と結露

通常の大気は，乾き空気（湿度0%）と飽和空気（湿度100%）の間にある。

飽和空気が何らかの原因で冷却されると，空気中に存在することができない余分な水蒸気は凝縮し，これが大気中では霧となり，地表では露となる。また，ガラスや壁が冷却されると表面上に凝縮する。すると，それが水となってガラスや壁面の表面をたれ流れる，いわゆる**結露**現象となる。

結露の現象を湿り空気線図（**図5.1**）で説明する。

例えば，外壁の結露についていえば，室温が18℃，湿度60%で，外気温が0℃とすると，外気温の影響で外壁は冷やされ，室内側の壁の表面温度が室温よりも低くなる。室内の空気は，室温よりも低い温度の壁の表面に接触することになる。湿り空気線図でこの状況を示すと，室温18℃，湿度60%の空気に含まれている水蒸気質量（絶対湿度）はA点である。

A点の空気が，このまま冷却されて温度がC点になると相対湿度は70%になる。さらに温度の低下が続くと，湿度100%のB点に達する。この相対湿度100%の状態を**露点温度**という。露点温度を過ぎてさらに温度を下げていくと，空気中に水蒸気は存在できなくなり，存在できない余分になった水蒸気が凝縮して水滴となり，結露といわれる現象になる。

図の例では，露点温度が10℃であり，室内側の壁の表面温度が10℃以上であれば，壁の表面に接触している空気の状態は図のA点からB点の間にある。例えば，表面温度15℃の壁に接触している場合（C点）では，相対湿度が70%になる。しかし，室内側の壁の表面温度が露点以下になると，その部分に接触している空

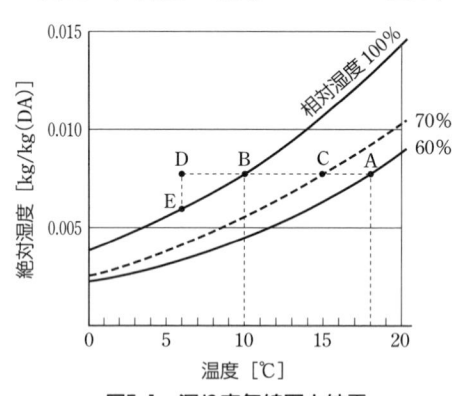

**図5.1 湿り空気線図と結露**

---

[解答] 1—○ 2—○ 3—○ 4—○ 5—×（一般に温度の低い空気と温度の高い空気では，温度の高い空気のほうが露点温度が高く結露しやすい）

気の状態は，例えば，表面温度が6℃の場合には，D点に相当する。6℃の空気が含むことのできる水蒸気質量（絶対湿度）は，E点までであり，DE間に相当する水蒸気は，空気中に含むことのできない余分な水蒸気となり，結露となって水になるのである。

このように結露は，湿った空気が露点以下の材料に接した場合に生じるので，結露の有無は，室内側の各部の表面温度で決まる。

結露が生じると，ダニや真菌の成育を促進させる結果となり，室内空気環境に悪影響を及ぼすので対策が必要である。

(2) 結露対策

建築物に結露が生じないようにするためには，まず，壁や天井などの室内側の表面温度を露点以下に下げないようにすることである。したがって，結露の発生しやすい部分，例えば外壁の出隅（角）の室内側には熱貫流量を少なくする必要があり，できるだけ熱伝導率の小さい材料を用いて断熱効果を高めるようにする。

しかし，金属など熱を伝えやすい構造材が外気側と室内側を通して取り付けられている場合があり，これが**熱橋**となってその部分の室内側表面を低温化させ表面に結露が生じやすい。この場合室内側での対応としては，湿度を必要以上に高めないことが大切で，湿度が高まるほど室内空気の露点温度と壁の表面温度の差が少なくなって，内装材の表面のわずかな温度低下で結露しやすくなる。特に，水蒸気を多く発生する室や室内を閉めきることが多い暖房時などには，適度の換気をはかって，室内の湿度を下げる工夫が必要である。

結露防止対策をまとめると次のとおり。
① 建築物各部材の断熱性能を高めて内装材の表面温度を露点以下にならないようにする。
② 室内の水蒸気を壁体の中へ入れないようにする。
③ 室内の暖かい空気が，冷たい部位に接触しないようにする。
④ 室内の湿度を必要以上に高めないようできるだけ換気や通風をはかる。

---

**○×問題に挑戦！**（記述の正誤を考えよう。解答は前ページ）

☐ Q1 冬期における結露の防止対策として，壁の出隅部分の室内側は，表面結露しやすいため，断熱を強化する。

☐ Q2 冬期における結露の防止対策として，木造屋根の天井面に断熱材，防湿層を施工すれば，一般的な構造の小屋裏には換気口は必要ない。

☐ Q3 冬期における結露の防止対策として，熱橋部分の室内側は，表面結露しやすいため，断熱を強化する。

☐ Q4 防湿層は断熱材の室内側に施工すると，内部結露が起こりにくい。

☐ Q5 暖房時の室間温度差が大きいと，室温の低いほうの室の壁に表面結露が起こりやすい。

空気環境の調整
# 6 流体の基礎知識

POINT①ベルヌーイの定理とは，流体のもっている運動エネルギー，重力による位置エネルギーおよび圧力エネルギーの総和は，流体に沿って，すべて一定で不変であるという定理である
②全圧は，動圧＋静圧で表現することができる

## (1) ベルヌーイの定理

流体の流れを2つに大別すると，流体粒子が流線に沿って乱れることなく流れる層流と，流体粒子が入り混じった乱流に分けられる。この層流，乱流の判定には次式で表される無次元のレイノルズ数 $Re$ が用いられる。

$Re = vd/\nu$

ここで，$v$：管内の平均流速 [m/s]，$\nu$：動粘度 [m²/s]，$d$：管内径 [m]

層流は $Re<2000$，乱流は $Re>4000$ であり，層流から乱流に移るときに遷移領域があり，そのときのレイノルズ数を臨界レイノルズ数という。

いま，図6.1に示すように，管内に流体が流れているとき，流れの状態は場所だけによって決定し，時間によって変化しない定常流と仮定すると，任意の2断面における流速，断面積，密度を，$(v_1, v_2)$，$(A_1, A_2)$，$(\rho_1, \rho_2)$ とすれば，次式が成立する。

$\rho_1 A_1 v_1 = \rho_2 A_2 v_2 = m$ （一定）

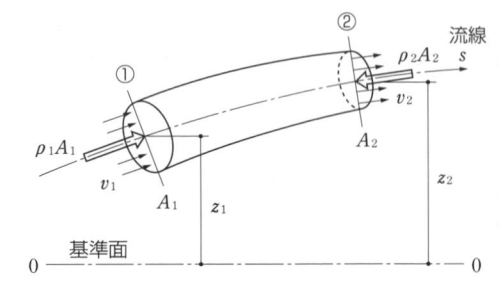

図6.1 流管とベルヌーイの定理

ここで $m$ を質量流量という。また，非圧縮性流体であるならば，密度は一定であるから，上式は，

$A_1 v_1 = A_2 v_2 = Q$ （一定）

となる。$Q$ を流量（体積流量）といい，この2つの式を連続の式という。

図6.1のような粘性のない理想流体の定常流において，流管内のひとつの流線に沿って，流体のもっている運動エネルギー，重力による位置エネルギーおよび圧力エネルギーの総和は，流体に沿って，すべて一定で不変であり，これを**ベルヌーイの定理**という。そして，図6.1の図

---

[解答] 1-○　2-×（粘性のない理想流体の定常流において，流管内のひとつの流線に沿って，流体のもっている運動エネルギー，重力による位置エネルギーおよび圧力エネルギーの総和は，流体に沿って，すべて一定で不変であるという定理）　3-○（動圧は，流れをせき止めたことによって生じた圧力上昇値ともいえる）

中①，②の断面において次式が成立する。

$(v_1^2 / 2g) + (p_1 / \rho g) + z_1$
$= (v_2^2 / 2g) + (p_2 / \rho g) + z_2$
$= H$（一定）

同式は，長さ[m]の次元をもち，それぞれの項は一般的に次のように呼ばれる（$g$：重力加速度[m/s²]）。

$v^2 / 2g$：速度水頭，$p / \rho g$：圧力水頭，$z$：位置水頭，$H$：全水頭

なお，水頭はヘッドとも呼ばれる。

**(2) 動圧，静圧，全圧**

図6.2に示すように水平管内を一定の水が流れていると仮定し，管の流れに平行に置いた正面の孔①と管壁に設けた孔②でベルヌーイの方程式を適用すると，①では流れは衝突して$v_1 = 0$となり，$v_2 = v$とおけば次式が成立する。

$p_1 / \rho g = (v^2 / 2g) + (p_2 / \rho g)$
$p_1 = p_2 + (1/2) \rho v^2$

ここで$\rho v^2$は①で流れをせき止めたことによる圧力上昇値であり，これを動圧，$p_2$を静圧，$p_1$を全圧という。なお，流れの速度を測定するためのピトー管はこの原理を応用したものである。

静圧とは，自動車のタイヤやゴム風船

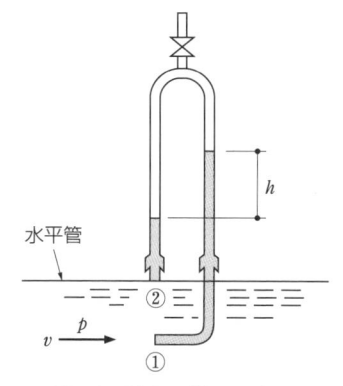

図6.2 動圧，静圧，全圧

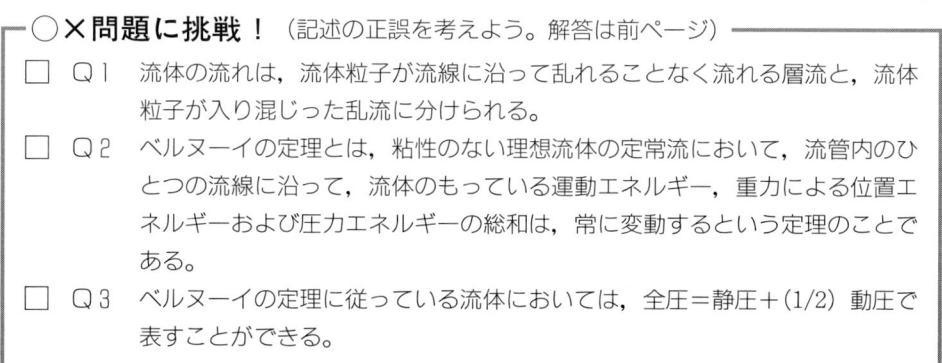

のように流体が静止した状態で周囲を押す力をいう。例えば，水鉄砲がピストンに押されて水圧が高くなり，水が勢いよく飛び出す。圧力が高いほど力は強く，水を遠くまで飛ばすことができる。

一方，動圧は，流体の流速によって流れの方向に存在する圧力（速度圧と呼ぶこともある）のことである。例えば，台風の時，風が建物を押す力などが動圧といえる。動圧は流速（風速）による運動エネルギーの上昇分と表現することができる。

そして，全圧は，風のもっているすべての圧力で，静圧＋動圧で表現できる。

---

**○×問題に挑戦！**（記述の正誤を考えよう。解答は前ページ）

☐ Q1 流体の流れは，流体粒子が流線に沿って乱れることなく流れる層流と，流体粒子が入り混じった乱流に分けられる。

☐ Q2 ベルヌーイの定理とは，粘性のない理想流体の定常流において，流管内のひとつの流線に沿って，流体のもっている運動エネルギー，重力による位置エネルギーおよび圧力エネルギーの総和は，常に変動するという定理のことである。

☐ Q3 ベルヌーイの定理に従っている流体においては，全圧＝静圧＋(1/2)動圧で表すことができる。

空気環境の調整

# 7 気流・換気効率

POINT ①建築物衛生法では，気流を0.5m/s以下とする
②気流と吹出口，吸込口の位置とは深く関連がある
③空気寿命は，空気齢＋空気余命で表現することができる

## (1) 気流

気流は，強すぎると，人間に直接あたると，ドラフトを感じ不快となり，一方，弱すぎると，室内の換気が不十分となる。**ドラフト**とは「望まれない局所気流」のことである。

建築物衛生法による管理基準では，気流を0.5m/s以下とするように規定されている。

気流は，吹出口，吸込口の位置や，換気に関係が深い。

## (2) 吹出口，吸込口の位置

図7.1に (a)～(e) に吹出口，吸込口の位置を示す。以下，それぞれの場合について，それらの特徴を示す。

① (a) の場合，気流が人間に直接あたり，ドラフトを感じて不快となるが，暖房だけで風量の少ない場合，有効である。

② (b) の場合，窓側に気流の動かないデッドゾーン（死域）が生じて，コールドドラフトも大きい。

③ (c) の場合，吹出し速度と室の奥行きや天井高の関係によるが，一般に室内の気流状態が良好といえる。また窓側の負荷が大きい場合は，よい状態とはいえない。

④ (d) の場合，室内の気流状態が良好といえるが，窓側の負荷が大きい全面ガラスや，極寒地では窓側の適温保持が困難である。

⑤ (e) の場合，負荷の大きい窓側をカバーするので，冷暖房ともに，最も良好な状態といえる。

なお，奥行きの深い室では，ペリメータゾーン（窓側）を (e)，インテリアゾ

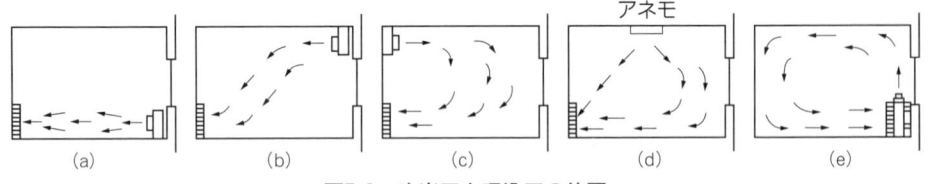

図7.1 吹出口と吸込口の位置

[解答] 1－○（気流は強すぎると人間に直接あたるとドラフトを感じ不快となり，一方弱すぎると，室内の換気が不十分となる）　2－○　3－×（換気効率とは局所領域における換気性状を評価対象とした概念である）　4－○

ーンを（d）とする併用方式も多い。なお，ここで**ペリメータゾーン**とは，窓面，出入口等，負荷変動がはげしい箇所から，おおむね5m四方をいい，その内側を**インテリアゾーン**という。

**(3) 吹出口と吸込口の種類**

吹出口は，ふく流式，軸流式，線状式，面状式などがある（**21**参照）。吹出し空気が居住域（床面から1.5m以下の高さ）に到達する前に室内空気を誘引して，適当な空気分布になるように，吹出口の形式，個数，位置，風速，風量が選定され，ドラフト感や滞流感を与えないように吹出し速度に配慮する必要がある。

吸込口は，グリル形（固定羽根），鉄板およびスリット形などが多く用いられる。吸込口の位置は一般に壁面に多いが，扉，壁面にグリルまたはアンダーカットを設け，廊下を還気の経路として吸い込むこともある。

**(4) 換気効率と空気齢**

実際の室内空間では，局所的に換気が不十分な領域が生じることがあり，結果的にそのような領域において汚染質濃度が上昇する場合もある。そこで，室内の局所領域における気流分布・汚染質濃度分布を考慮した手法が導入されている。

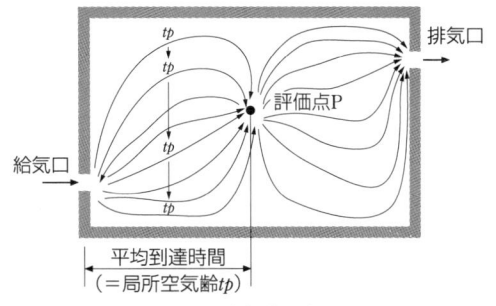

**図7.2 空気齢の概念**

換気効率とは，このような局所領域における換気性状を評価対象とした概念で，供給空気が室内のある点に至るまでに要した平均的な時間を示す。変数は，**図7.2**に示すような空気齢と呼ばれる評価指標が用いられる。なお，空気寿命＝空気齢＋空気余命で表すことができる。

空気齢の評価方法には，一般に，計算機流体力学（CFD：Computational Fluid Dynamics）を用いた気流シュミレーションを活用するのが一般的である。

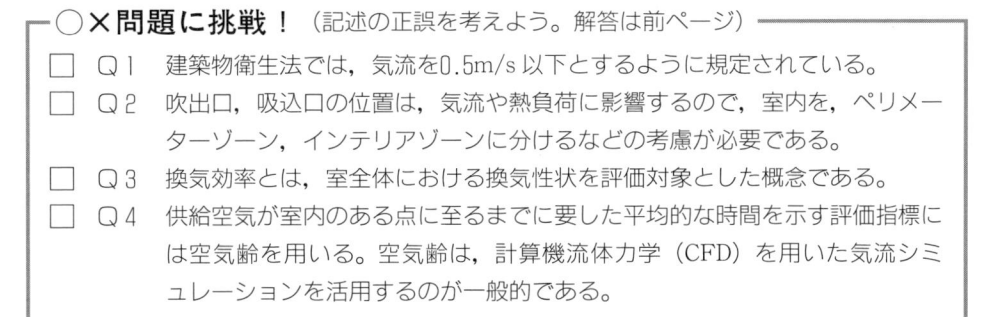

---

┌─ **○×問題に挑戦！** （記述の正誤を考えよう。解答は前ページ）──────┐

☐ Q1 建築物衛生法では，気流を0.5m/s以下とするように規定されている。

☐ Q2 吹出口，吸込口の位置は，気流や熱負荷に影響するので，室内を，ペリメーターゾーン，インテリアゾーンに分けるなどの考慮が必要である。

☐ Q3 換気効率とは，室全体における換気性状を評価対象とした概念である。

☐ Q4 供給空気が室内のある点に至るまでに要した平均的な時間を示す評価指標には空気齢を用いる。空気齢は，計算機流体力学（CFD）を用いた気流シミュレーションを活用するのが一般的である。

空気環境の調整

# 8 空気調和負荷・室熱負荷とその計算

POINT ①空気調和負荷は，室熱負荷，空気調和装置負荷，熱源装置負荷に大別される
②室熱負荷は，窓・壁・屋根などから流入・流出する熱量，室内の人体や照明・熱発生器具などが発生する熱量，すきま風による熱量の合計である

## (1) 空気調和負荷

空気調和負荷とは，室内を目的の温湿度に保つために必要な，冷却，加熱，減湿，加湿のための熱量の総称で，室の取得・損失熱量から始まり，その目的に従って室熱負荷，空気調和装置負荷，熱源装置負荷などに分類される。

室熱負荷における取得・損失熱量は，室内が目的の温湿度に保たれる場合，外気と室内の温度差，日射などにより，窓，壁，屋根などから流入，流出する熱量，室内の人体，照明，熱発生器具などから発生する熱量，すきま風による熱量などの合計である。

空気調和負荷の計算には，各機器の容量決定を目的とする最大負荷計算と，最適設計あるいはエネルギー消費量算出を目的とする期間負荷計算などがある。また，計算を行う場合，ひとつの室だけの場合から，ゾーン，建築物全体あるいは建築物群からなる地域冷暖房施設の場合まである。

## (2) 冷房用の室熱負荷計算

冷房用の室熱負荷計算における冷房負荷の種類を，大きく分類すると，
① ガラス窓を透過する日射による熱負荷
② 壁体を通過（貫流）する熱負荷
③ すきま風による熱負荷
④ 室内の内部で発生する熱負荷

に分けることができる。ここで，①，②は顕熱負荷のみであるが，③，④は，潜熱負荷の要素も含む。一般的には，土間床，地下壁からの負荷は，暖房負荷（熱損失）として利用するので，冷房負荷では負荷を低減する要素ではあるが，安全をみて無視する。

## (3) 暖房用の室熱負荷計算

暖房用の室熱負荷計算においては，各負荷のうち冬期に損失負荷（－）となるものを求め，取得負荷（＋）となるものは，一般には安全のために無視する。しかし，より正確な負荷を求めるためには，実情に応じた取得負荷を加える場合もある。

[解答] 1 ―○　2 ―×（ガラス窓を透過する日射による熱負荷と，壁体を通過（貫流）する熱負荷は，顕熱負荷のみによるものである）　3 ―○　4 ―×（10×8×6＝480 W と求められる）　5 ―×（50×40／4000＝0.5 MJ/(m²・h)となる）

暖房の場合，窓，外壁，屋根から損失する熱量において，方位に関して，天空ふく射，風速や，室内の上下温度差を考慮して，暖房負荷を補正する。なお，間仕切り，天井，床，すきま風などによる熱負荷は，冷房用室熱負荷の場合と同様に求められる。

**(4) 負荷計算例**

ここでは，負荷計算例として，窓ガラスから侵入する冷房熱負荷計算と，人体からの発熱量の計算，簡単な暖房負荷計算を示す。

① 窓ガラスから侵入する冷房熱負荷計算

窓ガラス面積 $6 m^2$，夏期におけるガラス内外の温度差 $7°C$，ガラスの熱貫流率を $5.8 W/(m^2・K)$ とすると，窓ガラスから侵入する冷房熱負荷を計算すると，$6 × 7 × 5.8 = 243.6 W$ と求められる。

② 人体からの発熱量の計算

人体からの発熱は，人体表面からの対流および放射によって放熱される顕熱と，主として発汗によって放熱される潜熱とがある。それぞれの値は，作業形態と室温等によって違う。ここでは，室温 $26°C$ で，20人の職員が執務を行う事務室とした場合，その室の人体からの顕熱，潜熱の発熱量をそれぞれ求める。ここでは室温 $26°C$ の条件にあった顕熱 $64 [W/人]$，潜熱 $55 [W/人]$ の値を用いて計算する。

顕熱 $= 20人 × 64 [W/人] = 1280 [W]$
潜熱 $= 20人 × 55 [W/人] = 1100 [W]$

③ 簡単な暖房負荷計算

熱源機器のボイラで消費される良質重油の1時間あたりの消費量を $50 l$，建築物の延べ床面積 $5000 m^2$，良質重油の発熱量を $40 MJ/l$ とすると，この建築物の単位時間あたりの暖房負荷は，$50×40/5000 = 0.4 MJ/(m^2・h)$ となる。

―― ○×問題に挑戦！（記述の正誤を考えよう。解答は前ページ）――

☐ Q1 空気調和負荷とは，室内を目的の温湿度に保つために必要な，冷却，加熱，減湿，加湿のための熱量の総称である。

☐ Q2 冷房用の室熱負荷計算における冷房負荷の種類のうち，ガラス窓を透過する日射による熱負荷と壁体を通過（貫流）する熱負荷は，潜熱負荷のみを検討すればよい。

☐ Q3 暖房の場合，窓，外壁，屋根から損失する熱量において，方位に関して，天空ふく射，風速，室内の上下温度差を考慮して，暖房負荷を補正する。

☐ Q4 窓ガラス面積 $10 m^2$，夏期におけるガラス内外の温度差 $8°C$，ガラスの熱貫流率を $6.0 W/(m^2・K)$ とすると，窓ガラスから侵入する冷房熱負荷は $7.5 W$ である。

☐ Q5 熱源機器のボイラで消費される良質重油の1時間あたりの消費量を $50 l$，建築物の延べ床面積 $4000 m^2$，良質重油の発熱量を $40 MJ/l$ とすると，この建築物の単位時間あたりの暖房負荷は，$5 MJ/(m^2・h)$ となる。

空気環境の調整
# 9 空気調和設備

POINT ①空気調和設備は室内の温度,湿度,気流,清浄度を良好な状態に維持する
②空気調和設備は熱源設備,搬送設備,空気調和設備,自動制御設備がある
③空気調和には人を対象にした保健空調と物を対象にした産業空調がある

## (1) 空気調和設備

空気調和設備は室内の人あるいは物品に対して,温度,湿度,気流,清浄度を良好な状態に処理・制御する機能をもっている。人に対する空気調和を保健空調,物品に対するものを産業空調という。空気調和設備の代表的な例として単一ダクト方式の空気調和設備の構成を図9.1に示す。

空気調和設備は,加熱や冷却するための熱源設備,その熱を運ぶための熱搬送設備,室内の空気を調和するための空気調和機設備およびこれら機器を制御監視する自動制御設備から構成されている。表9.1に構成設備と機器を示す。

主な構成機器は,ボイラ,冷凍機,冷却塔,空気調和機,ダクト,送風機,ポ

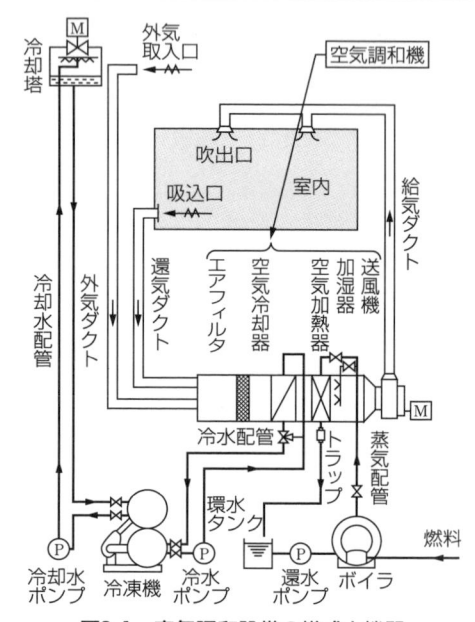

図9.1 空気調和設備の構成と機器

表9.1 構成設備と機器

| 項 目 | 目 的 | 機 器 |
|---|---|---|
| 熱源設備 | 空気調和に必要な冷水・温水・蒸気等を集中して製造蓄熱する設備 | 冷凍機,ボイラ,冷温水発生機,ヒートポンプ等の機器および蓄熱槽 |
| 熱搬送設備 | 熱源装置や空気調和機から熱媒体を送る設備 | 配管,配管付属品,ポンプ,ダクト,吹出口等ダクト付属品,送風機 |
| 空気調和機設備 | 空調対象室が目的とする環境となるよう空気を加熱・冷却する設備 | 空気調和機,ファンコイルユニット,パッケージ空気調和機 |
| 自動制御設備 | 対象室の温度等の制御や設備全体の制御・監視を行う設備 | 自動制御弁等制御機器,温度等計測器,中央監視設備 |

[解答] 1―×(ダクトで熱を供給する方式は水で供給する方式に比べて搬送動力は大きい)
2―〇 3―〇 4―〇 5―〇

ンプ，配管，制御盤，計装機器であり，これらが有機的に結合されて機能している。これら機器は鎖のようにつながっており，もし1つの機器が故障すると，例えば鎖の1つの輪が壊れ鎖としての機能がなくなると同様に，空調設備としての機能がなくなる。

**(2) 熱源設備**

熱源としては，温熱源はボイラの蒸気あるいは温水が，冷熱源としては冷凍機で冷水，冷媒（液）がつくり出される。冷凍機には，室内で除去した熱を室外に出す冷却塔が付加されている。これら熱を搬送するために水を熱媒としてポンプが使われる。

**(3) 空気調和機**

室内環境管理において特に重要な設備としては空気調和機がある。この機械の構成機器は，空気の流れ順にみると，まず室内からの還気と取入れ外気を浄化するためのエアフィルタ（空気を清浄にする），空気冷却器（空気を冷却する），空気加熱器（空気を加熱する），空気加湿器（空気に水分を加える）である。これら機器が室内からの還気を所定の条件に処理し，この処理空気が給気ダクトを通って室内に送り込まれる。送り込まれた空気は室内に拡散した後，室内の空気と混合して吸込口から還気ダクトを通り空調機に戻ってくる。空調機の入口では換気のための新鮮外気と混合し，再び処理される。これが決められた時間連続して行われ，その間対象室の温度・湿度・気流などが調整される。

**(4) 自動制御設備**

これら数多くの機器を所定の目的のために秩序だって動かすために監視装置や自動制御装置が設備されており快適な室内環境や経済的な運転を可能にしている。

室内環境管理において，空気調和設備はこのように重要な役割を果しているが，維持管理が不十分であると逆に室内空気環境を乱す元凶ともなるので，維持管理には十分注意が必要である。

---

**○×問題に挑戦！**（記述の正誤を考えよう。解答は前ページ）

☐ Q1 ダクトで空気を室内に供給する空気調和方式は，一般に，室内に設置された機器へ冷温水を送水し空気調和を行う方式に比べて，熱媒体の搬送動力を削減できる。

☐ Q2 空気調和設備は，一般に，熱源設備・熱搬送設備・空気調和機設備・自動制御設備等によって構成される。

☐ Q3 空気調和とは，室内の温度・湿度・気流および清浄度を良好な状態に処理，調整することを意味する。

☐ Q4 空気調和には，人間を対象とする保健空調と物品を対象とする産業空調がある。

☐ Q5 冷媒方式は個別運転が可能で，1つの室内ユニットが故障しても他の室内ユニットへの影響が少ない。

空気環境の調整

# 10 空調方式（1）

POINT ①空調方式には中央方式と個別方式がある
②熱媒体の分類では全空気方式，全水方式，空気-水方式，冷媒方式がある
③全空気方式の代表例として単一ダクト方式がある

## (1) 空調方式の分類

最近では，制御性，操作性，省エネルギー性などの社会的要請により，多くの種類の空調方式が開発されている。

**表10.1**には空調方式の分類を示す。

これら空調方式の中には，単なる冷却・加熱という温度制御機能ばかりでなく，加湿・減湿・除じん・脱臭・芳香などのほか，装置の消音・防振などのより総合的で，より高度な空気環境の提供を目的としているものもある。

一方，より効率的に処理し，かつ省エネルギーを目的として外気冷房，外気取入れ制御，変風量（VAV），排熱回収（全熱交換器）などの技術が付加され，方式は一段と複雑になってきている。

空調方式は，中央方式（熱源分離方式）と個別方式（熱源一体方式）に分けられる。また，熱媒体（熱を搬送する物質）の種類により分類すると，全空気方式，空気-水方式，全水方式，冷媒方式の4つがある。前の3つは比較的古典的な方式で中央方式となる。冷媒方式はそれらに比べるとかなり後から開発されたもので，小型の冷凍機をもち冷却器内で冷媒を直接膨張させ冷房を行う個別方式であり，冷媒配管で接続されるマルチユニット方式がある。

## (2) 全空気方式（図10.1）

ダクト方式ともいい，空気を熱媒体に利用した方式であり，空調空気をダクトで室内に直接吹き出す方式である。単一ダクト定風量・変風量方式，二重ダクト方式などがある。

［全空気方式の長所］
① 温湿度，空気清浄，臭気などの高度な制御ができる。

**表10.1 空調方式の分類例**

| 熱源方式 | 熱媒体による分類 | 方式名称 |
|---|---|---|
| 中央方式 | 全空気方式 | 定風量単一ダクト方式 |
| | | 変風量単一ダクト方式 |
| | | 二重ダクト方式 |
| | | マルチゾーン方式 |
| | 全水方式 | ファンコイルユニット方式 |
| | | 放射冷暖房方式 |
| | 空気-水方式 | ダクト併用ファンコイルユニット方式 |
| | | インダクションユニット方式 |
| | | ターミナルユニット方式 |
| 個別方式 | 冷媒方式 | 空気熱源ヒートポンプ方式 |
| | | 水熱源ヒートポンプ方式 |
| | | 水冷パッケージ方式 |
| | | 空冷パッケージ方式 |

［解答］ 1—× （検出器が設置されている代表室のみで他の室は制御，維持できない）
2—○　3—○

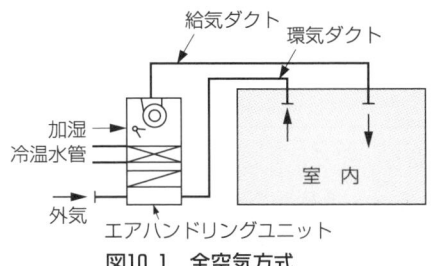

**図10.1 全空気方式**

② 室内の十分な気流分布が得られる。
③ 空調室内に水配管の必要がなく、OA機器への水漏れの心配がない。
④ 外気冷房，排熱回収がしやすい。
⑤ 室内に設置する機器がないため、室の有効スペースが増す。
⑥ 熱源機器が集中しているので運転、保守管理がしやすい。

［全空気方式の短所］
① ダクトスペースが大きくなる。
② 搬送動力が水方式に比べ大きい。
③ 空気調和機（エアハンドリングユニット）が大きくなるので空調機械室は大きなスペースが必要になる。
④ 複数の空調ゾーンを受けもつ場合に、制御できないゾーンに対しては加熱器をダクトの途中に設ける（ターミナルレヒート方式）必要がある。
⑤ 空気調和機とダクトの清掃が必要である。

(3) **全水方式（図10.2）**

室内の空気調和機に冷温水を送って空調を行う方式であり、空気調和機には主にファンコイルユニットが用いられる。小規模な建築物や在室時間が短い部屋に適用する方式で、主体となる空調端末にはファンコイルユニットや床、天井に冷温水管を埋設した熱放射パネルが使われる。外気取入れには、別に換気設備が設けられる。

［全水方式の長所］

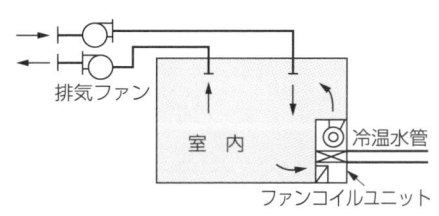

**図10.2 全水方式（ファンコイルユニット）**

① 個別制御，個別運転ができる。
② 熱搬送に水を使うため空気方式に比べて搬送動力が少ない。
③ ダクトスペース，空調機械室が不要。

［全水方式の短所］
① 外気を温湿度処理しないで室内に取り入れるため温湿度の制御性が悪い。
② 清浄度，気流分布などの制御が難しい。
③ 室内に水配管が必要。
④ 外気冷房ができない。

---

○×問題に挑戦！（記述の正誤を考えよう。解答は前ページ）

☐ Q1　全空気方式の単一ダクト方式は，自動制御用の検出器が設置されている代表室以外の室も目標温度を維持できる。

☐ Q2　全空気方式は，熱源機器が集中しているので空気-水方式に比べて運転保守管理が容易である。

☐ Q3　全空気方式は，搬送動力が全水方式に比べて大きい。

空気環境の調整

# 11 空調方式(2)

POINT ①空気-水方式は個別制御が容易である
②個別方式はパッケージ空気調和機をベースにした方式である
③個別方式のマルチユニット方式は1つの屋外機に複数の室内機をもつ方式である

## (1) 空気-水方式（図11.1）

空気方式（ダクト方式）と水方式を併用したシステムである。新鮮な外気を空気調和機で調和して室内に送気する空気系統と室内の熱負荷を水を熱媒体にしたファンコイルユニットや放射パネルによって処理する。

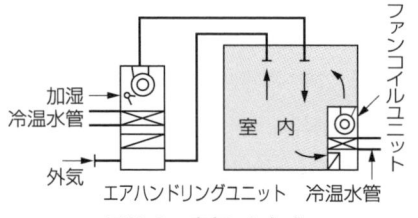

図11.1 空気-水方式

[空気-水方式の長所]
① 個別制御ができ，小さい多くの部屋のある建築物にも適用できる。
② 熱搬送に水を使うため空気式に比べて搬送動力が少ない。
③ ダクトスペース，空調機械室スペースが小さくてすむ。

[空気-水方式の短所]
① 送風量が少なく，ファンコイルユニットのフィルタに高性能なものが使用できないので清浄度が劣る。

② 室内に水配管が必要で，水損事故のおそれがある。
③ ファンコイルユニットが分散されて配置されるため保守点検に手間がかかる。
④ 外気冷房，排熱回収がしにくい。

## (2) 個別方式

個別方式は，パッケージ空気調和機（パッケージユニットともいい，冷凍機，熱交換器を内蔵し，冷媒を膨張・凝縮して冷房・暖房を行う機械）をベースにした方式で，水冷方式（冷却塔を併設）と空冷方式（屋外機を併設）がある。

空冷方式には冷房専用とヒートポンプによる冷房・暖房両用がある。屋内機（屋内ユニットともいう）は小型で室内壁際に設置したり，天井に直接取り付けたりするが，大きな空気調和機になるとダ

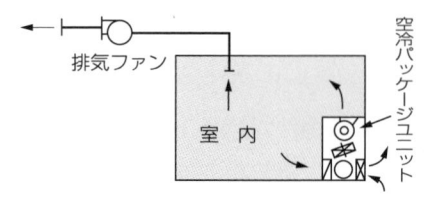

図11.2 個別方式

---

[解答] 1－○　2－○　3－×（ファンコイルユニットは筐体（きょうたい）がコンパクトであり，高性能フィルタの組込みは難しい）　4－○　5－○

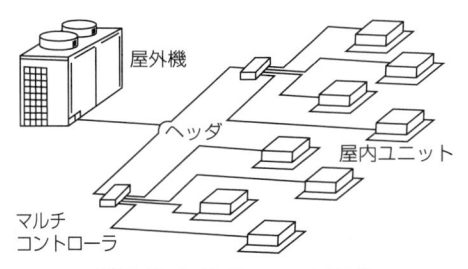

**図11.3 マルチユニット方式**

クトで空調空気を送る方式にもなる。

工事が比較的容易なことから、小型の屋内機複数台をもつマルチユニット方式が開発されている。これは1つの屋外機と複数の屋内ユニットを冷媒配管で接続するもので、マイコンが搭載されており、VAV（風量制御）やVRV（冷媒流量制御）制御や遠隔で運転監視できるなど高機能化されている。

各機種の形式においても、床置、天吊、天吊カセット、天埋、壁掛けなど豊富なバリエーションがあり、建築計画に対する融合性にも富んでおり、中小規模建物などでは、パッケージ空気調和機の機種選択いかんによっては、その建築物の必要とする機能、例えば個別制御、部分運転、各種空調条件、運転管理の自由性、計量などの諸条件に対応可能なシステムが選択しやすくなっている。

［個別方式の長所］
① 個別制御、個別運転ができる。
② 搬送動力が少ない。
③ ダクトスペース、空調機械室面積が少なくてすむ。
④ 運転、取扱いが簡単。
⑤ 屋内機の故障時など、他への影響が少なく、フレキシビリティに富む。

［個別方式の短所］
① 清浄度、気流分布などの制御が難しい。
② 湿度の制御（加湿）が難しい。
③ 外気冷房ができない。
④ 耐久性が比較的低い。
⑤ 屋内機はコンパクトに構築されており、電子化と併せ保全のしやすさに欠けている。

---

**◯×問題に挑戦！** （解答は前ページ）

- [ ] Q1 空気-水方式はユニットで個別制御を行うため、小さい多くの部屋のある建築物に適用できる。
- [ ] Q2 ファンコイルユニット方式は分散して多数設置されるため、保守点検が繁雑になりやすい。
- [ ] Q3 ファンコイルユニット方式は、圧力損失が大きい高性能フィルタを組み込みやすい。
- [ ] Q4 マルチユニット方式のパッケージ空調機（ビル用マルチ）は、1台の屋外ユニットと複数の屋内ユニットを端末分岐方式の冷媒配管で接続したもので、屋内ユニットの個別運転が可能である。
- [ ] Q5 ビルマルチユニット方式のヒートポンプシステムは個別運転が可能であるが、運転費の個別分担は明確にはわからない。

空気環境の調整
# 12 冷凍サイクルとモリエール線図

> POINT①冷凍サイクルとは，圧縮-凝縮-膨張-蒸発を繰り返す過程をいう
> ②モリエール線図(蒸気, $p-h$ 線図)とは，縦軸を圧力，横軸をエンタルピーとし冷媒の状態を線図上の1点で表現したものをいう

### (1) 冷凍機の原理と分類

空調用の熱媒体である冷水を製造するのが冷凍機である。冷凍機はその原理によって大きく蒸気圧縮（冷凍）サイクルと吸収冷凍サイクルに分けられ，それぞれ表12.1に示すような方式がある。

### (2) 蒸気圧縮冷凍サイクル

ここでは，冷凍サイクルのうち蒸気圧縮冷凍サイクルの原理を解説する。図12.1に蒸気圧縮冷凍機の原理を示す。

蒸気圧縮冷凍機は，常温付近で，液体と気体とに状態変化するアンモニア，フロンなどの冷媒が，気化（蒸発）する際に，蒸発潜熱分の熱を周囲から奪うこと（吸熱作用）を利用して冷水や冷風が得

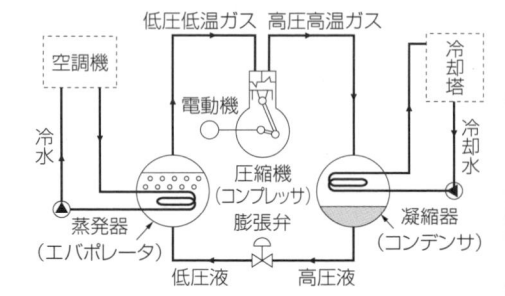

図12.1 蒸気圧縮冷凍機の原理

表12.1 冷凍機の分類

| 冷凍サイクル | 大分類 | 中分類 | 小分類 |
|---|---|---|---|
| 蒸気圧縮サイクル | 容積圧縮型 | 往復動式 | 全密閉型 |
| | | | 半密閉型 |
| | | | 開放型 |
| | | 回転式 | ロータリー型 |
| | | | スクリュー型 |
| | | | スクロール型 |
| | エゼクタ型 | 蒸気噴射式 | — |
| | 遠心（ターボ）型 | — | 密閉型 |
| | | | 開放型 |
| 吸収冷凍サイクル | 一重効用型 | 蒸気加熱式 | — |
| | 二重効用型 | 蒸気加熱式 | — |
| | | 直だき式 | 油だき型 |
| | | | ガスだき型 |
| | 小型吸収冷温水器 | 直だき式 | 油だき型 |
| | | | ガスだき型 |

(空気調和・衛生工学会：「空気調和・衛生工学便覧 第11版」より)

---

[解答] 1—○ 2—○ 3—○

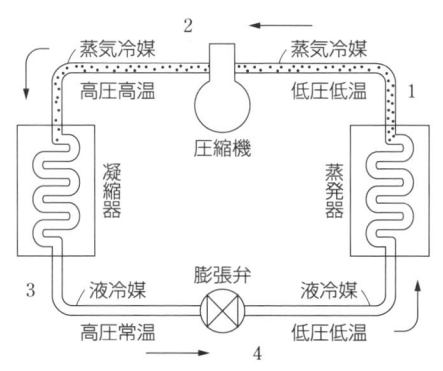

**図12.2 蒸気圧縮・冷凍サイクル**

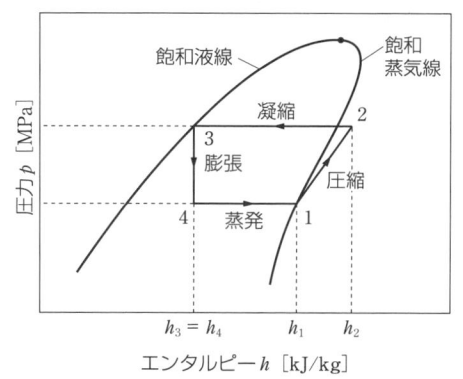

**図12.3 モリエール線図上の冷凍サイクル**

られる。気化した冷媒は圧縮機で加圧すると高温高圧のガスとなり，凝縮器に導かれ，水や空気で冷却すると凝縮（液化）する。これを再び圧縮機の吸込み側で生じる低圧下で蒸発させる。この循環を冷凍サイクルという。

**(3) モリエール線図，蒸気線図の原理**

(2)で説明した冷凍サイクルを線図として，縦軸を圧力，横軸をエンタルピーとし，冷媒の状態を線図上の1点で表現したものをモリエール線図，$p-h$（圧力-エンタルピー）線図あるいは単に蒸気線図という。なお，図12.2に蒸気圧縮冷凍サイクルを，図12.3にモリエール線図上の冷凍サイクルを示す。

蒸気圧縮サイクルの原理を，図12.2，図12.3に示すモリエール線図を用いて説明する。

- 1→2 圧縮過程：蒸気となった冷媒を圧縮機で圧縮加圧する。
- 2→3 凝縮過程：凝縮器で高圧・高温の蒸気を冷却・液化し，外部へ熱を放出する。
- 3→4 膨張過程：凝縮器で液化され受液器に貯められた液冷媒を膨張弁で絞り減圧し，低圧・低温の湿り蒸気状態とする。
- 4→1 蒸発過程：蒸発器で湿り蒸気状態の冷媒を蒸発し，外部より熱を除去する。

---

**○×問題に挑戦！**（記述の正誤を考えよう。解答は前ページ）

- □ Q1 冷凍サイクルにおいて，冷媒が気化する際に，蒸発潜熱分の熱を周囲から奪うことを利用して，冷水や冷風が得られる。
- □ Q2 ターボ冷凍機は蒸気圧縮冷凍サイクルを，吸収式冷凍機は吸収冷凍サイクルを用いたものである。
- □ Q3 空気調和設備で用いられる冷凍機に関し，一般に普及しているものには，蒸気圧縮式と吸収式とがある。

空気環境の調整
# 13 冷凍機の種類・熱源方式

POINT①主な冷凍機の種類には，往復式，遠心（ターボ）式，吸収式冷凍機がある
②空気調和設備の熱源方式には，エネルギー源と熱源方式の組合せによって，いくつかの方式がある

## (1) 冷凍機の種類

建築物の使用される空調用冷凍機は，通常，往復式，遠心（ターボ）式，吸収式に分けることができる。

### ① 往復式冷凍機

ピストンで冷媒ガスを圧縮する形式で往復圧縮機，凝縮器，電動機を組み合わせたものをコンデンシングユニット，さらにこれに水冷却用に水冷却器（蒸発器）を加えたものをチリングユニット（チラー）と呼んでいる。また，圧縮機と電動機をケーシングに密閉化した形式のものが中小形の往復式冷凍機に多く用いられる。このほかに，小形のクーラ用にはロータリ式や，大形のヒートポンプ用の冷凍機としてスクリュー式が用いられることもある。

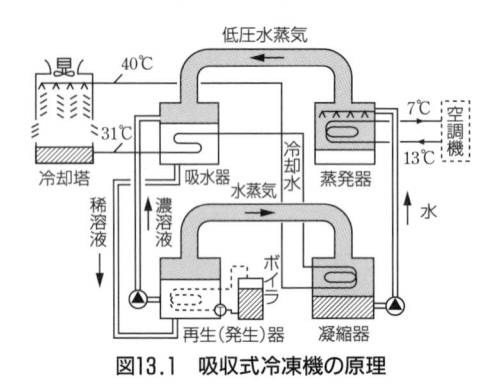

### ② 遠心（ターボ）式冷凍機

遠心式冷凍機は，ターボ圧縮機，凝縮器，蒸発器（水冷却器），フロート弁（膨張弁の役目をする）および電動機（蒸気タービン，ガスエンジンもある）を一体に組み立てられ，一般にチラーユニットとして空調機用の冷水を作るため運転される。大規模空調用に用いられる。

### ③ 吸収式冷凍機

吸収式冷凍機は，往復式，遠心式と異なり，図13.1に示すように，動力がほとんど不要であり，冷媒に水が使用され，水を低圧（真空）下で蒸発させるために臭化リチウム（LiBr）の濃溶液が吸収液として使用される。吸収器内の臭化リチウムの濃溶液が水蒸気を吸収し，圧力が下がると蒸発器の水の蒸発が促進される。しかし，吸収液の濃度が薄くなるので再生（発生）器に送り，加熱して水分を蒸発させ，濃溶液にして，吸収器に戻す。一方，再生器で発生した水蒸気（常圧以上での蒸気）は凝縮器に送り，水や空気で冷却し，水に戻す。冷媒としての

**図13.1 吸収式冷凍機の原理**

[解答] 1—○ 2—× (吸収式冷凍機は，冷媒に水を使用する。水を低圧（真空）下で蒸発させるために臭化リチウム（LiBr）の濃溶液は吸収液として使用する) 3—○ 4—○

水は再び蒸発器に戻す。この循環を継続させることにより冷却効果が得られる。加熱は高温水や蒸気，ガスや油の直だき，あるいは太陽熱による温水などによる。冷暖房兼用にしたものが，ガスや油だきの吸収式冷温水発生器である。

### (2) 空気調和設備の熱源方式

空気調和設備を熱源方式で分類した場合，冷房時の冷水，暖房時の温水や蒸気を供給するのに際して，**表13.1**のような熱源方式が考えられる。

① 遠心式冷凍機＋ボイラ方式

**図13.2**のように，電力を利用して，圧縮式冷凍機または遠心式冷凍機によって冷水を供給して，ボイラを用いて都市ガスあるいは石油等を燃焼させて，温水または蒸気を供給する方式である。

② 吸収式冷凍機＋ボイラ方式

吸収式冷凍機で冷水，ボイラによって，温水または蒸気を供給する方式である。

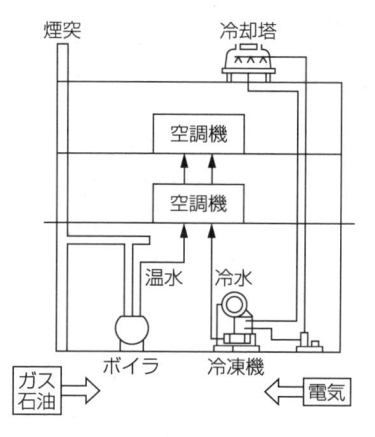

**図13.2　遠心式冷凍機＋ボイラ方式**

この組合せによって，吸収式冷凍機の再生器にはボイラの蒸気が供給される。

③ 直だき吸収冷温水機

直だき吸収冷温水機とは，冷温水発生機ともいい，吸収式冷凍機部分とボイラ部分を一体化した1台のユニットとし，冷温水を供給するものである。冷暖房兼用の一体型であることから，熱源設備の機械室を小さくすることができる。

**表13.1　主な熱源方式の組合せ**

| エネルギー | 冷熱源 | 温熱源 |
|---|---|---|
| 電気 | ヒートポンプ／圧縮式冷凍機 | ヒートポンプ |
| 都市ガスまたは石油 | 吸収式冷凍機 | ボイラ |
| | 直だき吸収冷温水機 | |

---

**○×問題に挑戦！**（記述の正誤を考えよう。解答は前ページ）

- □ Q1　建築物に使用される空調用冷凍機は，通常，往復式，遠心（ターボ）式，吸収式に分けることができる。
- □ Q2　吸収式冷凍機は，冷媒に臭化リチウムを使用する。
- □ Q3　ヒートポンプ方式では，ボイラなしで冷水と温水を供給できる。
- □ Q4　直だき吸収冷温水機とは，吸収式冷凍機部分とボイラ部分を一体化して1台のユニットとしたものである。

空気環境の調整

# 14 成績係数の計算

> POINT ①成績係数（COP）とは，出力／入力を示すものであり，冷凍機の性能を表す重要な指標である
> ②ヒートポンプの成績係数は，1＋冷房の成績係数で表現される

## (1) 成績係数

機器の成績係数（COP：Coefficient of Performance）は，各種機器の優劣の比較や，同一機械内でも，運転状態の良否を判断するうえで多用されている。成績係数の定義は明確であり，次式のような無次元数で示される。

$$\text{成績係数（COP）} = \text{出力／入力} = \frac{\text{有効に利用されたエネルギー}}{\text{外部から加えられた電力等のエネルギー}}$$

冷凍機の場合は，分子は冷房能力であり，ヒートポンプや吸収冷温水機の暖房運転状態の場合は，暖房能力が分子となる。分母は入力されたエネルギーで電力あるいはガス等がこれになる。このように，分子側の数値は明確ではあるが，分母には不確かな要素を含んでいるので，単に数値の大きさのみでは判断を誤るおそれがあるので算出には注意を要する。なお，以下に注意すべき確認内容をまとめる。

① 機器単体に関するものか設備全体についてのものか確認すべきである。

② 機器単体の主エネルギーのみに関するものか主エネルギーでないものも含めたものか確認すべきである。特に吸収冷凍機では，機械本体に付属する補機動力が比較的に大きいから，補機エネルギーを含めたCOPは低めに出てしまうことがある。

③ 機器の仕様値（定格値）に関するものか部分負荷状態についてのものか確認すべきである。

④ ガスまたは油だき吸収冷温水機においては，ガスまたは油の燃焼に関する高位発熱量を採用しているか低位発熱量を採用しているか確認すべきである。なお，高位発熱量とは，燃焼時に生成する水蒸気の潜熱分を含む（燃焼時は蒸気になっていて，温度が高いまま排出されるから，その潜熱は有効に使用されない。）ので，高位発熱量基準のCOPは低位発熱量基準のCOPよりも10％程度

[解答] 1―○　2―×（成績係数の分母には不確かな要素を含んでいるので，単に数値の大きさのみでは判断を誤るおそれがあるので算出には注意を要する）　3―○　4―○　5―×（モリエール線図上で考えると，$h_2-h_3$が600kWに相当し，$h_1-h_4$が500kWに相当する。入力（$h_2-h_1$）は100kWとなるので，冷凍機としての成績係数は，500／100＝5.0となる）

低い数値となる。一般には，低位発熱量基準で表現されている。

次にヒートポンプの成績係数は，次式で示される。

ヒートポンプの成績係数
$= \dfrac{暖房能力}{外部から加えられたエネルギー}$
$= 1 + \dfrac{冷房能力}{外部から加えられたエネルギー}$
$= 1 +$ 冷房の COP

なお，ヒートポンプには，採熱源を空気とした空気熱源方式，採熱源を水とした水熱源方式の2つがある。また，ヒートポンプ方式では蓄熱槽を併用する場合が多い。

(2) モリエール線図上での成績係数

成績係数は，出力／入力であるので，図14.1のモリエール線図では，入力は1→2，冷房の出力は4→1，ヒートポンプの出力は2→3に相当する。したがって，エンタルピー $h$ を用いると，成績係数は次のように表すことができる。

・冷房の成績係数 $= \dfrac{h_1 - h_4}{h_2 - h_1}$

・ヒートポンプの成績係数 $= \dfrac{h_2 - h_3}{h_2 - h_1}$

$= \dfrac{h_2 - h_1 + h_1 - h_3}{h_2 - h_1}$

ここで，$h_3 = h_4$ なので，

$= \dfrac{h_2 - h_1 + h_1 - h_4}{h_2 - h_1} = 1 + \dfrac{h_1 - h_4}{h_2 - h_1}$

$= 1 +$ 冷房の成績係数

つまり，ヒートポンプの成績係数は，冷房の成績係数に1を加えたものである。

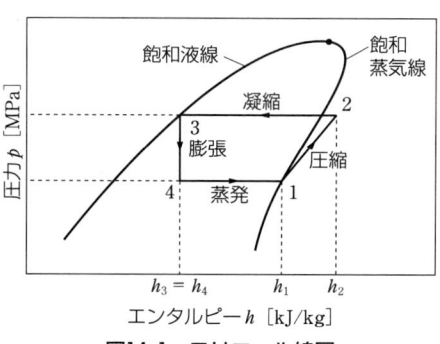

図14.1 モリエール線図

---

**○×問題に挑戦！**（記述の正誤を考えよう。解答は前ページ）

- □ Q1 成績係数（COP）は，冷凍機の場合，分子が冷房能力であり，ヒートポンプなどの暖房運転状態の場合は，暖房能力が分子となる。
- □ Q2 成績係数（COP）は，各種機器の優劣の比較や，運転状態の良否を，その算出数値だけで明確に判断できる画期的な係数といえる。
- □ Q3 ガスまたは油だき吸収冷温水機における成績係数（COP）は，高位熱量基準のCOPは，低位発熱量基準のCOPよりも10％程度低い数値となる。
- □ Q4 ヒートポンプの成績係数は，1＋冷房の成績係数で表現される。
- □ Q5 低温側から500kWの熱量を吸収し，高温側に600kWの熱量を運ぶ冷凍機の成績係数は4.0となる。

空気環境の調整

# 15 蓄 熱 槽

POINT ①空気調和設備の蓄熱槽には水を使う顕熱型，氷を使う潜熱型がある
②蓄熱槽への蓄熱において冷凍機は常に効率の良いところで運転できる
③昼間の負荷に対して安価な夜間電力による蓄熱を利用できる

## (1) 蓄熱の目的

事務所ビル等の空調負荷は，一日中変化しており，夏期冷房時は午後の2～4時ころが最大に，また冬期の暖房時には運転開始時に最大になる。それ以外はそれほど大きな値でない状態が続く。

空調設備の熱源の計画においては，最大負荷にも耐えられるような設計をしておく必要があり，年間の最大で熱源を設定しておくと，負荷の最大時以外は部分負荷となり，負荷の少ない時には熱源機器が不安定かつ，効率の悪い状態で運転される。これを解消するために，蓄熱槽の利用や熱源機器の分割が計画される。

蓄熱槽の利用においては，熱源機器容量を少し小さく設定し，ピーク時に不足する熱を蓄熱槽から補って対応する方法があり，ピークシフト運転やピークカット運転などに対応している。今では，夜間電力が割引であることから，夜間に冷凍機を効率のよい状態で運転し，蓄熱した熱をピーク時に不足分を補う方式が一般的である。図15.1には夜間蓄熱した熱を日中時のピークに利用するピークシフト運転を示す。

## (2) 蓄熱方式

空調設備における蓄熱には，従来は水によるものが多かった。例えば建築物の基礎梁二重スラブを利用した空調用蓄熱槽は，日本特有の方式として一般的に使われているものである。また，太陽熱利用に必要な蓄熱装置が検討されはじめてから，蓄熱温度や蓄熱期間などについても適用条件の幅が広がってきている。

蓄熱方式を蓄熱の原理から見ると，顕熱型，潜熱型，熱化学型，光化学型があり，主に使われているものとして水を蓄熱媒体として用いる顕熱型，氷を蓄熱媒体として用いる潜熱型に大きく分けることができる。

蓄熱槽から空調機に冷水・温水を送る

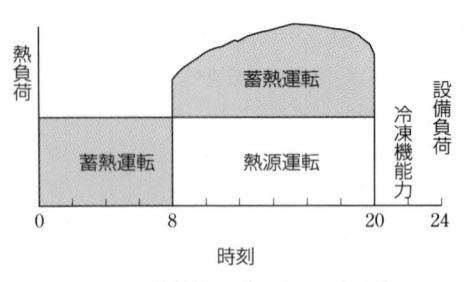

**図15.1 蓄熱槽のピークシフト運転**

---

[解答] 1—○　2—×（開放式水槽の場合はポンプの動力は増大する）　3—○　4—○　5—○

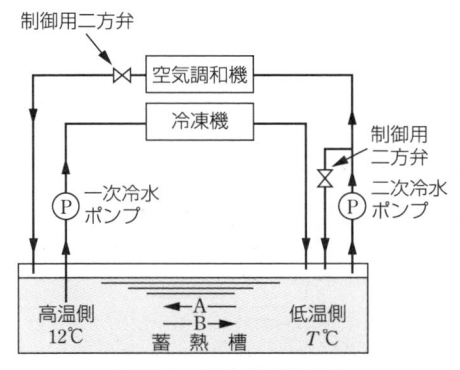

**図15.2 開放式配管回路**

配管回路には開放式と密閉式とがある。

**図15.2**には開放式配管回路を示す。冷凍機で冷却した水を一次冷水ポンプで蓄熱槽に送り込み、この冷水を二次冷水ポンプで空調機に送る仕組みである。

一方、建築物が高層になり空調機が高所になると二次冷水ポンプで冷水を空調機に供給するのに動力が嵩むことになる。このため、二次側については蓄熱槽から熱交換器を介して送水する、密閉式配管回路方式にして動力を低減させる。

(3) 蓄熱槽の特徴

蓄熱槽の本来の目的は、蓄熱材に計画的に効率よく蓄熱し、必要なときに必要な量の熱を取り出し、利用できるようにすることである。

［蓄熱槽の長所］

① 熱源容量を減少でき（ピークカット）、受電設備も小さくなり、基本料金も減少する。
② 冷凍機を高負荷で運転することができるので、効率が向上する。
③ テナントの残業等に対する空調運転のような部分負荷運転の対処が容易にできる。
④ 熱源機器が故障したときや停電時に短期間ではあるが水槽の熱で対処でき、病院等では信頼性が高まる。
⑤ 安価な深夜電力を利用できる。
⑥ 将来の負荷増加に対し、運転時間の延長である程度対応が可能である。

［蓄熱槽の短所］

① 蓄熱槽の建設費がかかる。
② 熱損失がある。
③ 開放式配管回路ではポンプ揚程が大きく、動力費が大である。
④ 夜間運転移行管理人件費が生じる。
⑤ 蓄熱槽に蓄積した熱を完全には使え切れない。蓄熱槽の蓄熱効率は60～65％程度である。
⑥ 二重スラブを利用した開放式蓄熱槽では、空気中の酸素が溶解したり、またコンクリートのあく等により、水質が悪化するので配管系の防食のため水質管理が必要になる。

┌─ ○×問題に挑戦！（記述の正誤を考えよう。解答は前ページ）
│ ☐ Q1　蓄熱槽は、ピークカットにより、熱源装置容量を小さくできる。
│ ☐ Q2　蓄熱槽は、開放式水槽の場合は、ポンプの動力が減少する。
│ ☐ Q3　蓄熱槽は、部分負荷運転の対処が容易にできる。
│ ☐ Q4　蓄熱槽は、安価な深夜電力の使用が可能である。
│ ☐ Q5　蓄熱槽は、熱源機器を高負荷で運転し、効率を向上できる。

空気環境の調整

# 16 冷却塔

POINT ①冷却塔は室内の冷房除去熱を屋外に放出する役割をもつ
②冷却水を冷却するのに主に水の蒸発潜熱を使う
③冷却塔は常に空気と接触しておりレジオネラ属菌などが生息しやすい

## (1) 冷却塔

冷却塔（クーリングタワー）は，冷房時，室内で除去した冷房負荷を大気に放出させる役割をもっている。

冷却塔には，開放型冷却塔と密閉型冷却塔がある。前者は，冷凍機の凝縮器の冷却水を直接大気と接触させ蒸発潜熱で自身の水温を低下させる方法，後者は冷却塔に熱交換器を取り付け，冷却水をその熱交換器（コイル）を介して冷却する方式である。

冷却塔による冷却水の冷却は空気の持つ顕熱と水のもつ蒸発潜熱を利用する。水の潜熱としては，冷却水の１％の蒸発で冷却水の温度を６℃程度下げることができる。

## (2) 開放型冷却塔

開放型冷却塔の概念図を**図16.1**に示す。図のように，筐体内に冷却水と空気の接触面積を大きくする充てん材を設け，冷却水を上部から散布し充てん材表面を流れる冷却水と直接大気と接触させる方式である。このため，密閉式に比べ小型になる。しかし，大気と冷却水が直接接触するため，大気中の汚染物質が混入し水質を悪化させ，凝縮器や配管等をスケー

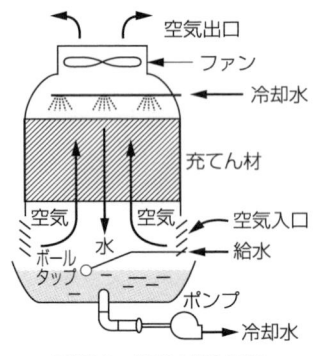

**図16.1　開放型冷却塔**

ルや腐食で劣化させる問題が生じる。また，空気中のレジオネラ属菌が冷却水の中に混入すると，冷却水温度が育成に適していることから繁殖しやすい。

## (3) 密閉型冷却塔

密閉型冷却塔の概念図を**図16.2**に示す。水を密閉コイルの中を通し直接大気と接触することなく冷却水を冷却する設備である。

冷却の方法は水を使うが，冷却塔の上部で散布した水が密閉コイルの表面を大気と接触しながら下部の水槽まで循環して流れる水により蒸発・冷却を行う。これは冷却水とは別の系統の水であり，凝縮・配管系の水は汚染の影響は受けな

［解答］　1―○　2―○　3―○　4―○　5―×（連続して測定する必要はない）

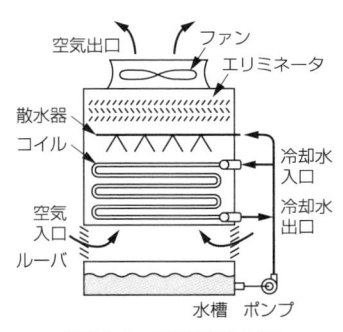

図16.2 密閉型冷却塔

い。しかし，冷却塔の循環水は大気と接触しているので水質の劣化は開放型と同じであり，それなりの対策は必要になる。

### (4) 冷却塔の管理

冷却塔は屋外というきわめて過酷な条件の中で使用されるので腐食，汚れ等劣化を促進する要因に十分注意する必要がある。さらに，開放型冷却塔の場合，外気と触れることによる水質の劣化から冷凍機の凝縮器の性能を劣化させる要因にもなる。

日常作業のポイントとしては，運転状況の確認であり，運転中の異音，振動発生の有無，軸受け温度の上昇の有無，軸シール部からの漏れの変化，電流の変化の有無などがある。

水質の管理については，特にレジオネラ属菌増殖防止対策のために，建築物衛生法による管理基準に従わなくてはならない。すなわち，

① 冷却塔および加湿装置に供給する水は水道法の水質基準に適合すること
② 冷却塔および冷却水の使用開始時および使用開始後1か月以内ごとに1回，定期的に汚れの状況を点検し，必要に応じて清掃，換水を行う
③ 冷却塔，冷却水の水質および加湿装置の清掃を，それぞれ1年以内ごとに1回定期的に行う。

### (5) 従事者の安全管理

冷却塔の点検・清掃に際して，レジオネラ属菌等の細菌類，原生動物類を含むエアロゾルの吸入や，目や皮膚への接触のおそれがあるので，保護マスク，保護めがね，ゴム（ビニル）手袋等の保護具を着用して作業を行うことが重要である。なお，作業実施後は，手洗，洗面等を行う。

---

**○×問題に挑戦！**（記述の正誤を考えよう。解答は前ページ）

- □ Q1 冷却塔の冷却水管理において，スライムやレジオネラ属菌の増殖を抑制するために，殺菌剤を添加する。
- □ Q2 冷却水管理に使用する薬剤（化学薬品）を取り扱うときには，薬剤の特性を理解したうえで作業を行う。
- □ Q3 冷却塔の冷却水管理において，スケール防止および腐食防止効果を高め，節水に寄与するために，防スケール・防食剤を添加する。
- □ Q4 冷却水は，冷却塔で接する大気の状態により，汚染の程度が異なる。
- □ Q5 冷却水のpHを連続的に測定して，補給水量を調整する濃縮管理方法が普及している。

空気環境の調整
# 17 ボイラ

> POINT ①建築設備によく使われるボイラは,蒸気ボイラと温水ボイラである
> ②通常のボイラは圧力を高めるので取扱いの資格が必要になる
> ③真空式温水器は缶内を真空にして蒸気を発生させるのでボイラの適用はない

## (1) ボイラ

ボイラは燃料を燃焼させて水を加熱し,蒸気または温水を発生させる装置で,蒸気ボイラと温水ボイラに分けられる。

ボイラの能力は,蒸気ボイラの場合は圧力[kPa]と熱出力[W]または蒸発量[t/h]で,温水ボイラの場合は温水温度[℃]でそれぞれ表示される。

燃料としては一般に燃料油(重油・灯油・軽油)または燃料ガス(都市ガス・液化石油ガス)が用いられる。燃料油を用いる場合は,地下タンクや燃料庫に貯蔵され,給油ポンプにより燃焼装置(バーナ)に送られる。燃料の燃焼には酸素が必要で,適切な量の空気を取り入れて燃料と混合し燃焼させる。燃焼ガスは加熱に利用された後,煙道を通って煙突から屋外へ排出される。

ボイラには構造的にみて各種のものがあるが,建築設備として暖房や給湯によ

表17.1 ボイラの種類,能力と適用条件

| ボイラの種類 | | ボイラより取り出す熱媒の種類 | 蒸気圧力または温水温度 | 蒸発量または熱出力 | ボイラ効率[%] | 主な用途 |
|---|---|---|---|---|---|---|
| 鋳鉄製ボイラ | | 蒸気 | 0.1MPa以下 | 0.3～4 t/h | 80～86 | 給湯・暖房用 |
| | | 低温水 | 120℃以下 | 29～2300 kW | | |
| 丸ボイラ | 立てボイラ | 蒸気 | 0.7MPa以下 | 0.1～0.5 t/h | 70～75 | 暖房・プロセス用 |
| | 炉筒煙管ボイラ | 蒸気 | 1.6MPa以下 | 0.5～20 t/h | 85～90 | 給湯・暖房・プロセス用 |
| | | 中・高温水 | 170℃以下 | 350～9300 kW | | 地域暖房用 |
| 貫流ボイラ | 単管式小型貫流ボイラ | 蒸気 | 3 MPa以下 | 0.1～15 t/h | 80～90 | 暖房・プロセス用 |
| | 多管式小型貫流ボイラ | 蒸気 | 1 MPa以下 | 0.1～2 t/h | 75～90 | 暖房・プロセス用 |
| | 大型貫流ボイラ | 蒸気 | 5 MPa以下 | 100 t/h以上 | 90 | 発電用 |
| | | 高温水 | 130℃以下 | 5.8 MW以上 | | 地域暖房用 |
| 電気ボイラ | | 温水 | 120℃以下 | 120～930 kW | 98 | 全電気式空調補助熱源用 |
| 真空水空器 | 鋳鉄製 | 低温水 | 80℃以下 | 120～3000 kW | 85～90 | 給湯・暖房用 |
| | 炉筒煙管式 | 低温水 | 80℃以下 | 46～1860 kW | 85～88 | |

(空気調和・衛生工学会:「空気調和・衛生工学便覧 2 第13版」より)

[解答] 1－×(鋳鉄ボイラは低圧なので,地域冷暖房などの高圧蒸気が必要な場合には使われない) 2－○ 3－○ 4－○ 5－○

く用いられるものは鋳鉄製ボイラおよび炉筒煙管ボイラである。ボイラの種類と能力および適用を表17.1に示す。

① 鋳鉄製ボイラ

鋳鉄製ボイラは鋳鉄製のセクションを必要な能力に応じて組み合わせて設置するもので，セクショナルボイラとも呼ばれている。セクションごとに分割して搬入し現場組立てが可能であり，またセクションを増やすことによって能力を増やすこともできる。さらに腐食にも強く取扱いも容易なため古くから暖房用として広く用いられてきた。このボイラは構造上，圧力98kPa（1気圧）以下の蒸気用または温度120℃以下の温水用として使われている。

② 炉筒煙管ボイラ

炉筒煙管ボイラは円筒形の缶胴の中に炉筒（燃焼室）とそれに続いて燃焼ガスを通す多数の煙管を配置したものである。形状が大きく分割できないので大きな搬入口が必要であるが，熱効率が良く安定した運転ができるので，中・大規模のビル用として広く用いられている。

③ 真空式温水器，無圧式温水器

真空式温水器は，内部を密閉して大気圧以下に保ちながら温度100℃以下の蒸気を発生させる。蒸気室内は常に大気圧以下で運転されるため，ボイラとしての取扱資格者が不要であり，安全性が高く，取扱いが容易で効率も良いことから，最近よく用いられるようになっている。また，内部を大気圧に開放したものを無圧式という。

(2) ボイラの取扱い

ボイラは容量と圧力によって取扱資格者や圧力容器の規制を受け，油を燃料とする場合は油の種類と貯蔵量によって危険物の規制を受ける。

表17.2にはボイラの適用区分と資格を示すが，例えば蒸気ボイラの場合，伝熱面積が3m²以下であれば取扱い技能講習修了者，同3m²を超える場合には二級ボイラー技士以上でないと取扱いはできないことになる。

表17.2 ボイラの適用区分と資格

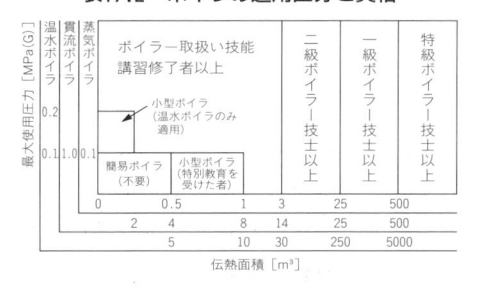

| 最大使用圧力 [MPa(G)] | 貫流ボイラ | 蒸気ボイラ | | | | |
|---|---|---|---|---|---|---|
| | | ボイラー取扱い技能講習修了者以上 | 小型ボイラ（蒸気ボイラのみ適用） | 二級ボイラー技士以上 | 一級ボイラー技士以上 | 特級ボイラー技士以上 |
| 0.2 | | | | | | |
| 0.1 1.0 0.1 | 簡易ボイラ（不要） | 小型ボイラ（特別教育を受けた者） | | | | |
| 伝熱面積 [m²] | 0  0.5 | 1 | 3 | 25 | 500 | |
| | 5 | 10 | 30 | 250 | 5000 | |

―○×問題に挑戦！（記述の正誤を考えよう。解答は前ページ）―
- □ Q1 鋳鉄ボイラは，地域冷暖房などの高圧蒸気が必要な場合に使われる。
- □ Q2 無圧式温水発生機は，中小規模建築物などの給湯や暖房用として使われる。
- □ Q3 炉筒煙管ボイラは，中規模建築物などの暖房用として使われる。
- □ Q4 真空式温水発生機は，中小規模建築物などの給湯や暖房用として使われる。
- □ Q5 小型貫流ボイラは，蒸気暖房用に使われる。

空気環境の調整

# 18 全熱交換器

POINT ①全熱交換器とは空気Aのもっている全熱を空気Bに効率分だけ移転させる
②全熱交換器には静止形（透過式）と回転形（吸熱再生式）がある
③取入れ外気と室内排気の全熱を交換することによって省エネがはかれる

## (1) 全熱交換器

全熱交換器は，高温の湿り空気と低温の湿り空気の間で熱交換する設備である。例えば空調設備において外気を取り入れる際に，室内から排出する空気がもっている全熱を取入れ外気に移動させる熱交換機能をもち，これによって空調消費エネルギーを少なくするものである。

空調設備における外気取入れ負荷の占める割合は大きく，夏期冷房時で30～40％，冬期暖房時で50～60％以上，また年間負荷に対しても，冷房期間で15～20％，暖房期間で50～70％にもなるとされている。このため，外気負荷を少しでも低減させることを目的に，全熱交換器を用いて排熱回収を図る方法が多く取り入れられるようになってきている。

全熱交換器には静止形のものと，回転形のものがある（図18.1，図18.2参照）。

静止形全熱交換器は透湿性の処理をした特殊加工紙などが使われ，この加工紙を境にして取入れ外気と排気が流れ，両者の間で熱交換をする。また，回転形全熱交換器は，アルミニウムシートに耐食処理を施し，表面に吸着剤（シリカゲルなど）を塗布したロータエレメントなどが使われ，このエレメントが回転し，排気と取入れ外気と交互に接触し，相互に熱を交換する。

この状態を湿り空気線図上に表したものが図18.3である。全熱交換器を出る空気（O'）は，冬期，夏期ともに外気（O）から室内条件（R）に近づいており，このときの空調負荷はRO'になる。これを式で表せば，

$$q_a = q_o(1-\eta)$$

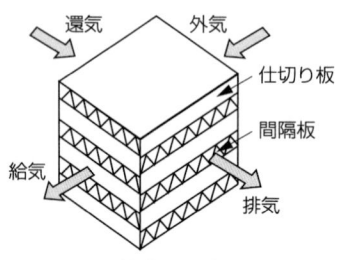

図18.1 静止形交換ユニット

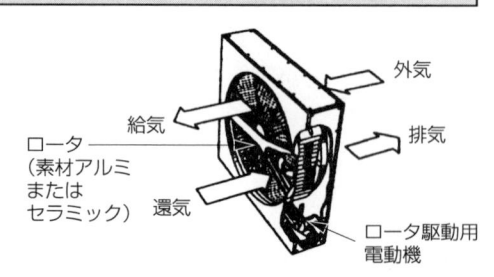

図18.2 回転形交換ユニット

[解答] 1-○ 2-○ 3-○ 4-× 5-○

O：外気
O'：全熱交換器出口
R：排気

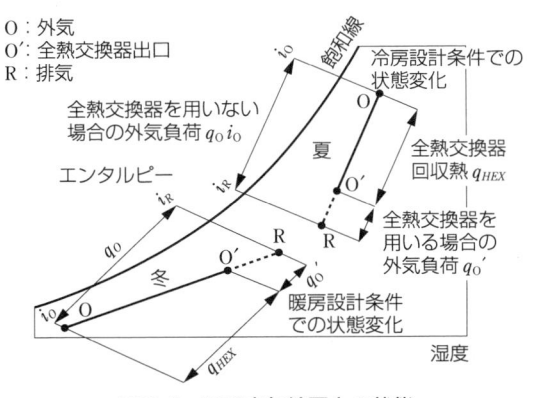

**図18.3 湿り空気線図上の状態**

## (2) 全熱交換器の利用

この全熱交換器の空調設備への適用方法は，図18.4に示すように，各階調和機方式であれば，建築物全体に対する外気取入れ専用空調機の直前に取り付ける場合が多い。この場合比較的大型の回転式の全熱交換器が，また，マルチユニット方式のように各室に小型の屋内機を設けるような場合には，外気取入れが可能な屋外機であれば問題ないが，外気取入れができない屋内機であれば，小型の全熱交換器をそれぞれの部屋に個別に取り付ける方法がとられる。

空調方式については「⑩，⑪ 空調方式(1)(2)」を参照のこと。

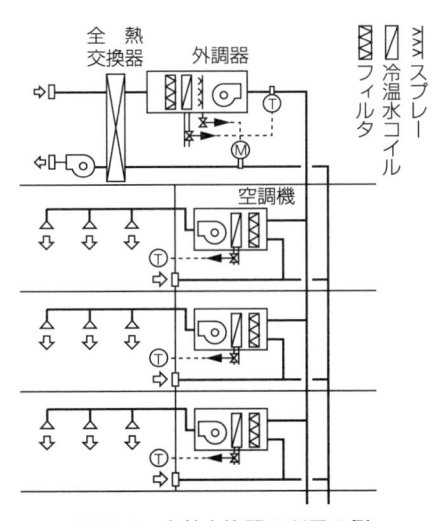

**図18.4 全熱交換器の利用の例**

---

### ─○×問題に挑戦！ （記述の正誤を考えよう。解答は前ページ）

- □ Q1 全熱交換器を冷房時間帯および暖房時間帯に使うと省エネルギー効果が最も高い。
- □ Q2 全熱交換器には静止形と回転形がある。
- □ Q3 全熱交換器は室内の排気と外気取入れ空気の熱交換に用いられる。
- □ Q4 熱交換器に透湿性のない素材を使うと全熱交換ができる。
- □ Q5 回転形の全熱交換器は吸収再生式といわれる。

空気環境の調整
# 19 空気浄化装置

**POINT** ①空気浄化の原理は粘着式，静電式，ろ過式，吸着式，吸収式がある
②性能は定格風量時の汚染除去率・圧力損失・汚染除去容量で示される
③空調機のフィルタの役目は室内の粉じん制御と空調機内の汚れ防止

### (1) 空気浄化装置

空気浄化装置は空気中の粉じんを除去し，室内の清浄度を保つためのもので，主として空気調和機に内蔵される。あわせて，空気の下流側にある冷却・加熱コイルなどが，粉じんで汚染されて性能が低下しないようにする働きもある。

### (2) 空気浄化装置の種類

空気浄化装置を浄化原理で分類すると粘着式，静電式，ろ過式，吸着式，吸収式に分けられる。

#### ① 粘着式

粘着材を塗布した金網，金属板などへ粉じんを衝突させて除じんする方式である。比較的大きな粉じんに用いる。

#### ② 静電式

高圧電界による荷電および吸引付着力により除じんする方式である。空気調和用に用いられる静電式では陰極放電でなく，オゾン発生量の少ない陽極放電が用いられる。

静電式は圧力損失が少なく，微細な粉じんまで効率よく捕集できる特徴をもっている。粉じん濃度が高い場合はプレフィルタを使用する。また，たばこ煙に対する分煙の要求の高まりから，室内設置型の種類が増え，壁掛け型・ポータブル型等が開発されている。

#### ③ ろ過式

繊維等の多孔質空間の中を粉じんが通過するとき，拡散・衝突・さえぎり等により除じんする方式である。ろ過式の代表的なものは，枠に収めたユニット型フィルタと自動更新型（巻取型ロール）フィルタがある。

##### 1) ユニット型フィルタ

風量に応じて枚数の調節ができ，空気調和機やフィルタユニットへの収まりもよいので，広く使われている。また，粗じん用から中高性能まで多くの種類がある。ろ材には，ガラス繊維・合成繊維不織布・高分子化合物等各種のものが使用され，除去対象の粉じん粒径・捕集効率等によって使い分けられる。中性能や高性能フィルタでは，通過速度を遅くして圧力損失を低くするために，ろ材を折り込むなどしてフィルタ面積を大きくしている。

JIS Z 8122 (コンタミネーションコントロール用語) では，高性能フィルタでHEPAフィルタと呼ばれるものは

---

[解答] 1—○ 2—○ 3—○ 4—×（粉じんを衝突除じんするのではなく吸着させて除じんする） 5—○

0.3μm の粒子を計数法で99.97％以上，ULPA フィルタと呼ばれるものは0.15μm の粒子を99.9995％以上捕集できる効率を規定しており，クリーンルームやバイオクリーンルームの空気清浄に使用されている。

２）自動更新型フィルタ

タイマーや差圧スイッチでロール状のろ材を汚れに応じて自動的に巻き取る方式のフィルタである。保守管理が容易であり，広く用いられている。

④　その他

有害ガスを吸着除去する方式として吸着方式があり，代表的なものに活性炭フィルタがある。

また吸収液でガスを洗浄し，有害ガスを吸収除去する吸収方式がある。

(3)　エアフィルタの性能評価

エアフィルタの性能は，定格風量時における汚染除去率・圧力損失・汚染除去容量で示される。

①　汚染除去率

空気浄化装置を通過する汚染物質が，空気浄化装置により除去される割合であり，パーセントで表示される。粉じんの場合は粉じん除去率，有害ガスの場合はガス除去率という。

②　圧力損失

空気浄化装置を空気が通過するときの抵抗を示し，空気浄化装置の上流側と下流側の全圧差で表示される。粉じんが捕集されるに従い，圧力損失は上昇するが，風量は少なくなるので，フィルタの清掃は適切に行うことが大切である。

③　汚染除去容量

空気浄化装置が使用限度に至るまでに保持することができる汚染物質の質量で示される。粉じんの場合は粉じん保持容量，有害ガスの場合はガス除去容量という。

粉じんの許容保持容量は，一般に圧力損失が初期値の２倍となるまで，あるいは粉じん捕集率が最高値の85％に低下するまでにフィルタが捕集した粉じん量として示される。

ガス除去容量は，ガス除去率が規定値の85％に低下するまでに捕集される有害ガスの重量として示される。

―○×問題に挑戦！（記述の正誤を考えよう。解答は前ページ）――
- □　Q１　静電式空気浄化装置は，オゾン発生量の少ない陽極放電が用いられる。
- □　Q２　ろ過式空気浄化装置では，自動更新型フィルタは，タイマーや差圧スイッチにより自動的に巻き取られる。
- □　Q３　ろ過式空気浄化装置では，中・高性能フィルタは，ろ材を折り込むことにより，フィルタ面積を大きくしている。
- □　Q４　吸着法による空気浄化装置は，粘着剤を塗布した金属フィルタ面に，粉じんを衝突させて除じんする。
- □　Q５　吸収法による空気浄化装置は，吸収液でガスを洗浄することにより，有害ガスを吸収除去する。

空気環境の調整

# 20 ダクト

**POINT** ①ダクトは空調空気を目的の場所に送る管路である
②建築設備のダクトには空調用, 換気用, 排煙用がある
③ダクトを流れる空気の粘性が抵抗となるので, それを考慮する

## (1) ダクト

ダクトは風道とも呼ばれ, 空気を搬送するための筒であり, 建築設備に用いられる場合その目的から, 給気ダクト, 排気ダクト, 還気ダクト, 外気取入れダクトなどがある。また, 用途別では, 空調用, 換気用および排煙用に分けられる。さらにその断面の形状から, 長方形ダクト（角ダクト）と円形ダクト（丸ダクト）がある。

一般に長方形ダクトは低速ダクト（ダクト内風速15m/s以下）に, 円形ダクトは高速ダクトに採用される。梁貫通ダクトは円形がよく, せん断力の大きい梁の端部を避けて, 分散させ, 断熱（防露）, 防振に留意する必要がある。ダクト横断面の長辺と短辺の比であるアスペクト比は2〜4程度とし, 曲り, 分岐, 合流, 縮小, 漸大部分はできるだけゆるやかになるように加工し, ダクトを通過する空気の抵抗を少なくするようにする。また, 同じ断面積の場合, アスペクト比が大きくなると抵抗が増して不経済となる。

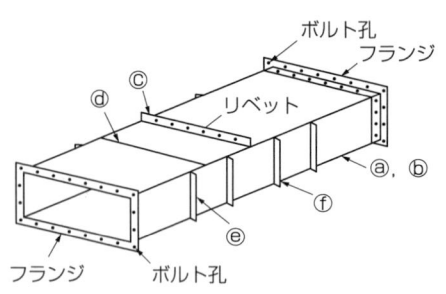

一般にダクト用の主材料としては, 鋼板に亜鉛めっきを施した亜鉛鉄板が使用されている。そのほか水蒸気の多い空気や腐食性ガスを含んだ空気などには, ステンレス鋼板や硬質塩化ビニル板などが使われる。

ダクトの途中の必要な箇所に, 流量調節および流路の開閉や制御のための各種付属品が取り付けられる（付属品については, 21参照）。

## (2) ダクト内圧力分布

ダクト内に空気を通すときに, 空気のもつ粘性によりダクト表面に抵抗が生じ空気が通りにくくなる。また, ダンパ等の付属品を通過するときには気流が乱れ

ⓐ 角甲はぜ　ⓑ ピッツバーグはぜ
ⓒ ボタンパンチスナップはぜ　ⓓ 甲はぜ
ⓔ 立はぜ　ⓕ リブ

**図20.1　ダクトの構造**

［解答］ 1—○　2—○　3—○　4—×（摩擦損失が大きい場合, 図の静圧の下がり方が大きくなる）　5—○

**図20.2 ダクト内の圧力状態**

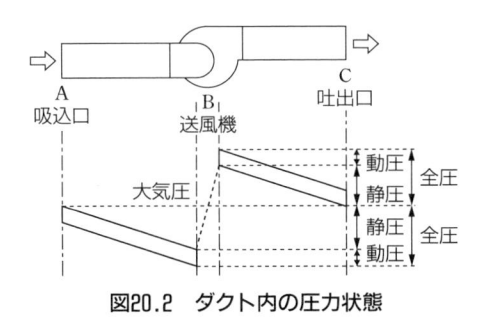

て同様に抵抗が生じる。

そこで設計にあたってはダクトの空気抵抗の計算を行い、その空気抵抗に打ちかつ大きさの静圧をもつ送風機を選定することが必要となる。

図20.2は、送風機の吸込側および吐出側にダクトをそれぞれ取り付けたときの動圧、静圧を概念的に示したものである。

ダクト内のエネルギーの状態は、吸込口側から説明すると、空気は大気圧の状態で吸込口から流入し、ダクト内を流れるに従って流れの抵抗により徐々に負圧が進み、送風機の入口では最大の負圧となる。この空気は送風機に入りエネルギーを受け静圧が最大に高められた後、ダクト内を流れるに従い静圧は下がり、吹出口では大気圧と同じになる。一方、動圧についてみると、吸込口では動圧のもっている風速で吸い込まれ、ダクト内ではその風速が維持される（すべて同一寸法のダクト）とすると動圧は、どこでも一定であり、吹出口で動圧のもつ風速で外部に吹き出される。

---

**○×問題に挑戦！**（記述の正誤を考えよう。解答は前ページ）

右の図は、あるダクト系の流れ方向における静圧と動圧の変化を示したものである。ダクトの材質はすべて同じで、図中の $P_T$ は全圧、$P_S$ は静圧、$P_v$ は動圧を意味する。

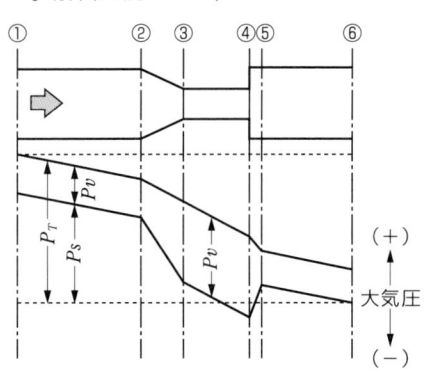

- ☐ Q1 区間①から②は直管ダクトで、ダクト長さに比例して静圧が減じている。
- ☐ Q2 区間②から③は、ダクト断面積が縮小してダクト内風速が増加している。
- ☐ Q3 区間②から③における動圧増加量は、ベルヌーイの定理により静圧の減少量となる。
- ☐ Q4 区間③から④における単位長さ当たりの摩擦損失は、区間①から②における単位長さあたりの摩擦損失より小さい。
- ☐ Q5 ⑥でダクトから大気へ空気が吹き出している。

空気環境の調整
# 21 ダクトの付属品

> POINT ①吹出口は各種の形式があり，吹出し気流特性が異なる
> ②ターミナルユニットには定風量ユニット，変風量ユニット，混合ユニットがある
> ③消音装置はダクトの発生騒音を低減させる

## (1) ダンパ

ダクトの途中の必要な箇所に，流量調節や流路の開閉のためにダンパが取り付けられる。ダンパは鋼板製の可動羽根の角度を変えることにより，流路を開閉するもので，その目的により，風量調節ダンパ（VD）および火災時に自動的に閉鎖する機構になっている防火ダンパ（FD），防煙ダンパ（SD）などがある。

## (2) 吹出口，吸込口

空調・換気用として室内へ空気を吹き込み，あるいは室内から空気を吸い込む器具で，一般にダクトに接続して取り付けられる。取付け場所は，天井面または壁面であるが，まれには床面のこともある。本体の材質にはアルミニウム材または鋼板が使われ，塗装等により美しく仕上げられる。

吹出口は，対象ゾーンに空調空気が適切に行き渡るように気流特性を持たせている。**表21.1**には吹出口とその特性を示すが，気流特性は大きく分けるとふく流と軸流とになる。ふく流吹出口は天井面などに取り付けられ，吹出口の全周から

表21.1 主な吹出口の分類

| 分類 | 名称 | 形状 | 風向調整 | 備考 |
|---|---|---|---|---|
| ふく流吹出口 | アネモ型 | | ベーン可動<br>ベーン固定 | 天井ディフューザ |
| | パン型 | | パン可動<br>パン固定 | |
| 軸流吹出口 | ノズル | | 固定 | |
| | パンカルーバ | | 首振り | 首振り型のノズル |
| | グリル型 | | 固定 { パンチングメタル<br>　　　固定ベーン<br>ベーン可動 | レジスタ（開閉シャッタのあるもの）<br>ユニバーサル型等 |
| 線状吹出口 | ラインディフューザ | | ベーン可動<br>ベーン固定 | |

[解答] 1—○ 2—○ 3—○ 4—○ 5—×（減衰特性は，低周波数域では小さいが，中高周波数域では大きい）

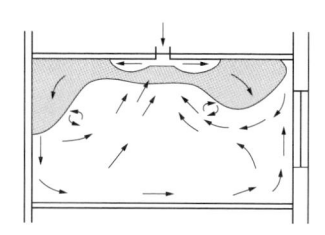

**図21.1 天井のアネモ型吹出口からの水平吹出し**

放射状に気流を吹き出すものである（**図21.1**）。軸流吹出口は壁面や天井面などに取り付けられ，軸方向に吹き出すものである。

吸込口はリターングリルともいわれ，単に空気を吸込むだけの機能であり，吹出口より簡単な形式のものが多く固定羽根のグリル形がよく使われている。

(3) **ターミナルユニット**

空調用ダクトの途中に設けて風量を制御する装置で，定風量ユニットと変風量ユニットおよび混合ユニットがある。

1）定風量ユニット（CAVユニット）は，ダクト内の圧力が変動しても自動的に送風量を一定に保つ装置である。

2）変風量ユニット（VAVユニット）は，変風量方式の空調システムに用いられるもので，絞り式とバイパス式がある。絞り式は定風量と同様の機構で，室内温度によりその設定値を変え，送風量を変えるものである。バイパス式は風量の一部をバイパスさせ天井内などに放出し，室内への送風量を変えるもので，小規模な設備に用いられる。

(4) **消音装置**

空調設備における騒音は空調機や送風機さらにはダクトのダンパや曲がり部分等で発生し室内に到達する。騒音が大きくなると執務環境が悪化するので要所に消音装置など設置する必要がある。

消音装置には，ダクト内に消音材を内張りしたり吸音材を内張りした吸音ボックスあるいはマフラー型吸音装置があり，騒音の特性に応じて適用される。ダクト内に吸音材を内張りする装置では，減衰特性は低周波領域には効果が少なく中高周波領域では効果が大きい特性がある。

---

**○×問題に挑戦！**（記述の正誤を考えよう。解答は前ページ）

☐ Q1　吸込み気流には，吹出し気流のような指向性がない。

☐ Q2　防火ダンパは，防火区画を貫通するダクト内に設置され，温度ヒューズによって流路を遮断する。

☐ Q3　定風量ユニットは，ダクト内の圧力が変化しても，常に一定の風量を維持する。

☐ Q4　アネモ型吹出口は，ふく流吹出口に分類される。

☐ Q5　吸音内張りダクトの騒音の減衰特性は，低周波数域では大きいが，中高周波数域では小さい。

空気環境の調整
# 22 通風と送風量の決定と計算

**POINT** ①室内に新鮮な空気を通すことを通風という
②空調機の送風量は，室内の熱負荷の処理，室内の空気清浄度，室内気流の調整の3要素から決定される

## (1) 通風

換気を行うためには，自然換気・機械換気のいずれの場合にも，室内の空気を流動させて，汚染された空気と新鮮な空気の入れ換えをしなければならない。室内に新鮮な空気を通すことを通風といい，換気の効果をよくするためには，通風の経路と速度を十分に検討する必要がある。

自然通風による通風は，主に屋外の風圧力に影響されるので，室内の換気をはかるためには，特に，夏期の最多風向に合わせた方位に給気のための開口部を設けるとよい。また，室内外の温度差による換気をよくするためには，密度の低い高温の空気が室内の上部にたまりやすくなるので，排気のための開口部を高い位置に設けるのが望ましい。なお，通風に関する理論的な式として，オイラー(Euler)の連続方程式が有名である。

例えば，南側の流入口①の面積 $S_1$，流速 $V_1$ とすると流量 $Q_1=S_1V_1$ となり，北側の流出口②の面積 $S_2$，流速 $V_2$ とすると流量 $Q_2=S_2V_2$ とすると，流入量 $Q_1$ と流出量 $Q_2$ とは等しくなるというものである。

一方，機械換気による場合は，排気口や給気口から流入する新鮮な空気が室内の汚染空気全体を押し出すような通風をはかるとともに，給気口や排気口から汚染空気が速やかに排出されるようにすることが大切である。なお，換気をよくするために室内の気流を著しく増大させると，体感上あるいは作業に不快な状態となるので，建築物衛生法による管理基準では，室内の気流を0.5m/s以下にしなければならないと規定されている。

## (2) 送風量の決定手順

空調機の送風量を決定する際に留意すべきことは，以下の点である。
① 室内熱負荷を処理できること
② 室内清浄度が保てること
③ 居住域におけるコールドドラフトや室内上下温度差を防ぐこと

室内熱負荷の処理を確実に行うため，送風量はまず，冷房時の負荷条件を満たすように検討される。空調機での冷却は，

[解答] 1—○ 2—○ 3—× (室内を清浄に保つためには，ある程度以上の換気回数で室内空気を循環して，フィルタにより，汚染物質を除去しなければならない。これは，取入れ外気量やフィルタ性能とも関連するものである)

4—× (式(2)から，$G=\dfrac{12.0}{1.006\times(26-14)}=0.994$ [kg/s])

冷水コイルの場合であれば，入口温度が5〜10℃程度の冷水でなされ，温水や蒸気の熱媒による加熱に比べ，空気との温度差が小さく，あまりに低い冷風温度を要求されても実現できないという特性があるためである。また暖房に対しては，決定した送風量での暖房時吹出し温度差を確認する。

次に，室内で発生する二酸化炭素・粉じんなどを取り除き，室内を清浄に保つためには，ある程度以上の換気回数で室内空気を循環して，フィルタにより，汚染物質を除去しなければならない。これは，取入れ外気量やフィルタ性能とも関連するものである。

一般的な送風量決定法の手順は，次のようになる。
① 空調機が受けもつゾーンの冷房室の顕熱負荷・潜熱負荷を用いて，顕熱比（SHF）を計算する。
② 湿り空気線図上で作図して，室内吹出し状態点・冷却コイル出口空気状態点を決める。
③ 冷房吹出し温度と室温との差（吹出し温度差）を確認する。
④ 吹出し温度差から空調機送風量を算出して，必要換気回数を満たしているかを確認する。満たしていない場合は，必要換気回数から風量を決定する。
⑤ ゾーンの吹出し風量を算出する。

**(3) 送風量の計算**

顕熱負荷 $q_s$，室温 $t_r$ [℃]，吹出し空気温度 $t_d$ [℃] とから，送風量 $G$ は次式で求められる。

$$G = \frac{q_s}{c_p(t_r - t_d)} \quad \cdots 式(1)$$

ここで，$c_p$ は吹出し空気の定圧比熱（通常は乾燥空気の定圧比熱 $c_{pa}$ を使用する），$G$：送風量 [kg/s]，$q_s$：顕熱負荷 [kW]，$c_{pa}$：1.006 [kJ/(kg・K)] したがって，

$$G = \frac{q_s}{1.006 \times (t_r - t_d)}$$

$$\fallingdotseq \frac{q_s}{(t_r - t_d)} \quad \cdots 式(2)$$

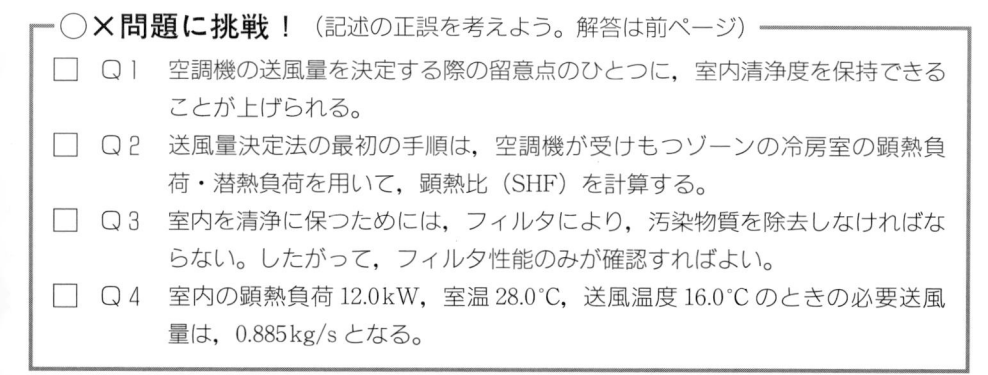

---

**○×問題に挑戦！** （記述の正誤を考えよう。解答は前ページ）

☐ Q1 空調機の送風量を決定する際の留意点のひとつに，室内清浄度を保持できることが上げられる。

☐ Q2 送風量決定法の最初の手順は，空調機が受けもつゾーンの冷房室の顕熱負荷・潜熱負荷を用いて，顕熱比（SHF）を計算する。

☐ Q3 室内を清浄に保つためには，フィルタにより，汚染物質を除去しなければならない。したがって，フィルタ性能のみが確認すればよい。

☐ Q4 室内の顕熱負荷 12.0 kW，室温 28.0℃，送風温度 16.0℃ のときの必要送風量は，0.885 kg/s となる。

空気環境の調整

# 23 送風機

POINT ①建築設備で使う送風機には遠心式送風機と軸流式送風機がある
②シロッコファンは小型で大風量，ターボファンは高い静圧が得られる
③風量を増す場合は並列運転，圧力を増す場合は直列運転とする

## (1) 送風機

表23.1に建築設備に用いられている送風機の種類，形状と適用を示す。動力としては一般に電動機が用いられ，空調・換気用として最も広く用いられているのが多翼送風機（シロッコファン）である。シロッコファンは回転方向に向かって前向きに湾曲した多数の短い羽根を羽根車に取り付けたもので，静圧1kPa以下程度の場合に使用される。

静圧が1kPa程度以上の場合には，長くて数の少ない後向きに湾曲した羽根をもつ後向き羽根送風機や翼形送風機が用いられる。

軸流送風機は，羽根車の軸の方向に空気を流すもので，羽根車のみのものをプ

表23.1 送風機の種類と特性

| 形式 | 種類 | 羽根車とケーシング | 風量 [m³/min]／静圧 [Pa] | 適用 | 特性 |
|---|---|---|---|---|---|
| 遠心送風機 | 多翼送風機（シロッコファン） | | 10～2000 / 100～1230 | 空調・換気用全般 | 風圧の変化による風量と動力の変化は比較的大きく，風量の増加とともに軸動力が増加する |
| | 後向き羽根送風機（リミットロードファン） | | 20～2500 / 1230～2450 | 高速ダクト用，産業用（リミットロード特性） | 風量が過大になっても動力が一定値以上とはならないリミットロード特性がある |
| | 翼形送風機（ターボファン） | | 20～2500 / 1230～2450 | 高速ダクト用，中・大規模空調用（リミットロード特性） | |
| 軸流送風機 | プロペラファン | | 20～500 / 0～100 | 換気扇，ユニットヒータ，ユニットクーラ，冷却塔 | 低圧力で大風量に適しており，設置場所が小さくてすむが，回転速度が速く発生騒音が大きい欠点がある |
| | チューブ形ファン | | 500～5000 / 50～150 | 局所通風用，大型冷却塔用 | |
| | ベーン付きファン | | 40～2000 / 100～790 | 空調・換気用，局所通風用 | |
| 横流送風機（クロスフロー形） | | | 3～20 / 0～80 | ファンコイルユニット，エアカーテン | 羽根車の径が小さくても効率の低下が少ない |

[解答] 1－○　2－×（リミットロードファンは静圧が大きいところに使われる）　3－○
4－○　5－○

ロペラファンといい，筒状のケーシングに収まったものをチューブ形という。

送風機の性能・仕様は，形式，番手，風量［m³/hまたはm³/min］，圧力（静圧）［Pa］，電動機容量［kW］などで表示される。

(2) 送風機の運転特性
① 特性曲線

送風機の性能を現す方法として特性曲線が使われる。特性曲線は横軸に風量をとり，縦軸に各風量における圧力，効率，軸動力，騒音をとって表す。図23.1にはよく使われる多翼送風機の特性を示すが，圧力では谷の後山ができており，運転ポイントが右上がりの線より左側まで風量が減少すると振動・騒音が発生しサージング現象になる。

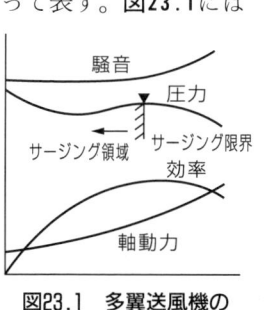

図23.1 多翼送風機の特性曲線

② 送風機の直列運転

同じ特性をもつ送風機を2台直列につないで運転すると，風量に応じて圧力が2倍ずつになる。このときにダクトの抵抗は以前から変わらないとすると風量は $Q_1$ から $Q_2$ へ増加する（図23.2）。

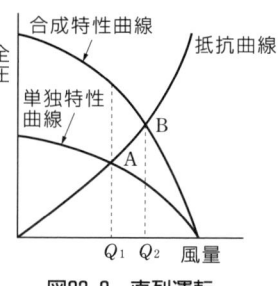

③ 送風機の並列運転

同じ特性をもつ送風機2台を並列に並べて運転すると，圧力に応じて風量が2倍ずつになる。このときのダクトの抵抗は以前から変わらないとすると風量は $Q_1$ から $Q_2$ へ増加する（図23.3）。

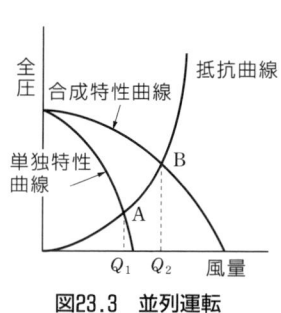

(3) 送風機の流量制御

送風機の流量制御には，台数制御，インバータによる速度制御，吸入ダンパ制御がある。

図23.2 直列運転

図23.3 並列運転

---

○×問題に挑戦！（記述の正誤を考えよう。解答は前ページ）

☐ Q1 多翼送風機（シロッコファン）は，低速ダクト空気調和用として使用される。
☐ Q2 後向き羽根をもつ遠心送風機（リミットロードファン）は，所要静圧が小さいダクト系に適している。
☐ Q3 プロペラ型軸流送風機は，小型冷却塔などに用いられる。
☐ Q4 横流送風機は，エアカーテンなどに用いられる。
☐ Q5 送風機の流量制御には，台数制御，インバータ制御，吸入ダンパ制御がある。

空気環境の調整

# 24 ポ ン プ

POINT ①建築設備に使われるポンプは渦巻きポンプが多い
②ポンプの特性曲線には，揚程曲線，軸動力曲線，効率曲線，回転数等がある
③ポンプの運転点は，揚程曲線と抵抗曲線の交点となる

## (1) ポンプの種類

ポンプは水や油などを高水位または高圧の状態のところへ送るもので，その原理から分類すると図24.1に示すとおりである。このうち建築設備で使用されるのは，遠心式（渦巻き）ポンプがほとんどで，空気調和設備では，冷温水の循環や冷却水用などに用いられている。

渦巻きポンプは図24.2に示すように，羽根車を回転させて水に遠心力を与え加圧して吐き出すもので，さらにこの羽根車の外側に案内羽根を設け圧力を高めたのがタービンポンプである。これらは普通，電動機直結で駆動される。羽根車には単段式と圧力を高めるために必要に応じて複数枚並べた多段式とがあり，吸込み口には片吸込み型と水量を多くする場合に用いられる両吸込み型とがある。

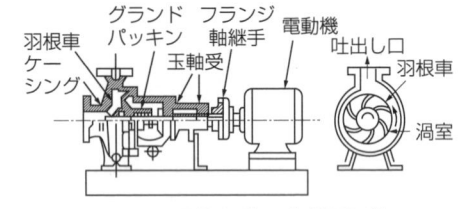

図24.2 渦巻きポンプ（単段式）

## (2) ポンプの特性曲線

渦巻きポンプの性能を表す方法として，特性曲線が使用される。特性曲線は通常，図24.3に示すように，揚程曲線と軸動力曲線，回転速度および効率曲線の4つの曲線で表される。一部のポンプでは，ポンプ固有の値である必要NPSH（Net Positive Suction Head）を示した，NPSH曲線を同時に表示する場合もある（5章 5 参照）。

① 揚程曲線

横軸に吐出し量，縦軸に全揚程をとっ

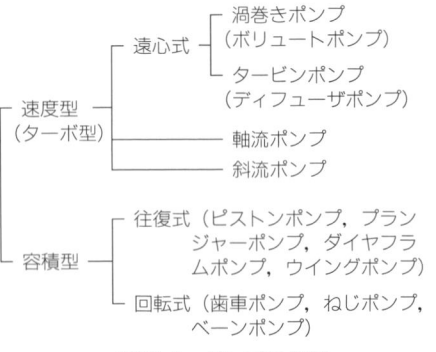

図24.1 ポンプの分類

［解答］ 1 ―○（キャビテーションとは，ポンプの羽根車の先端等において，水の圧力が下がると水が局部的な蒸発を起こし，これがポンプに振動や騒音を発生する現象をいい，故障の原因となる） 2 ―○ 3 ―○ 4 ―×（吐出圧力にかかわらず流量はほぼ一定となる）

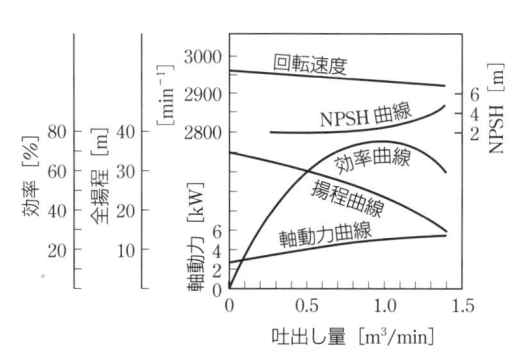

図24.3　ポンプの特性曲線

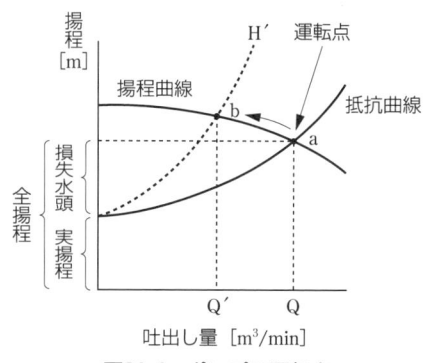

図24.4　ポンプの運転点

て，各吐出し量に対するポンプの発生する全揚程をグラフ上に表している。一般に，吐出し量がゼロのときの全揚程（締切全揚程という）が最大で，吐出し量の増加とともに低くなる下降特性を示す。

② 軸動力曲線

縦軸に動力をとり，吐出し量に対するポンプの軸動力変化をグラフ上に表したものが軸動力曲線である。遠心ポンプでは，吐出し量がゼロのときの軸動力（締切軸動力という）が最小で，吐出し量の増加とともに増大する右上がりの曲線となる。しかし，タービンポンプではリミットロード特性をもっており，軸動力曲線が一定の値を超えないで飽和する性質があり，吐出し量が大きくなっても電動機は過負荷を生じない。

③ 効率曲線

ポンプの効率は縦軸に効率をとり，吐出し量に対する効率変化をグラフ上に表したものである。効率が最大値を示す点を，最高効率点という。

(3) ポンプの運転点

配管を通してポンプで送水する場合，ポンプは実揚程のほかに，配管の摩擦損失等に打ち勝つだけの揚程を出さなければならない。通常，図24.4に示すように，揚程曲線と配管の抵抗曲線の交点が流れる水量を示すが，配管の抵抗が増える（配管にスケールが付着する，弁を少し閉鎖する）と抵抗曲線は点線で示されるようになり吐出量は $Q \to Q'$ に変わる。

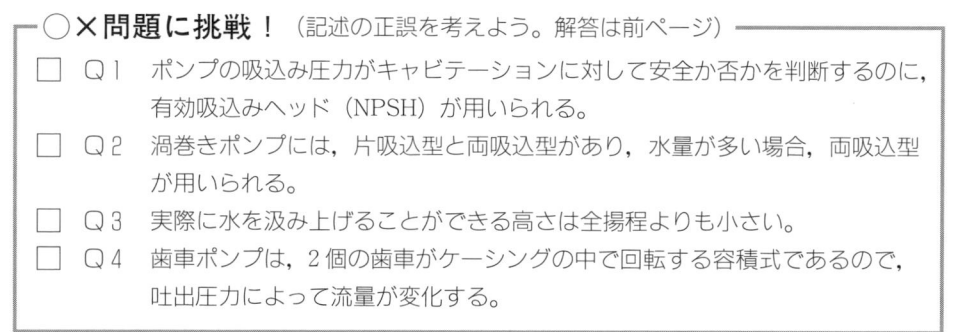

---

**○×問題に挑戦！**（記述の正誤を考えよう。解答は前ページ）

- [ ] Q1　ポンプの吸込み圧力がキャビテーションに対して安全か否かを判断するのに，有効吸込みヘッド（NPSH）が用いられる。
- [ ] Q2　渦巻きポンプには，片吸込型と両吸込型があり，水量が多い場合，両吸込型が用いられる。
- [ ] Q3　実際に水を汲み上げることができる高さは全揚程よりも小さい。
- [ ] Q4　歯車ポンプは，2個の歯車がケーシングの中で回転する容積式であるので，吐出圧力によって流量が変化する。

空気環境の調整
# 25 加湿器と加湿量の計算

POINT ①加湿方式には気化式，蒸気式，水噴霧式がある
②加湿器に供給する水は，飲料水の水質基準に適合したもの
③加湿器は室内空気と接触しているので微生物の発生に対する管理が重要

## (1) 環境と湿度

居住空間の湿度が管理基準より低下することは，法的な問題は当然ながら，労働生産性を低下させるばかりでなく，静電気による障害や，物の劣化を早めたりするなど各種の問題を引き起こすことにもなる。このため運転管理側では少しでも解消に努めなければならない。

## (2) 加湿器の種類

空気調和機の内部に設置される加湿器には，水を蒸発させる気化式，100℃以上の蒸気を噴霧する蒸気式および水を噴霧する水噴霧式があり，さらにいくつかの方式に分けられる（表25.1）。

① 滴下式加湿器

滴下式加湿器は，垂直に立てた吸水性のろ材に水分を滴下させ，湿潤状態になったろ材に気流を通し，常温で水分を蒸発させ加湿する方式である。

ろ材には空気中の不純物が付着するので効率が悪くなり，滴下する水は蒸発量の3倍にもなる。また，ろ材には微生物が発生するので衛生管理は重要である。

② 電熱式加湿器（パン型加湿器）

電熱式加湿器は水槽に電気ヒーターを挿入し，水を蒸発沸騰させて発生した蒸気を利用して加湿する方式である。水中の不純物が高濃度とならないように水槽内の水をオーバーフローさせる必要がある。パン型加湿器はこの形式をいう。

③ 電極式加湿器

電極式加湿器はシリンダー（細い円筒状水槽）内にプラスとマイナスの電極を挿入し，水の電気抵抗による加熱作用を利用し蒸気を発生させて加湿を行う。電極間の電流値の低下により水を補給し，水の濃縮により電流値が規定の値より大きくなると排水するようになっている。水の伝導率を維持するためにシーズンごとに水槽等の清掃を行う必要がある。

④ 水スプレー式加湿器

管に取り付けた水噴霧ノズルから，加圧水を空気に噴射し霧化させて加湿する。効率は悪く，30%程度である。

⑤ 超音波加湿器

表25.1 加湿の方式

| 分類 | 方式 |
|---|---|
| 気化式 | 滴下式 |
| | エアワッシャ式 |
| 蒸気式 | スプレー式 |
| | 電熱式 |
| | 電極式 |
| | 赤外線式 |
| 水噴霧式 | スプレー式 |
| | 超音波式 |
| | 遠心式 |

［解答］ 1—○　2—×（振動子の寿命は半永久的でない）　3—○　4—○　5—○

水槽に超音波振動子を設けたもので，超音波により上部の水を霧化し加湿を行う。給水はレベルスイッチにより自動に行われるが，通常排水機能はもっていない。振動子は水垢等の付着により能力低下が起こるので定期的な清掃点検が必要である。寿命は5000～10000時間である。

### (3) 水の管理

加湿装置に供給する水は飲料水の水質基準に適合したものを用いるが，加湿器にとっては溶解成分がさまざまな影響を及ぼす。

建築物衛生法による管理基準では，加湿器の点検・清掃が義務づけられている。加湿器（排水受け皿があるものはそれを含む）は，使用開始時および使用期間中の1か月以内ごとに1回，定期に汚れの状況を点検し，必要に応じ清掃等を行う。また，1年以内ごとに1回定期に清掃を行う。

① 気化式加湿器は，運転時間の経過（湿潤と乾燥の繰返し）に伴ってスケール分が付着し，加湿能力の低下を引き起こすので余剰給水をし，汚れを洗い流す仕組みとなっている。また，循環水方式の場合には4日程度すると細菌数が$10^4$個になるといわれている。

② 蒸気式加湿器では，硬水を使用すると，加湿蒸気の発生に伴って水槽内の水は徐々に濃縮され，運転時間の経過に伴ってヒーターや電極，水槽内に硬質スケールが析出する。硬質スケールはヒーターの熱伝導を低下させるほか，過熱の原因に至ることもある。また，蒸気発生量や水位制御にも影響を及ぼすことにもなる。自動ブロー機能によりこれらを解決する。

③ 超音波式加湿器の給水に純水を使用すれば白粉の付着等の問題を解消できるが，塩素がなく細菌の問題は残る。

### (4) 加湿量の計算

湿り空気線図で説明したように（**4**参照）加湿によって絶対湿度が増加する。加湿量 $G$ [kg/h] はそのときの風量と絶対湿度の差の積になる。

$$G = Q \times \gamma (x_2 - x_1) / \eta$$

$Q$：空調機の風量 [m³/h]，$\gamma$：空気の比重量1.2 [kg(DA)/m³]，$x_1$：加湿器入口の絶対湿度 [kg/kg(DA)]，$x_2$：室内の絶対湿度 [kg/kg(DA)]，$\eta$：加湿効率

---

**○×問題に挑戦！**（記述の正誤を考えよう。解答は前ページ）

- ☐ Q1 パン型加湿器は，水槽内の水をオーバーフローさせる構造のものが望ましい。
- ☐ Q2 超音波加湿器は，振動子の寿命が半永久的である。
- ☐ Q3 水スプレー式加湿器は，空調機内で完全に霧化できないので，エリミネータを設ける必要がある。
- ☐ Q4 電極式ユニット型加湿器は，シーズンごとにシリンダの清掃または交換を行うことが望ましい。
- ☐ Q5 滴下式加湿器は，加湿材の表面に微生物が発生することがある。

空気環境の調整
# 26 換気の方法

> POINT ①自然換気には，風力換気と重力換気（温度差換気）がある
> ②機械換気には，第1種，第2種，第3種換気法があり，給排気とも機械が第1種で，排気のみ機械が第3種である

室内の環境衛生状態を良好に保つには，新鮮な空気を取り入れて（給気），汚染された空気を排出（排気）しなければならない。これを換気といい，自然換気と機械換気がある。

### (1) 自然換気

自然換気は，風による室内外の圧力差を利用した風力換気と，室内外の温度差による空気の密度の違いで換気する重力換気（温度差換気）がある（**図26.1**）。

いずれの場合も窓やその他の開口部から自然な状態で換気が行われるので，直接外気に解放された開口部を大きくとる必要がある。建築基準法では，自然換気だけによる場合は，窓やその他の開口部の換気可能な面積が，その居室の床面積の1/20以上なければならないと規定されている。

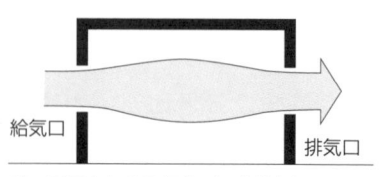

① 風力換気

風が壁面に当たると，風上側では正圧，風下側では負圧を生じる。建物前後の圧力差 $\Delta P_\omega$ は，風速の2乗に比例し風力換気の駆動力となる。

また，風力換気の換気量は，開口面積，風速に比例し，流入口と流出口の風圧係数の差の平方根に比例する。

② 重力換気（温度差換気）

室内に在室者，燃焼機器，電気機器など発熱源があると，冷房時を除くと室温は，外気温よりも高温になる。高温の空気は密度が小さいので浮力を生じ，外部への圧力となって外部へ流出しようとし，床面付近では，密度の大きい外気が室内に流入しようとする。

給気口と排気口の高さの差を $h$ [m] とすると，圧力差 $\Delta P$ は，室内外の空気

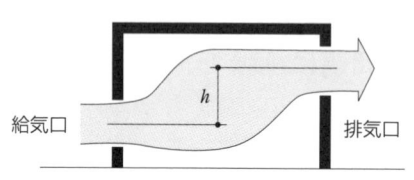

ⓐ 風圧力による場合（風力換気）　　ⓑ 室内外の温度差による場合（重力換気）

**図26.1　自然換気と開口部との関係**

[解答] 1―○　2―×（第2種換気法は，給気が機械によるもので，ボイラ室，発電機室で用いられる。なお，台所，便所は，第3種換気法である）　3―○　4―×（重力換気の換気量は，開口部の面積に比例し，室内外の圧力差の平方根に比例する）　5―○

密度の差に $h$ と重力加速度 $g$ を乗じたものとなり，これが換気の駆動力となる。また，重力換気の換気量は，開口部の面積および室内外の圧力差の平方根に比例する。

### (2) 機械換気

機械換気は，人工換気，強制換気ともいい，ファンなどの動力を用いて換気する方法で，図26.2に示すように，第1種換気法（給・排気とも機械），第2種換気法（給気のみ機械），第3種換気法（排気のみ機械）の3つの種別がある。家庭の台所・便所などが第3種換気法である。

### (3) 全般換気と局所換気

一方，全般換気と局所換気という分類もできる。全般換気は，希釈換気ともいい，室内全体の空気の入れ替えを行うもので，希釈することによって，汚染物質の濃度を下げる方法であり，局所換気は，汚染物質などが室内に拡散しないように，汚染源の近くにフードなどを設置して，できるだけ汚染物質などを直接排除する方法である。

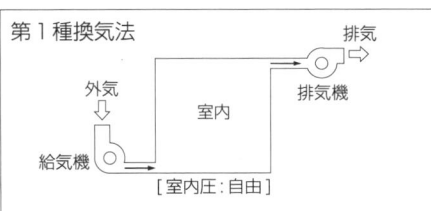

**第1種換気法**

給気機で新鮮な空気を取り入れ，排気機で汚染空気を排出する方式。十分な換気ができるが，設備費が高くなる（調理室，屋内駐車場，機械室など）
［室内圧：自由］

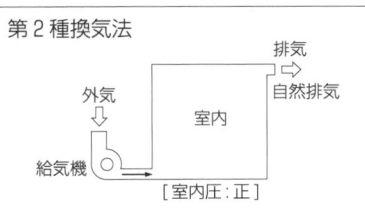

**第2種換気法**

給気機で新鮮な空気を取り入れ，汚染空気は排気口から自然排気する方式。室内に汚染空気が侵入するのを防ぐことができる（ボイラ室，発電機室など）
［室内圧：正］

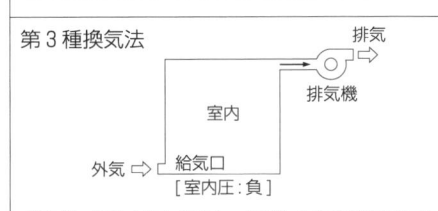

**第3種換気法**

排気機で汚染空気を排出し，新鮮な空気は給気口から自然給気する方式。室内の汚染空気を早く排出して他の室に侵入するのを防ぐことができる（台所，便所，湯沸し室，コピー室など）
［室内圧：負］

**図26.2 機械換気の方法**

---

**○×問題に挑戦！**（記述の正誤を考えよう。解答は前ページ）

- ☐ Q1 換気の目的は，室内空気と新鮮空気の入替えと汚染物質の室内からの除去に大別される。
- ☐ Q2 第2種換気方式は，台所や便所などで使用されている。
- ☐ Q3 周壁に対する圧力差の分布は，室内外の圧力差がつり合うとなるところが存在し，それを中性帯という。
- ☐ Q4 重力換気の換気量は，開口部の面積に比例し，室内外の圧力差にも比例する。
- ☐ Q5 風力換気の換気量は，開口面積，風速に比例し，流入口と流出口の風圧係数の差の平方根に比例する。

空気環境の調整

## 27 換気量と換気回数の計算

POINT ①必要換気量とは，室内空気汚染の許容量を超えないように取り入れる新鮮な空気の量をいう
②燃焼機器には，開放型，半密閉型，密閉型の3つがある

(1) 呼吸による $CO_2$ の増加と必要換気量

換気は，室内の空気汚染の許容量を超えないように，新鮮な空気を取り入れ，汚染された空気を排出する。換気に必要な新鮮な空気の量を**必要換気量**といい，ふつう $CO_2$ 濃度の許容量を基準にして，次の**ザイデルの式**で求めることができる。

$$Q = \frac{k}{P_i - P_o}$$

$Q$：必要換気量 [m³/h]
$k$：在室者の呼吸による $CO_2$ の発生量 [m³/h]
$P_i$：室内空気1m³における $CO_2$ の許容濃度 [m³/m³]
$P_o$：外気1m³における $CO_2$ の濃度 [m³/m³]

呼吸による $CO_2$ の発生量は**表27.1**に示すとおりである。安静時には，在室者1人あたりの $CO_2$ の発生量 $k$ は $0.022$ [m³/h] であるので，$CO_2$ 許容濃度 $P_i$ を0.1%，外気の $CO_2$ 濃度 $P_o$ を0.04%とすると，上式から，

表27.1 呼吸による $CO_2$ の発生量

| 状態 | 成人1人あたりの $CO_2$ の発生量[m³/h] |
|---|---|
| 就寝時 | 0.011 |
| 安静時 | 0.022 |
| 作業時 | 0.028～0.069 |

注）子供の $CO_2$ の発生量は，成人の値の40～70%であるが，平均50%として計算する

$$Q = \frac{0.022}{0.001 - 0.0004}$$
$$≒ 36.7 \ [m^3/h・人]$$

と求められる。

この場合の必要換気量は，毎時1人あたりの必要量で表されるが，在室者の人数をかけると，その室の必要換気量が算出できる。

このように必要換気量は，在室者の人数でその値が大きく変動するが，室内の空気が汚染される状況では，その室内にある空気の大小によっても異なる。

(2) 換気回数とすきま風

必要換気量をその室の容積で割った値

---

[解答] 1 —× （ザイデルの式を用いて，計算すると，$Q = \frac{0.018}{0.001 - 0.0004} = 30 m^3/h$）
2 —○  3 —× （換気量をその室の容積で割った値で示される）  4 —× （$CO_2$ 濃度の基準値は，1000ppm以下である）  5 —× （建築物内外の温度差によるほか，風圧力によっても生じる）

表27.2 燃焼に必要な理論空気量と理論排ガス量

| 燃料 | 発熱量 | 理論空気量 | 発生 $CO_2$ | 理論排ガス量 | 備考 |
|---|---|---|---|---|---|
| 製造ガス | 20.9MJ/m³ | 4.58m³/m³ | 0.5m³/m³ | 5.34m³/m³ | |
| 天然ガス | 39.8MJ/m³ | 7.89m³/m³ | 0.98m³/m³ | 9.17m³/m³ | メタン98%のガス |
| LPガス | 51.0MJ/m³ | 13.3m³/kg | 2.75m³/kg | 15.43m³/kg | プロパン98.6%のガス |
| 灯油 | 44.0MJ/m³ | 10.9m³/kg | 1.57m³/kg | 11.61m³/kg | |

で示される。これを**必要換気回数**といい、次式のように定めている。

$$N = \frac{Q}{V}$$

$N$：必要換気回数 [回/h]，$Q$：必要換気量 [m³/h]，$V$：室の容積 [m³]

例えば、1人あたりの必要換気量が36.7m³/h で、容積55m³の室に3人在室している場合には、必要換気回数は、

$$N = \frac{36.7 \times 3}{55} \fallingdotseq 2 \text{ 回/h}$$

建築物におけるすきま風は、温度差や風速が大きくなると内外の圧力差が増して漏気量も増えるといわれている。

(3) **燃焼に必要な空気量と排ガス量**

理論的には、表27.2に示すとおりで、空気と燃料との完全な混合は不可能で、実際には、この1.2倍程度の空気が必要で、排ガス量も増加する。

燃焼機器は、次の3つに分類できる。

① 開放型燃焼機器

ガスコンロ、反射型石油ストーブなどで、給・排気口を設け、換気することが不可欠である。なお、開放型燃焼機器は、燃料消費量に対する理論排ガス量の40倍以上の換気量が必要である。

② 半密閉型燃焼機器

排気筒付きの湯沸器、ボイラなどで、給気が必要で、給気口を設ける。燃料消費量に対する理論排ガス量の2倍以上の換気量が必要である。

③ 密閉型燃焼機器

バランス型湯沸器、クリーンヒータなどで、室内空気の汚染のおそれはない。直接外気と給・排気するので、燃焼による室内の換気は不要であるという利点がある。

---

**○×問題に挑戦！** （記述の正誤を考えよう。解答は前ページ）

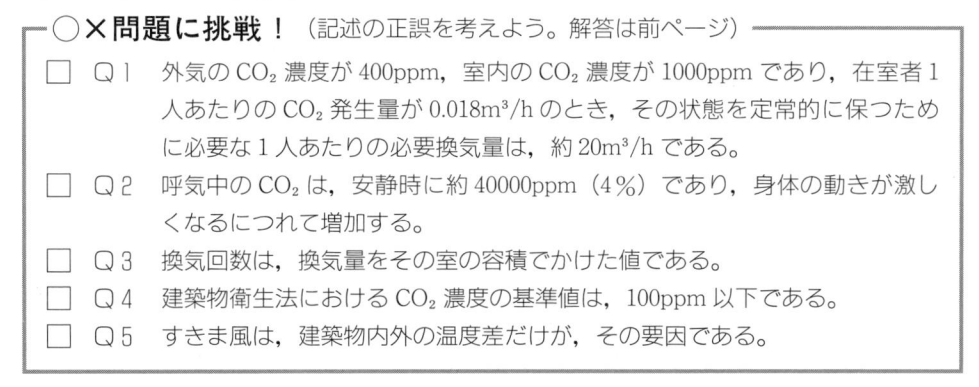

☐ Q1　外気の $CO_2$ 濃度が400ppm、室内の $CO_2$ 濃度が1000ppmであり、在室者1人あたりの $CO_2$ 発生量が0.018m³/h のとき、その状態を定常的に保つために必要な1人あたりの必要換気量は、約20m³/h である。

☐ Q2　呼気中の $CO_2$ は、安静時に約40000ppm（4％）であり、身体の動きが激しくなるにつれて増加する。

☐ Q3　換気回数は、換気量をその室の容積でかけた値である。

☐ Q4　建築物衛生法における $CO_2$ 濃度の基準値は、100ppm以下である。

☐ Q5　すきま風は、建築物内外の温度差だけが、その要因である。

空気環境の調整

## 28 温熱要素の測定

> POINT ①温度と相対湿度の測定器にはアウグスト乾湿計，アスマン通風乾湿計がある
> ②気流測定法には，熱線風速計，カタ計，超音波風速計がある
> ③熱放射測定法は，グローブ（黒球）温度計による方法が代表的である

### (1) 測定の意義

建築物内や室内環境における空気環境は，建築物衛生法によって，温熱環境として温度，相対湿度，気流，清浄度として，浮遊粉じん，一酸化炭素，二酸化炭素，そして，ホルムアルデヒドについて測定することとされている。なお，**表28.1**に建築物環境衛生管理基準に定められた測定器を示す。

### (2) 温度測定法

代表的な温度測定器は，以下のように4つに分類することができる。

① 液体の容積膨張を利用する方法（液体封入ガラス管温度計）
② 金属の線膨張を利用する方法（バイメタル式温度計）
③ 異種金属による熱起電力を利用する方法（熱電対温度計）
④ 金属・半導体等の電気抵抗変化を利用する方法（白金抵抗温度計，サーミスタ温度計）

温度測定における留意点を以下にまとめる。

表28.1 空気環境の管理基準項目の測定方法

| 測定項目 | 測定器 | |
|---|---|---|
| (1)浮遊粉じんの量 | グラスファイバろ紙（0.3μmのステアリン酸粒子を99.9％以上捕集する性能を有するものに限る）を装着して相対沈降径がおおむね10μm以下の浮遊粉じんを重量法により測定する機器または厚生労働大臣の指定した者により当該機器を標準として1年以内に較正された機器 | |
| (2)一酸化炭素の含有率 | 検知管方式による一酸化炭素検定器 | または，これと同程度以上との性能を有する測定器 |
| (3)二酸化炭素の含有率 | 検知管方式による二酸化炭素検定器 | ^ |
| (4)温　度 | 0.5目盛の温度計 | ^ |
| (5)相対湿度 | 0.5目盛の乾湿球湿度計 | ^ |
| (6)気　流 | 0.2m/s以上の気流を測定することができる風速計 | ^ |
| (7)ホルムアルデヒドの量 | ①2・4-ジニトロフェニルヒドラジン捕集-高速液体クロマトグラフ法により測定する機器（PNPH-HPLC法）<br>②4-アミノ-3-ヒドラジノ-5-メルカプト-1・2・4-トリアゾール法により測定する機器（AHMT吸光光度法）<br>③厚生労働大臣が別に指定する測定器（指定測定器） | |

---

［解答］1―×（温度測定する際には，計測する室の中央に，温度計を置いても，周囲と気温があまりにも違う物体や壁がある場合，熱放射の影響があり得る）　2―×（カタ計は，球体部の冷却力と気流との関係を利用する方法した気流測定法のひとつである）　3―○

① 計測する室の中央に，温度計を置いても，周囲と気温があまりにも違う物体や壁がある場合，熱放射の影響があり得る。また，計測者の体温や呼気の影響がないように計測する。
② ガラス管温度計を使用する場合には気象庁の検定済みのものを用い，ガラス管温度計以外の温度計を使用する場合には，検定付きガラス管温度計を用いた校正等を定期的に行う。

(3) **相対湿度測定法**

代表的な相対湿度測定器は，以下のように3つに分類することができる。
① 乾湿球温度測定から，水蒸気圧を求める方法（アウグスト乾湿計，アスマン通風乾湿計）
なお，測定原理については **3** の項目を参照のこと。
② 毛髪等の伸縮を利用する方法（毛髪湿度計）
③ 電気・電子センサ等の原理を利用した方法（半導体電気抵抗湿度計）

(4) **気流測定法**

代表的な気流測定法は，以下のように3つに分類することができる。
① 熱線の冷却による不平衡電流・電圧と気流との関係を利用する方法（熱線風速計）
② 球体部の冷却力と気流との関係を利用する方法（カタ計）
③ 超音波の到着時間と気流との関係を利用する方法（超音波風速計）
なお，図28.1にカタ計の一例を示す。

(5) **熱放射測定法**

熱放射の計測には，図28.2に示すような一般にグローブ（黒球）温度計を用いる。図のように，薄銅板製で直径15cmの中空球体の表面を黒色つや消し塗りを施し，その中心にガラス管温度計の球部が達するように挿入したものである。なお，熱放射の計測は，建築物衛生法には規定されていないが，温熱環境の見地から，重要な要素といえる。

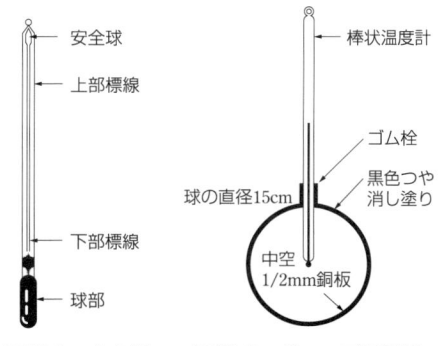

図28.1　カタ計　　図28.2　グローブ温度計

---

**○×問題に挑戦！**（記述の正誤を考えよう。解答は前ページ）

☐ Q1　温度測定する際，計測する室の四隅に温度計を置くことで，熱放射の影響を緩和することができる。
☐ Q2　カタ計は，温度，湿度両方が測定できる計測機器のひとつである。
☐ Q3　熱放射の計測には，一般にグローブ（黒球）温度計を用いる。

空気環境の調整
## 29 室内空気と汚染物質の測定

POINT ①主な空気汚染の原因は，生理現象，燃焼，生活行為によるものがある
②室内の空気環境における汚染物質は，ガス系の汚染物質，粉じん系の汚染物質，細菌類，放射性物質，臭気に大別される

### (1) 空気汚染の原因

室内は，閉ざされた状態で使用されると，いくつかの原因が重なり合って，空気中の酸素が減少し，逆に二酸化炭素や臭気などが増加して，環境衛生状態が悪化する。この現象を空気汚染といい，その主な原因は次のとおりである。

① 生理現象によるもの

在室者の呼吸や発汗作用で，酸素が減少し，二酸化炭素と水蒸気が増加する。また，体臭や喫煙による臭気や，体熱の放散による室温の上昇，衣服などからのじんあいなどが汚染や不快の原因となる。

② 燃焼によるもの

レンジやストーブなどの熱源として用いるガスや石油の燃焼によって，酸素を消費し，二酸化炭素や水蒸気を発生，酸素が不足すると不完全燃焼を起こし，毒性の強い一酸化炭素を発生，燃料の種類によっては煙，灰，臭気を発生する。

③ 生活行為によるもの

いろいろな生活行為に伴って発生するじんあい，食べ物や食べかすの臭気，喫煙による臭気などが発生する。

### (2) 室内の空気環境における汚染物質

室内環境においては，常に快適性と健康性（安全）の2面がある。快適性は，人間の感覚によるものであるが，健康性は，健康障害を起こさないという医学的な問題であり，空気環境の中では特に健康性に影響のある物質が多い。汚染物質を分類すると，以下のようになる。

なお，それらの詳細については，3章 **14**〜**19** を参照のこと。

① ガス系の汚染物質
・一酸化炭素（CO）
・二酸化炭素（$CO_2$）
・二酸化硫黄（$SO_2$）
・二酸化窒素（$NO_2$）
・オゾン（$O_3$）
・ホルムアルデヒド（HCHO）

② 粉じん系の汚染物質
・浮遊粉じん
・アスベスト（石綿）
・たばこ煙
・花粉

[解答] 1―○ 2―○ 3―×（一酸化炭素（CO），二酸化炭素（$CO_2$），二酸化硫黄（$SO_2$），二酸化窒素（$NO_2$），オゾン（$O_3$），ホルムアルデヒド（HCHO）などの大別できるのは，ガス系の汚染物質である） 4―×（基本的には，一般の粉じんの測定方法と変わらない） 5―○

③ 細菌類
・浮遊微生物
・レジオネラ属菌
・インフルエンザウイルス
④ 放射性物質
・ラドン
⑤ 臭気

ここでは，室内空気環境に関連した測定法のうち，アスベストの測定法，ラドンガスの測定法，浮遊微生物の測定法について示す（それ以外の主な汚染物質の測定法は，**30**，**31** 参照）。

**(3) アスベストの測定法**

アスベストは，繊維状粉じんのひとつであることから，基本的には，一般の粉じんの測定方法と変わらない。被験空気の粉じんを，ポンプを用いて，フィルタ上で捕集して，顕微鏡で計数する検鏡法と，被験空気に光を当て，散乱光によって測定する方法とがある。

**(4) ラドンガスの測定法**

ラドンガスの計測方法は，パッシブ法とアクティブ法とに分けることができる。パッシブ法は，被験空気中のラドンが崩壊の際に放出する $\alpha$ 線に感光する特殊フィルムを用いるタイプであり，アクティブ法は，半導体型測定器，シンチレーションカウンターとがある。

**(5) 浮遊微生物の測定法**

浮遊微生物の主な測定法を**表29.1**に示す。この表に示すように，そのほとんどの測定方法は，空気中に浮遊する微生物をポンプ等で培地上に採集して，単位体積あたりの空気中の菌数を測定する方法といえる。

表29.1 浮遊微生物の主な測定方法

| 測定原理<br>(捕集機構) | 濃度表示<br>(重量換算) | 測定範囲<br>粒径 | 測定時間<br>吸引流量 |
|---|---|---|---|
| 衝突法 | コロニー/<br>単位体積 | | 5分 15分<br>30分 60分<br>28.3 $l$/分 |
| 衝突法 | コロニー/<br>単位体積 | | 1〜50 $l$/分<br>(可変) |
| 衝突法 | コロニー/<br>単位体積 | 0.75〜15<br>[$\mu$m] | 10〜30分<br>28.3 $l$/分 |
| 回転<br>衝突法 | コロニー/<br>単位体積 | | 40 $l$/分<br>0.5分<br>2分 4分<br>8分 |
| 空中菌<br>落下<br>量捕集 | コロニー/<br>皿/分 | | 5〜15分 |

---

**○×問題に挑戦！**（記述の正誤を考えよう。解答は前ページ）

☐ Q1 室内における空気汚染の原因には，生理現象によるもの，燃焼によるもの，生活行為によるものに分類できる。

☐ Q2 室内の空気環境における汚染物質は，ガス系の汚染物質，粉じん系の汚染物質，細菌類，放射性物質，臭気に大別できる。

☐ Q3 粉じん系の汚染物質には，一酸化炭素，二酸化炭素，二酸化硫黄，二酸化窒素などがある。

☐ Q4 アスベストの測定方法は，アスベスト用の特殊機器を使用するのが一般的である。

☐ Q5 ラドンガスの計測方法は，パッシブ法とアクティブ法とに分けることができる。

空気環境の調整
# 30 空気清浄度の測定

**POINT** ①浮遊粉じん測定法には，標準測定法，相対濃度測定法がある
②一酸化炭素濃度，二酸化炭素濃度の測定には検知管がよく使われる
③ホルムアルデヒド測定法には，精密測定法，簡易測定法とがある

## (1) 浮遊粉じん測定法

浮遊粉じん濃度は，粉じんの化学的組成を考慮することなく，物理的性質のうち，粒径のみについて，相対沈降径が約 $10\mu m$ 以下の粒子を対象に，$0.15mg/m^3$ 以下の質量濃度での測定が規定されている。ここで，相対沈降径は，粉じんの直径を空気中において，その粉じんと等しい沈降速度を示す比重1の球の直径を表したものである。

① 標準測定法（ローボリウムエアサンプラ法）

建築物衛生法，大気汚染防止法等で規定されている標準的な質量濃度測定法で，低流量法（LV法）とも呼ばれている。グラスファイバーろ紙を使用し，毎分20または30 $l$ の空気を吸引・濾過して，その質量増加から質量濃度を算出する。

② 相対濃度測定法

相対濃度測定法の代表的な方法として，光散乱法，透過光法，圧電天秤法がある。

1）光散乱法：浮遊粉じんの散乱光の強さが，粒径，形状，屈折，比重等がほぼ一定の場合は質量濃度に比例することを利用した測定法で，相対濃度［cpm］として計測される。

2）透過光法：ろ紙上に捕集された粉じんの，捕集前と捕集後の光の透過率の変化量から粉じん濃度を求める方式で，粉じん濃度を相対濃度（$OD$）としてメータ表示される。

3）圧電天秤法：一定の条件で振動している水晶板（圧電結晶素子）の表面に，その質量と等価の物体を均一な状態で付着させた場合，その質量に比例した振動周波数の減少が認められる現象を利用して粉じん濃度を求める。

③ 粉じん計の較正係数および較正

粉じん計の計測では，室内の粉じんと標準粒子との間に，化学的，物理的性質の差があるため，計測された濃度と実際の粉じん濃度に差が生じる。この差を補正するために乗じるものを較正係数（$K$）という。建築物衛生法において，粉じん計は較正を1年以内ごとに1回，定期的に厚生労働大臣の登録を受けた者により行うことが定められている。

## (2) 一酸化炭素濃度測定法

① 検知管方式による測定

検知管方式による測定は，ガス採取器

［解答］ 1―○　2―○　3―×（定電位電解法は，一酸化炭素濃度測定法のひとつである）
4―○

と目的ガス用検知管の組合せによって測定する方法で，JIS K 0804に規定されている。

② 定電位電解法

試料空気中に含まれる一酸化炭素を，ガス透過性隔膜を通し，電解槽の中の電解質溶液に拡散吸収させて，酸化電位によって，酸化させ，その酸化電流量から，一酸化炭素濃度を測定する方法である。

(3) 二酸化炭素濃度測定法

① 検知管方式による測定法

二酸化炭素の測定には検知管を使用して測定する。

② 非分散型赤外線吸収法

二酸化炭素や一酸化炭素など汚染ガスは，それらの分子構造に関係した赤外線を吸収する性質を利用して測定する方法である。

(4) ホルムアルデヒド測定法

空気中のホルムアルデヒドの測定には，いろいろなものがある。それらは，精密測定法と簡易測定法に大別できる。

① 精密測定法

試料とする空気の採取にダイアフラムポンプ，積算流量計などを使用して，サンプリングした化学物質を，分析機器を用いて測定値を算出したものである。

② 簡易測定法

小型で持ち運びが可能な機器等を用いた測定方法であり，検知管法，定電位電解法，光電光度法，電気化学的燃料電池法，吸光光度法，化学発光法などがある。なお，表30.1に，ホルムアルデヒド測定法の分類をまとめる。

表30.1 ホルムアルデヒド測定法の分類

| | | 測定法名 |
|---|---|---|
| 精密測定法 | アクティブ法 | DNPHカートリッジ捕集-HPLC法<br>ほう酸溶液捕集-AHMT吸光光度法<br>TFBAカートリッジ捕集-GC/MS法 |
| | パッシブ法 | DNPH含浸チューブ-HPLC法<br>TEA*含浸チューブ-吸光光度法 |
| 簡易測定法 | アクティブ法 | 検知管法（電動ポンプ式）<br>定電位電解法（DNPH干渉フィルタ法）<br>光電光度法（試験紙）<br>燃料電池法<br>光電光度法（AHMT試験紙）<br>化学発光法 |
| | パッシブ法 | 検知紙法（バイオセンサ法） |

＊ TEAはトリエタノールアミンの略である。

---

**○×問題に挑戦！**（記述の正誤を考えよう。解答は前ページ）

- □ Q1 建築物衛生法では，室内における浮遊粉じん濃度を$0.15 mg/m^3$以下の質量濃度であることと規定している。
- □ Q2 浮遊粉じん測定における標準測定法をローボリウムエアサンプラ法という。
- □ Q3 二酸化炭素濃度測定法のひとつに定電位電解法がある。なお，二酸化炭素濃度測定法には，検知管方式による測定法，非分散型赤外線吸収法が，代表的である。
- □ Q4 空気中のホルムアルデヒドの精密測定法は，ポンプや積算流量計，分析機器などを用いて測定値を算出するものである。

空気環境の調整

# 31 VOCs・NOx 等の測定

POINT ①揮発性有機化合物（VOCs）の測定は GC-MS 法による
②酸素濃度の測定は主に，貯水槽，排水槽など酸欠が予測されるところ
③NOx の測定法には，ザルツマン法，化学発光法，フィルタバッジ法がある

**(1) 揮発性有機化合物（VOCs）測定法**

空気中の VOCs の測定は，対象空気を通気させた Tenax 吸着管を加熱脱着し，GC-MS に試料を導入する GC-MS 法により，個々の化合物の濃度を測定する。なお，VOCs の総量である TVOC の濃度をもって空気質の汚染指標とすることがある。VOCs については 3 章 **16** を参照のこと。

**(2) 酸素濃度測定法**

一般的な室内環境では，酸素濃度が測定されることはあまりないが，貯水槽，排水槽などで実施される。

**(3) 窒素酸化物（NOx）測定法**

表31.1に示すように，ザルツマン法，化学発光法，フィルタバッジ法などの方法がある。

**(4) 硫黄酸化物（SOx）測定法**

表31.2に示すように，溶液導電率法，紫外線蛍光法に大別することができる。

**(5) オゾン測定法**

表31.3に示すような方法がある。オゾンは，不安定で強い酸化力をもつため，測定中に分解したり，リアルタイムで濃度も変化するので，測定の際，留意する

表31.1 窒素酸化物濃度測定機器の分類

| 測定機名称（測定法） | 測定原理 | 測定範囲 | 測定時間吸引流量 |
|---|---|---|---|
| ザルツマン法 | 吸光光度法 | 0〜0.2<br>0〜5<br>0〜1<br>0〜2<br>[ppm] | 0〜0.2<br>[ml/min] |
| 化学発光法 | 化学発光法 | 0〜0.2<br>0〜5<br>0〜2<br>[ppm] | 0〜0.5<br>[ml/min] |
| フィルタバッジ法 | パッシブ法（吸光光度法によって分析） | 0〜<br>[ppb/日]<br>（日平均濃度） | |

（注）ザルツマン法と化学発光法の精度（再現性，指示誤差）については，（JIS B 7953）の規定がある。この表では室内環境測定用としての器具をあげたが，そのほかに測定範囲の広い煙道排ガス用のものがある。

必要がある。

**(6) 臭気の測定法**

臭気の測定法は，臭気の原因となる化学物質の濃度測定を機器で行う方法と，臭気そのものを人間の臭覚を用いて測定する方法である官能試験の 2 つの方法に大別することができる。

---

[解答] 1 ─ ○  2 ─ ×（オゾンは，不安定で強い酸化力をもつため，測定中に分解したり，リアルタイムで濃度も変化するので，測定の際，留意する必要がある）  3 ─ ○

表31.2 硫黄酸化物の測定機器の分類

| 測定機名称 | 測定原理 | 測定範囲[ppm] | 測定時間吸引流量 |
|---|---|---|---|
| 溶液導電率法（間欠形） | 電気化学反応 | 0〜0.05<br>0〜0.1<br>0〜0.2<br>0〜0.5<br>0〜1.0 | 1時間<br>2$l$/min |
| 紫外線蛍光法 | 紫外線蛍光法 | 0〜0.1<br>0〜0.2<br>0〜0.5<br>0〜1.0 | 連続<br>1時間<br>1$l$/min |

表31.3 主なオゾン測定方法

| 方法 | 測定原理 | 測定対象 |
|---|---|---|
| ヨウ素法 | オゾン（$O_3$）をヨウ化カリウム（KI）と反応させてヨウ素（$I_2$）を遊離し，遊離した$I_2$を定量する（次式）。<br>$O_3 + 2KI + H_2O \rightarrow I_2 + 2KOH + O_2$<br>（$I_2$の定量法に何種類かある。） | 気相<br>液相 |
| 紫外線吸収法 | 紫外線領域のオゾンに固有な吸収波長である254nm付近における吸光度を測定する。 | 気相<br>液相 |
| 化学発光法 | エチレンとオゾンと反応するときに発光（450nm）を生じ，この化学発光量を検出する。 | 気相 |
| 変色法 | オゾンの酸化反応による発色や脱色した量を比色または光の吸光度で検出する。 | 液相 |
| 半導体センサ法 | オゾンにより半導体の薄膜表面を酸化させ，薄膜の抵抗変化により検出する。 | 気相 |

（伊藤泰郎：「オゾンの不思議」より）

### (7) ダニアレルゲンの測定法

アレルゲンの量は，ダニに限らず，アレルゲンごとに行う免疫学的な方法を用いる。ダニアレルゲンの免疫学的方法として代表的なものに，浮遊粉じん中のアレルゲン量を測定するサンドイッチ・イライザ法がある。

一方，ダニ数を計測する方法もある。**図31.1**に示すようなダニ検知シートによる計測方法や，飽和食塩水浮遊法などがある。

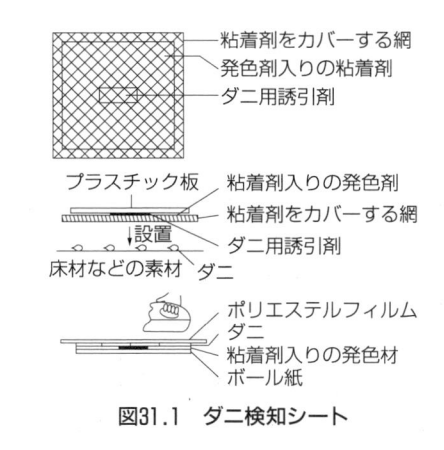

図31.1 ダニ検知シート

---

○×問題に挑戦！ （記述の正誤を考えよう。解答は前ページ）

☐ Q1 窒素酸化物（NOx）測定法には，ザルツマン法，化学発光法，フィルタバッジなどの方法がある。

☐ Q2 オゾンは，安定した物質のひとつであり，リアルタイムの濃度計測が可能である。

☐ Q3 ダニアレルゲンの免疫学的方法として代表的なものに，浮遊粉じん中のアレルゲン量を測定するサンドイッチ・イライザ法がある。

空気環境の調整
# 32 光環境の管理

POINT ①建築物の人工光源は昼光による採光の欠点を補うために用いられる
②照明には全般照明と局部照明がある
③照明器具の分類では直接照明と間接照明がある

## (1) 人工光源

室内に必要な明るさは，昼間は昼光によって得られたとしても，夜間は望めない。また，昼光が変化したり，その量が低くなったりして，室の用途や作業内容に不適当な場合もある。

このような昼光による採光の欠点を補うために，人工光源が用いられる。人工光源によって必要な明るさを得ることを**照明**という。現在，用いられている人工光源には，白熱電球，蛍光灯，各種放電灯などさまざまなものがあり，それらを用いた照明は，一定の明るさを保つという面では，採光に比較してすぐれているが，光の拡散性，演色性，経済性などの面で，太陽を光源とした昼光に及ばない。

## (2) 照明方式

### ① 全般照明と局部照明

全般照明は，室全体をなるべく均等に明るくすることが目的である。出入りの激しい部屋や食堂など比較的多人数が，不特定な行動をするような場所ではこれがふさわしい。これに対して，室内の限られた場所で決まった作業をする場合，例えば図書室などで読書などをするときには，作業面を明るくする局部照明が有効である。ただし，この場合でも室全体を明るくする全般照明は必要で，局部照明と併用することが不可欠である。その際，室全体の明るさと局部の明るさの比が3〜10倍以下にするのが望ましい。

また，局部的に高照度にして，それが全般照明を兼ねる局部的全般照明方式，全般照明の照度をやや落として作業面を照らすタスク・アンビエント照明方式がある。

### ② 直接照明と間接照明

光が対象に届く過程により直接照明と間接照明に分けることができる。光源からの光線を直接利用するものを直接照明，光源の光をいったん壁や天井にぶつけて，そこからの乱反射光だけを利用するものを間接照明という。間接照明に光源からの直接光を併用する半間接照明がある。直接照明の光線は方向性が強く，陰影がはっきり出る傾向がある。これに対して，間接照明は拡散性の光線であり，やわらかい雰囲気をつくり出す一方で，照明の効率は悪い。

[解答] 1—○ 2—○ 3—○ 4—×（拡散グローブは図32.1に示すように，上方光束は下方光束と同程度である） 5—○

### (3) 照明器具

#### ① 配光による分類

配光とは，光源を中心に空間の各方向に現われる光の強さ（光度）の立体的分布をいい，通常はその立体を中心から縦に切った鉛直面配光曲線で表される。図32.1に各種の照明器具の鉛直面配光曲線を示す。図に示すように配光により直接照明型，半直接照明型，全般拡散照明型，半間接照明型，間接照明型に分けられる。

#### ② 建築化照明

建築化照明は，照明器具を建築物の一部として，天井，壁等に内蔵した照明方式で，コーブ照明，コーニス照明，光天井などがある。

### (4) 照明設計のための条件

よい照明設計をするための要件を次に示す。

①照度，②照度分布と輝度分布，③かげ，④分光分布，⑤照明器具の形・配置，⑥室内内装としての照明，⑦経済性と保守

### (5) 照度基準

| 鉛直面配光曲線 | | | | | |
|---|---|---|---|---|---|
| 光束比 上方/下方 | 0%/100% | 10/90 | 40/60 | 60/40 | 90/10 | 100%/0% |
| 分類 | 直接照明型 | 半直接照明型 | 全般拡散照明型 | 半間接照明型 | 間接照明型 |
| 照明器具の例 | ダウンライト | 金属反射がさ | ガラスペンダント（下面開放） | 拡散グローブ | 半透明ペンダント（上面開放） | 金属ペンダント（上面開放） |

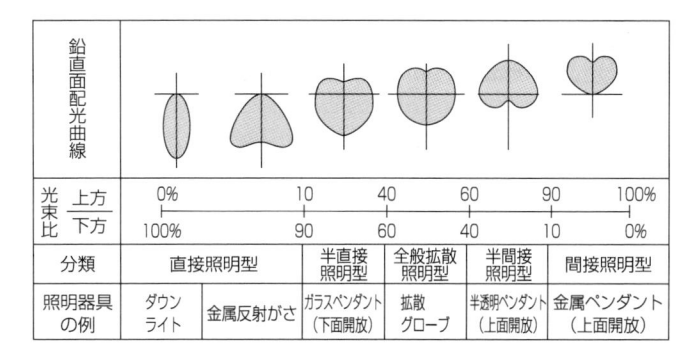

図32.1　照明器具の分類と配光

室内をどの程度の明るさにするのが望ましいかについては，作業の目的や個人の好みによって一概にいえない。しかし，細かい作業をしなければならない手術室や精密機械工作室などでは，特に明るくしなければならないし，話相手が見えればよい程度の応接室や更衣室などは，かなり暗くても差し支えない。

JIS Z 9110の照度基準では，建築物別，室別に照度基準が定められている（3章 27 参照）。なお，この基準値はあくまでも作業の能率や安全性をもとに，一般の風潮や経済状況を考慮して決定されたものである。実際の使用に際しては，これを参考にして，それぞれのケースに応じて決定する必要がある。

---

**○×問題に挑戦！**（記述の正誤を考えよう。解答は前ページ）

- □ Q1　ブラケットは，壁，柱に取り付ける照明器具である。
- □ Q2　コーニス照明方式は，壁に平行に遮光帯をつけてランプを隠して壁を照らす照明方式である。
- □ Q3　ダウンライトは下方光束の割合が大きい。
- □ Q4　拡散グローブを用いると，上方光束がほとんどなくなる。
- □ Q5　タスク・アンビエント照明方式は，全般照明と局部照明を併用する方式である。

空気環境の調整
# 33 電気の基礎知識

> POINT ①オームの法則とは，電流 $I$ は起電力 $E$ に比例し，抵抗 $R$ に反比例するという法則
> ②電力量［Wh］とは，電力に時間を乗じた総量で表される
> ③契約電力の電圧による区分は，低圧，高圧，特別高圧に大別される

## (1) 電気回路とオームの法則

電流の流れる通路を電気回路あるいは単に回路といい，回路中の起電力が直流の場合を直流回路，交流の場合を交流回路という。

図33.1に示すように，抵抗 $R$［Ω］の負荷に起電力 $E$［V］を加えたとき，電流 $I$［A］が流れたとすれば，この電流 $I$ は起電力 $E$ に比例し，抵抗 $R$ に反比例する（$I=E/R$）。これを**オームの法則**という。

また，これを，$E=RI$ と書き直せば，オームの法則は抵抗 $R$［Ω］の負荷に電流 $I$［A］が流れるとき抵抗の両端には $RI$［V］なる電圧降下が生じ，これと起電力が等しいことを示している。

## (2) 電力，電力量

一般に，単位時間になされる物理的仕事を仕事率（動力）というが，特に電気的仕事率を**電力**といい，記号として $P$ を用い，単位はワット［W］である。

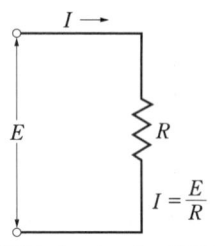

図33.1 オームの法則

$P=E\times I$［W］

電力は単位時間あたりの仕事量を表すが，電力に時間を乗じた量はその時間に電気エネルギーが外部に対してなした仕事の総量を表す。これを**電力量**（記号：$W$，単位：ワットアワー［Wh］）といい，

$W=P\times t$［Wh］

と表される。ここで，$t$：時間［h］

## (3) 契約電力と電気供給方式

大規模な建築物への電気は，受変電設備を通して供給され，住宅などの小規模な建築物の場合は，屋外の配電線から

---

［解答］ 1－×（オームの法則とは，電流 $I$ は起電力 $E$ に比例し，抵抗 $R$ に反比例するというものである。$I=E/R$）　2－○　3－×（電圧による種別では，高圧とは，交流の場合，600 V を超え，7000 V 以下の電圧をいう。なお，直流の場合，750 V を超え，7000 V 以下の電圧をいう）　4－×（オームの法則 $I=E/R$，$P=E\cdot I=E^2/R$ より，$P=4000$［W］，$E=100$［V］なので $R=2.5$［Ω］となる。この電熱器を直列2台接続すると，1台の電熱器には $(E/2)=50$［V］の電圧が加わるので，2台の総消費電力は，$2\times(50^2/2.5)=2000$［W］$=2$［kW］

100Vまたは200Vによる引き込み線で屋内に供給される。

受変電設備の必要の有無は，契約電力による電力会社の供給電圧によって異なる。表33.1に示すように，一般に契約電力が50kW以上になると，6kVの高圧で引き込み，降圧して使用するため，受変電設備が必要となる。

また，電圧による種別は，表33.2に示すように，一般住宅の場合には100Vの低圧電力が供給され，低圧以外には，高圧，特別高圧に分類される。

表33.1 契約電力と供給電圧

| 契約電力 | 電力会社の供給電圧 |
|---|---|
| 50kW 未満 | 低圧　100, 200V |
| 50kW 以上2000kW 未満 | 高圧　6kV |
| 2000kW 以上 | 特別高圧*20または30kV以上 |

＊四国電力は2000kW以上も6kV

### (4) 電気に関する計算

ここでは，オームの法則を用いた簡単な電気に関する計算を紹介する。

いま，暖房用に定格電圧100V，消費電力2kWの電熱器を，直列に2台接続して使用した場合の総消費電力を求める。

電熱器の定格電圧を$E$［V］，抵抗を$R$［Ω］，消費電力を$P$［W］，定格電流を$I$［A］とすると，オームの法則から，
$I = E/R$,
$P = I \times E = (E/R) \times E = E^2/R$
と表せる。$P = 2000$W，$E = 100$Vであるので，$R = 5$Ωである。

この電熱器を2台直列に接続すると，1台の電熱器には$(E/2)$［V］の電圧が加わるので，それぞれの消費電力は，
$P' = 50^2/5 = 500$［W］
合計の消費電力は1000W（1kW）となる。

表33.2 電圧による区分

|  | 直　流 | 交　流 | 配電電圧（供給規定）の例 |
|---|---|---|---|
| 低　圧 | 750V 以下 | 600V 以下 | 100, 200V |
| 高　圧 | 750V を超え7000V 以下 | 600V を超え7000V 以下 | 6600V |
| 特別高圧 | 7000V を超えるもの | | 22000, 77000, 154000V |

---

### ○×問題に挑戦！（記述の正誤を考えよう。解答は前ページ）

- ☐ Q1　オームの法則とは，電流$I$は起電力$E$に反比例し，抵抗$R$にも反比例するというものである。
- ☐ Q2　電力量とは，電力に時間を乗じた量で，その時間に電気エネルギーが外部に対してなした仕事の総量を表すものである。
- ☐ Q3　契約電力の電圧による種別では，高圧とは，直流の場合，600Vを超え7000V以下の電圧をいう。
- ☐ Q4　暖房用に100V，4kWの電熱器を，直列に2台接続して使用した場合の総消費電力は8kWである。

空気環境の調整
# 34 省エネルギーと自動制御

> POINT ① PALとは，年間熱負荷係数のことである
> ② CECとは，エネルギー消費係数のことである
> ③ 自動制御の基本は，フィードバック制御である

## (1) 省エネルギー基準

省エネルギー基準は，平成25年1月に公布（平成25年9月に一部改正）された住宅・建築物の省エネルギー基準，及び平成24年12月に公布（平成25年9月に一部改正）された低炭素建築物の認定基準では，住宅・建築物ともに外皮性能と一次エネルギー消費量を指標として，建築物全体の省エネルギー性能を評価することになった。

従来までは，建築物に係るPAL・CEC基準，住宅の場合には，外皮基準（年間暖冷房負荷／熱損失係数／仕様基準）から，建築物・住宅ともに従来の外皮基準に基づく新たな外皮基準及び建物の省エネルギー性能を一次エネルギー消費量による評価する基準に改正された。図34.1に平成11年基準と平成25年基準の省エネルギー基準との相違を示す。

また，建築物における外皮性能は，旧基準における年間熱負荷係数（PAL）から新年間熱負荷係数（PAL*）に指標が，平成26年4月に施行され，変更となった。

PAL*の定義は，各階の屋内周囲空間（ペリメータゾーン）の年間熱負荷をペリメータゾーンの床面積の合計で除して得た数値。単位は［MJ/m²年］である。

$$PAL^* = \frac{ペリメータゾーンの年間熱負荷（MJ/年）}{ペリメータゾーンの床面積（m^2）}$$

なお，判断方法は，建築物の用途別に地域ごとに定められた判断基準値以下であることとされている。

PAL*≦判断基準値

## (2) 自動制御の意義と基本構成

最近の建築物は，冷暖房が施されていて大変，快適である。外気が30℃を超すような真夏でも，氷点下の真冬でも，室内は，いつも人間の生活に適するような熱エネルギーを利用して，自動的に調整されている。これらの調整において，大きな役割を演じるのが自動制御である。

自動制御は，一般的には図34.2に示すようなフィードバック制御が基本で，制御される制御対象と制御装置に大きく分けることができ，さらに制御装置は検出部，調節部，操作部からなる。

よりきめ細かい制御を行うためには，

---

[解答] 1—○ 2—×（PALの値は，建築物の外周部の断熱性能が高いほど，その値が小さくなる。つまり，省エネルギー性能が高くなる） 3—○ 4—×（CECの値は，その値が小さいほど，延べ床面積あたりのエネルギー消費量は小さい） 5—○

**図34.1 平成11年基準と平成25年基準の省エネルギー基準との相違**

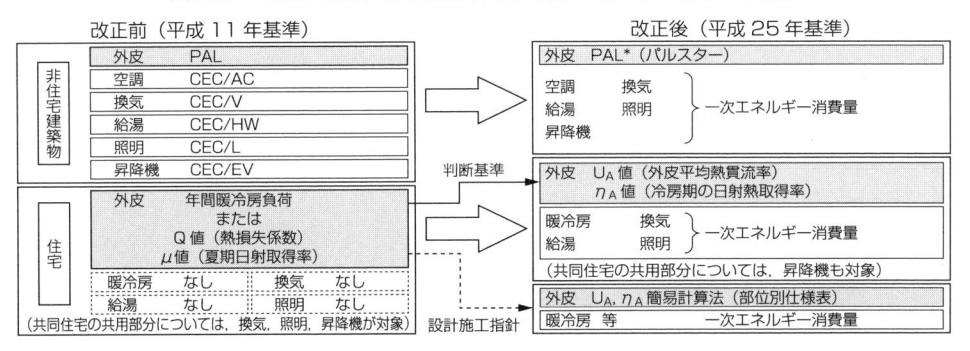

| | 改正前（平成11年基準） | |
|---|---|---|
| 非住宅建築物 | 外皮 | PAL |
| | 空調 | CEC/AC |
| | 換気 | CEC/V |
| | 給湯 | CEC/HW |
| | 照明 | CEC/L |
| | 昇降機 | CEC/EV |
| 住宅 | 外皮 | 年間暖冷房負荷 または Q値（熱損失係数） μ値（夏期日射取得率） |
| | 暖冷房 なし | 換気 なし |
| | 給湯 なし | 照明 なし |
| （共同住宅の共同部分については，換気，照明，昇降機が対象） | | |

| | 改正後（平成25年基準） | |
|---|---|---|
| | 外皮 PAL*（パルスター） | |
| | 空調 換気 給湯 照明 昇降機 | 一次エネルギー消費量 |
| | 外皮 $U_A$値（外皮平均熱貫流率） $\eta_A$値（冷房期の日射熱取得率） | |
| | 暖冷房 換気 給湯 照明 | 一次エネルギー消費量 |
| | （共同住宅の共同部分については，昇降機も対象） | |
| | 外皮 $U_A, \eta_A$ 簡易計算法（部位別仕様表） | |
| | 暖冷房 等 | 一次エネルギー消費量 |

判断基準／設計施工指針

オン-オフを繰り返すような比例動作に加えて，比例＋積分，さらには微分動作といわれているPID制御による複合制御が採用されている。さらに，最近の空調制御においては，DDC（Direct Digital Control）といわれている直接デジタル制御が，アナログ制御にかわって導入されている。

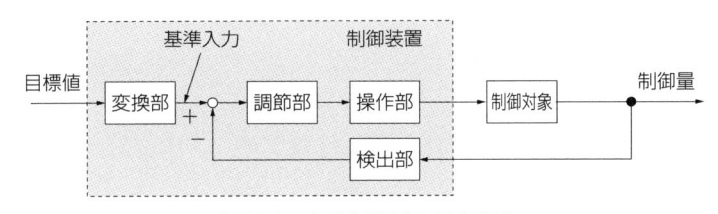

**図34.2 自動制御系の基本構成**

---

○×問題に挑戦！　（記述の正誤を考えよう。解答は前ページ）

- □ Q1 年間熱負荷係数（PAL）は，建築物の外壁，窓等を通しての熱の損失の防止に関する指標である。
- □ Q2 PALの値は，建築物の外周部の断熱性能が低いほど，その値が小さくなる。つまり，省エネルギー性能が高くなる。
- □ Q3 エネルギー消費係数（CEC）は，空気調和（AC），換気（V），照明（L），給湯（HW），エレベータ（EV）の5種類のエネルギーの消費係数で示されている。
- □ Q4 CECの値は，その値が大きいほど，延べ床面積あたりのエネルギー消費量は小さい。
- □ Q5 複合制御の代表的なものにPID制御があり，さらにDDC制御も広く導入されている。

# 5

# 給水および排水の管理

| | | |
|---|---|---|
| **1** | 給水と排水 | ▶192 |
| **2** | 給水方式 | ▶194 |
| **3** | 貯水槽 | ▶196 |
| **4** | 貯水槽の汚染防止 | ▶198 |
| **5** | 給水ポンプ | ▶200 |
| **6** | 飲料水の水質 | ▶202 |
| **7** | 給湯設備 | ▶204 |
| **8** | 給湯方式 | ▶206 |
| **9** | 循環ポンプ・貯湯槽 | ▶208 |
| **10** | 排水設備 | ▶210 |
| **11** | トラップと阻集器(1) | ▶212 |
| **12** | トラップと阻集器(2) | ▶214 |
| **13** | 通気設備 | ▶216 |
| **14** | 給水管・給湯管 | ▶218 |
| **15** | 排水管 | ▶220 |
| **16** | 排水槽と排水ポンプ | ▶222 |
| **17** | 雑用水の利用 | ▶224 |
| **18** | 雑用水設備・厨房除害設備 | ▶226 |
| **19** | 衛生器具 | ▶228 |
| **20** | 浄化槽 | ▶230 |
| **21** | 浄化槽の保全 | ▶232 |
| **22** | 浄化槽の運転管理 | ▶234 |
| **23** | 消火設備 | ▶236 |
| **24** | ガス設備 | ▶238 |

給水および排水の管理

# 1 給水と排水

POINT ① 1日に1人が使用する水量から給水量を算定する
② 水栓・器具などは適正な水圧が得られないと，その機能を十分に発揮できないばかりでなく，使用勝手に支障をきたす
③ ウォータハンマーの防止対策を講ずる

(1) 給水と排水

建築設備の中で最も生活に密着した設備が給排水衛生設備である。人間が生きていくための極限の条件は飲食と排泄であるが，給排水衛生設備とはそこから始まった設備といえる。

飲食をするためには，お茶を飲むにしても，ご飯を炊くにしても，必ず水を使うため，給水設備が必要不可欠となる。また給水設備は飲食だけでなく，入浴，洗面，洗濯，洗浄などにも必要となる。

建築物における給水は，飲料用，衛生上必要な水，冷暖房用の水，消火用の水等，建築物内の事業活動や環境衛生を保持するうえで基本的な要件である。また，入浴，洗面等を快適に行うためには給湯設備も必要になる。

人の排泄物を受けたり，洗面や入浴の際に水や湯を受ける器具も重要な設備で，それらを衛生器具設備として扱う。

さらに，使用した後の水や人の排泄物を衛生的に建築物の外に排出しなければならない。そのために排水設備がある。また，建築物から排出した汚水をきれいに処理してから敷地外に放出するための浄化設備がある。

ものを煮炊きするために，厨房設備やその熱源としてガス設備が必要となる。

(2) 予想給水量の算定

① 1日予想給水量：$V_d$
1日に使用されると推定される給水量

② 時間平均予想給水量：$Q_h = \dfrac{V_d}{T}$

1日予想給水量をその大部分が使用される時間で除した時間平均予想給水量

③ 時間最大予想給水量：$Q_m = (1.5 \sim 2.0) Q_h$

1日のうち最も水の使用量が多いと推定される1時間に給水される時間最大予想給水量

④ ピーク時予想給水量：$Q_p = (3.0 \sim 4.0) Q_h$

30分程度継続するピーク時予想給水量

⑤ 瞬時最大予想流量

[解答] 1—○（SI単位は慣れるしかない） 2—○ 3—×（事務所ビルの場合，60〜100 $l$ で設計する） 4—×（100 mm＝0.1 m，ゆえに断面積は $(0.1/2)^2 \times 3.14 = 0.00785$ m²，1秒間の流量は $(900\,l = 0.9$ m³$)/$min $= (0.9 \div 60) = 0.015$ m³/s，したがって流速 $v$ (m/s)は $0.00785 \times v = 0.015$，$v = 1.91$）

1分単位の流量で，配管計の決定の際の負荷流量

⑥ 設計対象給水量
　戸建住宅　　　300～400 $l$/(人・日)
　集合住宅　　　200～350 $l$/(人・日)
　事務所ビル　　 60～100 $l$/(人・日)
　ホテル　　　　350～450 $l$/(人・日)
　デパート（客用）　3 $l$/(人・日)

### (3) 適正水圧

水栓・器具などは適正な水圧が得られないとその機能が十分に発揮できずに使用勝手に支障をきたす原因となる。

**表1.1　器具の最低必要圧力**

| 器　　具 | 必要圧力（kPa） |
|---|---|
| ホテル，住宅 | 250～350 |
| 一般水栓 | 30 |
| 大便器洗浄弁<br>　一般大便器<br>　小便器洗浄弁 | <br>70<br>40 |
| シャワー | 50 |
| ガス瞬間湯沸器 | 30～50 |

一方，水圧が高すぎると，水栓・器具などの使用勝手に支障をきたすのみではなく，流速が早くなりやすくなるので，流水音・ウォータハンマー・管内面の腐食などが生じやすく，水栓・器具などの接水部の寿命が短くなる。水圧の上限は，集合住宅やホテル客室など人間の私的な生活の場においては300～400kPa程度，その他の場においては400～500kPa程度に制限する。

### (4) ウォータハンマーとその防止

管内に流れている水を水栓や弁などによって急激に停止させると，停止させられた箇所の上流側の管路内の水圧が異常に上昇する。この現象をウォータハンマーという。ウォータハンマーが発生すると，配管系統が振動したり騒音を発生したり，はなはだしい場合は配管の接合部や耐圧的に弱い箇所が破損したりする。

ウォータハンマーによる圧力上昇は，水撃圧とも呼ばれ，弁などの閉鎖速度によって異なるが，いずれの場合も流れていた流速に比例するので，流速が速くなりすぎないように管経を決定する必要がある。

ウォータハンマー設計段階での防止策としては以下のことがある。
① 管内流速は，最大2 m/sとする。
② ゾーニングを適切に行って管内圧力を下げる。
③ 揚水ポンプの吐出管に衝撃吸収式逆止弁を設ける。

---

**○×問題に挑戦！**（記述の正誤を考えよう。解答は前ページ）
- □ Q1　大便器洗浄の必要水圧は，70 kPaである。
- □ Q2　水道事業者は，厚生労働省の定めるところにより，定期および随時の水質検査を行わなければならない。
- □ Q3　事務所建築における設計対象給水量は，1人1日当たり30～50 $l$である。
- □ Q4　内径100 mmの給水管内に毎分900 $l$の水を流した場合，その平均流速は約0.92m/sである。

給水および排水の管理

# 2 給水方式

> POINT ①建築物への給水方式は，水道直結方式，高置水槽方式，圧力水槽方式，ポンプ直送方式，直結増圧方式がある
> ②高層ビルでの給水方式は給水圧を調整しなければならない

### (1) 水道直結方式

水道事業者の水道本管から水道管を引き込み，管内水圧によって建築物内の必要な箇所に給水する方式である。給水本管の水圧に頼るため，水圧が確保できる場合はよいが，高さのある建築物や使用水量が多くなる場合は，この方式は採用できない。一般には2階建て程度の住宅など小規模の建築物に適用される。

### (2) 高置水槽方式（図2.1）

給水本管から引込み管により水をいったん受水槽に貯水し，揚水ポンプで建築物内最高位の高置水槽に揚水し，高置水槽からは重力によって建築物内の必要箇所に給水する方式である。この方式の利点は，各器具での水圧の変動が少なく，過度の水使用にも対応できる。水道直結方式で必要圧力の得られない場合に，最も一般的に使われる。しかし，受水槽や高置水槽，揚水ポンプ設備費を要し，法律で定められた衛生管理も必要とする。

高置水槽は，最上階の大型瞬間湯沸器や大便器洗浄弁から10m以上上方に設

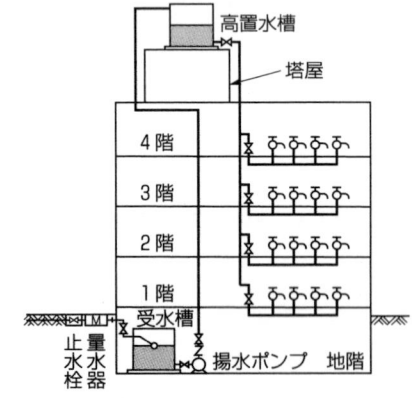

図2.1 高置水槽方式

置することが望ましい。

### (3) 圧力水槽方式（図2.2）

受水槽までは高置水槽方式と同じであるが，高置水槽の代わりに圧力水槽を用いて水槽内の空気を圧縮させて，その圧力によって高所まで水を揚水する方式である。水が供給されて水槽内の水が減少すれば圧力が下がり，圧力スイッチによってポンプが自動運転する。

一般の圧力水槽内の空気は，加圧されているので水に溶け込みやすく，水の使

---

［解答］ 1－×（安定した給水圧が得られるというところがおかしい。圧力水槽方式は元来自然落差で水圧が得にくい場合に設置されるものである） 2－○ 3－○ 4－×（ポンプ直送方式は，ポンプを連続運転するのであるから給水圧力の変化はほとんどない。また，ある程度の高層建築物に対しても対応できる） 5－○

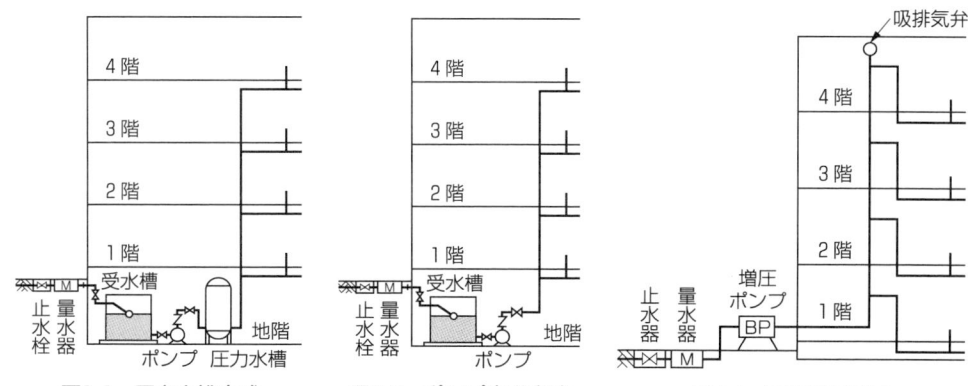

図2.2　圧力水槽方式　　　図2.3　ポンプ直送方式　　　図2.4　直結増圧方式

用とともに空気が減少してゆくため，空気の補給装置が必要である。最近では空気と水が接触しないように水槽内に隔膜を設けた水槽が市販されている。

(4) **ポンプ直送方式（図2.3）**

加圧給水方式ともいい，高置水槽を設けずに受水槽の水を常時ポンプで加圧して給水可能な状態にする方式をいう。高置水槽が周囲の状況や意匠上，構造上，経済上設置できない場合に用いられる。また，最上階などの必要圧力が得られない場合にも用いられる。ただし，停電時対策として，非常電源の設置や逆流防止対策が必要となる。

(5) **直結増圧方式（図2.4）**

給水管に増圧ポンプを直結し，受水槽や高置水槽を設けずに直接給水する方式をいう。末端の給水栓まで直接給水するため，給水環境の質的向上が図られる。

(6) **高層ビルでの給水方式**

高層ビルでは，給水系統を1系統にすると，下層階において給水圧力が大きくなり，水栓や器具に支障をきたしたり，ウォータハンマー現象や騒音等による水栓や弁の部品に大きな影響を与え，寿命が短くなってしまう。そこで，中間タンクや減圧弁による給水系統を区分（ゾーニング）する。

---

**○×問題に挑戦！**（記述の正誤を考えよう。解答は前ページ）

- [ ] Q1　圧力水槽方式は，圧縮された空気の反圧で水を高所に供給するので，高圧が容易に得られ，安定した給水圧を確保できる。
- [ ] Q2　水道直結方式は，水質汚染の可能性が少なく，停電でも水が使用できる。
- [ ] Q3　高置水槽方式は，給水圧力がほとんど一定で，断水，停電に対してもある程度対応できる。
- [ ] Q4　ポンプ直送方式（タンクレス方式）は，給水圧力の変化が大きく，高層建築物に対して対応できない。
- [ ] Q5　高置水槽方式は，断水時でも水槽に残っている水量が利用できる。

給水および排水の管理

# 3 貯水槽

POINT ①貯水槽とは，受水槽と高置水槽の総称である
②貯水槽は清掃のときを考慮して2槽式とするのがよい
③飲料用貯水槽の有効容量が$2 m^3$以上のものには通気装置を設ける

## (1) 貯水槽

貯水槽とは上水給水設備における受水槽と高置水槽の総称である。

受水槽には，鋼板製，ステンレス鋼板製，プラスチック製，木製などがある。飲料用の受水槽は，汚染を受けないように，また，保守点検が容易に行えるように配置することが必要である。雑用水の受水槽は，建築躯体を利用して，二重スラブ内に設けられる場合が多い。

受水槽の容量は水道管の給水能力との関係で決定される。水道管の給水能力が多ければ水槽容量は小さく，給水能力が少なければ容量は大きくなる。

しかし，受水槽の容量を過大にすると残留塩素が消費されて，水が腐敗性を帯びてくるので，1日の使用水量の半日分(50%)程度としている。受水槽は，水槽内の清掃を考慮して2層に分けるか，中間仕切りを設けるのがよい。

## (2) 高置水槽

飲料用高置水槽は，汚染を受けないように，また，保守点検を容易に行うように配置することが必要である。また，雑用高置水槽も飲料用高置水槽に準ずる。いずれの水槽も保守点検や清掃を考慮して，2槽式とするか中間仕切りを設けるのがよい。

貯水量は，1日の使用水量の1/10程度とし，揚水ポンプの揚水量は20〜30分で満水できる能力のものを選定する。

また，耐震を考慮して建築物の構造耐力上主要な部分に緊結すること。

## (3) 飲料用貯水槽の構造要件

① 貯水槽の天井またはふたには，1/100程度の勾配を設ける。
② 貯水槽には通気装置を設ける。ただし有効容量が$2 m^3$未満の場合は設けなくてもよい。通気装置としては排風機を使用する場合は，外気に直接解放しなければならない。
③ 貯水槽内に死水が発生しないように流入口と吸水口の位置に留意する。
④ オーバーフロー管の排水空間は管径の2倍以上とする。ただし，最小は150 mm とする。
⑤ 貯水槽内に隔壁を設けて二分割する場合，その隔壁間の空間は，保守点検のための空間とは見なされない。

## (4) 飲料用貯水槽の留意事項

① 貯水槽の上部にポンプや機器を設置しないこと。

[解答] 1—○ 2—× (かさ上げ寸法は 10 cm 以上立ち上げる) 3—○

② FRP製の貯水槽は，H型鋼等で作った架台の上にのせて設置する。
③ 高置水槽を塔屋上に設置する場合には，転落防止用のさくを設ける。また塔屋屋上への昇降路は簡易なタラップは危険なため階段とする。
④ 内はしごは，部材内部に水が溜まるものを使用しないこと。なお，高さが1m程度の貯水槽には内はしごを設けなくてもよい。

(5) 貯水槽の塗装の留意事項
① 一般に塗料は主剤と硬化剤とが化学反応を起こして乾燥するものであるから，気温および被塗材の温度が高いほど乾燥が早い。
② 素地調整には，グリッドブラストまたは酸洗いを採用する。
③ 塗料にエポキシ樹脂を使用する際，混合調整した塗料がポットライフを超えて硬化したものは使用しない。
④ 塗装後に行うピンホールテストに使用するピンホールテスターとしては，湿式抵抗法がよく使われる。例えば，塗膜の厚さが0.3mmの場合は，1200〜1500Vの電圧をかける。

(6) 貯水槽の材質の特徴
① 鋼板製貯水槽は，耐久性に劣り赤水の発生源となりやすい。
② FRP製貯水槽は，透光性があると藻類が発生しやすいので，外面に塗装を行うなどの対策が必要である。また，含水疲労という欠点がある。
③ 鉄筋コンクリート製貯水槽は，構造体にひび割れが生じたりする。また，重量も重くなるため高置水槽としては適していない。
④ 木製水槽は，水槽内の水が長期にわたって停滞する場合は適さない。

(7) 圧力水槽
圧力水槽は，図3.1に示すようなサイクルを繰り返す。$V_2-V_1$ はポンプが停止してから再び起動する間に出ていく水量で，これを有効水量という。有効水量が少ないとポンプの発停が頻繁になり好ましくないので，一般的にはポンプ送水量の2〜3分間程度とする。

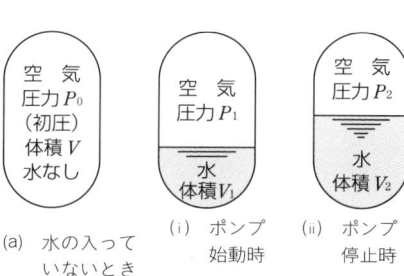

(a) 水の入っていないとき 空気圧力 $P_0$（初圧）体積 $V$ 水なし
(i) ポンプ始動時 空気圧力 $P_1$ 水体積 $V_1$
(ii) ポンプ停止時 空気圧力 $P_2$ 水体積 $V_2$
(b) 圧力水槽使用時

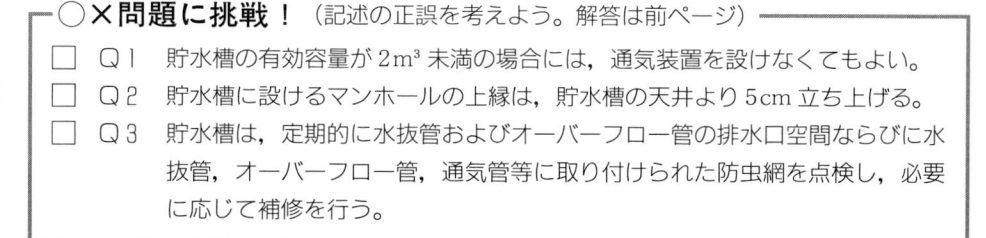

図3.1 圧力水槽の作動

---

○×問題に挑戦！ （記述の正誤を考えよう。解答は前ページ）
☐ Q1 貯水槽の有効容量が2m³ 未満の場合には，通気装置を設けなくてもよい。
☐ Q2 貯水槽に設けるマンホールの上縁は，貯水槽の天井より5cm立ち上げる。
☐ Q3 貯水槽は，定期的に水抜管およびオーバーフロー管の排水口空間ならびに水抜管，オーバーフロー管，通気管等に取り付けられた防虫網を点検し，必要に応じて補修を行う。

給水および排水の管理

# 4 貯水槽の汚染防止

POINT ①貯水槽への有害物質の侵入，発生を防止する
②排水の逆流を防止し，クロスコネクションとしない
③貯水槽点検（6面点検）のためのスペースを確保する

(1) 給水設備の汚染

① 貯水槽における有害物質の侵入あるいは発生

貯水槽への汚染経路としては，点検用マンホール，オーバーフロー管，通気管などがある。マンホールは常に鍵をかけて関係者以外がマンホールを開けることができないようにする必要がある。また，オーバーフロー管や通気管の防虫網が破れ，虫や小動物・鳥が入り込んだ例もあるので常に点検を行うことが必要である。

② 排水の逆流

断水などの時に給水管内が一時的に負圧となって，給水栓や機器の給水接続口などから排水が逆流することがある。

このようなおそれがある給水栓には逆流防止器（バキュームブレーカ）を取り付ける。

給水栓の吐水口と洗面器や流しなどの縁との間に必要な**吐水口空間**をとること。

③ クロスコネクション

**クロスコネクション**とは，上水と上水以外の水，または上水と一度吐出した水と混ざることをいう。上水給水管に井水給水管を直結，あるいは逆止弁を設けての接続もクロスコネクションとなり，禁止事項である。

雑用水槽や井水槽を設ける場合，緊急補給水管は水槽の上部に設け，上水は受水槽のあふれ縁の上方に吐出空間を取って落とし込む。

④ 赤　水

赤水は配管内面の鉄部が腐食して鉄イオンを溶出し，水中で水酸化鉄，つまり錆となる。赤水対策として，給水用防錆材の注入する方法や磁気処理，脱気処理などがあるが，薬剤を注入する方法は飲料水としては好ましくない。

(2) 飲料用貯水槽の汚染防止

① **6面点検**が行えるように，貯水槽の底およびその周壁の周囲には60cm以上の空間を設ける。また上部

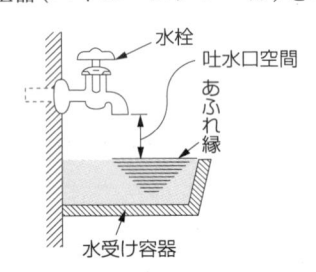

図4.1　吐水口空間

[解答] 1－○　2－○　3－○　4－×（貯水槽の内部には，飲料水の配管設備以外の設備を設けてはならない）　5－○

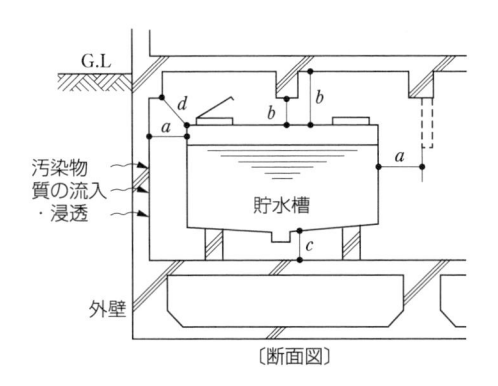

[断面図]

（注）$a$, $b$, $c$ のいずれも保守点検を容易に行いうる距離とする（標準的には $a$, $c \geq 60\mathrm{cm}$, $b \geq 100\mathrm{cm}$）。また，梁，柱等はマンホールの出入りに支障となる位置としてはならず，梁，柱と貯水槽の距離は，保守点検に支障のない距離とする。

**図4.2　貯水槽の保守空間**

は100 cm 以上の空間を設ける。
② 貯水槽の天井，底または周壁は，建築物の他の部分と兼用してはならない。
③ 飲料水槽内に，飲料水配管以外の配管を通してはならない。
④ 水槽内の塗料には水質に悪い影響を与えるものを使用してはならない。
⑤ 受水槽のマンホールは，内径60 cm 以上とし，埃や雨水が浸入しないよう，その取付け面から10 cm 以上立ち上げ，防水および密閉型とする。
⑥ 飲料水槽とその他の水槽を逆止弁等で非常用バイパス管で接続するとクロスコネクション禁止事項となる。
⑦ 貯水槽のマンホールは点検や清掃時以外は施錠できる構造とし，規模の大きな貯水槽は2個以上設ける。
⑧ 貯水槽に設ける通気管やオーバーフロー管の管端部には防虫網を設置する。
⑨ 給湯設備の膨張管は，貯水槽に接続してはならない。

**(3) 貯水槽の清掃の留意事項**

建築物衛生法による管理基準では，貯水槽は1年以内ごとに1回定期に清掃を行うことが義務づけられている。
① 貯水槽の清掃は，清掃時の断水を回避する対策をとること。また，清掃の順番は，受水槽～高置水槽の順で行う。
② 貯水槽の清掃後の消毒は，有効塩素濃度50～100 ppm の次亜塩素酸ナトリウム溶液を，高圧洗浄ポンプで貯水槽全壁面，床，天井に噴霧し，吹き付ける。

---

○×問題に挑戦！（記述の正誤を考えよう。解答は前ページ）

☐ Q1　貯水槽は，建築物の躯体を利用して築造してはならない。
☐ Q2　貯水槽の本体や内面の塗装は，水質に悪影響を与えないものを使用する。
☐ Q3　貯水槽の設置位置は，排水などがオーバーフロー管などを介して水槽内に逆流しない高さとする。
☐ Q4　貯水槽内に飲料水以外の配管を通す場合は，水面より上とする。
☐ Q5　貯水槽のマンホールのふたは，雨水などが浸入しない構造のものとする。

給水および排水の管理

# 5 給水ポンプ

> POINT ①給水ポンプには，高置水槽用の揚水ポンプ，圧力水槽用の給水ポンプ，ポンプ直送方式の加圧ポンプなどがある
> ②ポンプの全揚程＝実揚程＋損失水頭＋速度水頭
> ③ポンプによって水を吸い上げることのできる高さは水温が高いほど低い

## (1) ポンプの種類と用途

ポンプは水や油などを高水位または高圧の状態のところへ送るもので，その原理から各種のポンプに分類することができる。このうち建築設備で使用されるのは，渦巻きポンプがほとんどで，冷温水の循環用や冷却水用などに用いられている。渦巻きポンプは羽根車を回転させて水に遠心力を与え加圧して吐き出すもので，さらにこの羽根車の外側に案内羽根を設け圧力を高めたのがタービンポンプである。これらは普通，電動機直結で駆動される。羽根車には単段式と圧力を高めるために必要に応じて複数枚並べた多段式とがあり（図5.1），吸込み口には片吸込み形と水量を多くする場合に用いられる両吸込み形とがある。

また，ポンプは設置場所により陸上ポンプと水中ポンプに分けられ，さらに軸の方向により，横形，立て形がある。

水中ポンプは，ポンプ本体と電動機を一体にして水中に潜没させて使用するもので，井戸用，排水用，汚水用，汚物用などのポンプとして用いられる。汚物ポンプの羽根車は，固形物や繊維質の汚物などが詰まらない構造になっている。

建築設備用としてはこのほかに，歯車ポンプが燃料用の給油ポンプとして使われている。

## (2) 給水ポンプの設置

給水設備用のポンプには，高置水槽方式で使われる揚水ポンプ，圧力水槽方式で使われる給水ポンプ，ポンプ直送方式の加圧ポンプ，直結増圧方式の増圧ポンプなどがある。

給水（揚水）ポンプは，2台設置して

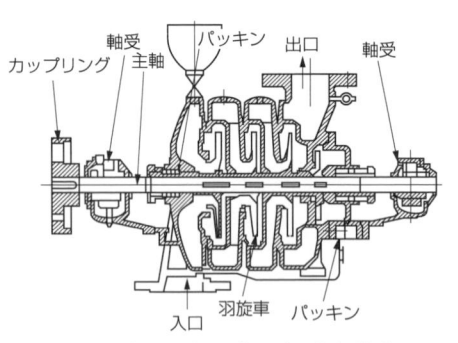

**図5.1 多段渦巻きポンプの内部構造**

[解答] 1―○（水温が高くなれば，ポンプ据え付け位置は水面より下側にする必要がある）
2―○ 3―○ 4―×（グランドパッキンからの適量の漏れ（0.5cm³/s程度）は，冷却と潤滑の役目を果たすので交換する必要はない）

通常は自動交互運転とするのが一般的でこれにより信頼性を高めている。給水（揚水）ポンプの位置は，できるだけ受水槽よりも低い位置か同一レベルに設置してポンプの吸込み側が押込み揚程となるようにし，平面的にも隣接して設置し保守点検が容易にできるようにする。

### (3) ポンプの能力と性質

ポンプの能力は，揚程，吐出圧力，水量で表される。吐出圧力はポンプの圧力計で読み取れる。ポンプの全揚程は，実揚程（受水槽の水面から高置水槽の吐出口）＋損失水頭（配管の抵抗）＋速度水頭（水の流速のもつ動圧）である。

① 揚水量は回転数に比例する
② 吐出圧力は回転数の2乗に比例する
③ 軸動力は回転数の3乗に比例する

### (4) 吸上げ高さ

① 吸上げ高さ（$H$）は，標準大気圧のもとで理論上水柱10.33mである。
② 吸上げ高さは水温が上昇するにつれて減少する。これを有効NPSHという。
③ 有効NPSHはポンプの吸込口で，水が有する全圧力と，そのときの水温に相当する蒸気圧の差を水柱の高さで表したものである。
④ 吸上げ高さは水温等を考慮して実際には5〜6m程度である。
⑤ 水温が高くなれば，ポンプ据え付け位置は水面より下側にする必要がある（図5.2）。
⑥ ポンプが振動や騒音を発するキャビテーションを防ぐにはポンプの有効NPSHが必要 NPSH（ポンプ内部である程度の圧力降下があってもなおその時の水温の相当する蒸気圧に達しないだけの余力）より大きいことが必要である（4章24参照）。

### (5) 給水ポンプの点検

ポンプの保守管理として，運転時の吸込み側と吐出し側の圧力および電流値等を運転日誌に記録する。またポンプ類は可動部を中心に劣化が進んでいくため整備が必要となる。

| 水温（℃） | $H$ (m) |
|---|---|
| 20 | − 6.3以下 |
| 30 | − 5.0 〃 |
| 40 | − 3.8 〃 |
| 50 | − 2.5 〃 |
| 60 | − 1.4 〃 |
| 70 | ＋ 0.0以上 |
| 80 | ＋ 1.1 〃 |
| 90 | ＋ 2.3 〃 |

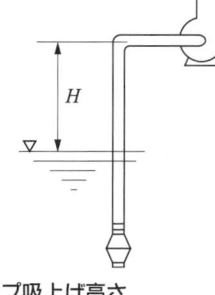

図5.2 ポンプ吸上げ高さ

---

○×問題に挑戦！ （記述の正誤を考えよう。解答は前ページ）

☐ Q1 ポンプによって水を吸い上げることのできる高さは，水温が高いほど低くなる。
☐ Q2 ポンプの保守管理として，運転時の吸込み側および吐出し側の圧力，電流値を運転日誌に記録する。
☐ Q3 揚水ポンプは，高置水槽の水位によって起動・停止する。
☐ Q4 給水ポンプのグランドパッキンから連続的に0.5cm³/s程度の水がでているので，交換する必要がある。

給水および排水の管理

# 6 飲料水の水質

> POINT①飲料水の水質は水道法の水質基準省令に従う
> ②水質検査の項目には，7日に1回の遊離残留塩素濃度，6か月，1年，3年以内に1回の水質検査がある

## (1) 水質検査項目と周期

建築物衛生法において，飲料水を供給するときは，水道法の水質基準省令に示される50項目の基準に適合する水を供給しなければならない（3章30参照）。

また，維持管理権原者は飲料水に対して下記の措置をとらなければならない。

① 給水栓末端において，遊離残留塩素の濃度を0.1ppm（結合残留塩素の場合は0.4ppm）以上保持すること
② 6か月以内ごとに1回定期に行う水質検査（15項目）
③ 毎年測定期間内に1回行う水質検査（12項目）
④ 3年以内ごとに1回定期に行う水質検査（地下水が水源の場合）
⑤ 7日以内ごとに1回定期に行う遊離残留塩素の検査
⑥ 1年以内ごとに1回定期に行う貯水槽の清掃

また，地下水を水源とするときは，給水開始前については，水質基準における全項目の検査が義務づけられている。

貯水槽清掃完了後の水質検査項目と基準は，

① 色度：5度以下
② 濁度：2度以下
③ 味，臭気：異常でないこと
④ 遊離残留塩素濃度：$0.2\,mg/l$（結合残留塩素濃度では$1.5\,mg/l$）以上

## (2) 水質検査の留意事項

① 水質検査および残留塩素の測定は，飲料水を供給する給水栓で採取した水で行う。
② 供給する水が人の健康を害するおそれがあることを知ったときは直ちに給水を停止し，かつその水を使用することが危険である旨を関係者に周知させること。
③ 有機物等の指標としているものは過マンガン酸カリウム($KMnO_4$)消費量である。これは水中に含まれる有機物および酸化されやすい無機物等を酸化するのに要する過マンガン酸カリウムの量を示す。

## (3) 消 毒 薬

① 塩素性化合物のうち，消毒作用の認められるものに次のものがある。

---

[解答] 1－×（直後に測定するのは遊離残留塩素） 2－×（消費量の値が大きいのは，水質不良，年1回と定められている，貯水槽においても測定しなければならない） 3－×（鉄$0.3\,mg/l$以下は覚えておくこと） 4－×（結合残留塩素の場合は$1.5\,mg/l$(1.5ppm)以上）

- HOCl ……… 次亜塩素酸
- NaOCl …… 次亜塩素酸ナトリウム
- NH$_2$Cl …… モノクロラミン
- NHCl$_2$ …… ジクロラミン

② 塩素消毒は，塩素が水に溶解して生じる次亜塩素酸および次亜塩素酸イオンの作用による。前者のほうが強い殺菌力を示す。

③ 次亜塩素酸および次亜塩素酸イオンは**遊離残留塩素**と呼ばれる。

④ アンモニアを含む水を塩素消毒するとクロラミンが生成され，これを**結合残留塩素**という。

⑤ 結合残留塩素は遊離残留塩素に比べて殺菌力が弱い。

⑥ 残留塩素は，バクテリアとの作用および水中の無機物質および有機物質を酸化して消費される。

(4) 飲料水の濁りの原因

① 空気の混入：微細の気泡の状態で空気が混入すると，給水は白濁する。

② 亜鉛の溶出：亜鉛めっき鋼管から亜鉛が溶出すると白濁の原因となる。

③ 鉄の錆：鉄管の錆や地下水中の鉄分は，赤水の原因となる。

④ 銅管の錆：青い色の水

⑤ マンガンの混入：黒い水

⑥ 一般細菌のうち，鉄バクテリアは有機物質の多い水や第一鉄イオンを含む水で繁殖して赤水の原因となる。

(5) 給水の異常な味・臭気の原因

① 塗装材，油脂類，金属類，微生物等による

② 自然環境：湖沼，貯水池における深水槽底部の嫌気性化および河川の汚濁による低層の嫌気性化

③ 人為的発生：汚水，工場排水などの混入または給水系統の防食塗料，接合材の乾燥不十分

④ 老朽配管の金属金臭（鉄，銅，亜鉛等のにおい）

⑤ クロスコネクションによる異臭

⑥ 水槽の管理不足による土臭，カビ臭

---

**○×問題に挑戦！**（記述の正誤を考えよう。解答は前ページ）

☐ Q1 給水栓末端の残留塩素を測るとき，試薬を入れた直後に測定するのが結合残留塩素である。

☐ Q2 過マンガン酸カリウム消費量とは，有機物の量を調べるもので，この値が大きいものほど消費酸素量が多く，水質は良好である。

☐ Q3 水道法に基づく水質基準に関する省令に規定する基準として，塩化物イオン：200 mg/l 以下，色度：5度以下，臭気：異常でないこと，鉄：0.2 mg/l 以下，大腸菌：検出されないこと，である。

☐ Q4 貯水槽の清掃・水張り終了後における水質検査の基準は，色度：5度以下，濁度：2度以下，臭気：異常でないこと（ただし，消毒によるものは除く），味：異常でないこと（ただし，消毒によるものは除く），残留塩素：結合残留塩素が 0.2 mg/l 以上，である。

給水および排水の管理

# 7 給湯設備

POINT ①湯の種類には，飲料用，洗浄用，シャワー・風呂用，暖房用などがある
②一般に給湯温度は，55〜60℃程度，設計基準給湯量はホテル客室で75〜150 $l$/(人・日)である

## (1) 湯の性質

水を加熱していくとその体積は膨張していく。水の体積のいちばん小さい4℃から100℃まで加熱していくと，その体積は4.3%まで膨張する。給湯設備の中で，ボイラなどの加熱装置で加熱された水は体積が膨張するので，この膨張した水を逃がす装置を設けなければ，加熱した水の膨張圧力によって生じた内圧の増加が，ボイラ，貯湯槽，配管等の機器類を破損するなどの危険性がある。そのため，水の膨張を逃がすための安全装置として膨張管，膨張水槽，逃し弁などを設け膨張した分を排出するか，密閉型膨張水槽を取り付ける（❾参照）。

また，水は温度が上がると密度が小さくなるので，配管や容器の中で温度の高い部分は上昇し，低い部分は降下して循環作用が起こる。

## (2) 湯の種類

湯の種類はその利用別に4種類に分けられる。

① 飲料用であり，広い意味では，厨房での料理に関して洗い物以外で使用する湯もこれに含まれる。飲料用で使用されるため，一般に90℃〜100℃で使用され，細菌や不純物の混入には特に注意が必要である。そのため，原水が飲料に適しているものであり，さらに加熱装置や温水配管等の湯に接する部分の材質が，食品衛生法などに適したものであることが必要である。

② 洗浄用の温水で，厨房で食器や厨房器具，食材の洗浄に使用される。この湯も直接，間接的に食物にふれるため，衛生管理には十分気を付ける必要がある。もう一方での洗浄は衣類の洗濯用である。洗浄の種類や洗浄器具の種類によって使用温度が異なるのも特徴である。

③ シャワーや風呂用の温水で，ここで使用される温度は，40〜45℃程度である。なお，トイレや洗面所で使用される温水温度は，40℃程度とされている。ここで使用されている温度は，比較的低温なので，貯湯槽などでその温度で貯湯する場合は，

---

［解答］1—× (給湯循環ポンプの水量は，配管からの熱損失を考慮して求められる)
2—○ 3—○ 4—○ 5—○ (図を書いてみるとよい。$30 \times 0.9997 = (30+x) \times 0.9832$ の式となる。$x = 0.504 \fallingdotseq 0.5$ となる)

レジオネラ属菌などの細菌が繁殖しないように注意する必要がある。
④ セントラルヒーティングなどの温水暖房に使用される温水がある。

#### (3) 設計給湯量

給湯温度を60℃程度とし、基準給湯量は以下の通りである。

| | |
|---|---|
| 戸建住宅 | 75～150$l$/(人・日) |
| 集合住宅 | 75～150$l$/(人・日) |
| 事務所 | 7.5～11.5$l$/(人・日) |
| ホテル（客室） | 75～150$l$/(人・日) |
| 病院 | 150～200$l$/(人・日) |

#### (4) 給湯温度

① 給湯温度は55℃～60℃程度が望ましく、一般には60℃に設定している。なお、80℃以上にはしないこと。
② 使用温水温度の用途別標準
　厨房皿洗い機すすぎ用：70～80℃
　浴用（成人）：43～45℃
　シャワー：43℃
　飲料用：90～95℃（湯沸器）
　一般用：40～45℃

遊泳プール：21～27℃
③ 給湯温度を低くすると、湯が多く消費されがちで不経済となる。
④ 給湯温度が60℃以上になると、溶存酸素の溶出、機器・配管材料の腐食が激しくなったり、やけどの危険がある。
⑤ 給湯温度は、高すぎるとやけどする危険性があるので、使用する時は水と混合できるように、湯水混合栓（ミキシングバルブ）等を設置する。また、逆に供給する温水温度が低すぎると、必要以上に温水を使用する傾向があるので注意が必要である。
⑥ 高齢者施設や児童福祉施設などで使用する箇所への給湯には、湯水混合水栓を使用する。

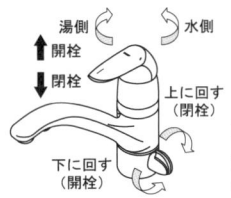

図7.1　温水混合水栓の例（日本水道協会登録番号：C-465）

---

**○×問題に挑戦！**（記述の正誤を考えよう。解答は前ページ）

☐ Q1　給湯循環ポンプの水量は、主として給湯量に基づいて決める。
☐ Q2　中央給湯設備は、主として、ホテル、病院等において採用される。
☐ Q3　加熱装置の加熱能力と貯湯容量との関係は一方を大きくすれば、他方を小さくすることができる。
☐ Q4　伸縮継手は蒸気配管や温水配管に用いられるが、水撃防止弁はウォータハンマーを防止するために設ける。
☐ Q5　給湯設備において、高置水槽の高水位面より加熱装置の低位までの静水頭を30 m、水温を10℃、湯の温度を60℃とすると、高置水槽の高水位面よりの膨張管の必要立ち上げ高さは0.5 mである。ただし、水（10℃）の比重量（kg/$l$）は0.9997、湯（60℃）の比重量（kg/$l$）は0.9832とする。

給水および排水の管理

# 8 給湯方式

**POINT** ①給湯方式には，局所式給湯と中央式給湯とがある
②配管方式には，一管式と二管式とがある
③循環方式には，自然循環方式と強制循環方式とがある

## (1) 給湯方式の種類

給湯方式には，局所式と中央式とがあり，建築物の種類，使用目的，規模の大小，湯の使用方法および設備費，維持管理によって決められる。

## (2) 局所式給湯

事務所ビルなどの給湯室の飲料用給湯や住宅の瞬間湯沸器による給湯方式に適用される。大規模な建築物では，給湯機器が分散するため保守管理等に不便であるが，必要に応じて個々に操作できるので熱源を経済的に使用でき，ランニングコストを軽減できる。

### ① 瞬間式

容量の決定は1分間あたりの給湯量を基準として選択する。給湯器の能力を示す1号とは，流量1 l/minを25℃上昇させる能力をいう。水圧が低いと着火しないので，一般に50 kPa以下では不向きである。

### ② 貯湯式

ビルの湯沸室，食堂などの飲料として用いられる。熱源は電気，ガスが用いられる。開放型であるため，器具より高い位置には供給できない。

[局所式給湯の長所]

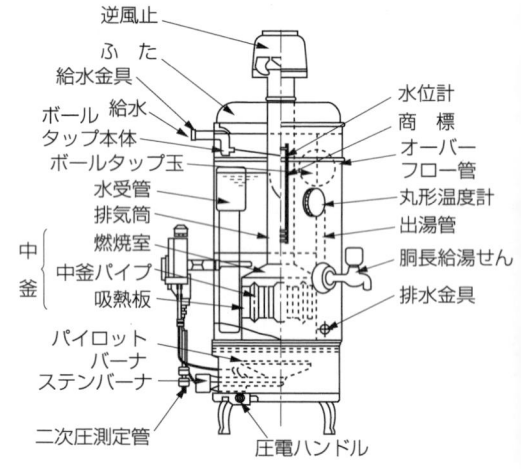

図8.1 ガス貯湯式湯沸器

1) 用途に応じて必要箇所で必要温度が比較的容易に得られる。
2) 給湯容量が小さいので，加熱器の容量など設備規模が小さくなり，設備費が安く維持管理も容易である。
3) 給湯箇所の増設が容易にできる。

[局所式給湯の短所]

1) ある程度の給湯規模以上になると，加熱器が点在し維持管理が難しくなる。
2) 給湯箇所ごとに加熱器の設置スペースを必要とする。

[解答] 1-○ 2-○ 3-○

3）給水側水圧の変動を生じ，混合水栓やシャワーなどの使用に不便をきたすことがある。

**(3) 中央式給湯**

中央式給湯は，ホテル・大規模ビルに適し，中小の事務所ビルには，飲料用として貯湯式湯沸器を設置する例が多い。一般に中央式給湯においては，給湯栓を開いた場合に短時間に湯が出るように返湯管と循環ポンプを用いて強制循環を行う。

循環式の場合は，循環ポンプを用いた強制循環式と湯の比重量の差による自然循環式とがある。

1）加熱装置は，給湯規模や貯湯容量によって，蒸気あるいは熱水を熱源とした貯湯槽か給湯用温水ボイラと貯湯槽を直結した直接加熱式がある。
2）一般的にボイラおよび第一種圧力容器の法定検査を受けることになる場合が多い。
3）給水は一般に屋上の高置水槽から導き，給水系統と同様に上向き配管または下向き配管による。

**(4) 給湯配管方式による分類**

① 一管式と二管式の配管方式

1）一管式は住宅等において給水栓までの給湯管の長さが約5m以下の時に用い給湯管のみで行う方式
2）二管式は給湯管の長さが5mを超える場合や中央式給湯を行う場合は給水管内の温度が低下しないように返湯管を設けて湯を循環する方式

② 循環方式

1）自然循環方式：ボイラにより水が加熱され水温が上昇すると体積が膨張して密度が小さくなり，温められた湯はボイラの上部にのぼり往管を上昇する。そして返湯管の付近の冷たい水がボイラの下部へ流入して流出分を補充する。この水もボイラによって加熱され，往管を上昇して，管路内で冷却され再びボイラに帰ってくる。このように系統内の水が温度の上昇による密度の差によって絶えず循環する方式である。しかし，循環回路を流れることによって生じる摩擦損失水頭が自然水頭よりも大きくなると自然循環作用は起こらなくなる。

2）強制循環方式：自然循環方式では対応のできない場合に，ポンプによる強制循環方式である。

③ 給湯配管の条件

温度降下および給湯栓における温度不均衡をなくし，随時適温の湯を得るため，配管は原則として2管式とする。

---

○×問題に挑戦！（記述の正誤を考えよう。解答は前ページ）

□ Q1 貯湯槽には，労働安全衛生法で定める圧力容器に該当するものがある。
□ Q2 給湯器の能力を示す1号とは，流量1 $l$/min を25℃上昇させる能力である。
□ Q3 ガス瞬間湯沸器は，水が熱交換器の内部を流れると，自動的に点火し給湯を行う。

給水および排水の管理

# 9 循環ポンプ・貯湯槽

POINT①給湯設備は，循環ポンプ，貯湯槽，加熱コイル，給湯管などで構成される
②給湯設備の安全装置として，逃し弁（膨張管），密閉式膨張水槽，開放型膨張水槽，伸縮継手などがある

## (1) 循環ポンプ

① 給湯管内の湯を循環させる方式には，強制式と重力式があり，一般には循環ポンプによる強制式が用いられている。
② 循環ポンプは特殊な場合を除いて通常，返湯管の貯湯槽等の近い位置に設ける。
③ 循環ポンプの循環量は配管および機器などからの熱損失と給湯管，返湯管の温度差により求める。
④ 循環ポンプの揚程は，給湯配管中の循環路の摩擦損失水頭が最大となる経路で求めるが，通常3～5m程度である。

## (2) 貯湯槽

① 貯湯槽は，周囲から点検を行うため，槽の四面と床面に保守点検スペースとして，60cm以上，天井は100cm以上の空間を設けなければならない。
② 貯湯槽に設けるマンホールの周囲は，60cm以上の空間を確保する。
③ 貯湯槽に設ける逃し弁は，槽内の圧力が最高使用圧力の6％を超えると内部の湯が放出されるように設定されている。
④ 給湯設備における膨張管は膨張水槽を設けてこれに接続する。
⑤ 膨張管を高置水槽に直接接続し，高置水槽を膨張水槽代わりにしてはいけない。
⑥ 貯湯槽は一般に第一種圧力容器に該当するため，毎年性能検査を受けなければならない。

## (3) 加熱コイル

① 貯湯槽の加熱コイルの熱通過率の大きいほどコイル表面積は少なくてよい。
② 貯湯槽の加熱コイルの取替または修繕時を考慮して，コイル部分の全長の0.5～1.2倍の空間を加熱コイル取り付け部の全面に確保すること。なお，通常の性能検査では，加熱コイルは引き抜かない。

## (4) 貯湯槽の安全装置

① 逃し管（膨張管）
逃し管は膨張管とも呼ばれている。密

---

[解答] 1―○　2―×（缶体検査の周期はボイラと同じ年1回ごとに受ける）　3―○
4―×（真空式温水発生機は，内部の圧力が大気圧以下であるため，ボイラ及び圧力容器安全規則の適用を受けないので，定期検査の義務はない）

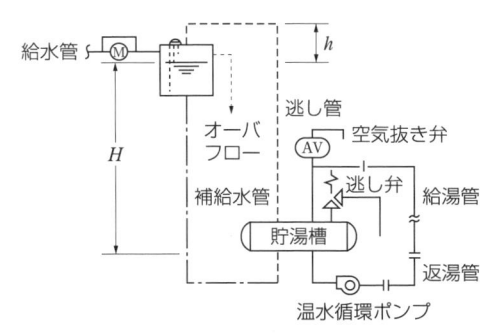

**図9.1 給湯装置配管図**

閉した装置内で水を加熱すると，水が膨張して圧力が上昇する。この膨張量を逃がす安全装置が必要となる。逃し管の内径は，労働安全衛生法のボイラ構造規格第150条に定められているが，膨張量は，使用状態によっても異なるが，給湯使用量の2％程度である。

逃し管は膨張水槽水面より高く上げ，弁類を設けてはいけない。

② 密閉式膨張水槽

逃し弁で膨張水量を逃がすことができない場合などに設ける。密閉式膨張水槽は給水設備の圧力水槽と同じで，密閉された水槽内の空気を圧縮して膨張水量が水槽内に入る。密閉式膨張水槽を設ける場合には，逃し弁も設けなければならない。

③ 開放型膨張水槽

開放型膨張水槽は，給湯装置内で水を湯に加熱するたびに，膨張水量を間接的に受ける容器である。多少の湯が入っても水位に影響のない大きさで，タンクの材質も熱に強いものでなければならない。

④ 伸縮継手

給湯配管の熱伸縮を吸収するもので，スリーブ型のものとベローズ型のものがある。

スリーブ型は，パッキン部が滑って管の伸縮量を吸収するもので，吸収量が最大200 mm程度と大きい。

ベローズ型は，ベローズで管の伸縮を吸収するものである。ベローズの数により，1つが単式2つが複式となっており，その最大伸縮量は，単式で35 mm複式で70 mmである。

---

**○×問題に挑戦！**（記述の正誤を考えよう。解答は前ページ）

- ☐ Q1 貯湯槽の保守管理に関し，貯湯槽内の温度は使用に差し支えない範囲（50〜60℃）に保つ。
- ☐ Q2 貯湯槽の保守管理に関し，貯湯槽の缶体検査は法規の定めるところにより半年毎に1回受ける。
- ☐ Q3 給湯設備の保守管理に関し，中央式給湯設備では，常時給湯温度を60℃程度に維持する。
- ☐ Q4 給湯設備の保守管理に関し，真空式温水発生機は，労働安全衛生法により1年以内ごとに定期検査を行わなければならない。

給水および排水の管理

# 10 排水設備

> POINT ①排水の種類は，汚水，雑排水，雨水，湧水，特殊排水がある
> ②排水方式には，汚水と雑排水を別々の配管とする分流排水方式と，1つの系統とする合流排水方式とがある

## (1) 排水の種類

排水と一口に言っても「どのような場所で，どのように使われた水か」によりその扱いが変わる。

### ① 汚　水

人の排泄物が混ざった汚水をいう。通常は大小便器や汚物流しなどの器具からの排水で，大便，紙などの固形物を含む。汚水を流す排水系統を汚水系統と呼ぶ。

### ② 厨房排水

一般には雑排水として処理されているが，厨房からの雑排水には相当量の油脂分が含まれている。そのまま排水槽に流し込んだ場合，排水管内および排水槽内に油が固まり，排水管の詰りや槽内の汚れを著しくする。そこで，厨房内の洗い場からグリース阻集器に入れて油分を分離および食物を集め，油分や残り物を除去した後に排水を排水槽に流し込む。

### ③ 雑排水

洗面器，台所流し，浴槽からなどの人や動物の汚物，尿が混入していない排水をいう。雑排水を流す排水系統を雑排水系統という。汚水と雑排水は人の生活活動で生じることから，生活排水ともいう。

### ④ 雨　水

ここでいう雨水とは，建築物の屋根および敷地内の降雨水のことを雨水という。ルーフドレンを介して雨水排水管を通り，直接下水道に放流される。

### ⑤ 湧　水

建築物の地下外壁や底版から浸透してくる地下水を湧水という。湧水は地下階で発生するため，一度湧水槽に集められてから，下水道に放出される。

### ⑥ 特殊排水

工場，病院，研究所などから排出する有害・有毒・危険な性質をもった排水をいう。特殊排水中に含まれる有害物質や放射能は，特別な装置を設けて処理を行なわなければならない。特殊排水を扱う排水系統を特殊排水系統と呼ぶ。

## (2) 排水方式

### ① 分流排水方式

分流排水方式は，便器等からの汚水と洗面器等からの雑排水を区別して，別々の配管系等で排水することをいう。前者を汚水排水管，後者を雑排水管という。

### ② 合流排水方式

汚水管と雑排水管を区別しないで同一

[解答] 1 ―○　2 ―×（800 ではなく，500 mm である。暗記するしかない）　3 ―○　4 ―○　5 ―○

系統として排水するもの。すなわち、便器等からの排水と洗面器等の排水は1本の排水管で流されている。

③ 重力式排水と機械式排水

水は重力によって、高所から低所に向かって流れる。この原理をそのまま利用した排水方法を重力式排水という。この原理に逆らい、低所から高所へポンプなどの機械装置により排水をくみ上げる方法を機械式排水という。

通常、建築物内の地上部分より上からの排水は重力式排水とし、地下部分等で生じた排水は機械式排水により建築物の外へ排出する。

重力式で水平方向に排水を流す際には、必ず排水管に勾配をもたせなければならない。当然のことながら重力式排水では全くエネルギーを必要としないが、機械式排水では動力源としてのエネルギーが必要となる。

④ 間接排水

間接排水は、汚染防止の目的で、とくに衛生上配慮すべき機器に対して他の器具からの排水が逆流したり、その下水ガスが浸入したりすることを防止するために、排水管に直接排水せずに、所要の排水口空間を設けて排水する方式のことを

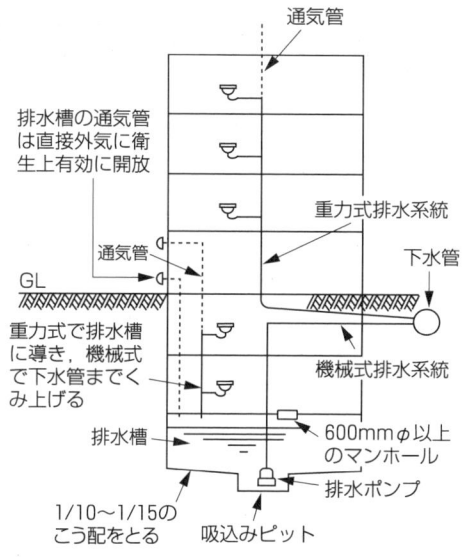

**図10.1 重力式排水と機械式排水**

いう。間接排水を必要とする機器や排水管は建築基準法では、冷蔵庫、食品洗浄機、水飲み器、洗濯機、消毒器、給水ポンプ、空気調和機その他これに類する機器、貯水タンクなどのオーバーフロー管、皮むき機、洗米機、スチームテーブル、すすぎ用流しなどの厨房用調理機器や流し、水泳用プールの排水管、オーバーフローまたはプールのろ過装置からの逆洗水と定められている。

---

○×問題に挑戦！ (記述の正誤を考えよう。解答は前ページ)

☐ Q1　厨房用の排水管の詰まりは、油脂類が配管内に固着して発生する場合が多い。
☐ Q2　間接排水管にトラップを取り付けなければならないのは、その長さが800mmを超える場合である。
☐ Q3　皮むき器、洗米機、製氷器などの機器は、間接排水としなければならない。
☐ Q4　排水を重力式で排除できない場合は、最下階に排水槽を設ける。
☐ Q5　敷地排水管を埋設する場合は、凍結深度以下にする。

給水および排水の管理

# 11 トラップと阻集器(1)

POINT① トラップの目的は水（封水）で空気を遮断し悪臭を防止すること
② トラップには，管トラップ（P形・S形・U形），ドラムトラップ，わんトラップ，トラップますなどがある

## (1) トラップの目的

排水管内に排出される水にはさまざまな汚物が混入しており，排水管の内壁に付着したり排水槽の底に沈殿するなどにして腐敗し，悪臭を放つ有害なガスや病気の伝染媒体となる衛生害虫などを発生させる。また，下水道の下水ガスなどが排水管内を逆流して建築物内部に侵入し，居住空間を不快で非衛生的な状態にするおそれがある。

それら排水管内の有害で汚れた空気が排水口から室内に侵入してくるのを確実に防止するのがトラップである。

## (2) 阻集器とは

阻集器とは排水中に含まれる物質のうち，排水管内，終末処理施設，放流先さらには地域環境などに支障や害を与えるおそれがあったり，危険性があるなど，排水としては流したくないものを阻止する装置である。

例えば，グリースやオイルなどは冷えると凝固して排水管内面に固着して閉塞するとか，終末処理施設の浄化処理機能に支障をきたすなどの弊害を及ぼす。そのためスクリーンや沈殿槽を設けて油脂成分を分離，収集して水液のみを排水するようにすることが必要である。

阻集器にはトラップ機能を併せ持つものが多いので，器具のトラップと競合して二重トラップにならないように注意が必要である。

## (3) トラップの構造条件

トラップの代表的な形のものを例に各部の名称を図11.1に示す。この図でもわかるようにトラップは，排水通路の一部を凹ませ水を留め，その水で排水通路に空隙間部ができないように閉塞（封水ともいう）する構造である。

トラップの機能・構造は次の条件を満足する必要がある。

① 排水管内の臭気を有効に遮断できる構造であること。
② 阻集器を兼ねたものを除き，汚物などが付着または沈殿しない構造とし，排水に接する面は平滑で汚物が停滞せず，排水の流れで洗い落とされるよう自浄作用があること。
③ 容易に内部の清掃ができる構造であること。
④ 封水の深さは50 mm以上100 mm

---

[解答] 1―○　2―○　3―○　4―×（オーバーフロー面ではなくあふれ縁と吐水口端との垂直距離を吐水口空間という）

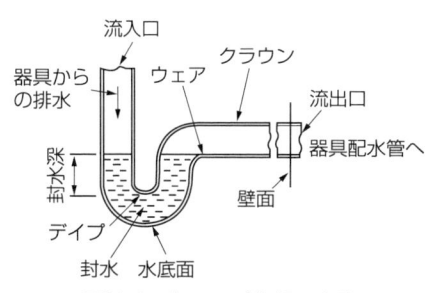

図11.1 トラップ各部の名称

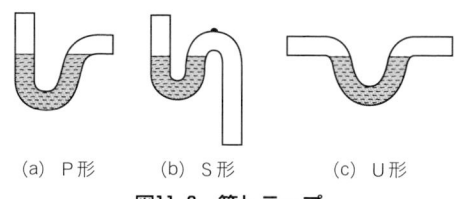

(a) P形　(b) S形　(c) U形

図11.2 管トラップ

図11.3 ドラムトラップ

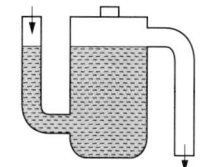

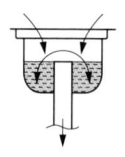

図11.4 わんトラップ（ベルトラップ）

以下であること。

**(4) トラップの種類**

① 管トラップ（図11.2）

管を曲げて作った形のものをいう。機能的に優れ、トラップの代表的なもので、手洗い器や洗面器に使われている。

P型は適切に通気を取れば破封のおそれはほとんどなく理想的な形である。S型は洗面器などの留め洗いで排水した場合、サイホン現象の発生が懸念される。

U型は流れを阻害するおそれもあり、採用する場合は、Uの底部に清掃口を設ける必要がある。

② ドラムトラップ（図11.3）

封水部が胴状（ドラム状）のもので、サイホン現象を起こしにくい構造なので破封することが少ないが、取付け場所にスペースを取る。

③ わんトラップ（図11.4）

封水の構成部分が、伏せたお椀（ベル）の形をしている。形がコンパクトで収まりやすく、流し、浴室排水、床排水などに使用される。わんの裏側と排水流出口との間が狭い欠点がある。

④ トラップます

雨水系統が敷地の外に出る箇所などに、下水道からの下水ガスが雨水系統に逆流してくることを阻止するために、排水ますの中に設ける。

---

**○×問題に挑戦！**（記述の正誤を考えよう。解答は前ページ）

☐ Q1　破封とは、トラップの封水が減少し、空気が流通し得るような状態をいう。

☐ Q2　あふれとは、衛生器具またはその他の水使用機器の場合はその上縁から、タンク類の場合はオーバーフロー口から水が流れ出す現象をいう。

☐ Q3　水封とは、トラップに水を蓄えて、排水管などからの下水ガス・臭気・衛生害虫等が室内に侵入するのを防止することをいう。

☐ Q4　吐水口空間とは、給水栓または給水管の吐水口端とオーバーフロー面との垂直距離をいう。

5　給水および排水の管理

## 給水および排水の管理

# 12 トラップと阻集器(2)

POINT ①トラップ破封の原因には，自己サイホン現象，誘導サイホン現象，跳ね出し現象などがある
② 1つの排水系統に直列で2個以上のトラップは設けない
③阻集器には，グリース阻集器，オイル阻集器，砂阻集器などがある

## (1) トラップの破封の原因

トラップの封水はさまざまな原因でその機能を損なうことがあり，これを**破封**という。その主な原因は次の通り。

① 自己サイホン作用

器具からの排水が一気に流れるなどにより，その排水自体の流れる勢いでトラップ内の封水が吸引されるなどして，トラップ内に残る水の量が減ったりなくなったりする現象。

② 誘導サイホン作用（吸い出し作用）

立て管上部から一気に多量の水が落下してくると，立て管がシリンダーとなり，あたかも落下する水がピストンのような作用を誘発して，立て管と器具からの排水管との接続部付近の気圧が大気圧より低くなる。その結果，トラップ内の水が圧力の低い方へ吸引され，減ったりなくなってしまう現象。

③ 跳ね出し作用

立て管下部の空気が圧縮されて管内圧が上昇し，その結果，排水横主管内に近い位置で立て管に接続されているトラップ内の水が飛び出す現象。

④ 毛細管現象

トラップのウェア（あふれ部）に毛髪や布糸などが引っかかって垂れ下がった状態のままになっていると，毛細管現象で徐々に封水が吸い出されて，最終的にはトラップの水がなくなってしまう現象。

⑤ 蒸　　発

長い期間使用しないままになっている器具のトラップや床に水を流すことが稀な場所に設けた床排水トラップ内の水が自然蒸発によって空になる現象。

## (2) 二重トラップの禁止

1つの排水系統に直列に2個以上のトラップを設けることをいい，禁止されている。二重トラップは，衛生器具には各個にトラップが設けられているが，その先の配管の途中にトラップを設けた場合，2つのトラップに挟まれた排水管内は閉塞状態になり，器具から排水とともに流入した空気は逃げ場がなくなり，器具のトラップ封水や排水の流れに悪影響を及ぼすためである。

## (3) 阻集器の種類

① グリース阻集器

---

[解答] 1—○　2—×（トラップウェアから管径の2倍未満の位置から取り出す通気を頂部通気という）　3—○　4—○　5—○

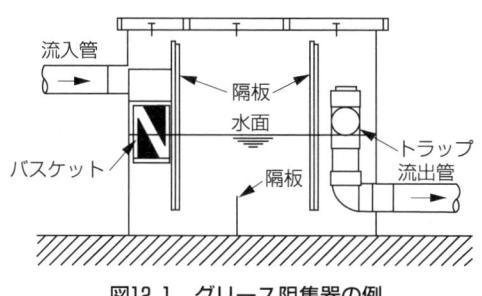

**図12.1 グリース阻集器の例**

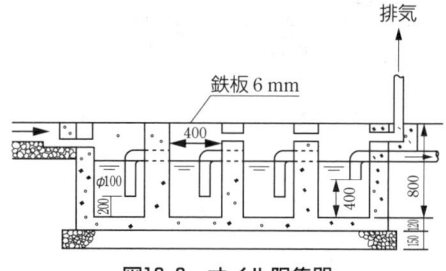

**図12.2 オイル阻集器**

厨房などからの排水中に含まれる脂肪分を，いくつかの隔壁が設けられた容器内で冷却，凝固させて阻集するもの。

② オイル阻集器

自動車の修理工場や洗車場，給油場など，ガソリンや油類が排水系統に流れ込み，引火，爆発などの事故を起こす危険性がある場所に用いる。

洗車場などでは，土砂の流入もあるので，その阻集も考慮した構造とし，設置場所も配慮する必要がある。

③ その他の阻集器

その他の阻集器としては，土砂，セメントなどの重い物質が流入して排水管を詰まらせないための砂阻集器や美容院，理髪店などの排水管に設ける毛髪（ヘア）阻集器，歯科病院，整形病院の処理室などの排水系統に設け，貴金属や水に不溶性のギプス用石膏（プラスチック）などを阻集する目的で設けるプラスタ阻集器などがある。

1）ランドリー阻集器

大きさ13 mm以上の不溶性物質（糸切れ，ボタン等）が排水系統に流入することを防止できる構造とし，取り外しが可能なメッシュ13 mm以下の金網バスケットが設備されている。

2）砂阻集器

土砂など比重が大きいことを利用して器内で沈殿，対流されるような構造になっている。泥留めの深さは150 mm以上としなければならない。

---

**○×問題に挑戦！**（記述の正誤を考えよう。解答は前ページ）

- ☐ Q1 医療器具の排水管は，一般排水系統からの逆流を防止するために間接排水とする。
- ☐ Q2 各個通気管を設ける場合は，トラップのウェアから管径の2倍未満の位置から取り出す。
- ☐ Q3 延長が長い排水横管の途中には，掃除口を設ける。
- ☐ Q4 厨房排水を流す排水管には，グリース阻集器を設ける。
- ☐ Q5 通気管は，すべて管内の水滴が自然流下で排水管へ流れるように，こう配を設ける。

給水および排水の管理

# 13 通気設備

POINT ①通気管の役目は，排水管の内圧変動を小さくして，トラップの封水を守ること
②通気管には，各個通気方式とループ通気方式がある

(1) 通　気　管

　通気管の役目は排水管の内圧変動を少なくしてトラップの機能を維持させることであり，システム的には，排水管と一体となって構成されている。

　このため，通気管は個々の衛生器具のトラップごとに設けるのが理想であるが，いくつかの衛生器具をまとめた形で通気管を設けるシステムでも十分に通気管としての機能を確保できる。個々の衛生器具に設けるものを**各個通気方式**といい，まとめた方式を**ループ通気方式**という。

　排水立て管に空気を補給するための管を延長して立ち上げ，最頂部を外気に解放するが，この延長部分を**伸頂通気管**と呼ぶ。

　排水立て管と対になり，排水立て管へ空気を補給する役目とともに，各階からの通気管を接続するための主管として通気立て管がある。通気立て管に接続される各階の通気管は通気横枝管という。

　また，2本以上の伸頂通気管もしくは，排水通気主管を建築物の最上階などで交互に連絡し外気に解放する管を通気横主管（または通気ヘッダー）と呼ぶ。

　その他特殊な通気管としては，共用通気管，逃し通気管，湿り通気管，結合通気管などがある。

① 逃し通気管

　排水，通気両系統間の空気の流通を円滑にするために設ける通気管をいう。

② 器具通気管

　器具排水管から垂直線と45°以内の角度で分岐し立ち上げる通気管で，それから他の通気管までの間の管をいう。

③ 伸頂通気管

　排水立て管の頂部を延長し，大気中に解放したものをいう。

④ 湿り通気管

　大便器以外の器具からの排水が流れることがある通気管をいう。

(2) 開口部の設置条件

　通気管の末端は大気に解放することになるが，その建築物または近隣の建築物に接近して開口する場合は，次のような条件がある。

　① 通気管末端の開口部は，出入り口，窓，その他の開口部より少なくとも600 mm以上立ち上げる。立ち上げることができない場合は，それらの開口

---

［解答］ 1－× (100 mm以上ではなく，150 mm以上である) 2－○ 3－○ 4－○
5－○ 6－× (下流側で接続する)

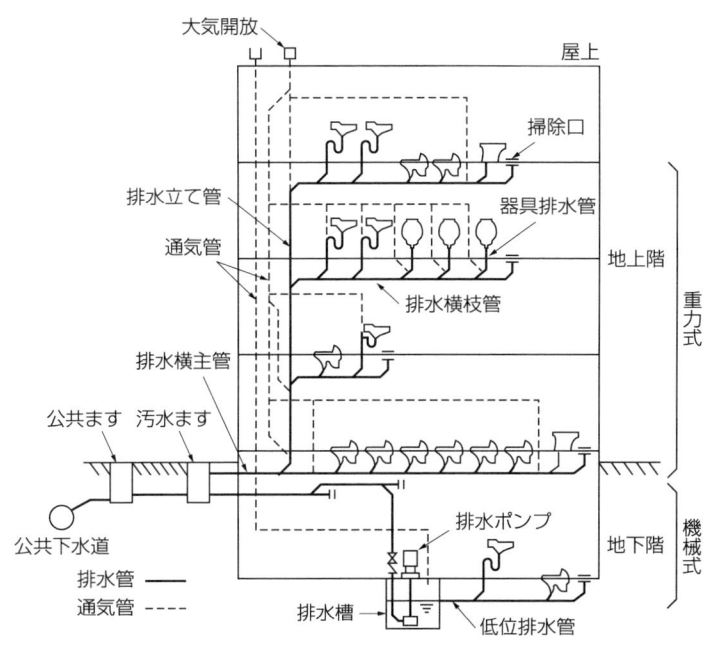

**図13.1　排水設備と通気設備**

部等より水平に3.0m以上離す。
② 寒冷地などで開口部が凍結によって閉塞するおそれがある場合には，開口部径は75mm以上とする。
③ 通気管の開口部は，その断面積を縮小しないで外気に解放する。
④ 通気管の末端は，建築物張り出しの下部に開口してはならない。

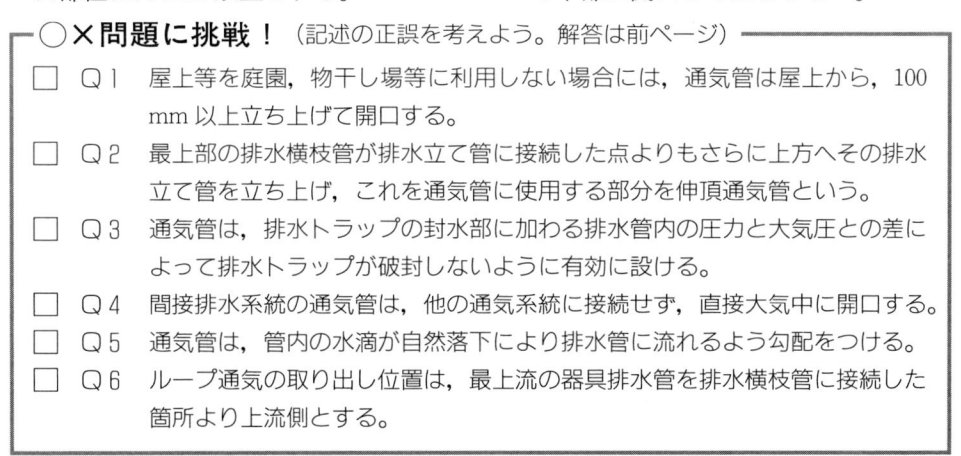

---

**◯×問題に挑戦！**（記述の正誤を考えよう。解答は前ページ）

- □ Q1　屋上等を庭園，物干し場等に利用しない場合には，通気管は屋上から，100mm以上立ち上げて開口する。
- □ Q2　最上部の排水横枝管が排水立て管に接続した点よりもさらに上方へその排水立て管を立ち上げ，これを通気管に使用する部分を伸頂通気管という。
- □ Q3　通気管は，排水トラップの封水部に加わる排水管内の圧力と大気圧との差によって排水トラップが破封しないように有効に設ける。
- □ Q4　間接排水系統の通気管は，他の通気系統に接続せず，直接大気中に開口する。
- □ Q5　通気管は，管内の水滴が自然落下により排水管に流れるよう勾配をつける。
- □ Q6　ループ通気の取り出し位置は，最上流の器具排水管を排水横枝管に接続した箇所より上流側とする。

給水および排水の管理
# 14 給水管・給湯管

> POINT ①飲料用給水管には合成樹脂ライニング鋼管が，給湯管には銅管やステンレス鋼管が用いられる
> ②給湯管は，高温の水が流れるので腐食しやすい

## (1) 給水・給湯配管

### ① 亜鉛めっき鋼管

従来，一般のビルの給水管として，亜鉛めっき鋼管が多く用いられてきた。しかし，亜鉛の浸出による白濁現象や腐食によるさびこぶで水の出が悪くなったり赤水の発生などの問題が生じ，現在では飲料用給水管としては用いられていない。

### ② 合成樹脂ライニング鋼管

鋼管の内面に合成樹脂を張り付ける（ライニング）したものである。これには水道用硬質塩化ビニルライニング鋼管と水道用ポリエチレン粉体ライニング鋼管がある。

### ③ 銅管

銅管は耐食性が高く，管内面がなめらかで流水抵抗が小さく，軽量である。以前から給湯用配管材料として使用されてきた。

### ④ ステンレス鋼管

ステンレス鋼管は耐食性管材として，かなり以前からプラントの配管に使用されてきた。近年では給水・給湯配管に薄肉の一般配管用ステンレス鋼管が使われるようになっている。

### ⑤ 合成樹脂管

合成樹脂管は軽量であり，耐食性に優れ，摩擦係数が小さく，電気的には不導体である。短所としては，耐衝撃性，耐熱性に劣り，不燃材であるとともに有機溶剤に弱い。給水設備には，水道用硬質塩化ビニル管，水道用ポリエチレン管，水道用耐衝撃性硬質塩化ビニル管が使われている。

## (2) 接合方法

合成樹脂ライニング鋼管の接合では，150A以下の管径のものはねじ込み式，150Aを超える管径のものは溶接式フランジを用いるのが一般的である。

ねじ接合では，管の切断部は鋼が露出することになるので，管端防食継手を用いるなどの対策が必要である（図14.1）。

ステンレス鋼管の接合では，図14.2に示すような，メカニカル継手が多く採用されている。

## (3) 弁（バルブ）類

### ① 仕切弁

流体の開閉のみの目的で使用される弁で，設備配管の最も多く使用される。弁体が管路を垂直に仕切るように開閉する

[解答] 1—○ 2—×（銅管に限らず管内流速は毎秒2m程度がよく，流速が速すぎると摩擦により腐食が加速される） 3—○ 4—○ 5—○

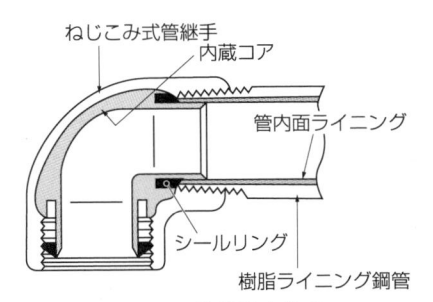

**図14.1　管端防食継手**

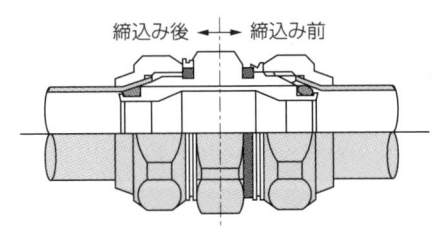

**図14.2　メカニカル継手**

ものデ、ゲート弁とも呼ばれる。

② 玉形弁

弁本体が球形で、弁体が管路をふさぐような構造で、流量調整に適する。グローブ弁とも呼ばれる。

③ バタフライ弁

円盤状の弁体の角度を変えることにより管路の開閉を行う構造である。流量調節機能もあり設置スペースが小さいという長所がある。

④ 逆止弁

チャッキ弁とも呼ばれるもので、流体が一方向のみに流れる機能をもつ。

**(4) 配管類の管理**

給湯設備の管理は、配管部分の防錆と加熱装置、貯湯槽、循環ポンプなどの機器部分の防錆がある。配管部分の防錆には配管材料の選定が重要な要素になる。ステンレス鋼配管や銅配管が多いのはこの点への配慮である。銅配管等を使用した場合、異種金属間の電位差による孔食等に気をつける。

給水配管に比べ、給湯管は腐食が激しいといわれている。腐食速度は一般的に温度上昇にともなって対数的に増大する傾向がある。また給湯設備では温度の上昇にともなって気泡を発生するためである。さらに、気泡による腐食だけでなく配管類の損傷も引き起こす要因となっている。この防止のために温水配管には、気水分離器とエア抜きとを併用することが効果的である。

---

**○×問題に挑戦！**（記述の正誤を考えよう。解答は前ページ）

- □ Q1　水道用亜鉛めっき鋼管は、赤水やさびこぶの発生が多発するようになったので、給水管としては現在ほとんど使用されていない。
- □ Q2　給湯系統に銅管を使用する場合、潰食（かいしょく）の発生を防止するためには、管内の流速を速くすることが大切である。
- □ Q3　内外面樹脂ライニング鋼管を屋外土中埋設用に使用する場合、外面の防食装置に傷が付くと、短期間のうちに鋼管が腐食する。
- □ Q4　一般配管用ステンレス鋼管は、腐食しにくいが、全く腐食しないわけではない。
- □ Q5　樹脂管には、防火区画等の貫通部に関する規制がある。

給水および排水の管理
# 15 排 水 管

> POINT ①排水管材料としては，鋳鉄管，炭素鋼管，プラスチック管，コンクリート管が用いられる
> ②排水管および通気管は，清掃および定検を定期に行わなければならない

## (1) 排水管材料
### ① 鋳 鉄 管
鋳鉄管は，鋼管に比較して耐食性が優れており，差し込み接合で施工性もよく，安価である。その用途を次に示す

1) 排水用鋳鉄管1種
2種より管肉厚があり，主に外部の埋設配管に使用される。

2) 排水用鋳鉄管2種
屋内配管に使用される。

3) ラバージョイント形排水鋳鉄管
屋内配管に使用される。

### ② 炭素鋼管
鋼管は鋳鉄管より軽く，耐外力が大きい。また，ネジ接合で施工が容易である。しかしその反面腐食に弱い。

排水・通気管には一般に水道亜鉛めっき鋼管・配管用炭素鋼管（白管）が用いられる。接合方法はねじ込み接合で，通気管には給水配管と同じ継ぎ手が使用される。排水管では，排水の流れを阻害しないようにするため，ドルネージ継ぎ手が使用される。この継ぎ手は，約1/50の勾配がつくようにエルボの曲がり角度を大きく取ってあったり，ねじ込み部の配管の凸凹をなくして継ぎ手部で汚水が溜まらないように雌ねじの奥にリセスというくぼみを設けてある。接合する場合，雄ねじの端が，このリセスの肩に触れるまでねじ込むことによって，管内面と継ぎ手の内面が平らになり，気密に接合できる。

### ③ プラスチック管
プラスチック管は軽量であり，耐食性に優れ，摩擦係数が小さく，電気的には不導体である。短所としては，耐衝撃性，耐熱性に劣り，不燃材であるとともに有機溶剤に弱い。

排水用プラスチック管は，硬質塩化ビニル管が規格化されており，継手は排水用硬質塩化ビニル管継手が規格化されている。なお，下水道用には，下水道用硬質塩化ビニル管，下水道用強化プラスチック複合管がある。

### ④ コンクリート管
コンクリート管には，鉄筋コンクリート管，遠心力鉄筋コンクリート管（ヒューム管），ロール転圧鉄筋コンクリート

[解答] 1―〇　2―×（前半は記述通りであるが，後半の雨水排水立て管を雑排水管または通気管と兼用したり，これらの管に接続することは認められていない）　3―〇　4―〇　5―〇

管，下水用鉄筋コンクリート管があり，いずれも屋外用排水管として用いられている。

遠心力鉄筋コンクリート管，ロール転圧鉄筋コンクリート管は，建築物の敷地内の排水管として広く用いられている。これらのコンクリート管は，内圧に対しては強いが，弾性がないのが特徴である。

### (2) 排水管の保守

建築物内の排水を支障なく排水するためには，排水管はその排水に適当な管径と勾配が必要である。

横走管は流水面が1/2ぐらいの管流が適当であり，いかなる場合でも2/3以上に流水面が上昇しないようにし，空気の流通を確保する。また，配管の勾配は，管径50mm以下は1/50とし，65mm以上は管径の逆数程度である。

### (3) 排水管の管理

建築物衛生法による管理基準では，排水に関する設備（衛生器具，トラップ，排水管，通気管，排水槽，排水ポンプ，阻集器等）の正常な機能が阻害されることにより汚水の漏出等が生じないように，当該設備の補修および清掃を行うことを規定している。

さらに，特定建築物維持管理権原者は，排水に関する設備の掃除を，6か月以内ごとに1回，定期に行わなければならない，と規定されている。

また，排水管の管理の具体的な基準として，排水管および通気管について，損傷，さび，腐食，詰まりおよび漏れの有無を定期に点検し，必要に応じ，補修等を行うこと，が示されている。

### (4) 排水管の勾配

汚水のみを排出する排水管の内径および勾配は，特別な場合を除き，表の排水人口から規定されている。

表15.1

| 排水人口 | 管径(mm) | 勾配(mm) |
|---|---|---|
| 150未満 | 100以上 | 100分の2以上 |
| 150以上300未満 | 125以上 | 100分の1.7以上 |
| 300以上500未満 | 150以上 | 100分の1.5以上 |
| 500以上 | 200以上 | 100分の1.2以上 |

―○×問題に挑戦！―（記述の正誤を考えよう。解答は前ページ）

- □ Q1 排水管は，排水すべき雨水または汚水の量および水質に応じ，有効な容量，勾配および材質を有することが要求される。
- □ Q2 雨水排水立て管は，汚水排水管と兼用したり，これに接続してはならないが，雑排水管または通気管と兼用したり，これらの管に接続することは認められている。
- □ Q3 排水管の末端は，公共下水道，都市下水路その他の排水設備に，排水を有効に接続させる。
- □ Q4 汚水に接する部分には，不浸透質の耐水材料を用いる。
- □ Q5 排水管の継手は，管の内面と継手の内面がほぼ平滑になるような構造となっている。

給水および排水の管理

# 16 排水槽と排水ポンプ

> POINT ①排水槽の構造として，外部に臭気が漏れないこと，底の勾配が1/15〜1/10，直径60cm以上のマンホール，通気管など
> ②排水槽の清掃は6か月以内ごとに1回定期に行うこと

## (1) 排水槽の構造

建築物の床下や屋外で排水をいったん貯留するために設ける槽を排水槽という。水槽は貯留する排水の種類により，汚水槽，雑排水槽，雨水槽および建築物の地下部分の外壁や土に接する床など，構造躯体を通じてしみ出る地下水をためる湧水槽に区分して設置される。

排水槽は十分な強度をもち，排水漏れがなく，槽内部の臭気も外部に漏れない構造とする。特に汚水槽，雑排水槽の内部には汚物や厨芥その他の異物が溜まるので重要である。また，底部には図16.1に示すように吸込みピットに向かって，1/15〜1/10の勾配を設ける。

排水槽は定期的に内部の点検・清掃が義務づけられており，人が容易に出入できる大きさの有効径60cm以上のマンホールを設ける。また，排水用水中ポンプが設置されている槽のマンホールは，ポンプの出し入れが可能な大きさと位置とする。

さらに排水槽には，槽内で発生する下水ガスならびに排水とともに排水管から入ってくる空気の排気および排水ポンプ

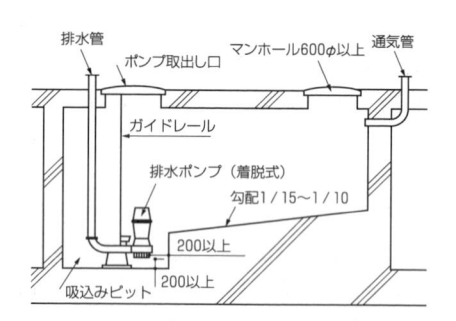

図16.1 排水槽の標準的な構造

運転時の排水槽内への空気補給を目的として，単独の直接外気に解放された通気管を設ける。

## (2) 排水槽の保守管理

排水槽を清掃しないで放置しておくと，硫化水素ガスが発生し，悪臭であるとともに有毒である。清掃作業時等は，酸素欠乏危険作業主任者の資格を有するものが作業を指揮し，酸素濃度が18％以上有り，硫化水素濃度が10 ppm以下であることを事前に測定する。

① 建築物衛生法による管理基準では，排水槽の清掃は，6か月以内ごとに1回定期に行うことが規定されている。

［解答］ 1—○　2—×（一緒に貯留すると腐敗の進行が早く，悪臭を発する）　3—○　4—○　5—○

② 汚泥等はバキュームで吸引して，汚水を含む排水槽の汚泥は一般廃棄物として，その他の汚泥は産業廃棄物として建築物から搬出する。

(3) 排水ポンプの構造

建築物の地下部分で発生した排水は，いったん排水槽に貯留した後，排水ポンプによって建築物外の排水ますに排出する。また，広い敷地においては，敷地の外の下水道等まで自然勾配で流れていく勾配（落差）がとれない場合は，敷地の一部に排水槽を設け，水槽に排水を集めた後に排水ポンプによって放出するポンプ圧送による排水がある。

通常，排水ポンプは，1つの排水槽に2台設置し，平常時は交互運転を行い，流入量が異常に多くなり，1台の運転では追いつかなくなった場合等には2台を同時に運転する方法をとっている。水中ポンプには脱着装置を設け，保守・点検の際は，排水槽の点検マンホールの外（上）まで引き上げることができる構造となっている。

① 汚物ポンプ

汚物ポンプは，汚物，固形物を多量に含む廃液の移送に用いられ，羽根車の形状は汚物によって閉塞しないように特に考慮されてており，羽根車の形状によりノンクロッグポンプ，ブレードレスポンプ，クロレスポンプなどがある。

② 雑排水ポンプ

雑排水ポンプは，ある程度の固形物を含む汚水の移送用に用いられ，羽根車は固形物によって閉塞しないように2〜3枚になっていて，通過部の断面は大きくしてある。

③ 湧水ポンプ

湧水ポンプは二重基礎内の浸透水や機械類の冷却水など，原則的には全く固形物を含まない排水を排水排除する場合に使用するポンプで一般に水中ポンプまたは横型渦巻きポンプが多く使われている。

(4) 排水ポンプの定期点検

① 1か月に1回の絶縁測定を行い，1MΩ以上あることを確認する。
② 6か月〜1年に1回，水中ポンプのメカニカルシール部のオイルを交換する。
③ 1〜2年に1回程度メカニカルシールの交換を行う。
④ 3〜5年でポンプのオーバーホールを行う。

---

**○×問題に挑戦！**（記述の正誤を考えよう。解答は前ページ）

☐ Q1　排水槽の清掃は，6か月以内ごとに1回，定期に行う。
☐ Q2　厨房排水と汚水を，同一の排水槽に貯留する。
☐ Q3　排水ポンプは，水位制御とタイマー制御を併用する。
☐ Q4　排水槽の底には吸込みピットを設け，吸込みピットに向かって1/15以上1/10以下の勾配を設ける。
☐ Q5　排水槽の清掃後やポンプ修理後は，ポンプの絶縁抵抗の測定，アース線接続等の確認をしてから運転する。

給水および排水の管理
# 17 雑用水の利用

> POINT ①雑用水の用途には，水洗便所用水，消火用水，清掃用水など
> ②雑用水の水質基準はpH値，臭気，外観，大腸菌，濁度および遊離残留塩素濃度の項目がある

建築物における雑用水とは，自分の所から出た生活排水，または雨水や排水などを水源として用途に応じ必要程度浄化して，飲料以外の用途に供するものをいう。

(1) **建築物における雑用水の用途**
① 水洗便所用水
② 消火用水
③ 屋外清掃用水
④ 機器冷却用水
⑤ ボイラ用水
⑥ 各種洗浄水
⑦ レクリエーション用水
⑧ 融雪用水

等の用途に応じ，水質と水量が安定して供給されることが必要最低条件となる。

(2) **水質の目標**
① 衛生上問題がないこと
② 利用上支障がないこと
③ 利用上不快感がないこと
④ 施設や器具の機能に悪影響がないこと
⑤ 管理基準の確保および判定のための適切な指標があること
⑥ 水処理技術の安全性が確立されていること
⑦ 水質を維持するための処理コストが合理的であること

等であり，水質面からいえば，濁り，色，臭気，発泡錆，腐食性，着色現象，有害微生物の存在（大腸菌，ウイルスなど），管機器への異物や二次生成物の付着の可能性などがある

(3) **雑用水の水質基準**

建築物衛生法に基づく雑用水の水質基準を**表17.1**に示す。なお，給水栓における水に含まれる遊離残留塩素は0.1ppm（結合残留塩素の場合は0.4ppm）以上に保持すること。

再利用水を原水とする雑用水道の水洗便所用水の管理は次のとおりである。
① 衛生上必要な措置として塩素消毒を行うこと。

**表17.1 雑用水の水質基準**

| | | |
|---|---|---|
| 1．| pH値 | 5.8以上8.6以下であること |
| 2．| 臭気 | 異常でないこと |
| 3．| 外観 | ほとんど無色透明であること |
| 4．| 大腸菌 | 検出されないこと |
| 5．| 濁度 | 2度以下であること |

ただし，便器洗浄水に利用する場合は，5．を除く。

[解答] 1―○　2―○　3―○　4―○　5―×（雑用水の水質基準は，散水，修景または清掃の用に供する水と水洗便所の用に供する水とでは異なる）

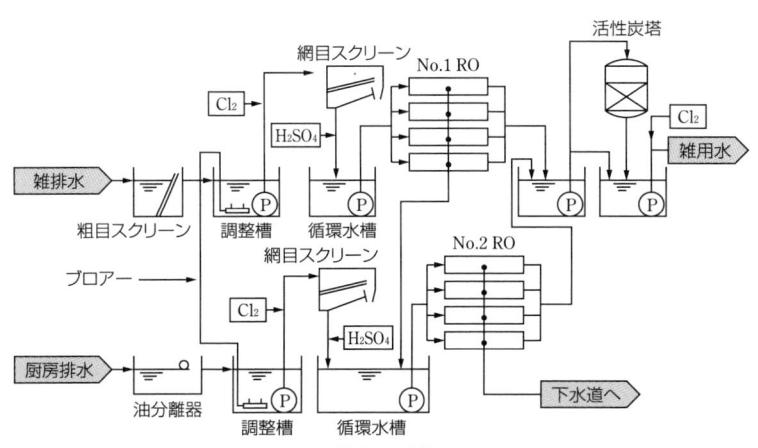

**図17.1 排水再生処理工程**

② pH，臭気，外観および残留塩素について，7日以内ごとに1回検査を行うこと。
③ 雑用水道には手洗い付の洗浄用タンクを使用しないこと。
④ 雑用水道管と飲料用水道管との誤接合防止のために着色等の措置を講ずること。
⑤ 大腸菌および濁度について，2か月以内ごとに1回定期に水質検査を行うこと。

**(4) 維持管理の記録**

毎日の維持管理を記録し，月報等の中で監理問題点を整理してゆくこと。

**(5) 安全衛生管理**

① 処理装置の運転および保守点検に伴う衛生管理は，労働安全衛生法等の定める基準による。特に労働空間の清潔な空気環境を維持するように努める。
② 衛生害虫の発生を防止する等，清潔に維持する。
③ 施設から悪臭が発生することのないようにする。
④ 水槽等を清掃する場合は，あらかじめ有毒ガス，酸素濃度等を測定して換気等に努める。

---

**○×問題に挑戦！**（記述の正誤を考えよう。解答は前ページ）

- □ Q1 原水となる排水の水質が良いほど，再利用処理コストは安価となる。
- □ Q2 雨水の集水場所は，建築物の屋根面や屋上とする場合が多い。
- □ Q3 雨水は，一般に沈砂層程度の処理で利用される。
- □ Q4 雑用水の原水は，年間を通じて安定して得られる排水を優先する。
- □ Q5 雑用水の水質基準は，その使用用途にかかわらず一律である。

給水および排水の管理

# 18 雑用水設備・厨房除害設備

POINT ①建築物内で発生した排水を原水とするときは，処理設備が必要
②雑用水配管と飲料用水配管の誤接続防止のための措置を講じる
③厨房排水の処理には，浮上分離法と生物処理法がある

雑用水の水源としては，建築物内で発生する排水の再利用，雨水，井水（地下水），工業用水などがある。排水や雨水を原水とする場合は，排水再利用設備（雑用水処理設備）が必要となる。

処理をした雑用水を建築物内に供給するために，受水槽，ポンプ，配管などの設備が設けられる。

**(1) 排水再利用設備**

建築物内で発生した排水を雑用水として用いるには，浄化槽（❷参照）と同様の処理を行う。すなわち，

スクリーン→流量調整槽→生物処理槽
→沈殿槽→ろ過装置→消毒槽

という過程で処理される。

**(2) 雑用水受水槽**

雑用水受水槽は，耐食性および耐久性のある材質のものを選定する。また，雨水および井水や排水再利用水を利用する場合は，上水の補給装置を設ける必要がある。

雑用水を便器洗浄用のみに利用する場合は，雑用水受水槽を建築物の最下階の二重スラブ内に設けてもよいが，散水・清掃用水として利用する場合の雑用水受水槽は，飲料用受水槽に準じて6面点検

が可能な設備とすることが望ましい。

**(3) 雑用水配管**

雑用水配管が飲料用水配管と誤って接続されると衛生上重大な支障が生じるおそれがある。特に竣工後に改修した場合は，その危険性がさらに大きくなる。

防止対策として以下の措置をとる。

① 上水と雑用水の配管材料を変える。
② 上水管，雑用水管，給湯管等が平行して配管される場合は，配列を変更しないこと。
③ 雑用水管であることを明示して，上水管と異なる識別色で塗装等の表示をすること。
④ 竣工時に，雑用水に着色して通水試験を行い，上水の器具が接続されていないことを確認すること。

また，雑用水を便器洗浄以外の散水等に使用する場合は，誤飲誤用を防止するため，次のような措置をとる。

① 雑用水は，洗面器，手洗器等で誤飲・誤用のおそれがある器具に接続しないこと。
② 雑用水は専用の場所に設置し，不特定多数が使用しないように，鍵付き水栓とする。

[解答] 1—○  2—○  3—○  4—○

③ 雑用水栓には，雑用水であり飲用を禁止する表示を施す必要がある。

**(4) 厨房除害設備**

厨房排水の特徴は，BOD，SS濃度が高く，さらに油分が多く，水温が比較的高い。下水道に直接放流できないので，排水処理を行ったうえで下水道に放流する。処理方法には浮上分離法と生物処理法がある。なお，旅館やベッド数が300以上の病院の厨房ならびに一定規模以上の厨房を有する事業所は，水質汚濁防止法に基づく特定施設に該当する。厨房除害設備は，下水道法第12条で，除害施設の設置等が施設によって，義務づけられている。なお，実務上，厨房除害設備を厨房除外設備と表現する場合もある。

① 浮上分離法

凝集剤を添加して加圧浮上槽で加圧した気泡と凝集剤を接触させて浮上分離させる加圧浮上分離方法が一般的である。油の重力分離の基本式をストークスの式で表すことができる。

② 生物処理法

酵母菌や油分解菌を用いた処理方法である。添加する菌種によって，pH，水温，分離時間に差異が生じる。

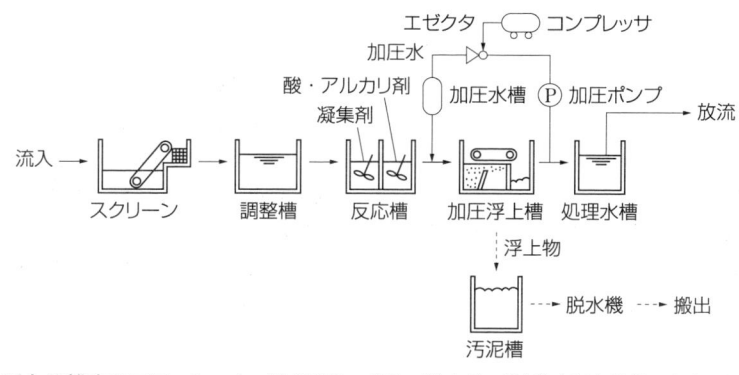

図18.1 浮上分離法のフローシート（空気調和・衛生工学会編：「給排水衛生設備の実務の知識」より）

---

**○×問題に挑戦！** （記述の正誤を考えよう。解答は前ページ）

☐ Q1 雑用水配管が上水給水管と誤接続されていないことを確認するため，竣工時に着色水で検査する。

☐ Q2 地下二重スラブを利用する雑用水受水槽のマンホールは床から10 cm以上立ち上げる。

☐ Q3 排水の再利用における色度や臭気の処理として，活性炭処理やオゾン処理を行う。

☐ Q4 厨房排水除害施設から発生する汚泥量は，浮上分離法に比べて生物処理法のほうが少ない。

給水および排水の管理

# 19 衛生器具

POINT ①衛生器具とは，大便器，小便器，洗面器，浴槽から，ペーパーホルダ，石けん入れなどを含めたものをいう
②大便器には，サイホン式，サイホンゼット式などがある

## (1) 衛生器具とは

便所，洗面所，浴室などに使用されている大便器，小便器，洗面器，手洗器，浴槽などの水受け容器およびこれらに使用されている給水器具，排水器具，便座，ペーパーホルダ，鏡，化粧棚，石けん入れなどを含め，衛生器具という。

衛生器具に関する種類，形状，寸法，材質，機構，耐圧などは，JISで定められている。

衛生器具と付属品には次のような条件が求められる。

① 吸水性，腐食性がなく，耐久性があり容易に破損しない材料であること。
② 酸・アルカリなどに侵されにくいこと。
③ 汚物が付着しにくく，清掃が容易であること。
④ 耐摩耗性があること。
⑤ 構造が簡単で機能的であること。
⑥ 器具の製作が容易であり，取付けが手軽で確実に行えること。
⑦ 汚染防止を考慮した器具であること。

## (2) 大便器

大便器洗浄弁を作動させるための給水圧力として流水時の動水圧で最低70kPaが必要であるが最高は400kPaまでにとどめる。大便器洗浄は給水圧力が100kPaの場合15 $l$ の水を10秒間に排出させるのが標準である。また瞬間最大流量

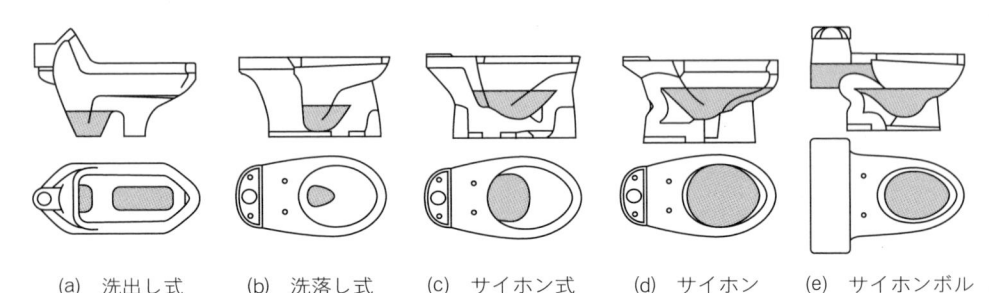

| (a) 洗出し式 | (b) 洗落し式 | (c) サイホン式 | (d) サイホンゼット式 | (e) サイホンボルテックス式 |

図19.1 大便器の種類

---

[解答] 1 —× （70kPaである） 2 —○ 3 —× （管内流速は2m/s程度である） 4 —○ （バキュームブレーカは，機器の構造がやむを得ず清水と汚水が直結するか，汚水が清水側に逆流するおそれがあるものに設置される）

は約100 $l$/min である。

① 洗出し式
　主として和便器で使用されている。汚物が便ばち部に盛り上がるので，臭気が発散する欠点がある。

② 洗落し式
　汚物が直接トラップ内の留水中に没するので，洗出し式に比べ臭気の発散が少ない。比較的安価なため，洗出し式とともに普及型便器である。

③ サイホン式
　排水路を屈曲させることで排水路が満水となり，サイホン作用を起こさせ汚物を吸引する構造である。

④ サイホンゼット式
　サイホン式にさらにゼット穴から噴出力を加えて洗浄力を強化した方式で，留水面がサイホン式よりもさらに広く，優れた機能を備えている。

⑤ サイホンボルテックス式
　サイホン作用に回転運動を与える渦巻き作用を加えて強力な吸引，洗浄力を持たせる方式で，洗浄時に空気の混入はほとんどなく，他の便器に比べ洗浄音が特に小さい。

(3) 小便器
　小便器に取り付けられる洗浄弁は，給水圧力が100kPaの場合5 $l$ の水を10秒

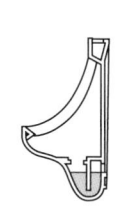

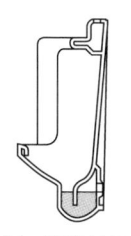

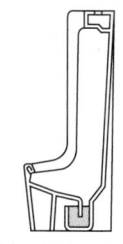

(a) 壁掛け形　　(b) 壁掛けストール形　　(c) ストール形

図19.2　小便器の種類

間で排出させるのが基準である。

① 壁掛け小便器
　壁に取り付ける壁掛け式のもので，小便器を連立する場合は仕切り板を設ける。

② 壁掛けストール小便器
　壁に取り付ける袖付きの小便器で，大型，中型，小型の3種類がある。

③ ストール小便器
　床に据え置く袖付きの小便器で，大型，中型，小型の3種類がある。たれ受けが低いのでこどもから大人まで使用できる。

(4) 洗面器，手洗器
　洗面器は，形状からバック付き，棚付き，そで付きなどに分類され，その取付け方法からビス止め式，バックハンガ式，ブラケット式，カウンタ式に分類される。排水金具の排水栓は鎖付き排水栓とポップアップ式とがあり，トラップは黄銅管製でP型，S型トラップがある。

―○×問題に挑戦！　（記述の正誤を考えよう。解答は前ページ）―
- □　Q1　大便器洗浄弁に必要な最低水圧は，30 kPa である。
- □　Q2　シングルレバー水栓を使用すると，ウォータハンマーが生じやすい。
- □　Q3　給水管の流速は，給水負荷に応じて変動するものであるが，設計上の最高流速は 50 m/s とされている。
- □　Q4　実験用流しの自在栓には，バキュームブレーカを設ける必要はない。

給水および排水の管理
# 20 浄 化 槽

POINT ①浄化槽は処理対象により，単独処理浄化槽と合併処理浄化槽に分けられる
②浄化槽の処理工程は，前処理→一次処理→二次処理→消毒，および汚泥処理である

## (1) 浄化槽の設置

下水道の処理区域外にある建築物の便所を水洗便所にする場合には建築基準法第32条により，浄化槽を設けなければならない。その性能は同法施行令第32条に定める処理性能に関する技術基準に適合するものおよび国土交通大臣が定めた構造方法または認定を受けたものとしている。

浄化槽は，その対処する対象によって，し尿（水洗トイレの汚水）だけを処理する**単独処理浄化槽**と，し尿汚水の他に，厨房排水，洗濯排水，浴室排水等の生活排水も合わせてその処理をする**合併処理浄化槽**とに分類される。ただし，平成13年の法改正によって下水道接続予定区域外は衛生上支障がないと認められた地域を除き合併処理浄化槽を設置することが義務づけられた。

## (2) 浄化槽の処理工程（表20.1）

### ① 前処理工程
浄化槽に影響を与える砂やビニール片などのきょう雑物の捕捉貯留などを行う。

### ② 一時処理工程
沈殿分離槽，嫌気ろ床槽などで構成され，中大規模浄化槽にはこれに流量調整槽が加わる。嫌気ろ床槽は，槽内に生物担体であるろ材を充填しておき汚水が表面を流れ接触する間に，ろ材表面にSS（浮遊物質量）を補足し，そこに生育する嫌気性微生物によって，BODで表される汚水中の腐敗しやすい有機物を分解・除去する。

### ③ 二次処理

表20.1 浄化槽の処理工程

| 処理工程 | 前 処 理 | | 一 次 処 理 | 二 次 処 理 | 消 毒 | 汚泥処理 |
|---|---|---|---|---|---|---|
| 処理工程 | きょう雑物・砂の除去 きょう雑物の破砕 | | 沈降性SSの除去を主とする物理処理 | 生物処理によるBOD・窒素・SSの除去 | 病原菌の死滅 | 分離した汚泥の濃縮・貯留・嫌気性分解 |
| 合併処理 | スクリーン | ばっ気型スクリーン 荒目スクリーン 細目スクリーン 5ミリ目スクリーン 微細目スクリーン 破砕装置 | 沈殿分離槽 嫌気ろ床槽 | 接触ばっ気槽 回転板接触槽 散水ろ床 ばっ気槽 硝化槽・脱窒槽 （流量調整槽） | 沈殿槽 | 消毒槽 | 沈殿分離槽 嫌気ろ床槽 汚泥濃縮貯留槽 汚泥濃縮設備 汚泥貯留槽 |
| | 沈砂槽 | | | | | |

[解答] 1－×（イには流量調整槽が入る） 2－○ 3－○

一次処理で除去できない微細な浮遊物質や溶解性有機物質を，微生物の代謝作用を利用して分離すると同時に，窒素化合物の酸化（硝化）を行う工程である。二次処理の基本構成は，生物反応槽と生物と上澄水を分離する沈殿槽である。この工程では，生物膜法または活性汚泥法が用いられる。

1) 生物膜法：槽内に充填したろ材に微生物を付着させ排水と接触させ汚濁物質を分離除去する。生物膜法は，**散水ろ床方式，回転板接触方式，接触ばっ気方式，分離接触ばっ気方式**がある。主として単独処理方式で用いられ，処理時間が比較的長く，処理容量に対し広い用地を要する。

2) 活性汚泥法：排水と微生物を槽内でかく拌・混合させ，汚濁物質を分解除去する。活性汚泥法には，**長時間ばっ気方式，分離ばっ気方式**（単独処理浄化槽に用いられる），**標準活性汚泥方式**がある。主として合併方式で用いられ，処理時間が比較的短く処理場の用地は比較的少ない。微生物を用いるこの方法は，汚水を定量ずつ処理しないとよい放流水質が得られない特性があり，前工程に流量調整槽を設けることが多い。

④ 消　　毒

固液分離後の上澄みの液中には人体に有害な細菌類や微生物を含むため，これらを塩素や塩素化合物で死滅させ放流水を衛生学的に安全なものにする。

なお，高度処理とは，三次処理ともいわれ二次処理までの工程で得られる処理水質よりも清澄度の高い処理水を得ることで，公共用水域の水質汚濁防止などを目的としたときに使われる。

⑤　汚泥処理工程

水処理によって生成された汚泥について，水処理系から確実に分離して脱水処理によって減量化・貯留をはかる。

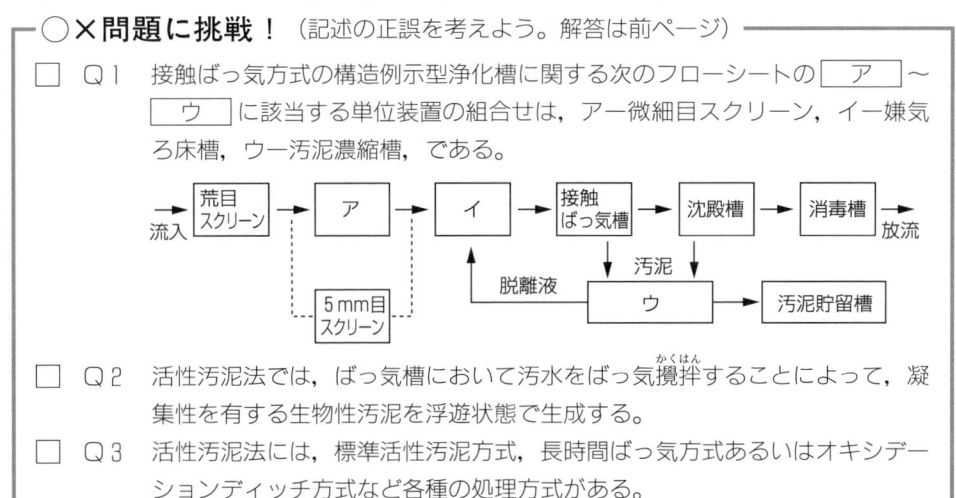

---

**○×問題に挑戦！**（記述の正誤を考えよう。解答は前ページ）

☐ Q1　接触ばっ気方式の構造例示型浄化槽に関する次のフローシートの ア ～ ウ に該当する単位装置の組合せは，アー微細目スクリーン，イー嫌気ろ床槽，ウー汚泥濃縮槽，である。

流入 → 荒目スクリーン → ア → イ → 接触ばっ気槽 → 沈殿槽 → 消毒槽 → 放流
　　　　　　　　　　　　↑　　　　　　脱離液　　　汚泥↓
　　　　　　　　　　5mm目スクリーン　　　　　　ウ → 汚泥貯留槽

☐ Q2　活性汚泥法では，ばっ気槽において汚水をばっ気攪拌（かくはん）することによって，凝集性を有する生物性汚泥を浮遊状態で生成する。

☐ Q3　活性汚泥法には，標準活性汚泥方式，長時間ばっ気方式あるいはオキシデーションディッチ方式など各種の処理方式がある。

給水および排水の管理

# 21 浄化槽の保全

POINT ①法定検査には，設置後の水質検査である7条検査と，定期検査である11条検査がある
②浄化槽の種類ごとに決められた，保守点検回数を守ること

浄化槽の安全な運転・管理を確実にするために浄化槽法では管理体制や技術上の基準等が定められている。

**(1) 維持管理に関する体制**

① 浄化槽管理者

浄化槽に関しての管理の責任者となり，次のことを実行する。
1) 浄化槽を適正に運用するための取り決めの遵守
2) 保守点検および清掃を実施し，その記録の保存
3) 法定点検の受検
4) 一定規模以上の浄化槽では技術管理者の選任

② 浄化槽管理士

浄化槽の保守点検業務に従事するものは浄化槽管理士の資格が必要である。

③ 技術管理者

対象人員501人（指定地域では201人）以上の規模の浄化槽には技術管理者を配置しなければならない。技術管理者の役割は，直接の実施者というよりは総括する業務で，浄化槽の維持管理計画の立案などを担当する。

④ 浄化槽保守点検業

都道府県知事の登録を受けたものでなくては浄化槽保守点検を業としてはいけない。

⑤ 浄化槽清掃業

浄化槽清掃業は市町村長の許可を得たものでなくてはできない。清掃の際に引き出された汚泥は，一般廃棄物に該当するため処理は廃棄物処理法に基づいて行う。また，運搬にあたっては廃棄物処理法第7条に規定する，一般廃棄物処理業の許可が必要になる。

**(2) 法定検査**

浄化槽の設置後は，水質検査および定期検査の受検が法律で義務づけられている。

① 7条検査

浄化槽管理者は使用開始後3か月経過した日から5か月以内に指定検査機関の行う水質検査を受けなければならない。検査は外観検査および水質検査により機能が適正であるかを見るものである。

② 11条検査

浄化槽管理者は，7条検査のほか毎年1回指定検査機関の行う水質に関する検査を受けなければならない。検査は外観検

[解答] 1－×（長時間ばっ気方式は活性汚泥方式なので1週に1回以上である） 2－×（501人以上）

査および水質検査により保守点検および清掃が的確に行われているかを見るものである。

**(3) 保守点検**

保守点検は浄化槽法に定められた技術上の基準，例えば，スクリーンの目詰まり，汚泥等の堆積等，浄化槽の正常な機能を維持するための項目を点検する。その回数は毎年1回（ただし，環境省令で定める場合はその回数）行う。環境省令で定める合併処理方式の保守点検回数は**表21.1**に示す期間ごとに1回以上である。

**(4) 清 掃**

清掃とは，浄化槽内に生じた汚泥，スカム等を引き出し，引き出し後の槽内の汚泥の調整を行う作業であって，その主な目的は，浄化槽内の蓄積汚泥が流出するのを防ぐための作業である。

回数は，汚水を直接ばっ気する方式（全ばっ気型浄化槽）では年2回以上，その他は年1回以上行う。清掃にあたっては，清掃の技術基準（厚生省令第17号）に従って行わなくてはならない。

① 浄化槽清掃の時期を判定するには，沈殿分離槽におけるスカムの生成や汚泥の堆積状態などが目安となる。
② 単独処理浄化槽の場合，沈殿分離室や腐敗室の汚泥，スカム等の引き出しは全量を引き出す。
③ 単独処理浄化槽の場合，洗浄に使用した水は沈殿分離室，ばっ気室等の張り水として使用する。また，ばっ気室の汚泥等の引き出しは，張り水後のばっ気室の混合液の30分間汚泥沈殿率（SV）が，おおむね10％以上15％以下になるようにする
④ 清掃を行った後は記録を作成し，3年間保存しておく。
⑤ 浄化槽の清掃は市町村長の許可を受けた浄化槽清掃業者でないとできない。

**表21.1 浄化槽（合併処理浄化槽）の保守点検回数**

| 処理方式 | 浄化槽の種類 | 期間 |
|---|---|---|
| 分離接触ばっ気方式 嫌気ろ床接触ばっ気方式 | 処理対象人員が20人以下の浄化槽 | 4か月 |
| 脱窒ろ床接触ばっ気方式 | 処理対象人員が21人以上，50人以下の浄化槽 | 3か月 |
| 活性汚泥方式 | | 1週 |
| 回転板接触方式 接触ばっ気方式 散水ろ床方式 | 砂ろ過装置，活性炭吸着装置または凝集槽を有する浄化槽 | 1週 |
| | スクリーンおよび流量調整タンクまたは流量調整槽を有する浄化槽（上記以外のもの） | 2週 |
| | 上記2つ以外の浄化槽 | 3か月 |

---

**○×問題に挑戦！**（記述の正誤を考えよう。解答は前ページ）

☐ Q1 浄化槽法施行規則（環境省令）の規定により，凝集槽を有する長時間ばっ気方式では，1か月に1回以上保守点検を行う。

☐ Q2 浄化槽法で規定する浄化槽管理者の義務に関し，処理対象人員が51人以上の規模の浄化槽管理者は，環境省令で定める資格を有する技術管理者を置かなければならない。

給水および排水の管理

# 22 浄化槽の運転管理

**POINT** ①浄化槽の水質管理の因子には，BOD負荷，酸素の供給，撹拌，栄養のバランス，pH，温度，汚泥滞留時間がある
② BOD除去率，汚泥容量指標（SVI）などの水質評価の示標がある

## (1) 運転管理

建築物における浄化槽の機能は，微生物による有機物の分解処理が中心となる。このため，流入汚水の水質や浄化槽の運転条件の変化による放流水への影響は大きく，運転状態には注意して取り組む必要がある。運転をする中で水質に関しては，次の因子を注意して見守り適切な状態を維持する。

① BOD負荷の状態，②酸素の供給状態，③撹拌状態，④栄養のバランス，⑤ pH，⑥温度，⑦汚泥滞留時間

なお，浄化槽に入流する生活排水は，汚水のみの場合は BOD量は13g/人・日，排水量は50 $l$/人・日であり，単独処理の浄化槽への流入BODは260mg/$l$ である。また，雑排水をも含む生活排水の場合には BOD量は40〜50g/人・日，排水量は200〜250 $l$/人・日であり，合併処理の場合の浄化槽への流入BODは200 mg/$l$ 程度である。

## (2) 水質評価の項目

浄化槽あるいは排水処理の水質評価の項目には次のようなものがある。これらは浄化槽が所定の性能を発揮しているかを判断するためにも重要である。

① pH：水素イオン濃度

アルカリか酸性かを示す項目で，生物活性の安定性，流入負荷やばっ気量の状態を表す。

② BOD：生物化学的酸素要求量（Biochemical Oxygen Demand）

水質汚濁の指標のひとつで，水中に存在する有機物が好気性微生物によって分解されるときに消費される溶存酸素の量 [mg/$l$] をいう。

③ COD：化学的酸素要求量（Chemical Oxygen Demand）

水質汚濁の指標のひとつで，水中に存在する有機物などを酸化するときに消費される酸化剤の量を酸素量に換算したもの [mg/$l$] をいう。

④ SS：浮遊物質量（Suspended Solids）

水中に懸濁している物質（粘土等由来による微粒子，プランクトンやその死骸，その他有機物などの沈殿物等）[mg/$l$] をいう。

⑤ BOD除去率

浄化槽においてどの程度BODが少な

[解答] 1—×（SV測定時の沈殿汚泥1gが占める容積をm$l$で表したものである）
2—◯　3—×

くなったかを表す値である。

$$\text{BOD 除去率} = \frac{\text{流入水の BOD} - \text{流出水の BOD}}{\text{流入水の BOD}} \times 100 \ [\%]$$

⑥ DO：溶存酸素

水に溶解している分子状の酸素をいう。

⑦ 窒素化合物

流入下水中の窒素化合物は，生活排水に由来している。処理が進むにつれて分解・酸化され硝酸性窒素へと変化する。したがって，各工程の窒素濃度を測定することは各工程の状態の判断になる。

⑧ 大腸菌群

一般的に，し尿中には1m$l$あたり100万個以上存在し，処理の進行に応じ減少することから，各処理工程の性能評価，衛生的側面から重要な指標である。

⑨ 活性汚泥沈殿率（SV）

ばっ気槽混合液の30分間静置後の沈殿汚泥量を％で示す。

⑩ 汚泥容量指標（SVI）

SV測定時の沈殿汚泥1gが占める容積をm$l$で示したもので，活性汚泥の沈降性を表す。

(3) 付帯設備の管理

浄化槽には付属装置として多くの機器が取り付けられている。汚水の処理設備には，構造上，腐食や変形を受けやすい部分が多いが，これらのうち水に接したり，発生したガスに触れたりする部分には管理上注意が必要である。特に，嫌気性分解作用によりメタン，二酸化炭素，硫化水素，アンモニア，水等が発生する。このうち硫化水素に触れる部分は特に腐食しやすい。

(4) 安全管理

① 浄化槽を地下に設けるときは，階高・換気・照明・階段・手すりなど管理作業がしやすいように計画する。

② 浄化槽を屋外に設けるときは，特に外柵を設けるなどの外来者が施設に近づきにくいように計画する。

③ マンホールのふたは，子供が容易に持ち上げられない構造とし，耐食性に十分配慮する。

④ 固定したサルバシゴやステップの腐食は，特に管理上の危険を伴うことに留意する。

⑤ 施設の異常事態発生の場合の対策として，少なくとも連絡体制は整備し明確にしておく。

---

**○×問題に挑戦！**（記述の正誤を考えよう。解答は前ページ）

- [ ] Q1 汚泥容量指標とは，ばっ気槽混合液の1$l$中の浮遊物濃度をmgで表したものである。
- [ ] Q2 流入BOD量30kg/日の浄化槽で，接触ばっ気槽のBOD容積負荷を0.3kg/(m³・日)で設計し，接触材の充填率を槽容量の60％とする。この場合，接触材の必要容量は60m³である。
- [ ] Q3 浄化槽のマンホールの蓋類は，維持管理がしやすいように子供でも容易に持ち上げられるようにする。

給水および排水の管理
# 23 消火設備

**POINT** ①火災の種類としてA火災，B火災，C火災などがある
②消火の原理には，冷却，負触媒作用，希釈作用などがある
③不活性ガス消火は希釈作用，粉末消火は負触媒作用による

(1) 火災の種類

火災とは，可燃物が点火エネルギーを得て，空気中の酸素と反応し，発熱が新たな点火エネルギーとなり反応が継続して急激に拡大し続けることである。火災は一般に可燃物の種類により，**表23.1**のように分類される。

表23.1 火災の種類

| | |
|---|---|
| 普通火災<br>（A火災） | 木材・紙・布など一般可燃物で，普通の住宅やビルなどの内部火災 |
| 油火災<br>（B火災） | ガソリン等の石油系・食用油系・可燃性液体・樹脂類の火災 |
| 電気火災<br>（C火災） | 電気室・発電機室などの変圧器や配電盤からの火災で，感電の危険を伴う火災 |
| 金属火災<br>（D火災） | マグネシウム・カリウム・ナトリウムなどの金属火災 |
| ガス火災 | 都市ガス・プロパンガスなど可燃性ガスの火災 |

(2) 消火方法の種類

① 冷却消火法

最も一般的な消火法で，燃えているものに水をかけて消火すること。

② 負触媒作用による消火法

火災室を防火シャッタ・ダンパ等で遮断して火災室に負触媒を放出して酸化反応を減衰・阻害して消火する方法である。窒息・冷却効果等の複合相乗効果もあり，電気火災・油火災等に対して設置されるハロゲン化物消火・粉末消火・不活性ガス消火設備がある。

③ 除去消火法

可燃物を除去する方法で，ガス火災の場合の元栓の閉止や山林火災の場合の延焼防止のための樹木の伐採などがある。

(3) 消火設備の種類と概要

① 消火器または簡易消火器具

局所的な火災の最も初期に使用するもので，容器に蓄えられて消火薬剤を手動で連続的に放出する。火災の種類に応じていろいろな種類の消火器がある。

② 屋内消火栓設備（**図23.1**）

普通火災の消火に用いる設備で，消火器では消火が不可能な段階に使用する設備である。火災時には，火源または火災室にホース・ノズルを引き出して，ポンプ起動ボタンを押して，消火栓開閉弁を開き，ノズルを持って火源または火災に向かって放水する。

③ スプリンクラー設備・ドレンチャー設備

普通火災の消火に用いる固定式の自動消火設備で，機能は建築内天井に設置し

［解答］ 1—○  2—×（不活性ガス消火設備は希釈作用による）  3—○  4—○

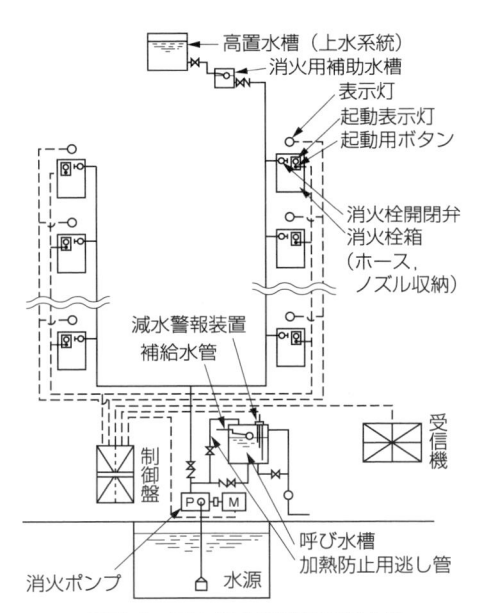

図23.1 屋内消火栓設備の構成例

た感知装置組込型のスプリンクラーヘッドが火災による熱気を感知して自動的に放水して消火する。

④ 水噴霧消火設備

電気火災・油火災の消火に用いる固定式の自動消火設備で、特殊消火設備の一種である。

⑤ 泡消火設備

火災部分に放水や散水することで火災を拡大させるおそれのある油火災の場合に、水と泡消化剤を混合して泡状になった水を油膜を覆うように散水する方式で、駐車場などに多く設備される。

⑥ 不活性ガス消火設備

不活性ガスの放射による希釈作用を主とした消火方法。不活性ガス消火剤として窒素、二酸化炭素、窒素とアルゴンの混合物、窒素・アルゴン・二酸化炭素の混合物がある。

⑦ ハロゲン化物消火設備

ハロゲン化物が放射されると速やかに気化して不燃性の重い気体となり、酸素濃度を低下させるとともに燃焼の連鎖反応を抑制する（負触媒作用）消火方法。ハロゲン化物がオゾン層破壊物質であることから、平成6年以降製造中止となっている。

⑧ 粉末消火設備

容器内に炭酸水素ナトリウム（重曹ソーダ）を主成分とする微細な乾燥粉末消火剤を貯蔵しておき、火災区域にこれが放出されると、火災の熱によって化学反応を起こさせ、窒息・冷却作用および燃焼の継続を断ち切る負触媒作用により消火する方法。

⑨ 屋外消火栓設備

屋内消火栓設備と同様の設備で、平面的に大きな建築物が設置対象となる。

─ ○×問題に挑戦！（記述の正誤を考えよう。解答は前ページ）─

☐ Q1 屋内消火栓設備は、建築物の関係者や自衛消防隊等が初期消火を目的として使用するものである。
☐ Q2 不活性ガス消火設備は、負触媒作用による消火方法である。
☐ Q3 泡消火設備は、油火災を対象とした設備で、駐車場などで使用される。
☐ Q4 連結送水管は、公設消防隊が使用するものである。

給水および排水の管理

# 24 ガス設備

POINT ①都市ガス（13A）は空気より軽く，LPガスは空気より重い
②ガス機器の種類は用途と給排気方式により分類される
③安全設備にはガス漏れ警報器，自動ガス遮断装置などがある

## (1) 都市ガスとLPガスの性質

ガスには，道路に埋設された導管により供給される都市ガスと，ボンベ等に液化ガスを蓄え供給する液化石油ガス（LPガス）とがある。都市ガスおよびLPガスは，いずれも臭いがほとんどないガスであるため，1000倍に希釈しても臭いを感知できる付臭剤の添加が，法令で義務づけられている。

都市ガスとLPガスの性質を表24.1に示す。比重は，13Aガスは空気よりも軽く，LPガスは空気より重い。したがって，万が一ガスが漏えいした場合は，都市ガスは天井付近に，LPガスは床付近に滞留しやすい。

## (2) ガス機器の給排気方式による分類

① 開放式ガス機器：燃焼用の空気を室内から取り，燃焼排気ガスをそのまま屋内へ排出する方式

② 半密閉式ガス機器：燃焼用の空気を室内から取り，燃焼排ガスを排気筒で屋外へ排出する方式

③ 密閉式ガス機器：屋内空気と隔離された燃焼室内で，屋外から取り入れた空気により燃焼し屋外に燃焼排ガスを排出する方式

④ 屋外式ガス機器：燃焼部を屋外に設置して使用する方式

　1）設置は十分に開放された屋外空間が必要である。また，給排気口の周辺には原則として障害物の設置はできない。

　2）外廊下，光庭，中庭等への設置は，規定された条件が必要である。

表24.1　都市ガスとLPガスの性質

| 項目 | 都市ガス（天然ガス：13A） | LPガス（プロパン） |
|---|---|---|
| 総発熱量　[MJ/m³(N)] | 46.1 | 102 |
| 理論空気量　[m³(N)/m³(N)] | 10.95 | 23.8 |
| 比重　[空気1.0] | 0.655 | 1.55 |
| 燃焼範囲　[%] | 約4〜14 | 約2.1〜9.5 |
| 供給圧力　[kPa] | 1.0〜2.5 | 2.2〜3.3 |

[解答] 1—○（一般に液体や気体の燃料は炭素と水素の化合物である）　2—○　3—×（理論空気量とはガスが燃えるために必要な化学的空気量のことで，このとき排出される理論排ガス量は理論空気量の約1.1倍である。また，実際のガスの燃焼で必要な空気量は，理論空気量の1.2〜1.5倍である）　4—○　5—○

3) 可燃材料とは，規定された隔離距離を設けること。
4) 室内開口部とは，規定された隔離距離を設けること。
5) 階段，避難口の付近の設置は規定された条件が必要である。
6) 隣接する建築物とは，規定された距が必要である。

(3) 排気筒
① 排気筒，給排気部には防火ダンパを設けない。
② 換気ダクトと排気筒は兼用できない。
③ 可燃材料とは，規定された有効距離もしくは有効な防護が必要である。
④ 排気筒の屋上突出部は規定された高さが必要である。

(4) ガス事故防止の安全設備
① ガス漏れ警報器の設置基準
1) ガス燃焼機器と水平距離8m以内に設置する。燃焼機器にバーナーが2個以上ある場合は，警報器から最も離れたバーナーの中心から8m以内とする。
2) 警報器の下端は，天井面等の下方30cm以内に取り付ける。
3) 天井面が0.6m以上の梁等により区画されている場合は，当該梁より燃焼機器側に設置すること。
4) 燃焼機器がある室内で天井付近に排気口のある室は，当該燃焼機器に最も近い排気口付近に設けること。
5) ガス燃焼機器の直上の場所，換気口等の空気吹出口から1.5m以内の場所，水蒸気，煙等が直接当たる場所，家具類のかげ等，漏れたガスが流通しにくい場所，周囲温度が10度以下または，50度以上になるおそれのある場所は，ガス漏れ警報器は設置できない。

② 業務用自動ガス遮断装置
業務用の厨房や店舗などに設置装置で，操作機によるリモート開閉ができるほか，外部の機器と連動して自動遮断させることもできる。また，中央監視室等の表示盤に開閉表示することもできる。フード消火装置の設置の場合のガス連動遮断装置としても使用できる。

③ 緊急ガス遮断装置
建築物の第1貫通部付近，またはこれより上流に設置された遠隔操作により遮断する装置である。感震器と連動して遮断することも可能である。

---

○×問題に挑戦！ （記述の正誤を考えよう。解答は前ページ）

☐ Q1 都市ガスや石油は，基本的には炭素と水素からなっており，燃焼の際にはそれらが空気中の酸素と結合して二酸化炭素と水蒸気になる。
☐ Q2 都市ガスとして用いられる天然ガス（13A）は，空気よりも軽い。
☐ Q3 ガスの理論空気量は，理論排ガス量より多い。
☐ Q4 LPガス容器は，常時40℃以下となる場所に設置する。
☐ Q5 ガス用ポリエチレン管は，主に土中埋設用に用いられる。

# 6

# 清　掃

| | | |
|---|---|---|
| ❶ | 建築物清掃の位置づけ | ▶242 |
| ❷ | 清掃と建築物衛生法規 | ▶244 |
| ❸ | ビルクリーニングの作業管理 | ▶246 |
| ❹ | ビルクリーニングの安全衛生 | ▶248 |
| ❺ | 付着異物の発生原因と分類 | ▶250 |
| ❻ | ほこり・汚れの除去 | ▶252 |
| ❼ | ビルクリーニング機械 | ▶254 |
| ❽ | ビルクリーニング用具 | ▶256 |
| ❾ | ビルクリーニング洗剤 | ▶258 |
| ❿ | 床材の種類と特性 | ▶260 |
| ⓫ | 床材清掃 | ▶262 |
| ⓬ | 各所清掃方法 | ▶264 |
| ⓭ | 外装の清掃 | ▶266 |
| ⓮ | 建築物の消毒 | ▶268 |
| ⓯ | 廃棄物処理の原則 | ▶270 |
| ⓰ | 廃棄物の処理 | ▶272 |
| ⓱ | 一般廃棄物と産業廃棄物 | ▶274 |
| ⓲ | 廃棄物の排出量と成分 | ▶276 |
| ⓳ | 建築物内の廃棄物管理と処理設備 | ▶278 |
| ⓴ | 廃棄物の中間処理と最終処分 | ▶280 |

# 清掃
## 1 建築物清掃の位置づけ

> **POINT** ①清掃は，建築物内外の異物を排除することにより，環境の衛生的維持を保つ仕事といえる
> ②清掃の主な目的は，環境衛生の確保，建築物の延命，美観の向上の３つ

### (1) 清掃の意義

清掃は，建築物内外の環境を清潔に維持するために，建築物内外の異物を排除することである。清掃業務には，「ビルクリーニング」と「廃棄物のビル内処理」の２つがあり，前者の除去対象は「汚れ」「ほこり」など，後者の対象が「ごみ」等の廃棄物である。これらは建築物の美観を害するばかりでなく，建築物の利用者に不潔感や不快感を及ぼし，結果的にさまざまな衛生上の害を与えることになる。

### (2) 清掃の除去対象

#### ① ごみ

ごみは主に固形廃棄物であり，人間が排出するものである。ごみが散乱すると，ねずみ・ゴキブリ・ハエ・ダニなどの発生源となり，生息・増殖の原因となる。このような不衛生状態が続くと，時に伝染病や食中毒等の原因となる。

#### ② ほこり

ほこりはいろいろな物質の混合したものであるが，空気中に浮遊しているものを「浮遊じん」，床や物に堆積しているものを「堆積じん」という。堆積じんは歩行その他の衝撃により飛散し浮遊じんとなり，また浮遊じんは落下し堆積じんとなる。一般にほこりは目に見えるもので $20\mu m$ 程度である。人間が呼吸によりほこりを吸込んだ場合，比較的大きな粒子（$15\sim100\mu m$ 程度）は鼻などの粘膜に付着し捕らえられるが，それほど大きくない粒子（$1.0\sim15\mu m$ 程度）は，上気道に付着する。さらに粒径の小さい微細な粒子（$1.0\mu m$ 以下）は深く吸込まれ，肺胞までに侵入して沈着する。ほこりの中にはアレルギーを引き起こす物質も含まれているため，清掃作業はなるべくほこりを飛散させないような方法にしなければならない。

#### ③ 汚れ

汚れとは，建材や物品に異物が付着したものであるが，汚れの種類によっては細菌感染の原因となり，害をもたらすこともある。汚れの付着は建築物の美観を損なうと同時に，不快感を与えるものである。

[解答] １－×（他に「ごみ」がある）　２－○　３－×（比較的大きな粒子であり $15\sim100\mu m$ 程度である）　４－×（常に衛生的観点に立ち，人目の届かない場所などもきちんと清掃する）

### (3) 清掃の目的

清掃の目的は，次の3つが挙げられる。

① 環境衛生の確保

人は，ほとんどの時間を建築物の中で過ごしているため，建築物の環境衛生は重要な課題である。清掃は，異物を排除することにより，建築物の環境衛生の維持を保っている仕事であり，環境衛生こそが清掃の第一目的であると認識しなければならない。

② 建築物の延命（保全性）

建築物も，人間と同じように日々のメンテナンス如何により寿命が変わってくる。清掃は，汚染物質の除去を通じて建築物延命に寄与している。

③ 美観の向上

見た目にきれいであるからといって，必ずしも衛生的であるとはいえないが，見た目にきれいであるという事は，利用者が気持ちのうえで安心することができる。清掃は，このような主観的な意味での美観の向上も目的の一つになる。

### (4) 清掃の5原則

清掃は，計画的にかつ適切な方法により作業を行わなければならない。そのためには，以下のことを正しく知らなければならない。これを清掃の5原則という。

① 建材について
化学的性質，耐水性，吸水性，硬度など

② 汚れについて
原因，種類，付着状態など

③ 洗剤について
働き，性質，種類，使用上の留意点など

④ 作業方法について
部材別・場所別作業方法など

⑤ 建材の保護について
床維持剤，防汚剤など

### (5) 清掃業務の留意点

清掃業務は，常に衛生的な観点に立って行うことが必要である。清掃作業といっても，建築物の用途や規模，また使用状況により異なるが，どのような建築物であっても，綿密な作業計画と，建材等の条件に合った適切な方法と資機材の選定が必要であることに変わりはない。また清掃業務は作業者の能力に頼るところがあるため，適切で安全な作業実施のために，作業員に対して作業方法はもちろん，環境衛生に対する知識や安全に対する十分な教育が必要である。

### (6) 清掃作業の使命

清掃は，清潔感の追求のみならず，建築物内外における汚染物質の除去を通じて環境衛生の維持改善を，直接的かつ継続的にはかる業務である。清掃作業は，快適で衛生的な空間を提供するだけでなく，より質の高い生産活動を生み出すためにも重要な意味を持っている。

---

**○×問題に挑戦！**（記述の正誤を考えよう。解答は前ページ）

- ☐ Q1　清掃の除去対象は，「ほこり」と「汚れ」である。
- ☐ Q2　一般にほこりは目に見えるものは $20\,\mu m$ 程度である。
- ☐ Q3　鼻などの粘膜に付着し，捕らえられる粒子は $1.0\sim15\,\mu m$ 程度である。
- ☐ Q4　清掃は，見える場所だけ行えばよい。

清　掃

# 2 清掃と建築物衛生法規

POINT ①建築物の清掃は建築物衛生法によって規定されている
②特定建築物の所有者や管理責任者は，建築物環境衛生管理技術者（ビル管理技術者）を選任しなければならない

## (1) 関係法規

清掃に関連した法律には，建築物衛生法，通称ビル管法と呼ばれる「建築物における衛生的環境の確保に関する法律」がある。この法律は，多数の者が使用し，または利用する建築物の維持管理に関し，環境衛生上必要な事項を定め，その建築物における衛生的な環境の確保を図り，もって公衆衛生の向上および増進に資することを目的としている（法第1条）。建築物衛生法は，直接的な規制というよりも，環境衛生上良好な状態を維持するための衛生指導的な法律である。

## (2) 特定建築物

建築物衛生法の対象となる建築物を特定建築物という。特定建築物は，「多数の者が使用し，または利用する建築物」という性質を有するが，建築物の用途と面積により，表2.1に示すとおりに定められている（1章 2 参照）。

## (3) 建築物環境衛生管理技術者

建築物の環境衛生が適正に維持管理されるよう監督させるため，特定建築物の所有者や管理責任者は，建築物環境衛生管理技術者（ビル管理技術者）を選任することが義務づけられている（建築物衛生法第6条第1項）。

## (4) 事業の登録

建築物の衛生的環境が良好に維持されるためには，事業者が適切に業務を遂行することが重要である。そのため建築物衛生法では，建築物の維持管理を生業とする事業者に対し，一定の基準を満たすことを要件とし，営業所の所在地を管轄する都道府県知事の登録を受ける事業登録制度が設けられている。

この中で，建築物清掃業の登録基準には，物的基準として真空掃除機と床みがき機器を有することが定められている。人的基準では，清掃作業の監督を行うも

表2.1 特定建築物の範囲

| |
|---|
| ①次に掲げる用途のビルで，これらの用途に供される部分の延べ面積が3000 m²以上の建築物<br>　（ⅰ）興行場，百貨店，集会場，図書館，博物館，美術館，遊技場<br>　（ⅱ）店舗，事務所<br>　（ⅲ）学校教育法第1条に規定する学校以外の学校（研修場を含む）<br>　（ⅳ）旅館<br>②学校教育法第1条に規定する学校の用途に供される建築場で延べ面積8000 m²以上のもの |

[解答] 1－×（特定建築物）　2－×（8000 m²以上）　3－×（病院は特定建築物に入らない）　4－○　5－○

表2.2　事業の登録

| |
|---|
| 1号登録：建築物清掃業 |
| 2号登録：建築物空気環境測定業 |
| 3号登録：建築物空気調和用ダクト清掃業 |
| 4号登録：建築物飲料水水質検査業 |
| 5号登録：建築物飲料水貯水槽清掃業 |
| 6号登録：建築物排水管清掃業 |
| 7号登録：建築物ねずみ昆虫等防除業 |
| 8号登録：建築物環境衛生総合管理業 |

のに対しては，ビルクリーニング技能士の資格を有する者，または清掃作業監督者の講習終了者（6年以内）であること等が定められている。また質的基準として，作業手順書の作成や3か月に1回の実施状況点検，外注委託の報告や苦情処理対応について定められている。

(5) 建築物環境衛生管理基準

建築物衛生法では，建築物の環境衛生管理の技術目標を，「建築物環境衛生管理基準」とし，特定建築物の維持管理について権原を有するものにその遵守を義務づけている。また別に「清掃作業及び清掃用機械器具の維持管理の方法等にかかる基準」ならびに「空気調和設備等の維持管理及び清掃等にかかる技術上の基準」および「建築物環境衛生維持管理要領」が示され，法令と基準に従った維持管理に努めなければならない。

清掃を行うにあたっての留意点として，年間作業計画の作成とそれに基づく実施，洗剤や床維持材の適正な使用と管理を行うこと，また6か月以内ごとに1回定期に行う清掃において各所の定期的な点検を行うこと，等が示されている。清掃用機械・器具および保管庫に対しては，6か月以内ごとに1回は定期的な点検を行うことを示している。

廃棄物処理に関する留意点としては，建築物内で発生する廃棄物の分別・収集・運搬および貯留について，衛生的かつ効率的な方法により速やかに処理すること，また廃棄物の収集・運搬設備，貯留設備その他の処理設備について，定期的に点検し必要に応じて補修，消毒等を行うことを示している。また，収集・運搬設備，貯留設備等を6か月以内ごとに1回，定期的に次の点に留意して点検し，必要に応じて補修消毒等を行うこととしている。

① 収集・運搬設備，貯留設備を清潔に保ち，発生する廃棄物を適正に処理する。
② 著しい臭気・ほこり・排煙等を発生させない。
③ ねずみ，昆虫等の生息・出入のないようにする。

―○×問題に挑戦！（記述の正誤を考えよう。解答は前ページ）
- □ Q1　建築物衛生法の対象となる建築物を特殊建築物という。
- □ Q2　3000m²以上の学校は特定建築物である。
- □ Q3　3000m²以上の病院は特定建築物である。
- □ Q4　建築物清掃業は1号登録である。
- □ Q5　清掃業の物的基準には，真空掃除機を有することが含まれる。

清掃
## 3 ビルクリーニングの作業管理

POINT ①正しい作業を適切な時期に行うためには，作業対象や資機材の分類まで十分把握したうえでの綿密な作業計画が必要である
②一度作成した作業計画は，随時見直しが必要である

### (1) 作業計画の必要性

ビルクリーニングの作業は種類がきわめて多い。しかもこれらの作業は，毎日行うものもあれば，週に1回あるいは月に1回，年に1回のものもある。これらのあらゆる作業を正確に理解し，計画的に正しく行わなければならない。そのためには作業対象や資機材の分類まで十分把握したうえでの綿密な作業計画が必要である。

### (2) 作業場所による分類

同じ建築物であっても，汚れの程度や状況は場所によって大きな違いがあるため，清掃作業を考える場合，通常表3.1に示すように，共用区域，専用区域，管理用区域，外装区域の4つの区域に分けることができる。

### (3) 作業周期による分類

清掃作業を整理すると，日常清掃と定期清掃に分けられる。日常清掃は，原則毎日行う清掃作業をいい，定期清掃は，週に1回，月に1回，年に数回と，頻度が少ない清掃作業をさす。また，必要が生じた際に随時行う作業を臨時清掃という。

### (4) 作業計画の作成

① 作業仕様書の内容把握

清掃作業の対象場所，作業回数，作業時間帯などが明記されたものに作業仕様書があり，この内容を確認し作業計画に反映させる。

② 作業基準表の作成

作業基準表は，作業回数を共用区域，

表3.1 清掃区域の分類

| 区域 | 該当場所 | 清掃上の留意点 |
|---|---|---|
| 共用区域 | 玄関・ロビー・エレベータホール<br>廊下・階段<br>トイレ・洗面所・湯沸室<br>エレベータ・エスカレータ | 建築物を利用するあらゆる人々が共同で使用する区域であり，使用が激しいため，最も高い頻度で清掃する必要がある |
| 専用区域 | 事務室・役員室・会議室・応接室<br>書庫・倉庫・更衣室・社員食堂<br>電話交換室 | 使用頻度は共用区域ほどではないが，食堂など特異性がある場所も含まれるため，1日1回の清掃は必要である |
| 管理用区域 | 機械室・電気室<br>監視室・警備室<br>管理員室 | 一般に人が立ち入ることがないので汚れ度合いは低いが，計画的クリーニングが必要である |
| 外装区域 | 壁・窓・窓まわり・屋上<br>犬走り・外まわり<br>屋上 | 建材の種類も多く，最も自然現象の影響を直接に受ける部位で，劣化の進行も著しい |

［解答］ 1－× (汚れ度合いは高い)　2－× (平均的能力の作業者が要する時間)　3－○

専用区域など区域別に整理し，ひとつの大きな表にまとめたものである。この表は，作業の種類や場所，回数等が一目でわかり作業計画上非常に重要である。

③ 作業量の把握

作業量の把握には，清掃作業の内容や作業面積より算出し合計したもので，1日，1月の単位で表す。

④ 作業時間の算出

標準作業時間に基づき，個々の作業時間を算出する。標準作業時間とは，平均的能力の作業者が，決められた資機材を使用し一定の作業方法で一定量の作業を行うのに要した平均的作業時間である。

⑤ 作業人員の算出

作業時間を時間帯別に集計し，必要人員を算出する。作業人員が決定すれば，次は具体的な人員配置になる。人員配置には，作業員の技能や熟練度はもちろんのこと，日勤作業者やパート作業者に分けて算出する。

⑥ 作業計画表の作成

作業計画表は個々の作業者の1日または月間の作業スケジュールを表にしたものである。作成した作業計画を目に見える形にしたのが作業工程表である。1日の作業スケジュールはもちろん，何時に誰がどこで作業をしているかがすぐわかる。またこれを見ればムダ，ムラ，ムリがはっきりして今後の作業計画修正に非常に役立つ。

⑦ 作業実施記録の作成

実際に計画表どおりに作業が行われているか，またビルの使用頻度や汚れ具合など作業計画に反映させるため，作業実施記録を作成する。

⑧ 品質評価

作業の結果を点検し確認することは，今後の作業方法の改善，指導のために重要である。作業結果の点検を行うには，点検表を作成し，場所ごとに作業状況や部位などをできるだけ具体的に明記するのがよい。また作業の評価には，客観的に評価ができる熟練者や経験者などにより，管理内容を5段階で評価する方法や，計器を利用して評価する方法がある。

⑨ フィードバックサイクル

一度作成した作業計画は，随時見直す必要がある。実施記録表と点検表から，必要以上に作業している箇所はないか，忘れた場所はないかなどを見直し，作業計画に反映させる。このように作業効率や品質を向上させるため，結果を計画に反映させるフィードバックサイクルが必要である。またこれとは別に，床材の変更や大規模修繕があった場合なども，従来の作業方法，作業回数，周期などの変更が必要である。

―○×問題に挑戦！（記述の正誤を考えよう。解答は前ページ）

☐ Q1　共用区域は，汚れ度合いが低い。
☐ Q2　標準作業時間とは，熟練した作業者が，一定の作業方法で一定量の作業を行うのに要した平均的作業時間である。
☐ Q3　一度作成した作業計画は，随時見直しが必要である。

清掃
## 4 ビルクリーニングの安全衛生

> POINT ①清掃作業での事故のうち，約4割が床洗浄作業時などの転倒事故である
> ②現場責任者は，従事者に安全衛生教育を行わなければならない
> ③災害が起きやすい作業はあらかじめ注意しておく必要がある

### (1) ビルメンテナンス業での事故

建築物中で発生する事故は，清掃などで働く人々，建築物を利用する第三者の両者に対して発生する。労働災害には，転倒，墜落・転落，はさまれ，巻き込まれ，衝突，切れ刺しなどがある。ビルメンテナンス業の全国調査では，清掃作業における事故のうち，約4割が床洗浄作業時などの転倒事故，そして約2割が脚立の上からの落下などの墜落・転落事故になっている。このような事故の発生割合は，従来からあまり変化することがなく，転倒・転落の事故で約6割を占める。

ビルメンテナンス業は中高年齢者の割合が比較的多いため，労働災害も約70％50歳以上が占めており，安全対策が重要となっている。

### (2) 災害の発生

労働災害の発生原因を大きく分けると人的原因と物的原因に分けられる。人的原因は，不安全な行動で，例えば誤った動作や保護具・服装の欠陥，また機械装置等の指定外の使用などがあげられる。物的原因は不安全な状態であり，例えば物自体の欠陥や作業場所の欠陥などがあげられる。

### (3) 安全衛生の点検と教育指導

現場責任者は，従事者が安全に作業ができる技能や知識を身に付けさせるため，安全衛生教育を行わなければならない。一般的にKYK（危険予知訓練）やヒヤリハット報告などを実施することにより行われている。ヒヤリハット報告とは，日常の作業の中でヒヤリとしたことやハッとしたことを報告書で提出し，その事例を分析し対策や改善を行う活動のことである。ヒヤリやハッとしたことは無災害事故に含まれ，災害を未然に防止することができる情報が含まれているため，多くの情報を収集し分析を行うことが非常に重要なことである。

### (4) 作業の安全

作業の中には，危険を伴う作業というものがある。したがって，あらかじめ作業別マニュアルを作成して指導する必要がある。

#### ① 床面洗浄

床面洗浄は，洗剤や水を床面に塗布す

---

［解答］ 1―○　2―×（人的要因）　3―×（整理整頓には機械器具の置き方，不要物の除去などがあり，安全衛生と関係が深い）　4―×（踏み面は，作業を安全に行うための面積を有すること）　5―○

るため滑りやすく，転倒事故に繋がる。したがって，作業時はゴム靴や滑り止めの用具を靴に付けて使用する。また作業時は走ったりポケットに手を入れるなどの不安定な姿勢をとらないことや，滑りやすい状況を減らす。また第三者が入らないよう看板等を必ず立てる。

② 高所作業

高所作業は，墜落・転落などの重大な災害や，巻き込まれて第三者に被害を与えることがある。高所作業には足場やはしごを利用する場合が多いが，作業には滑りやすい履物は避け，無理な姿勢は絶対に避ける。上下での二人作業では十分連絡を取り合うこと，また高所には不要なものを置かないことなどがあげられる。

③ 機械作業

機械を使用した作業では，特に電気系統の点検が重要である。電気の災害では，漏電や感電の災害はもちろんであるが，スイッチを入れたままでの点検作業や，機器の点検不良（被覆の剝離）など，作業者の不注意によるものも多い。電気は目に見えないだけに，設備や機器の取扱いには十分な注意が必要である。

④ 運搬作業

運搬作業では，機械運搬と人力運搬があるが，人力運搬では，無理な姿勢や重さによる災害が多い。人力運搬では，特に単独運搬では決して無理をせず，姿勢や積み込む高さなどに十分注意する。機械運搬の場合は誤った操作にならないよう注意が必要である。

(5) 作業手順の作成と見直し

安全な作業を行うためには，作業の手順が無理なく無駄なくムラがないものでなくてはならない。したがって，安全に・正しく・速く作業ができるよう作業手順書を作成する。そして，その手順が正しく守られているかを確認しなければならない。手順書が守られなかった場合には，その理由を明らかにし，場合によって手順書を見直し改善していくことが必要である。

(6) そ の 他

安全衛生を考えていくうえでその他として，常日頃から整理整頓を心がけること，また保護具を使用することが定められている作業では，必ず着用することなどがあげられる。

---

○×問題に挑戦！　（記述の正誤を考えよう。解答は前ページ）

- □ Q1　清掃作業における事故のうち，約4割は床洗浄時等の転倒事故である。
- □ Q2　労働災害の発生原因のうち，保護具・服装の欠陥は物的要因である。
- □ Q3　整理整頓は，安全衛生とは関係がない。
- □ Q4　清掃作業に用いる脚立は，踏み面の面積を考慮する必要がない。
- □ Q5　ローリングタワー（移動式足場）を用いる場合，作業者はヘルメットを着用する。

清掃
# 5 付着異物の発生原因と分類

> POINT ①建築物が汚れる原因は，自然的な原因と人為的な原因がある
> ②予防清掃は，汚れを付きにくく，付いた汚れを除去しやすくすることにより衛生や美観を向上し，作業の効率化をはかることである

## (1) 汚れの原因

建築物が汚れる原因には，自然的な原因と人為的な原因がある。

### ① 自然的原因

自然的原因は，人が建築物を使用しなくても表れてくる汚れである。これは，空気中の粉じんや汚染物が外装建材また室内部に入り込み付着したもの，雨水中の異物が乾燥により付着したもの，またカビや害虫などの発生がある。

### ② 人為的原因

人為的原因は，人が建築物を使用することにより表れてくる汚れであり，建築物の使用状況や頻度によりさまざまである。これには，人の歩行による土砂の持込みや手垢・排泄物，またタバコや着衣の繊維くずなどがある。

## (2) 汚れの種類と性質

### ① 粉状物質

粉状物質とは，いわゆるほこりのことである。ほこりの粒子は煙などの粒子よりもはるかに大きく，粒径は10〜100μm程度である。ほこりは小さな粒子ほど空気中に長く浮遊しているが，徐々に沈降して床や家具などの上に付着する。室内では，衣服などから発生した繊維じんも多い。

### ② 親水性物質および疎水性物質

水になじむ汚れを親水性物質という。雨水や飲食物など，水分を介した汚れはほとんどが親水性物質であるが，これは除去がしやすい。水になじまない物質を疎水性物質といい，その大部分が人の手垢等の油脂性物質である。油脂は水に溶けないため，界面活性剤を主剤とした洗剤や溶剤を用いて汚れを除去する。

### ③ かさ高固着物

かさ高固着物は建材表面よりも盛り上がった状態の汚れで，ガムやモルタルなどが付着したものが代表的なものである。このように固着したものは削り取るなど物理的な力を用いる場合が多い。

### ④ しみ

しみは，ある一部分などの局所的な汚れで，液体をこぼしたときなどに発生する。そのため，液体が染み込みやすい建材として繊維系の建材に多く見られる。しみには水溶性のものや油脂性のもの，またそれ以外があるが，除去する際にはどの種類のしみかを見分ける必要がある。

---

[解答] 1-○ 2-×（10〜100μm程度） 3-×（水溶性と油溶性とその他がある） 4-×（汚れが付着しやすい） 5-○

⑤　その他の汚れ

汚れの物質や種類は無数にあるため、いずれの分類にも入らないものもあるが、建築物の汚れとしては特殊である。

### (3) 汚れの付着状態と建材

汚れの付着状態は、汚れ物質の性質や、付着する建材の性質によって変わってくる。また付着状態により汚れの落ちやすいさも変わる。建材表面に対し、汚れが「のっている」または「吸いついている」状態であれば、比較的汚れは落ちやすいが、「固着している」「入り込んでいる」「染み込んでいる」状態であれば、物理的または化学的な方法でも除去できないものもある。また、建材の表面が平滑また緻密であれば、汚れは付着しにくく除去しやすい。一方、表面が凹凸であったり孔隙があれば、汚れは付着しやすく除去は困難である（**表5.1**）。

### (4) 汚れの予防

汚れを予防することを予防清掃という。予防清掃は、汚れを付きにくく、付いた汚れを除去しやすくすることにより衛生や美観を向上し、作業の効率化をはかることである。例えば建築物内のほこりは屋外から侵入したものが多く、屋外からの侵入を防ぐことができれば、建築物内のほこりを軽減できる。侵入を防ぐ方法として、入口に前室を設ける、入口に除じんマットを敷くなどが考えられる。

また、汚れの付着を予防する方法として、汚れが付着しにくく除去しやすい建材を使用することが望ましい。しかし既に出来上がっている建築物に関しては、建材を汚れが付着しにくく、除去しやすい物に加工するほうが現実的である。この代表的な方法が、床材に対する床維持材の塗布である。床維持材の塗布は、床の美観を高め、床材を保護し汚れを予防するものである。

表5.1　汚れの付着状態

| 状　態 | 事　例 |
|---|---|
| 単にのっている | ・建材の表面にほこりが降下した場合 |
| 吸いついている | ・間仕切りガラスの表面に細かいほこりが付着している場合<br>・建材の装備にべたついたものが付着している場合 |
| 固着している | ・べたついたものが固まったり、水に溶けたものが乾いたりして、建材の表面に固く保持されている場合 |
| 組織の内部に入り込んでいる | ・建材の組織に刺さっている場合<br>・じゅうたんの織目に入っている場合 |
| 染み込んでいる | ・吸水性の建材に水に溶けた汚れが付いた場合 |
| さび・カビなどを生じている | ・清掃不良のステンレス外装の場合<br>・雨もりでしばしばぬれた壁の場合 |

---

**○×問題に挑戦！**（記述の正誤を考えよう。解答は前ページ）

☐　Q1　たばこの汚れは人為的要因である。
☐　Q2　ほこりの粒子の大きさは粒径1mm程度である。
☐　Q3　カーペットのしみは水溶性である。
☐　Q4　表面が凹凸または孔隙がある建材は、汚れは付着しにくい。
☐　Q5　床維持材の塗布は、汚れの予防に有効である。

清掃
## 6 ほこり・汚れの除去

POINT ①清掃対象となるほこりや汚れは，汚れ物質の性質や状態など考慮し，適切な方法で除去する
②洗剤や溶剤を使用した後は，残留洗剤を防ぐため，必ず水洗いまたは水拭きを十分に行う

### (1) 汚れ除去の基本

清掃対象となるほこりや汚れは，汚れ物質の性質や状態，原因を考慮し適切な方法で除去しなければならない。また汚れそのものだけではなく，汚れが付着している建材の性質も見極めなくてはならない。

### (2) 粉状物質（ほこり）の除去

① 空気中に分散させる方法

ほこりを払う・はたくなどの方法により空気中に分散させて除去する方法で，空気中に浮遊させた後，空調や換気を行うことにより空気がろ過され，ほこりは除去される。したがって，換気などをしなければほこりは沈降し，再度建材に付着するだけであり，ビルなどでは適さない方法である。

② 物に付着させて除去する方法

1）乾拭き

乾いたやわらかい布で拭き取る方法である。ほこりが少ない場合や，家具などを対象として行われる。

2）水分を含ませた布で除去する

ほこりの付着をよくするため，タオルなどに水分を含ませて除去する方法である。タオルはしっかりと絞らないと，除去したほこりを逆に建材に移してしまうため，タオルは半乾き程度の水分とする。

3）おがくず

おがくずに水分を含ませ，床に撒き，ほこりを付着させる方法。これも布と同様水分が過剰な場合，逆に建材を汚してしまうため注意が必要である。水分の代わりに，ワックスや溶剤を含ませるものもある。

4）ダストコントロール法

タオルやモップに粘度が低い不乾性の鉱油を少量含ませ，ほこりを付着しやすくした方法である。この方法は，タオルを長く貯蔵できるが，微量の油が床面に付着するのが欠点である。またこの方法はあくまでほこりを除去するための方法であり，その他の汚れは除去できない。

### (3) 汚れの除去

① 水溶性，親水性物質の除去

1）水拭き：タオルやモップに少量の

[解答] 1─○　2─×（タオルなどに微量の油を含ませ，ほこりを付着しやすくした方法）
3─×（なるべく少量の水を使う）　4─○　5─○

水を含ませ，汚れの付着部分を擦るようにするものである。この場合，汚れを水に溶解させ，汚れた水を拭き取ることにより汚れが除去される。注意点として，使用するタオルやモップは頻繁にゆすぐことと，水分をしっかり絞ることである。

2）水洗い：いわゆる洗浄と呼ばれるもので，水を使用し建材の汚れを洗い落とす方法である。ブラシやたわしなどの物理的な力を加えて汚れを溶解し，汚水をスクイジーや吸水掃除機にて回収する。注意点として，水分はできるだけ少量とし，汚れた水は速やかに取り去ることである。

② 疎水性，油脂性物質の除去

油脂性物質は水に溶けにくいため，洗剤を使用して汚れを除去する。水に洗剤分を加えるが，その方法は水拭き，水洗いと同様である。ただし洗剤使用後は，建材に洗剤が残留するのを防ぐため水洗い，または水拭きを十分行う。

(4) かさ高固着物の除去

かさ高固着物は，粘着物質などが固まった状態で建材に付着しているため，まずパテナイフやへらなどで物理的な力を加えることにより削り取る。その後残った部分に対して，水や洗剤を用いて除去する。

(5) しみの除去

しみは，特にカーペットなどの建材に見られるものであるが，しみの物質の種類を見分けることが重要である。水溶性のしみであれば，湿ったタオルで軽く擦ると汚れがタオルに移り，油溶性のしみであれば汚れが移らないため，判断ができる。水溶性のしみは，水や中性洗剤などで除去できる。油溶性のしみは，界面活性剤を主剤とする洗剤や有機溶剤により除去する。

しみは，時間が経つほど建材に強く染み付くため，早めに処置することが肝要である。

(6) ドライメンテナンス

ドライメンテナンスとは，床面に塗布した床維持材の管理方法で，水の使用が極めて少ないのが特徴である。

この方法は，汚れの状態と質に応じ，床磨き機と適したパットにより床維持材を削り，その後床維持材を補充することを繰り返すものである。

ドライメンテナンスは予防清掃の概念に基づいており，日頃から汚れを持込まない，汚れたらすぐ除去するという日常管理が重要であり，きめ細かなメンテナンスが必要である。

---

**○×問題に挑戦！** （記述の正誤を考えよう。解答は前ページ）

- ☐ Q1　ほこりを空気中に分散させて除去する方法は，ビルでは適さない。
- ☐ Q2　ダストコントロール法は，おがくずを使用する方法である。
- ☐ Q3　ビル内で洗浄する場合，多量の水を使用して汚れを落とす。
- ☐ Q4　かさ高固着物とは，粘着物質などが固まった状態で建材に付着したものである。
- ☐ Q5　水溶性のしみは，水や中性洗剤などで除去できる。

清 掃
# 7 ビルクリーニング機械

> POINT ①清掃用機械は，安全で騒音や発じんなどが少ないことが求められる
> ②電動床みがき機（フロアポリッシャー），真空掃除機などが使われる
> ③それぞれの建材の特徴にあった機械を選定する

### (1) 清掃用機械
清掃作業は，使用中の建築物内すなわち障害物や人が多い場所で行われるため，清掃用機械は安全であり騒音や発じん（塵）などが少ないことが求められる。

### (2) 電動床みがき機
フロアマシンまたはフロアポリッシャーと呼ばれ，床面の洗浄や艶出しなどに幅広く使用されている。ブラシの大きさや回転数などにより多くの種類があるが，清掃対象場所など用途に応じて使い分ける。最近では，タンク式フロアマシンと呼ばれ，レバー操作で洗剤液をブラシ部分に供給することができる機械が多く使用される。普通床用では，ブラシ部分にパット台を取り付け，パットを使用する。パットは硬さにより色分けされ，色が濃くなるほど硬いパットになり，汚れの状態や作業の種類，また建材により使い分ける。

構造としては，モーター部と回転部分に分けられる。モーターは一般的にコンデンサ始動型単相誘導電動機である。また回転部分は減速歯車方式となっている。

### (3) 自動床洗浄機
床面の洗浄に伴う洗剤の供給とブラシによる擦り洗い，洗浄後の汚水回収を自動で行う機械である。機械を操作する人以外は人手を要しないうえ，洗浄と汚水回収を同時に行えるため営業中の場所などでも使用できる利点がある。ただし，概して機械が大型なため，狭い場所や物が多い場所での使用は困難である。

### (4) 真空掃除機
真空掃除機は広範囲な除じんに用いられ，特にカーペットのような繊維系床材の清掃には欠かすことができない。真空掃除機には，業務用ではポット型と呼ばれる床移動型真空掃除機と，アップライト型と呼ばれる立て型真空掃除機，また携帯型の3種に分けられる。

① 床移動型真空掃除機
1）ドライ型：通常の除じん用真空掃除機である。吸込口から流入したほこりをフィルタでろ過し排気する仕組みである。最近は病院などの清浄度が高い場所でも使用できる高性能なフィルタを装着した掃除機がある。
2）ウェット型：湿式または給水式と呼ばれ，水や洗剤など液体を吸入するものである。床洗浄時の廃液の回収等に使用される。

［解答］ 1―○ 2―○ 3―×（洗浄液を泡で供給する方法） 4―○

② アップライト型：主にカーペットなどの繊維系床材に用いられ、機械力によりパイル内のごみやほこりを叩き出す構造になっている。吸込み風量が大きくフィルタバックが大きく排気がしやすい。カーペットに対してはドライ方式の掃除機よりも除じん力は優れているが、狭い場所での使用が困難なことと、音が大きいことが難点である。

③ 携帯型：小型軽量で、本体を肩掛けや背負うことにより、狭い場所や階段で使用できるものである。

(5) カーペット洗浄機

① スクラバー方式の機械

これはタンク式電動床みがき機と同じ構造だが、供給された洗浄液がブラシの回転により発泡し、その泡により洗浄を行うものである。洗浄効果は大きいが、パイルがブラシにより損傷するおそれがあるため、化学繊維のカーペット洗浄に適する。

② ローラーブラシ方式の機械

これは①を改良したもので、洗剤液を泡で供給するものである。水分が少ないため、基布の収縮やパイルを傷めるおそれは少ないが、洗浄力はやや劣る。

③ エクストラクター方式の機械

真空掃除機と似た形で、ノズル先端から洗浄液を噴射し、ただちに吸引する構造である。多量の水分を使用するため、耐水性のあるカーペットに使用する。

④ スチーム洗浄方式の機械

構造はエクストラクターと同じであるが、ノズルから高温・高圧のスチームを噴射することにより洗浄する。高温・高圧なため、微生物をも殺滅することができる。

⑤ パウダー方式

洗剤分を含んだパウダーを散布し、ローラーブラシでパウダーをパイルにすり込むことにより、汚れを付着させる。軽度の汚れには良いが、重度の汚れにはスプレーなどの補助作業が必要である。

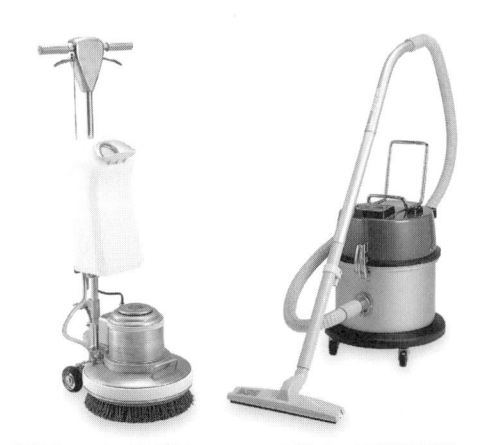

図7.1 フロアポリッシャー(タンク付)　　図7.2 真空掃除機(ドライ型)

(写真提供：株式会社テラモト)

---

**○×問題に挑戦！** （記述の正誤を考えよう。解答は前ページ）

- [ ] Q1　電動床磨き機の回転部分は、減速歯車方式となっている。
- [ ] Q2　アップライト型真空掃除機は、パイル内のごみを叩き出す構造である。
- [ ] Q3　ローラーブラシ方式は、洗浄液を噴射し洗浄する方法である。
- [ ] Q4　スチーム洗浄方式は、高温・高圧のスチームにより洗浄する。

## 清掃
## 8 ビルクリーニング用具

> POINT①モップ類には，湿式モップと乾式モップがある
> ②ほうき類は，主に粗大なごみの除去に用いられ，ビルクリーニングを行ううえでは，ほこりを空気中に舞い上げないようにする

### (1) モップ類

ビルクリーニングでの床面清掃に幅広く使われる道具である。

① 湿式モップ：木綿糸の太い糸を房状に柄に取り付けたもので，床の汚れの拭き取り，ワックス塗布，から拭きなどの作業に使用する。湿式モップには，木製の柄に房糸が取り付けられたＴ字モップ，柄と房糸の着脱が可能なワンタッチモップ，房糸が柄の先に束ねられたばれんモップなどがある。ワンタッチモップは房部分だけ分けることができるため，洗濯に便利である。

② 乾式モップ：乾式モップは床面のほこりの拭き取りに用いるもので，大きなほこりから微細ものまで使用できる。使い捨ての不織布を取り付け，繊維の間にほこりを取り込むダストクロス型モップと，幅広い平らな帆布表面に房糸を取り付けたプレーンモップがある。また油剤処理をした乾式モップを使用する方法をダストコントロール法と呼ぶ。乾式モップはほうきのようにほこりを舞い上がらせる心配が少ないため，ダストクロス型モップなどは病院でも使用されている。

### (2) ほうき類

主に粗大なごみの除去に用いられる。屋外から室内床面，また家具調度品用等幅広く用いられている。ほうきは，ほこりを空気中に舞い上げる傾向がある。種類として自在ぼうき，座敷ぼうき，小ぼうきなどがある。自在ぼうきは，主にビル屋内で使用され，柄との接合部が可動式であり毛が短いものがある。これは，ほこりを跳ね上げることが少なく，比較的細かいほこりまで除去できる。座敷ぼうきは座敷を掃くのに用いられ，ビルではほこりを舞い上げるためあまり使用されない。小ぼうきは小型で柄のないほうきで，什器備品や窓回りのほこり取りに用いられる。

### (3) ブラシ類

大小さまざまなものがあるが，フロアブラシは，きわめて大型のブラシで，床面を押し掃きすることによりごみを集める道具であり，ほこりを跳ね上げることがなく，作業も楽な道具である。デッキブラシは石やモルタルの床を擦り洗いするのに使用される。

### (4) ちり取り

ちり取りは，ほうきなどで集めたごみ

---

[解答]　1—○　2—×（適する）　3—×（少ない）　4—○　5—○

を入れて捨てるものである。文化ちり取り，三つ手ちり取り，片手ちり取りなどがある。文化ちり取りは，蓋付きちり取りで本体を使うとき下に置くとふたが開く構造になっており，ごみの移動に便利である。三つ手ちり取りは，本体が3か所で支えられた金属性のやや大きめのもので，鉄道でよく使われたため鉄道ちり取りとも呼ばれる。片手ちり取りは，一般家庭でも使用される，受け皿に取っ手をつけた最も簡単な構造をしており，少量のごみ回収に使用される。

(5) スクイジー

スクイジーは，床面や窓ガラスなどの水を集める器具で，T字モップの毛の部分を細長い一枚のゴムにしたような形をしている。床用スクイジーは，床面洗浄後の汚水をかき集めるのに使用される。窓用スクイジーは，床用よりも小型で良質なゴムが使用され，ビルの窓ガラスクリーニングには欠かすことができない。

(6) パテナイフ

主に建材に付着したチューインガムなどのかさ高固着物をこそぎ取るのに使用される。よく使用する場所では，作業者が常時携帯し，固着物を見つけ次第使用している所もある。

(7) プランジャー

ゴムのカップに柄を付けたもので，ラバーカップとも呼ばれている。洗面所やトイレなどの軽い詰まりを吹きだす道具である。

(8) モップ絞り機

モップリンガーと呼ばれ，ハンドルを動かすだけでモップを絞ってくれるため，洗浄作業などモップを使用した作業を効率よく行うことができる。ハンドルを動かすことで，2枚の板に房をはさみ絞るギャップレス型やシーウェイ型と，2本のローラーにはさんで絞るローラー型がある。

図8.1 乾式モップ（ダストクロス付）　図8.2 ほうき（26cm幅）　図8.3 ちりとり
（写真提供：株式会社テラモト）

---

**○×問題に挑戦！**（記述の正誤を考えよう。解答は前ページ）

- □ Q1　ワンタッチモップは柄と房糸の着脱が可能である。
- □ Q2　ダストクロス型モップは，小さいほこりの除去には適さない。
- □ Q3　自在ぼうきは，ほこりを跳ね上げることが多い。
- □ Q4　文化ちり取りは，蓋付きちり取りで，ごみの移動に便利である。
- □ Q5　パテナイフは，固着物を除去する道具である。

清掃
## 9 ビルクリーニング洗剤

> POINT①界面活性剤には，陰イオン活性剤，陽イオン活性剤，両性活性剤，非イオン活性剤がある
> ②ビルクリーニングでは通常，中性洗剤か弱アルカリ性洗剤が使用される
> ③フロアポリッシュは，物理的・化学的方法で容易に除去できるものである

### (1) 洗　剤

現在のビルの洗浄に使用される主要な洗剤は合成洗剤である。合成洗剤は，合成界面活性剤と助剤からなり冷水や硬水にもよく溶ける。界面活性剤は，物の表面張力を低下させることにより汚れを離脱させ，水中に混和することにより汚れを除去し，汚れの再付着を防止する効果がある。界面活性剤の種類には次があるが，ビルクリーニング用洗剤の主剤は陰イオン活性剤，両性活性剤，非イオン活性剤である。

① 陰イオン活性剤：負の電荷をもつ。洗浄力に優れ広く使用されている。
② 陽イオン活性剤：正の電荷をもつ。洗浄力は劣るが殺菌剤・柔軟材などに適している。
③ 両性活性剤：両方の電荷をもち，洗浄力と殺菌力をあわせもつ。
④ 非イオン活性剤：イオン解離しないが界面活性の働きをするものである。

### (2) 各種洗剤の性質

① 中性洗剤
pH値が6～8の洗剤で，塩化ビニル系・石材・陶磁器・リノリウム等，どの建材でも使用でき，用途は非常に幅広い。洗浄力は普通であるが，建材を傷つける心配は少ない。

② 弱アルカリ性洗剤
pH値が8～11の洗剤で，中性洗剤同様用途は広い。洗浄力は中性洗剤よりやや強く軽度の油等に使用できるが，建材によっては注意が必要である。

③ 強アルカリ性洗剤
pH値が11～14の洗剤で，強い洗浄力をもっている。特に油脂分等の強い厨房などの汚れの除去に使われる。しかし，強アルカリ性のため，建材を傷めるおそれがあり，限定した用途での使用とする。また使用後はすすぎを必要とする。

・剝離剤：剝離剤は主として樹脂系ワックスの皮膜除去に使用されるもので，性質はpH値11～14の強アルカリ性である。

④ 酸性洗剤
酸性洗剤には，pH値が3～6の弱酸性と，pH値が3以下の強酸性がある。主にトイレの尿石除去や浴槽まわりなどに使用され，汚れを酸で溶解させて落とす。この洗剤は建材を傷めることもあり，

[解答] 1―○　2―×（洗浄力は普通程度）　3―×（強アルカリ性）　4―○

特に大理石やテラゾなどの石材類，またカーペットなど繊維系床材には絶対に使用してはならない。

⑤ 研磨剤入り洗剤

研磨剤入り洗剤は，汚れを削り落とすものである。したがって汚れが付着している建材表面をも削ってしまうおそれがあり，用途を限定しなければならない。

⑥ カーペット用洗剤

カーペット用洗剤と呼ばれるものがあるが，これはカーペットの繊維に対して安全な中性の洗剤である。高気泡性，浸透抑制，速乾性などが要求され，他の洗剤とは特性が異なる。

(3) 床維持剤

床維持剤は，床の損傷を防ぐと同時に美観を高め，汚れの付着を防ぎ除去を容易にするものである。床維持剤はフロアオイルとフロアシーラ（下地剤，目止め剤），フロアポリッシュ（仕上剤）に分けられ，フロアポリッシュは油性・乳化性・水性があり，さらにそれぞれワックスタイプとポリマータイプがある。

① フロアオイル

木質の床に使用され，耐久性を高める。油分によりほこりの飛散防止効果もあるが，多量の使用はかえって汚れを促進させるおそれがある。

② フロアシーラ（下地剤，目止め剤）

多孔質や吸水性の床材に塗布することにより，孔をふさぎ建材を保護する。フロアシーラを塗布すると，物理的・化学的方法では容易に除去できない。

③ フロアポリッシュ

床仕上剤と呼ばれ，塗布すると乾燥した皮膜となるが，物理的・化学的方法で容易に除去できる。

1) 油性ポリッシュ：油性ワックスと呼ばれるもので，ろう・合成樹脂を溶剤で溶解させたものである。木質系には使用できるが，溶剤に侵される建材には適さず，塩化ビニル系・リノリウム・ラバーには使用できない。引火性があるため注意が必要である。

2) 乳化性ポリッシュ：ろう・合成樹脂を溶剤と水で乳化させたもの。特性は油性ポリッシュと似ているが引火性はない。

3) 水性ポリッシュ：水性ポリッシュはほとんど溶剤を含まないため，塩化ビニル系・リノリウム・ラバー系や，石材類などほとんどの床材に使用できる。ワックスタイプは光沢もよく塗布も容易だが，皮膜が弱く耐久性に乏しい。ポリマータイプは優れた光沢があり，皮膜は強靭であるため耐久性がきわめてよく，耐水性・耐摩耗性にも優れる。

―○×問題に挑戦！（記述の正誤を考えよう。解答は前ページ）
- □ Q1　界面活性剤は汚れの再付着を防止する作用がある。
- □ Q2　中性洗剤は，洗浄力が強い。
- □ Q3　剥離剤は強酸性である。
- □ Q4　フロアシーラは乾燥後，物理的・化学的方法では容易に除去できない。

清掃

# 10 床材の種類と特性

POINT ①ビルクリーニングを行う際には，材質を知ることが重要である
②床仕上げ材は材質からの分類として，弾性床材，硬性床材，木質床材，繊維系床材，その他の床材に分けられる

## (1) 床仕上げ材の分類

床仕上げ材の分類方法には，材質から分類するものや，床仕上げ材の工事方法から分類するものがある。ビルクリーニングを行う際には，材質を知ることが重要であるため，ここでは材質からの分類を述べる（表10.1）。

## (2) 弾性床材

① 塩化ビニル系床材

床仕上材として最も普及している。アスベストを含むものと含まないものがあり，形状としてタイル状のものと，シート状のものに分類される。ビニルアスベストタイルは，希薄な酸やアルカリには強く耐水性もあるが，表面が粗く弾力性に乏しい。しかし，アスベストの有害性により現在は製造されていないため，代わって登場したのがコンポジションビニルタイル，ホモジニアスタイルである。ホモジニアスタイルは，全部が同質の配合物でできた単層と，2種以上の異質の配合物からできている積層があり，アスベストタイルよりも軟質で非硬質で光沢がある。シート状床材は，長尺シートとも呼ばれ，タイル状に比べて歩行感・静音性に優れたものが多い。

② リノリウム系床材

長所として弾力性があり，歩行感に優れ，耐久性も良いことがあげられる。短所として，多孔質であるため，水分やアルカリ性洗剤や溶剤に弱く，湿気により変質する場合がある。

③ アスファルト系床材

耐油性が全くないため，油類を使用する場所や，歩行などで油類が付着するような床面には使用できない。また強アルカリ性洗剤や溶剤に弱く，変色を起こすことがある。

④ ゴム系床材

滑りにくく耐摩耗性に優れ，歩行感も良いため百貨店や銀行などに使われる。特性として希薄な酸類には耐性もあるが，溶剤に弱く，アルカリ性や油類への耐性

表10.1 床材の分類

| ①弾性床材 | 塩化ビニル系<br>リノリウム（リノタイル）系<br>アスファルト系<br>ゴム系 |
|---|---|
| ②硬性床材 | 石材<br>陶磁器質タイル<br>コンクリート，モルタル |
| ③木質系床材 | フローリング<br>コルク |
| ④繊維系床材 | カーペット類 |

［解答］ 1－×（含まない）　2－○　3－×（汚れやすい）　4－○

はない。

### (3) 硬性床材

**① 石　　材**

ビルの床材としては花崗岩（御影石）と大理石が多く用いられている

　1）花崗岩：花崗岩自体は耐酸・耐アルカリ性に富んでいる。しかし，目地が酸類に弱いため注意が必要である。

　2）大理石：アルカリに対しての耐性はあるが，酸性洗剤は組織を破壊するため使用してはならない。通常は中性洗剤か弱アルカリ性洗剤を使用し，強アルカリ性洗剤は控える。

　3）テラゾ：大理石の砕石とセメントを混合した石材製品である。大理石同様石灰質なので酸類に弱い。酸性洗剤や強アルカリ性洗剤は，組織を破壊するため使用してはならない。

**② 陶磁器質タイル**

床タイルは玄関ホール，通路などのほか洗面所・調理場などの床に使われることが多い。歩行感は固いが耐摩耗性の良い材料である。材料そのものは耐酸・耐アルカリ性であるが，モルタル目地は酸に弱いので注意が必要である。

**③ コンクリート，モルタル**

モルタルはセメントと砂を1：2〜3の割合で混合し水を加えて固めたもので，材料に砂利または砕石を加えたものがコンクリートである。コンクリートやモルタルは酸に弱く吸水性が高い。

### (4) 木質系床材

木質系床材にはフローリング，コルクなどがある。木質系床材は水に弱く，反り・収縮・亀裂などを生じるので水の使用に注意が必要である。またコルクは軽量で耐摩耗性・断熱性に富み，弱アルカリ性洗剤・溶剤に耐性がある。

### (5) 繊維系床材（カーペット）

カーペットは豊かな感触性・保温性・吸音性など，他の床材にない長所を有する。カーペットの分類方法には，素材による分類，織り方による分類，製造法による分類などがあるが，ここでは繊維素材により分類する。カーペットの繊維素材には天然繊維と化学繊維がある。天然繊維のウールは吸湿性・保湿性がよく弾性がある。しかし強度・耐摩耗性が低く，汚れやすい。化学繊維のナイロンは，耐摩耗性・耐薬品性に優れるが，静電気を帯びやすい。またアクリルは吸水性がなくよごれも少ないが，耐久性に乏しい。ポリエステルは，吸水性がなく汚れにくいが復元力に劣る。ポリプロピレンは吸湿性がなく耐薬品性もあるが弾力性・復元力が乏しい。

---

┌─ **○×問題に挑戦！**　（記述の正誤を考えよう。解答は前ページ）
|　☐　Q1　コンポジションタイルはアスベストを含む。
|　☐　Q2　テラゾは，酸性洗剤に弱い。
|　☐　Q3　ウールのカーペットは汚れにくい。
|　☐　Q4　ポリエステルのカーペットは，復元力が乏しい。

清　掃
# 11 床材清掃

POINT ①作業を行う対象の床材を正しく識別すること
②弾性床材の清掃には，ウェット法とドライ法とがある
③各種床材の特性に合った資機材と作業方法を選択する

## (1) 床材の識別

メンテナンスするうえで最も大切なことは，各種床材の性質に合わせた資機材と方法により，正しい作業を行うことである。そのため，作業を行う対象の床材を正しく識別しなければならない。

## (2) 弾性床材の清掃

弾性床材の定期的な手入れには，ウェット方式とドライ方式がある。

① 塩化ビニル系床材

1) ウェット方式

通常の水・洗剤を使用した管理方法である。日常的な作業として，真空掃除機またはダストモップによる除じんと，モップでの水拭きを行う。定期的な作業として，ヒールマークなどの汚れ除去のための洗浄作業，また床維持剤の皮膜劣化等美観の回復のための剥離作業を行う。作業手順は，①物品・什器備品の移動→②床面の除じん→③洗浄液の塗布→④洗浄作業→⑤汚水の回収→⑥水拭き→⑦乾燥→⑧床維持剤の塗布→⑨乾燥→⑩物品・什器備品を戻す。

2) ドライ方式

ドライ方式は，ウェット方式による表面洗浄や剥離作業不要を目的とした管理方法である。安全性や作業効率が良いが，きめ細かな管理が必要である。作業方法としては，日常的な除じんと，軽度の汚れには洗浄液を塗布しながら赤パットで磨くスプレーバフを行う。

② リノリウム系床材

日常的・定期的な手入れは，塩化ビニル系床材に準じるが，リノリウムは多孔質な建材であるため，適した床維持剤を選択する必要がある。リノリウムはアルカリ性に弱いため，中性洗剤か弱アルカリ性洗剤を使用する。また強アルカリを使用すると変色する。

③ ゴム系床材

日常的・定期的な手入れは，塩化ビニル系床材に準じるが，強アルカリ洗剤と溶剤に弱いため，中性洗剤または弱アルカリ性洗剤を使用する。

## (3) 硬性床材の清掃

① 石　材

日常的な作業は，真空掃除機またはダストモップによる除じんと，モップでの水拭きを行う。定期的な清掃は，塩化ビニル系床材に準じるが，大理石やテラゾ

［解答］1―○　2―○　3―○　4―×（カーペットスイーパー）　5―×（しみが付いたらすぐ行う）

は酸にきわめて弱いため、酸性洗剤は使用してはならない。通常は中性洗剤か弱アルカリ性洗剤を使用する。

② コンクリート

手入れは石材に準じて行う。酸に弱いため、中性洗剤か弱アルカリ性洗剤を使用する。

③ 陶磁器タイル

手入れは石材に準じて行う。モルタル目地が洗剤に弱いため強酸・強アルカリ洗剤の使用は注意が必要である。

(4) **繊維系床材（カーペット）の清掃**

カーペットは他の床材と性質が全く異なるため、メンテナンスが難しい。日常的な手入れとして、表面の粗じんにはカーペットスイーパーを、パイル内は真空掃除機を使用した除じんを行う。しみが付いたらすぐにしみ取りを行う。定期的な作業には以下のような方法がある。

① スクラバー方式

重汚染区域の洗浄を行う方法で、タンク付きポリッシャーを使用して洗浄液とブラシで洗浄し、汚水を回収する方法。洗浄力は高いが、カーペットの縮みや毛質損傷の危険性がある。

② ローラーブラシ方式

泡でブラッシングする方法。洗浄力はやや劣るが乾燥が早く作業も容易である。

③ エクストラクター方式

洗浄液を直接カーペットに噴射し、直ちに回収する方法。洗浄液を多量に使うが洗浄力はやや劣る。

④ スチーム洗浄方式

高温・高圧のスチームをカーペットに噴射し汚水を回収する方法。高温なので微生物も殺菌できる利点がある。

⑤ パウダー方式

洗剤をしみ込ませたパウダーをカーペット上に散布した後ブラッシングし、汚れをパウダーに付着させる方法。他の方法に比べて洗浄力は劣る。

⑥ バフィングパット

綿や合成繊維の布製パットを用いてバフすることで、パットに汚れを付着させる方法。汚れ除去効果は低いため、軽度の汚れのときに用いる。

(5) **木質系床材の清掃**

木質系床材は水に弱く、収縮や亀裂を生じるため、表面処理されていない場合は特に水の使用に注意する。日常清掃ではダストクロス型モップや真空掃除機により除じんし、固く絞ったモップで水拭きをする。表面処理された床の定期清掃では、薄い洗剤で素早く洗浄し、汚水を拭き取った後乾燥させて、床維持剤を塗布し仕上げる。

---

┌─ **○×問題に挑戦！** （記述の正誤を考えよう。解答は前ページ）─┐

☐ Q1 弾性床材の手入れには、ウェット方式とドライ方式がある。
☐ Q2 大理石の洗浄には酸性洗剤を使用してはならない。
☐ Q3 スプレーバフは軽度の汚れを除去する作業である。
☐ Q4 パイル表面の粗ごみは、真空掃除機を使用する。
☐ Q5 しみ取りは半年に1回でよい。

清掃

## 12 各所清掃方法

> POINT ①どの場所でも，建材にあった使用洗剤と作業方法を理解する
> ②便所や湯沸室用の資機材は，色分けをするなどして専用のものとする
> ③汚れやすい場所は日常清掃で行い，汚れをため込まないようにする

### (1) 各所清掃方法

各所の清掃方法，ここでは主に手順を示すが，まずは建材を見極め，その建材にあった洗剤の使用と作業手順にすることが重要である。

### (2) 便　所

便所は使用頻度が高く，汚れやすい場所であるため，ビルでの清掃作業として最も重要な場所である。便所は日常清掃から見回りまで，常にきれいに保たれるよう注意しなければならない。作業上の注意点として，清掃用具は色分けをするなどして便所専用とすること，作業には保護手袋を着用すること，作業中は表示板等を立て，使用者に注意を促すこと等があげられる。また便所は建材の種類が多いため，建材ごとの使用洗剤や作業方法を理解することが必要である。日常清掃の主な作業手順としては，まずごみ箱や汚物入れの中身を処理し容器を洗浄・消毒する。次に大小便器に洗剤を噴霧し，スポンジやパットで洗浄して，便器の外側や金属部分などの周囲を拭き上げる。その後床面を拭き上げ，ペーパーや洗剤など消耗品を補充する。定期的な作業として，壁面や間仕切り等のクリーニング，また小便器の尿石除去などがある。

### (3) 洗面所

洗面所は，鏡と手洗い陶器まわりが汚れやすい。鏡は水滴やくもりがないように磨く。天井面まで鏡である場合など，手の届く範囲だけ行っていると拭きムラになり目立つので，注意が必要である。手洗い陶器は，水垢が残らないよう洗剤を使用しパットでこすり洗いをする。壁面等は定期的な作業として行う。

### (4) 湯沸室

湯沸室は，人の飲食と直接関わる場所なので，常に清潔を維持し不快害虫の発生源にならないようにする。日常の作業手順は，まず茶殻類を処理し容器を洗浄する。その後，流し台周辺を洗浄し拭き上げる。清掃用具は専用のものにする。

### (5) 昇降機設備

① エレベータ

エレベータは，利用密度が高いため土砂などの持込みが多く，汚れは季節や天候の影響を受けやすい。またボタンまわりや扉は手垢などの油溶性の汚れがつきやすい場所である。日常は床面の除じんと拭上げ，壁面や扉・ボタンまわりの手垢を専用洗剤と水で拭き上げる。扉の溝

[解答] 1―○　2―×（油溶性）　3―○　4―×（定期的に清掃を行う）

は詰りやすいので定期的に清掃をする。
② エスカレータ
　エスカレータも多数の人が利用するため常に清潔を心がける。日常の手入れとして，運転中のベルトは洗剤拭きか専用のシリコンで拭き上げる。スカートパネル・ガードは，ダストクロスによる除じんと固く絞ったタオルで拭き上げる。踏み板，ライディングプレートは，真空掃除機による除じんを行い，専用洗剤または固く絞ったタオルで拭き上げる。

(6) 壁，柱，天井
　この部分は，汚れのつき方と性質から高所と低所に分けて考える。高所は主に，室内空気の汚れである粉じんやたばこによるタール質などが主原因である。低所は，人の接触による汚れが多く，手垢などがあり，床面に近い壁面はヒールマークなどもある。日常の手入れとして，人の手が触れるスイッチまわりなどを日常清掃で行う。その他の場所は，週1回または10日に1回など，定期的に除じんを行う。汚れやすい場所は，汚れがひどくなる前に随時落とすことが必要である。壁面が洗浄可能な建材である場合には，スプレーに洗剤を入れて均一に噴射し，白パッドやタオルでぼかすようにする。壁面の建材には，水は洗剤でメンテナンスができないものもあるので注意が必要である。

(7) 階段の清掃
　階段の汚れは持ち込まれた土砂が多く，け込み部分は特に汚れやすい部分である。日常清掃は，ダストクロス型モップや真空掃除機による除じんがメインであるが，特に定期清掃は建材により異なる。階段は床と同質建材が使用されることが多いため，同質の場合は床の清掃方法に準ずる。

(8) 造作，家具，調度
① 照明器具，ブラインド
　照明器具やブラインドの汚れは，主にほこりやヤニの付着である。照明器具は汚れがたまると照度が低下するため，日常の除じん作業と定期的な拭上げ作業が必要である。ブラインドも照明器具同様，日常作業は除じん程度でよいが，定期的に拭上げ作業を行う。

② 什器・備品
　キャビネットや机・椅子等，人が日常的に使用する事務用品などは，汚れやすいため原則毎日清掃しなければならない。什器・備品等人が使用するものは，ほこりのほかに手垢や飲食物による汚れがある。手垢や飲食物の汚れは，水または洗剤を用い，タオル等で拭き上げる。

---

○×問題に挑戦！（記述の正誤を考えよう。解答は前ページ）
- □ Q1　便所の資機材は専用のものとする。
- □ Q2　エレベータの扉やボタンまわりの汚れは水溶性である。
- □ Q3　壁面高所や天井の汚れは，粉じんやたばこのタール質等である。
- □ Q4　照明器具は汚れにより照度が低下するため，毎日清掃を行う。

清　掃
# 13 外装の清掃

> POINT ①外装の汚れは，大気中の粉じんなどが次第に付着したものである
> ②外装清掃も建築物内部と同様，仕上材の特徴を理解しておくことが重要
> ③外装清掃は高所作業になるため，十分な注意が必要である

## (1) 外装の汚れ

外装の汚れは，大気中の粉じんなどがしだいに付着したものである。そこへ，雨水がかかり乾燥すると，雨水に含まれる各種物質とともに粉じんが外装に固着していく。したがって大気の汚染した大都市や工業地帯，海岸地方では，他の地域と比較し汚れ度合いが大きい。また，大気や雨水にさらされ徐々に付着した汚れをさらに放置すると，強く固着してしまい，作業が困難になることがある。したがって，通常年に1～2回程度定期的にクリーニングを行う必要がある。

外装も建物内部と同様，仕上材の特徴を理解しておくことが重要である。

## (2) 外装仕上材

① 陶磁器

陶磁器タイルは，モルタル目地が外気にさらされることにより白華現象が起きやすい。

② 石材系

石材のうち，外装材としては硬質で石質が密である花崗岩が使用される。石材系は酸やアルカリに弱いため，洗浄には中性洗剤を使用する。また水や汚れによりしみができやすいため，注意が必要である。

③ 金属系

1) アルミ：アルミは美観や耐食性を向上させるため，着色塗装など表面加工が施されているため，それぞれの表面加工にあった洗剤選定，作業方法を行う。表面処理の方法は一般的に陽極酸化皮膜といわれる，電解溶液とアルミニウムの電気分解によりつくられた硬い人工皮膜がある。陽極酸化皮膜を施したアルミニウムは溶剤には耐性があるが，アルカリや強酸には弱いので注意が必要である。またアルミは孔食状の腐食を起こすが，その原因には雨水や大気汚染物質による腐食，異金属との接触による腐食，また薬品による腐食がある。

2) ステンレス：ステンレスは美観，強度，耐食性，耐熱性等で優れた特徴をもっており，表面仕上げによって作業方法が異なる。ステンレスの表面仕上げには，ヘアライン仕上げ，エッヂング仕上げ，鏡面仕上げがあり，それぞれの仕上げ方法により適切な作業方

[解答] 1－×（大気中の粉じんなどがしだいに付着したもの）　2－×（ステンレスは傷つきやすい）　3－○　4－○

法を行う。エッヂング仕上げとは化学処理により浮き出し模様にしたものである。ヘアラインと呼ばれる一方向に研磨目をもつ仕上げでは、研磨面に沿って作業をする。鏡面仕上げと呼ばれる、鏡面に近い光沢と輝きをもった仕上げでは、傷つきやすいためパットやウエスで磨くときに注意が必要である。ステンレスは、もらい錆を受けることが多いため注意が必要である。

### (3) 窓部分
#### ① ガラス
ガラスは耐薬品性に優れ、平滑で水分も吸収しない、比較的扱いやすい建材である。しかし、アルカリによる変色であるヤケや、強酸性洗剤による溶けを生じることがある。ガラスはビルの外面要素として高い割合を示す。ビルではフロート工法により作られたフロートガラスが多く使用され、その他の種類として透明で一般的な普通ガラス、つや消しし不透明なすり板ガラス、型押しの模様をつけた型板ガラス、金網を入れ丈夫にした網入りガラスなどがある。

#### ② サッシ
窓枠であるサッシは、大部分がアルミニウムやステンレススチール素材であり、メンテナンスは外壁素材の金属板と同様である。

### (4) 外装の清掃方法
外装部分の作業方法は、洗剤や薬品を使用してブラシで壁面をこすり、汚れを落した後、水で洗い流す。窓はガラス専用モップで洗剤または水をつけ、スクイジーで水を回収する。

外装を清掃する方法は、ビルの外側に足場を組み、あるいはゴンドラをおろして行う。ゴンドラを用いる場合は、ゴンドラ構造規格に合格したものを使用しなければならない。超高層ビルなどで用いられる自動窓拭き設備は、能率がよく作業者の危険もないが仕上げは人に比べると十分ではない。外装清掃では、水が外側に落下することや、安全のため事前に保安要員の手配や道路使用許可が必要である。

**図13.1　ゴンドラ清掃作業**
(写真提供：HAMADA サービス)

---

**○×問題に挑戦！**　（記述の正誤を考えよう。解答は前ページ）
- ☐ Q1　外装の汚れは、人為的要因で付着したものである。
- ☐ Q2　ステンレスは、パットで強くこすって汚れを落とす。
- ☐ Q3　ガラスは、アルカリによる変色を起こすことがある。
- ☐ Q4　ゴンドラを用いる場合は、ゴンドラ構造規格に合格したものを使用しなければならない。

清掃
## 14 建築物の消毒

**POINT** ①病原微生物を殺滅するか，発育能力を失わせることを「消毒」という
②一般環境での建築物の消毒は，平常時と感染症発生時に分けて考える
③衛生管理担当者は，消毒薬品の種類と使用方法，また対象物件について正しい知識をもつ必要がある

### (1) 消毒とは

病原微生物を殺滅するか，その発育能力を失わせることを「消毒」という。消毒の場合は，非病原性の微生物については考慮していない。これに対し，病原性の有無に関わらずすべての微生物を殺滅することを，「殺菌」または「滅菌」という。

### (2) 建築物の消毒

一般環境での建築物の消毒は，平常時の消毒と感染症発生時の消毒に分けて考える必要がある。

感染症の発生には，「病原体」「感染経路」「感受性」の3つの条件が必要である。このうち，ビルでの感染症発生を防止するためには，「感染経路」を絶つことすなわち感染源対策が必要である。

ビル環境における病原性微生物の感染源は，ごみやほこり，また人の唾や痰の飛沫，ゴキブリやねずみなどの有害動物を介した汚染物などがあげられる。

これらの感染源は，床・壁・天井等の建材，特に床面に沈積し付着することが多く，清掃作業によって汚染を除去することは，これらの感染源対策となるのである。ゴキブリやねずみなどは，有害動物そのものの食べかすや排泄物などは勿論であるが，その活動範囲や通路などへの汚れの付着も感染源として問題となる。したがって，有害動物を駆除するとともに，その汚染除去が重要となるのである。

① 平常時の消毒

ビル内での消毒は概ね清掃作業の中に組み込まれている。平常時は，床面や什器備品等については清掃後に消毒薬を含ませた布で拭く程度でよい。便所・衛生器具・ごみ置き場などは，汚染されやすい場所であるため，やや頻繁に消毒するようにする。

② 感染症発生時の消毒

一般の建築物では，感染症発生は考えなくて良い。万が一，感染症患者が発生した場合は，速やかに官公庁へ届出を行い，法律で定められた薬品による清掃を行うことになる。

③ 病院における清掃と消毒

病院は建築物衛生法の対象ではないが，ビルメンテナンス業者が清掃や消毒を請

[解答] 1－×（トイレの清掃用具は専用とする） 2－×（あと感染経路が必要） 3－○
4－×（間接伝播） 5－○

け負うことも多い。清掃と消毒をあわせて行う方法はビルと同じであるが，病院では感染症患者が存在する可能性が高いため，病院で定められた方法により消毒を行う。

### (3) 消毒方法の分類と実施方法

消毒方法には，物理的方法と化学的方法がある。

物理的方法には，煮沸・蒸気等何らかの形で熱を加える「加熱法」と，紫外線や放射線などを用いる「照射法」，その他ろ過や超音波などの方法がある。この中で，ガラス製品，磁器製品，金属製品などに広く利用され，最も確実な滅菌方法の一つとして高圧蒸気滅菌法があるが，この方法は圧力容器内を飽和水蒸気で満たし121℃（$1.05\,kg/cm^2$）で20分間加熱する方法である。また室内の空気や器具類の消毒に用いられる方法に紫外線照射法があるが，この方法は照射距離が短いほど，照射時間が長いほど有効であり，高温多湿では効果が少ない。

化学的方法は，消毒剤や殺菌剤などの化学薬品を用いて，病原菌を死滅または発育を阻止する方法である。消毒剤は数多くあるが，すべての微生物に万能なものはない。消毒薬の作用は，一般的に薬剤の濃度が高いほど，温度が高いほど，作業時間が長いほど強い。ビルの中での通常，逆性石けん（カチオン系界面活性剤）・クレゾール液・フェノール・アルコール・次亜塩素酸ナトリウムなどが多用されている。

### (4) 建築物の薬品管理

衛生管理担当者は，消毒薬品の種類と使用方法，また対象物件について正しい知識をもっている必要がある。また，使用する洗剤についても，除菌剤洗剤かの確認を，MSDSにより行っておく必要がある。

MSDS（Material Safety Data Sheet）とは，化学物質およびそれらを含有する製品の物理化学的性状，危険有害性，取扱い上の注意等についての情報を記載した化学物質等安全データシートのことで，指定化学物質等を取り扱う事業者は，指定化学物質等を他の事業者に譲渡・提供するときは，その相手方に対してMSDSを提供しなければならない。

---

**○×問題に挑戦！**（記述の正誤を考えよう。解答は前ページ）

- ☐ Q1 トイレと洗面所は同じ場所なので，清掃用具は同じものを使用する。
- ☐ Q2 感染症の発生には，「病原体」「感受性」の2つの条件が必要である。
- ☐ Q3 ビル内での消毒は概ね清掃作業の中に組み込まれている。
- ☐ Q4 病原体が伝播する経路のうち，ねずみなどによる媒介動物感染は，直接伝播である。
- ☐ Q5 ビルの衛生管理に関するマニュアルを作成し，作業者とともに使用方法などに関して訓練を行う。

清掃

## 15 廃棄物処理の原則

POINT①廃棄物処理の原則は，減量化，安定化，安全化
②廃棄物の分別は，発生させた者が自ら行うことが基本
③バーゼル条約の国内対応法は，「特定有害廃棄物の輸出入の規制等に関する法律」である

### (1) 廃棄物

一般に廃棄物は，人間が生活していくうえでの生産過程・流通過程・消費過程それぞれの段階で排出される不要物である。廃棄物の適正な処理は，生活環境の保全および公衆衛生の向上にとって不可欠なものである。

廃棄物は排出される過程や組成がさまざまであるため，化学的・物理的・生物化学的な性質が多様である。

### (2) 廃棄物処理の原則

廃棄物処理は，廃棄物をできるだけ速やかに自然に無害で還元することが基本である。よって，廃棄物処理は一般的に，減量化，安定化，安全化が原則とされている。

① 減量化

廃棄物の減量化とは，ごみの発生や排出を抑制することをいう。すなわち廃棄物の排出量ができるだけ少なくなるように，発生時点で何らかの手段を講じるものであり，排出量を減少させる工程にするなどや，資源化するなどである。また，最終処分前に廃棄物の容量を減らすことも減量化にあたる。缶のようなかさが大きいものは，圧縮することで容量を減らすことができる。また生ごみなどは，乾燥し脱水することで減量化している。

② 安定化

安定化とは，最終処分前に廃棄物を物理的・化学的・生物学的な方法で安定な状態にしておくことである。

③ 安全化（無害化）

安全化とは，人の健康に被害を及ぼす物質や環境的に有害なものを含む廃棄物を処理し，最終処分後にそれが安全であるようにすることである。例えば，廃棄物から有害な重金属などが溶出しないよう措置するなどである。

### (3) 建築物内の廃棄物管理上の問題点

建築物内では，廃棄物の排出抑制，減量化，リサイクルを促進するために，分別を行う必要がある。これは廃棄物を発生させた者が自ら行うことが基本である。ごみの発生を抑制し，発生したごみの資源化を合理的に行うには，ごみの発生時点での分別が最も重要である。

建築物内の廃棄物管理上の問題点として，以下があげられる。

① 排出時点で廃棄物の分別がされて

[解答] 1−×（種類は多様化している） 2−×（最終処分前に） 3−○ 4−○

② 処理に必要なスペースが確保されていない場合がある。
③ 廃棄物の種類が多様化しており分別に手間がかかる。
④ 一括して排出される廃棄物を分別することが難しい。
⑤ 分別しても，建築物外に一括して排出される場合がある

**(4) 廃棄物処理に関連する法律**
① 廃棄物処理法

廃棄物処理法（正式には「廃棄物の処理及び清掃に関する法律」）は，生活環境の保全および公衆衛生の向上を図ることを目的とし，廃棄物の定義や，国民，事業者，国，地方公共団体の責務，一般廃棄物の処理，産業廃棄物の処理等について定めたものである。

② 特定有害廃棄物の輸出入の規制等に関する法律

バーゼル条約の国内対応法として，「特定有害廃棄物の輸出入の規制等に関する法律」が平成4（1992）年12月に公布された。これは，廃棄物処理の国際的な取組みとして，特定の有害な廃棄物等の輸出入を適正に管理することを目的としている。

バーゼル条約とは，正式には「有害廃棄物の国境を越える移動及びその処分の規制に関するバーゼル条約」であり，わが国もこの条約に加盟している。

③ 容器包装リサイクル法

容器包装リサイクル法（正式には「容器包装に係る分別収集及び再商品化の促進等に関する法律」）は，廃棄物の容積で半分以上を占める空き缶，空き瓶，プラスチック等容器等の容器包装廃棄物について，消費者は分別排出を，市町村は収集保管を，事業者は再商品化することでリサイクルを促進し，循環型社会への転換をはかるものである。

④ 循環型社会形成推進基本法

循環型社会形成推進基本法（第2条）において，「循環型社会」とは，製品等が廃棄物等となることが抑制され，ならびに製品等が循環資源となった場合においては，これが適正に循環的な利用が行われることが促進され，および循環利用が行われない循環資源については，適正な処分が確保され，もって天然資源の消費を抑制し，環境への負荷ができる限り低減される社会をいう。

---

**○×問題に挑戦！**（記述の正誤を考えよう。解答は前ページ）

- □ Q1 建築物内の廃棄物は，種類が限定されている。
- □ Q2 安定化とは，最終処分後に廃棄物を物理的・化学的・生物学的な方法で安定な状態にしておくことである。
- □ Q3 廃棄物の分別は，廃棄物を発生させた者が自ら行うことが基本である。
- □ Q4 バーゼル条約の国内対応法は，「特定有害廃棄物の輸出入の規制等に関する法律」である。

清掃
## 16 廃棄物の処理

**POINT** ①廃棄物とは，ごみ，粗大ごみ，燃え殻，汚泥，ふん尿，廃油，廃酸，廃アルカリ，動物の死体その他の汚物や不要物をいう
②廃棄物処理には，資源化・減量処理・直接埋立ての3つがある

### (1) 廃棄物処理法の目的
「廃棄物の処理及び清掃に関する法律」（廃棄物処理法）の目的は，廃棄物の排出を抑制し，および廃棄物の適正な分別，保管，収集，運搬，再生，処分等の処理をし，ならびに生活環境を清潔にすることにより，生活環境の保全および公衆衛生の向上を図ることである（第1条）。

### (2) 廃棄物の定義
ごみは人間が生活するうえで，または事業活動に伴って発生する不要な固形物である。ビルメンテナンス業務には，「廃棄物のビル内処理」と「ビルクリーニング」があるが，前者の対象が「ごみ」等の廃棄物である。

「廃棄物」とは，廃棄物処理法第2条によれば，「ごみ，粗大ごみ，燃え殻，汚泥，ふん尿，廃油，廃酸，廃アルカリ，動物の死体その他の汚物または不要物であって，固体または液状のもの（放射性物質及びこれに汚染された物を除く）をいう」と定義され，**産業廃棄物**と**一般廃棄物**に大きく2分類される。

よって，ごみは一般の廃棄物の一部であり，廃棄物に含まれるが，廃棄物はごみ以外のものも含む。

### (3) 事業者の責務
事業者処理責任の原則として，「事業者は，事業活動に伴って生じた廃棄物を自らの責任において適正に処理しなければならない」とされている。また事業者は，事業活動に伴って生じた廃棄物の再生利用等を行うことにより，その減量に努めなければならない。

事業者の責務として，物の製造・加工・販売に際してその製品，容器等が廃棄物になった場合における処理の困難性についてあらかじめ評価しなければならない。

廃棄物の減量その他，適正な処理の確保に関して，国および地方公共団体の施策に協力しなければならない。

### (4) 事業者の産業廃棄物の処理
事業者はもっぱらその産業廃棄物の運搬または処分を行う場合には，政令で定める産業廃棄物の収集・運搬および処分に関する基準に従わなければならない。

事業者は，運搬のみを生業として行うことができる者に対し，処分を合わせて委託することはできない。

[解答] 1—○　2—×（委託することはできない）　3—○　4—×（「資源化率＝(資源化量／総処理量)×100」である）

委託規準に違反して運搬または処分を他人に委託した場合には，懲役または罰金が科せられる。

### (5) 地方公共団体の産業廃棄物の処理

廃棄物処理法第11条ならびに第13条により，「市町村は一般廃棄物を合わせて処理できる産業廃棄物の処理を事務として行うことができる」としている。また，「都道府県は，都道府県が処理することが必要であると認める産業廃棄物の処理を事務として行うことができる」としている。

### (6) 廃棄物の処理の割合

廃棄物には，分別回収され資源化されるのもと，焼却・破砕等の中間処理が行われるもの，また何も処理されずに直接埋め立てられるものがある。これらの割合は，ごみの総排出量に対する割合として，次の言葉で表される。

① 資源化率

資源化率とは，総処理量に対し，アルミ等の資源化物を回収・資源化した量の割合，すなわち「資源化率＝(資源化量／総処理量)×100」である。

② 減量処理率

減量処理率とは，総処理量に対し，焼却・破砕などの中間処理を行ったものの割合であり，すなわち「減量処理率＝(中間処理量／総処理量)×100」である。

③ 直接埋立率

直接埋立率とは，総処理量に対し，何らかの処理を行わず，直接埋立した量の割合であり，すなわち「直接埋立率＝(直接埋立量／総処理量)×100」である。

### (7) 廃棄物処理の現状

廃棄物処理の現状（平成9年）を表16.1に示す。廃棄物の減量化として，平成22年度において一般廃棄物，産業廃棄物ともに，直接埋立量を概ね半分に削減することを目標としている。

表16.1 廃棄物処理の現状（平成9年）

| | | |
|---|---|---|
| 一般廃棄物 | 総処理量 | 53 |
| | 資源化量 | 5.9 |
| | 中間処理量 | 35 |
| | 直接埋立量 | 12 |
| 産業廃棄物 | 総処理量 | 410 |
| | 資源化量 | 168 |
| | 中間処理量 | 175 |
| | 直接埋立量 | 66 |

（単位：100万 t／年）
（参考：東京都廃棄物審議会（第8回）参考資料 p.10）

---

**○×問題に挑戦！**（記述の正誤を考えよう。解答は前ページ）

☐ Q1 事業者は，事業活動に伴って生じた廃棄物の再生利用等を行うことにより，その減量に努めなければならない。

☐ Q2 事業者は，運搬のみを生業として行うことができる者に対し，処分を合わせて委託することができる。

☐ Q3 市町村は一般廃棄物を合わせて処理できる産業廃棄物の処理を事務として行うことができる。

☐ Q4 「資源化率＝(総処理量／資源化量)×100」である。

清掃
## 17 一般廃棄物と産業廃棄物

POINT ①一般廃棄物とは，産業廃棄物以外の廃棄物である
②産業廃棄物とは，事業活動に伴って生じた廃棄物のうち，燃え殻，汚泥，廃油，廃酸，廃アルカリ，廃プラスチック類その他政令で定めるものと，輸入された廃棄物である

### (1) 廃棄物の分類

廃棄物処理法では，廃棄物を「一般廃棄物」と「産業廃棄物」に分け，爆発性，毒性，感染性など人の健康または生活環境に係る被害を生ずるおそれがあるもので政令で定めるものを「特別管理一般廃棄物」と「特別管理産業廃棄物」としている。なお，一般廃棄物と産業廃棄物の種類を表17.1に示す。

① 一般廃棄物

一般廃棄物とは，廃棄物処理法において，「産業廃棄物以外の廃棄物をいう」と定義されている。その中の特別管理一般廃棄物は，現在法令により，家電製品に含まれるポリ塩化ビフェニル（PCB）や感染性一般廃棄物が指定されている。

② 産業廃棄物

産業廃棄物は「産廃」と略されるが，廃棄物処理法の中で，次にあげる廃棄物としている。

1) 事業活動に伴って生じた廃棄物のうち，燃え殻，汚泥，廃油，廃酸，廃アルカリ，廃プラスチック類その他政令で定めるもの。

2) 輸入された廃棄物（航行廃棄物）ならびに本邦に入国する者が携帯する廃棄物（携帯廃棄物）をいう。

産業廃棄物のうち，特別管理産業廃棄物は，廃油，廃酸，廃アルカリ，廃PCBおよびPCB汚染物，感染性産業廃棄物，廃油等である。

近年わが国における産業廃棄物の排出量は一般廃棄物の約8倍である。また，産業廃棄物のうち，最も種類別排出量が多いのは汚泥である。

公共的事業に伴って排出された廃棄物も産業廃棄物として扱われる場合がある。

③ 医療廃棄物

医療廃棄物とは，医療行為により排出された廃棄物であり，廃棄物処理法上「感染性廃棄物」といい「特別管理廃棄物」に区分される。また排出される内容物により「感染性一般廃棄物」と「感染性産業廃棄物」に分けられている。医療行為から排出されるという性質上，感染症の汚染源となる可能性があるため，適切に処分する必要がある。

［解答］1―○　2―×（一般廃棄物）　3―○　4―×（一般廃棄物から出たものであるから一般廃棄物（特別管理一般廃棄物）である）

表17.1 一般廃棄物と産業廃棄物の種類

| 廃棄物の分類 | | | 廃棄物の種類 |
|---|---|---|---|
| 一般廃棄物 | | | ①ごみ<br>②粗大ごみ<br>③し尿およびし尿浄化槽にかかる汚泥<br>④その他 |
| | 特別管理一般廃棄物 | | PCBを使用した部品<br>ばいじん<br>感染性一般廃棄物 |
| 産業廃棄物 | | | ①燃え殻　　　　　⑪ゴムくず<br>②汚泥　　　　　　⑫金属くず<br>③廃油　　　　　　⑬ガラスくずおよび陶器くず<br>④廃酸　　　　　　⑭鉱さい<br>⑤廃アルカリ　　　⑮がれき類<br>⑥廃プラスチック　⑯動物のふん尿<br>⑦紙くず　　　　　⑰動物の死体<br>⑧木くず　　　　　⑱ばいじん<br>⑨繊維くず　　　　⑲その他<br>⑩動植物性残渣　　⑳輸入された廃棄物 |
| | 特別管理産業廃棄物 | | 廃油　　　　　　廃アルカリ<br>廃酸　　　　　　感染性産業廃棄物 |
| | | 特定有害産業廃棄物 | 廃PCB等・PCB汚染物<br>PCB処理物<br>廃石綿等<br>その他の有害産業廃棄物等<br>ばいじん |

**(2) 建築物内から排出される廃棄物の分類**

建築物内から排出される廃棄物は，以下のように分類される。

① し尿：一般廃棄物
② 雑排水槽汚泥：産業廃棄物
③ 浄化槽の汚泥：一般廃棄物
④ 事務所の紙ごみ：一般廃棄物
⑤ レストランの生ごみ：一般廃棄物

---

**○×問題に挑戦！**（記述の正誤を考えよう。解答は前ページ）

- ☐ Q1　雑排水槽汚泥は産業廃棄物である。
- ☐ Q2　レストランから排出された生ごみは産業廃棄物である。
- ☐ Q3　事務所から排出された紙くずは，一般廃棄物である。
- ☐ Q4　一般廃棄物の廃家電製品から取り出されたPCB使用部品は，産業廃棄物である。

清掃

# 18 廃棄物の排出量と成分

POINT ①建築物からの廃棄物排出量は，建築物用途と延べ面積から推定できる
②「灰分，可燃分，水分」を廃棄物の3成分という
③廃棄物の発熱量は，水分，灰分，可燃分から推定することができる

## (1) 一般廃棄物の排出量

一般廃棄物の排出量は，一般的に1人1日あたり1kgとみなされ，年間排出量は，近年横ばい傾向にある。

一般廃棄物の排出量は，生活水準の向上，収集の形態や頻度などに支配され，また一般廃棄物の質は，地域，季節，天候などによって異なる。事務所ビルでは12月にごみの排出量が最も多い。

建築物からの排出量は，建築物用途と延べ面積から，廃棄物排出量を推定できる。例えば，事務所や百貨店からは紙類が多く，ホテルからは紙類と厨芥類の比率が高い。またホテルや病院からは，厨芥類が比較的多く排出される。病院の廃棄物は，使い捨ての注射器など取扱いに慎重さを要求されるものが多く，感染性のものは特別管理廃棄物となる。建築物別の排出割合を**表18.1**に示す。

### ① 廃棄物発生原単位

建築物における廃棄物の発生量を把握する際に必要な指標として，廃棄物発生原単位がある。建築物の床面積1m²あたりの1日の排出量［kg/(m²・日)］や，在館人員1人あたりの1日の発生量

表18.1 建築物からの排出ごみの種類

| 建物別 | 事務所ビル[%] | ホテル[%] | 百貨店[%] | 病院[%] |
|---|---|---|---|---|
| 紙類 | 55 | 36 | 56 | 39 |
| ビン類 | 4 | 5 | 4 | 16 |
| 缶類 | 3 | 5 | 3 | 7 |
| 厨芥類 | 24 | 35 | 17 | 24 |
| プラスチック類 | 4 | 2 | 5 | 7 |
| 粗大ごみ | 5 | 2 | 5 | 2 |
| その他 | 5 | 15 | 10 | 5 |

（「建築物の環境衛生管理 下巻」ビル管理教育センター，p.286より）

［kg/(人・日)］などで表される。過去の実績のデータから，同じ建築物の用途で同程度の規模の発生原単位［kg/(m²・日)］に，対象とする建築物の延べ面積を掛けることで，廃棄物の1日あたりの総排出量［kg/日］を求めることができる。

### ② 容積質量値

廃棄物の見かけの比重を表す指標に容積質量値がある。これは見かけの単位容積あたりの質量をいうもので，単位はkg/m³またはkg/lで表す。いわゆる重いごみはこの値が大きく，軽いごみは小さい。例えば，紙くずでは100～150kg/

［解答］1―×（灰分は熱灼残留物ともいう）　2―×（40～60%である）　3―×（可燃分は熱灼減量ともいう）　4―○　5―×（8～12%程度といわれている）

m³である。

### (2) 廃棄物の成分
#### ① 廃棄物の3成分
「灰分、可燃分、水分」を廃棄物の3成分という。

**灰分**は無機物質の指標であり、熱灼残留物ともいう。**可燃分**は有機物の指標であり発熱量に関係する。熱灼減量とも呼ばれ、百分率で表すことができる。紙くずなどは厨芥に比べ可燃分の割合が多い。

#### ② ごみの質
生活系のごみの3成分の割合（質量比）は、水分40～60%、灰分10～30%、可燃分30～40%である。水分や可燃分（特に腐敗性物質等が含まれているもの）が多いものは、一般に質が悪いごみである。厨芥などの質の悪いごみは、雑芥、雑誌、紙くずに比べて容積質量値が大きい（生活系のごみで200～300 kg/m³）。

### (3) 廃棄物の発熱量
廃棄物の発熱量は、水分、灰分、可燃分から推定することができる。

廃棄物の発熱量には一般に低位発熱量の値が用いられるが、燃焼ガスの水分が水蒸気で存在する場合の発熱量を低位発熱量、液体で存在する場合の発熱量を高位発熱量という。廃棄物の含水率が高くなると、低位発熱量が低くなる。

**プラスチック**は発熱量が高いため（低位発熱量が高い）、燃焼すると高温となり、燃焼炉を損傷するおそれがある。またポリ塩化ビニルが燃焼すると、塩化水素が発生する。プラスチックは大都市では8～12%程度混入しているといわれている。一般廃棄物に混入するプラスチック類は、一般ごみとともに焼却され、または破砕されて埋め立てられているのが現状である。プラスチック容器は、破砕することにより1/3に減容できる。

### (4) マニュフェスト制度
マニュフェスト制度（産業廃棄物管理票制度）とは、廃棄物排出業者が廃棄物の流通過程を管理する仕組みである。

産業廃棄物を収集運搬業者や処分業者に引き渡す際、廃棄物の種類や数量、取扱い注意事項などを含めたマニュフェストを交付することが、義務づけられており、交付されたマニュフェストを運搬業者から処分業者へと回付および送付することによって、委託した廃棄物が間違いなく処分されたかを確認するためのもので、不法投棄の防止がはかられる。

---

**○×問題に挑戦！**（記述の正誤を考えよう。解答は前ページ）
- □ Q1　灰分は無機物質の指標であり、熱灼減量ともいう。
- □ Q2　ごみの一般的特性として、生活系ごみの水分は、質量比20～30%である。
- □ Q3　可燃分は有機物の指標であり発熱量に関係し、熱灼残留物ともいう。
- □ Q4　容積質量値とは見かけ比重と同意である。
- □ Q5　プラスチックは大都市では30%程度混入している。

清掃

## 19 建築物内の廃棄物管理と処理設備

POINT ①建築物内での収集，運搬，集積，保管，また中間処理はビルメンテナンス業者が行う
②廃棄物の集積室では，集積・分別・中間処理・貯留などが行われる

### (1) 建築物内の廃棄物処理

排出された後の廃棄物の処理は，通常収集，運搬，中間処理，最終処分という工程で行われ，それぞれの段階で分別，減量化，資源化などの対策がとられる。建築物内における廃棄物処理は，発生場所から廃棄物を運搬し，**集積室**（貯留室，保管室）に集め，必要に応じて中間処理した後，建築物外へ排出する作業である。建築物内での収集，運搬，集積，保管，また中間処理はビルメンテナンス業者が行うが，建築物外における収集，運搬，集積，保管は，主に免許を持った廃棄物処理専門業者が行う。

### (2) 廃棄物の収集，運搬方式

廃棄物の収集には，分別せずに一括して集められる混合収集と一定の種類別に分別して集める分別収集があり，建築物内での事後分別は，必要に応じてビルメンテナンス業者が行うことになる。

収集運搬用具は，各階の廃棄物の排出量，種類の実態に応じて整備する。臭気のある廃棄物を収集運搬するときは，蓋付の用具を使用する。また収集運搬用具は衛生的で手入れのしやすいものとし，定期的に点検保守を行う。

### (3) 廃棄物の処理室

廃棄物の処理室は，収集された廃棄物を建物外に搬出するまでに，集積，中間処理・貯留する場所である。破砕機，圧縮機，梱包機等の中間処理機が設置されている。

### (4) 廃棄物の集積室

収集した廃棄物は，集積室に一時保管される。集積室は，他の用途とは兼用せず，種類ごとに分別収集保管できる密閉

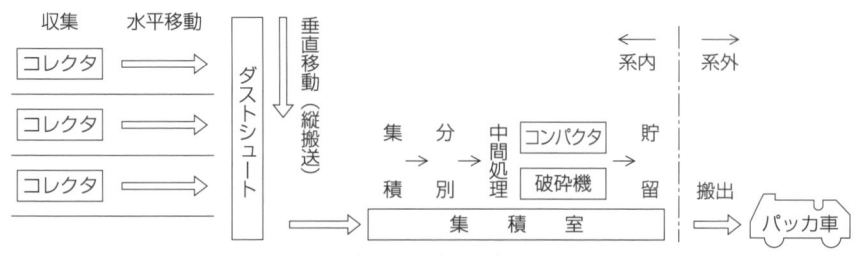

図19.1 建築物内廃棄物処理の流れ

[解答] 1—×（廃棄物処理専門業者が行う） 2—×（第3種換気設備） 3—○ 4—○

区画構造とする。また臭気の洩れや粉じんを防止するため，第3種換気設備を設ける。床や壁は，衛生害虫の発生抑制のため清掃しやすい構造とし，定期的に消毒や殺虫剤の散布を行う必要がある。厨芥が多く出る建築物は，冷房設備または保管用冷蔵庫を設置する。両手がふさがっても出入できるよう自動ドアが良い。

### (5) 建築物内の縦搬送方式
① ダストシュート方式：収集されたごみを人手によりダストシュートへ移し替える方式。衛生性に劣る。
② エレベータ方式：人手によってエレベータでごみを垂直運搬される方式。人手を多く必要とする分ランニングコストが高い。
③ 自動縦搬送方式：セット後に，コレクタごとシュート内を自動縦搬送される。作業効率に優れ，高層建築物に適用される。
④ 水搬送システム：食堂から発生した厨芥等を破砕して搬送する場合に用いる。大規模建築物に適用され衛生性に優れる。

### (6) 建築物内の中間処理設備
建築物内の中間処理は，廃棄物の圧縮による減容化，脱水による減量化，保管スペースの節約，搬出・運搬の効率化を図るために実施する。

① 圧縮機（コンパクタ）：紙類・雑芥類などの圧縮に使用される装置で，圧縮率1/4〜1/3のものが多い。コンテナと組み合わせた**コンパクタ・コンテナ方式**は，大規模建築物に適用されるが，紙類を中心とした雑芥に対して使用されるものであり，厨芥類の投入は好ましくない。
② 破砕機：主としてビン・缶，プラスチック等が破砕できる小型の装置である。
③ 梱包機：かさばるものを圧縮・梱包する装置で，紙類や段ボール，繊維類などに使用される。
④ その他：紙類に使用されるシュレッダ（切断機）や，厨芥などの冷蔵装置，プラスチック類減容化のための溶融固化装置などがある。

### (7) 建築物外(系外)への廃棄物の搬出
廃棄物を搬出する方法としては，清掃ダンプ車，機械式収集車（パッカ車），コンテナトラック，資源回収車などがある。貯留・排出機は，貯留した廃棄物をパッカ車に自動的に積み替えることができる。パッカ車は，一般廃棄物の収集運搬作業に広く使用されている。

---

**○×問題に挑戦！**（記述の正誤を考えよう。解答は前ページ）
- □ Q1 建築物外における収集，運搬，集積，保管は，ビルメンテナンス業者が行う。
- □ Q2 廃棄物の集積室には，臭気の洩れや粉じんを防止するため，第2種換気設備を設ける。
- □ Q3 コンパクタ・コンテナ方式では，厨芥類の投入は好ましくない。
- □ Q4 パッカ車は，収集運搬作業に広く使用されている。

清掃

# 20 廃棄物の中間処理と最終処分

POINT ①大規模な焼却施設は，大気汚染防止法のばい煙発生施設として規制される
②焼却排ガスのダイオキシン濃度は，間欠運転炉のほうが連続運転炉よりも高い
③最終処分場には，遮断型・安定型・管理型があり，維持管理の技術上の基準が定められている

## (1) 廃棄物の処理

廃棄物は，化学的・物理的・生物学的な性質が多様であるため，中間処理・最終処分の目標は，それら多様な廃棄物を，生物化学的に安定化し，安全化，減量化することである。

一般廃棄物，産業廃棄物に対する主な処理技術の概要は以下のとおりである。

## (2) 中間処理：焼却について

中間処理の代表的な方法に焼却処理がある。廃棄物の焼却は，最終処分量の減容に効果がある。

大気汚染防止法では，廃棄物焼却炉（火格子面積が $2m^2$ 以上であるか，または焼却能力が1時間あたり200kg）以上のものを「ばい煙発生施設」として規制している。大規模な焼却施設では，余熱利用として蒸気による熱で発電している事例がある。硫黄酸化物は大気汚染防止法においてばい煙に指定されており，その排出規制値は排出施設の排出口の高さおよびそれぞれの地域ごとに定められたK値により算出される量で定められている。

悪臭防止法では，指定された「規制地域」において，法で定めるアンモニアや硫化水素などの特定悪臭物質22物質について，ガスクロマトグラフ等の濃度測定器による測定を行い，濃度規制している。加えて複合臭等の測定には，「臭気指数」による濃度規制を行っている。臭気指数とは，「臭気指数＝$10 \times \log$（臭気濃度）」で表され，臭気濃度は，「三点比較式臭袋法」によって求める希釈倍数のことをいう。

厚生労働省は，「ダイオキシン類発生防止等ガイドライン」により，焼却に伴うダイオキシン削減対策の基本方針を以下のように示している。

① ごみの排出抑制・リサイクル等による焼却量の削減
② 間欠運転炉の廃止
③ 全連続運転炉による高温焼却と排ガス対策
④ 溶融固化等による焼却灰・飛灰の処理
⑤ 最終処分場からのダスト等の飛散防止

ダイオキシン類は，その構造によって毒性の強さが異なるため，最も毒性の強

[解答] 1—○　2—○　3—×（廃酸・廃アルカリは埋立て処理が禁止されている）

い2,3,7,8-TCDDに換算して，毒性を評価する。その換算後の数値を毒性等量TEQ (Toxic Equivalents) として表す。

(3) **最終処分**：埋立てについて

廃棄物の埋立ての方法には，陸上埋立てと水面埋立てがある。埋立て完了後も，長期にわたって浸出水が流出するので処理が必要である。埋立て終了して表面が十分安定すれば，衛生害虫・ねずみ・臭気等の発生はほとんど問題にならず，安定後は公園や住宅地に利用される。

① 汚泥：埋め立てる前に含水率85％以下に脱水する。排水処理過程から発生する汚泥は，濃縮や脱水を行いその後埋め立てられるか，焼却することが多い。
② 建設廃棄物：産業廃棄物に属するものが大部分を占め，多くは埋立て等の最終処分が行われている。
③ 一般の廃棄物焼却灰：通常の埋立てなどで処分されることが多い。
④ 廃酸・廃アルカリ：埋立て処理が禁止されている。

(4) **最終処分場について**

最終処分場には維持管理の技術上の基準が定められており，以下の種類がある。

① 遮断型処分場：廃棄物処理法で定める特定有害産業廃棄物の埋立て処分に使用される場所。
② 安定型処分場：金属くず，ゴムくず，陶器くず，ガラスくず，プラスチック類，建設廃材などの埋立て処分に使用される。
③ 管理型処分場：①②以外の埋立て処分に使用される。

なお，一般廃棄物の最終処分場の構造基準は，産業廃棄物の管理型処分場の構造基準と同じである。

(5) **廃棄物の再生・資源化利用**

① 高速堆肥化処理

高速堆肥化は資源化になる。ごみを原料とした堆肥（コンポスト）製品に要求される性能に，C/N比（炭素と窒素の含有比）が20以下であることがあげられる。

② ごみの燃料化

ごみに手を加えて燃料化したものをRDF (Refuse Derived Fuel) といい，固形の燃料として使う。

---

┌─ **○×問題に挑戦！**（記述の正誤を考えよう。解答は前ページ）─

- ☐ Q1 焼却排ガスのダイオキシン濃度は，間欠運転炉のほうが連続運転炉よりも高い。
- ☐ Q2 一般廃棄物の最終処分場の構造基準は，産業廃棄物の管理型処分場の構造基準と同じである。
- ☐ Q3 廃酸・廃アルカリは埋立て処理されている。

# 7

# ねずみ・昆虫等の防除

| 1 | 建築物環境とねずみ・昆虫等 | ▶284 |
| 2 | 建築物内で発生しやすい被害 | ▶286 |
| 3 | ペストコントロール・IPM | ▶288 |
| 4 | ねずみ類の分類・生態 | ▶290 |
| 5 | ねずみ類の防除方法 | ▶292 |
| 6 | ゴキブリ類の分類・生態 | ▶294 |
| 7 | ゴキブリ類の防除方法 | ▶296 |
| 8 | 蚊類の分類・生態 | ▶298 |
| 9 | 蚊類の防除方法 | ▶300 |
| 10 | ハエ類の分類・生態 | ▶302 |
| 11 | ハエ類の防除方法 | ▶304 |
| 12 | ダニ類その他昆虫の分類・生態 | ▶306 |
| 13 | ダニ類その他昆虫の防除方法 | ▶308 |
| 14 | 防除用具 | ▶310 |
| 15 | 防除薬剤 | ▶312 |

ねずみ・昆虫等の防除

# 1 建築物環境とねずみ・昆虫等

POINT ① 人の健康に害を及ぼすねずみや昆虫等を衛生動物という
② 感染症を媒介するものを媒介動物（ベクター）という
③ 法律の基準による調査の頻度は6か月以内ごとに1回である

(1) 建築物内のねずみ，昆虫

人間が建築物を構築し生活する環境では，その環境にうまく対応し勢力を伸ばす動物がいる。これらは**衛生動物**と呼ばれ，居住環境を中心に，衛生的，経済的，また産業的側面で人間に害を与える動物であり，ねずみ，ゴキブリ，蚊，ハエといったものである。

これら衛生動物は，入口やバックヤードあるいは配管の空間等，多くの開口部を通して建築物内に侵入してくる。さらに，建築物内では，大量の塵芥類が廃棄物となって存在する一方，家具・調度品，観葉植物等がねずみやゴキブリ等の隠れ場所となり，住みやすい場所となっている。

衛生動物の中には，人体に有害な影響を与えるものがあり，
① 媒介：食中毒やマラリアなどの疾病を感染させる
② 吸血：人の血を吸う
③ 刺咬（しこう）：刺したり咬んだりする
④ 皮膚炎：皮膚炎を起こす
⑤ アレルギー：刺されたりすることで体内の抗体反応によって症状が出る

などの害を与える。

これら衛生動物で感染症を媒介するものを**媒介動物**（ベクター），また，アレルギーや感染症を引き起こす動物を**有害動物**としている。

**不快動物**（ニューサンス）は，人には直接的な害を与えるものではないが不快感を与える動物であり，
① 不快感：その姿が不快
② 悪臭：動物から発生する悪臭
③ 集団で不快：集団で活動

の特徴がある。

これら衛生動物は，病原性微生物を媒介し，人に感染症をもたらすおそれがあることから，建築物の衛生的環境を確保するうえで，その防除が必要とされている。

従来ねずみ等の防除は，発生の有無にかかわらず定期的な殺そ剤や殺虫剤の散布が見られた。そのため一部では薬剤の乱用や不適切な使用があり，健康を損なう室内環境が形成されるおそれがあり，薬剤の使用の適正化が課題となっていた。

このような衛生動物から建築物の健康的な環境を確保するためには，まず，建築物を，ねずみや昆虫等の侵入を防ぐ構

[解答] 1—○　2—×（衛生動物には媒介動物（ベクター），有害動物，不快動物（ニューサンス）がある）　3—×　4—×（基準を参照）

造に変え，定期的に調査・点検を行い，ねずみ等が生息している場合は，必要最小限の薬剤を使用することが重要で，これはまた，建築物の環境衛生にもつながることになる。

### (2) 建築物衛生法に基づく基準

建築物衛生法に基づく基準では，「ねずみ等の防除を6か月以内ごとに1回（特に発生しやすい食料を取り扱う区域および廃棄物の保管設備の周辺等の場所については2か月以内ごとに1回）定期に統一的に調査し，当該結果に基づき必要な措置を講ずる」となっている。

防除は，ねずみ等の発生場所，生息場所，および進入経路ならびにこれらによる被害の状況を調査し，当該調査の結果に基づき，建築物全体についての効果的な作業計画を策定し，適切な方法により，防除作業を行うことになる。

東京都では，毎月1回ねずみ等に対する生息状況の点検を行い，点検結果によって，必要な対策を実施するよう指導している。また，防除実施後は，措置した防除が有効であったかどうかを判定（効果判定）し，その後の防除計画の資料にする。実施の概要を**表1.1**に示す。

**表1.1 ねずみ等の防除指針（東京都）**

| ①生息状況調査 |
|---|
| ・月に1回 |
| ②点検項目 |
| ・廃棄物保管場所：ごみの保管，分別状況，清掃，ねずみ等の発生 |
| ・汚水・排水・水槽施設：清掃・排水状況，ねずみ等の発生 |
| ・厨房施設：食材・調味料の保管，ねずみ等の発生 |
| ・事務室：休憩・給湯スペースの管理，ねずみ等の発生<br>これらの項目について，3段階や5段階等の評価により作成する |
| ③判定の時期 |
| ・蚊やハエなどは，防除後から1週間の間に実施 |
| ・ゴキブリやねずみは，1～3週間の間に実施 |
| ④効果判定の内容 |
| ・捕獲器等の器具を用いた生息調査 |
| ・糞や虫体，足跡等の調査 |
| ・無毒餌を用いた喫食調査 |
| ・聞き取り調査 |
| ・目視による調査 |
| ⑤作業後の安全確認 |
| ・薬剤等の人体への影響防止のため入室制限や強制換気の実施 |
| ・必要事項の記録 |

なお，殺そ剤または殺虫剤を使う場合は，使用および管理を適切に行い，これらによる作業者ならびに建築物の使用者および利用者の事故の防止に努めることが重要である。

---

**○×問題に挑戦！**（記述の正誤を考えよう。解答は前ページ）

- □ Q1　建築物内での害虫の発生は，人の生活様式によるところが大きい。
- □ Q2　人の健康に害を及ぼすねずみや昆虫等は，すべて媒介動物である。
- □ Q3　媒介動物防除のことを「ニューサンスコントロール」といい，不快動物防除を「ベクターコントロール」という。
- □ Q4　国の基準では，3か月以内ごとに1回（特に発生しやすい場所については1か月以内ごとに1回）定期に統一的に調査し，当該結果に基づき必要な措置を講ずる。

ねずみ・昆虫等の防除
## 2 建築物内で発生しやすい被害

POINT ①衛生的な問題には，食中毒・感染症，アレルギー，皮膚炎，吸血・刺咬や不快感などがある
②経済的な問題の中では，電気機器の破損が重要となる

### (1) ねずみ・昆虫による被害
ねずみ・昆虫は人の生活圏に入り込みさまざまな害を人，食品，家財に与える。これらの被害は大きく，衛生的被害，経済的被害に分かれる。

### (2) 衛生的な問題
#### ① 食中毒と感染症
建築物環境で特に憂慮すべき問題として，ねずみ等が原因で起こる食中毒や感染症がある。ねずみはサルモネラ属菌やブドウ球菌などを保有しており，糞や尿中に排出された病原体が，食品や厨房等を汚染しここから食中毒や感染症を媒介する危険性がある。また，サルモレラ属菌は，感染しても発症しないで，排菌する健康保菌者がいる場合があり，特に，調理従事者は，排菌しなくなるまで抗菌剤の服用などの治療が求められる。

また，アメリカで問題となったウエストナイル熱は，四類感染症として位置づけられている。感染した蚊に刺されることにより，発熱，頭痛，脳炎等の症状がある。

#### ② アレルギー
ユスリカ，スズメバチ，室内のじんあい中のダニ等の害虫を吸い込んだり，刺されたことによって体内の抗体反応によって症状が発生する。

#### ③ 皮膚炎
ドクガ，ヒゼンダニなどが皮膚炎を起こさせる。

#### ④ 吸血・刺咬
蚊，ノミ，トコジラミ等が人の血を吸う害虫であり，また，ハチ，アリ，ムカデ等が人を刺したり，咬んだりする。

#### ⑤ 精神的被害
精神的被害として，「地下街で，ねずみがいた」「蚊に刺された」等，メンテナンスに対する苦情となって現われる場合がある。この場合は，お客様やビル内の居住者に対して，ビルの室内環境に対する信頼を揺るがすことが考えられる。

#### ⑥ 不快感・その他
ゴキブリ，ナメクジ等はその姿自体が人にとって不快である。ただし，人の不快感はさまざまであり，限定できるものではない。

その他，悪臭を放つカメムシ，ゴミムシ，その他集団で進入したり，屋内で越冬するユスリカ，アリ，ダンゴムシ等が

[解答] 1-○ 2-○ 3-○ 4-×（衛生的に重大な被害を及ぼすわけではないが，商品の価値を失う）

いる。
### (3) 経済的な問題
#### ① 商品の汚損
例えば，倉庫に保管中の商品や，デパート，スーパーマーケット等に陳列している食品，衣料の商品をねずみ等がかじって商品価値をなくしてしまうことなどである。被害は，高額な商品であっても，日用品でもその金額だけと考えがちである。しかし，実際は，ねずみなどに食料を供給して，繁殖を助長していることになる。

また，ねずみやゴキブリの死骸などが食品に混入し，製品の回収や廃棄処分といった経済的被害や店舗，企業の信頼を失墜することになってしまう。

#### ② 電気機器の破損
冷蔵庫の裏面などは，狭い空間であるため，ねずみなどが巣をつくることがある。巣の近くでねずみが配線コードをかじったりし，配線がショートして電気機器を破損させる場合が考えられる。機器類の損害だけでなく，火災になることもある。

#### ③ 電気系統の事故や火災の発生
ねずみがかじるだけでなく，建築物内を動き回るため配線をかじったりすると，配線をショートさせ火災が発生したりする。システムのダウンや，設備の運転停止，火災等は，復旧のための費用だけでなく，停電や火災による副次的な被害が発生する場合がある。

#### ④ 防除作業の維持費の増加
居住者からのねずみによるクレームが発生した場合，定期の点検や対策のほかに，臨時に駆除を行わなければならない。併せて，防除実施後は，措置した防除が有効であったかどうかの判定（効果判定）も必要である。

これは，コストの増加につながり，テナント料の値上げになる場合が考えられる。

#### ⑤ 薬剤使用の増加
薬剤の使用量の増加は，ビル内の居住者の食器などに悪影響を与える場合がある。また，残存した薬剤が，居住者に与える影響を考えれば，必要最小限にとどめることが求められている。

#### ⑥ 食中毒発生等による社会的信用の失墜
飲食店等で食中毒が発生すると営業停止や被害者に対する補償問題が発生する。

この問題はこれだけにとどまらずビル全体の管理問題に発展するなどその被害は大きい。

---

┌─ ○×問題に挑戦！（記述の正誤を考えよう。解答は前ページ）─────
- ☐ Q1　建築物内に発生する生物が，ぜんそくなどのアレルゲンになる場合がある。
- ☐ Q2　ねずみは食品の害のみならず，感染症の媒介，停電事故，火災発生にも関係することがある。
- ☐ Q3　ビル内の事務室等に発生するすべての昆虫が，害虫として扱われる傾向がある。
- ☐ Q4　食品害虫は，食品の品質を低下させるだけでなく，衛生的に重大な影響を及ぼす。

ねずみ・昆虫等の防除

# 3 ペストコントロール・IPM

POINT①ペストコントロールとは有害生物全体を制御することをいう
②IPMとは「総合防除」の意味であり，事前調査，防除計画の策定，防除の実施，効果判定，実施後の措置，の手順で行われる

## (1) ペストコントロール

社団法人日本ペストコントロール協会の資料によると，ペストコントロールのペストとは，病名のペスト以外にも有害生物全般を意味している。また，コントロールは，文字どおり制御を意味する。つまり，「ペストコントロール」とは有害な生物の活動を制御することをいう。

建築物は，構造，用途，規模等によって，利便性や快適性を考慮して年々多様化している。結果として，害虫に対しても快適な環境を与えることになる。しかし，害虫の撲滅目的として強い薬を使用することは，居住者に対する環境に影響が懸念される。

このため，害虫を全滅させることは不可能であり，したがってある空間の害虫の密度を制御し，害のない程度にするということにある。

## (2) IPM

IPM (Integrated Pest Management) とは，「総合防除」という意味である。「総合」とは，さまざまな防除対策を組み合わせて行うことである。薬剤偏重による環境への悪影響を低減するとともに，より効果的な防除を目的とした手法である。つまり，ネズミや害虫を対象に，「建築物において考えられる有効，適切な技術を組み合わせ，利用しながら，人の健康に対するリスクと環境への負荷を最小限にとどめるような方法で，環境基準を目標に有害生物を制御し，そのレベルを維持する有害生物の管理対策」とされ，従来の薬剤だけに頼らない幅広い防除法をいう。

「防除」の方法には，ねずみ等の「発生および進入の防止」と「駆除」の2つの意味がある。「発生および侵入の防止」とは発生源となる餌の除去や生息場所にしないための整理整頓，侵入防止のための防そ・防虫工事である。これらは環境的防除という。「駆除」は侵入したねずみ等を取り除くことで粘着トラップなどを使用する物理的防除と殺そ剤や殺虫剤を使用する化学的防除である。

いわゆる，IPMでは，薬剤以外で，①粘着トラップ，誘引殺虫機などの機器類の使用は可能か（物理的防除），②清掃や防そ構造，防虫構造など環境の整備や施設改善をする（環境的防除），③殺虫剤や殺そ剤などの薬剤の使用は必要か，もし必要なら適正に使用するにはどうす

[解答] 1―× 2―○ 3―× 4―×（「実施後の措置」は「効果判定」の後である）

ればよいか（化学的防除）などを考え，害虫の防除が一つの方法のみでは成功しないことを十分に配慮し，実施する方法である。

この考え方により，防除効果をより安定させ，環境への負荷も少ない防除方法としてのIPMの意義は大きく，生息調査と防除後の効果判定の把握など，新しい防除法として注目されている。

具体的には，**表3.1**に示すようなものがある（平成17年度実施のビル衛生管理講習会資料（東京都））。

IPM実施にあたっては次のガイドラインが定められている。

ねずみや衛生害虫は，繁殖要因が違い駆除の必要性も異なるので，部屋やエリアごとの使用目的によって防除基準も異なる。

ただし，より具体的には建築物ごとにビル管理技術者が決めることが必要である。その一部を紹介すると，次のようになる。

- 食料エリア（食堂，厨房等）：ねずみ，ゴキブリ，イエダニ，ハエ，コバエ類
- 水まわりエリア（トイレ，洗面所等）：ねずみ，ゴキブリ，イエダニ，コバエ類
- 地下エリア（地下室，汚水槽等）：ねずみ，ゴキブリ，イエダニ，蚊，コバエ類
- オフィスエリア（事務室，会議室等）：ねずみ，ゴキブリ，イエダニ，ダニ，ハエ

**表3.1　IPM実施のガイドライン**

| ①事前調査 |
|---|
| ・生息調査（種類の同定，生息密度等） |
| ・環境調査（発生源，生息場所，進入路等） |
| ・被害調査（発見場所，被害状況等） |
| ②防除計画の策定 |
| ・防除目標の設定 |
| ・防除方法の選択 |
| ・作業手順の決定 |
| ・作業期間 |
| ・注意事項（安全対策）の確認 |
| ・関係者，利用者への周知 |
| ③防除の実施 |
| ・環境的防除（発生源対策，進入防止対策等） |
| ・物理的防除（粘着トラップ等捕獲器） |
| ・化学的防除（殺そ剤，殺虫剤，忌避剤） |
| ④効果判定 |
| ・確認調査（生息，証跡，喫食） |
| ・防除の有効性の評価・判定 |
| ・今後の防除計画の資料作成 |
| ⑤実施後の措置 |
| ・再作業の実施 |
| ・使用資材の回収 |
| ・死骸等の回収・廃棄 |

---

**○×問題に挑戦！**（記述の正誤を考えよう。解答は前ページ）

- □ Q1　ペストコントロールとは，病気を制御することである。
- □ Q2　ペストコントロールとは，有害生物全般を制御することである。
- □ Q3　ペストコントロールとは，主に，ねずみを制御することである。
- □ Q4　IPMとは，「総合防除」という意味がある。総合防除は，事前調査→防除計画の策定→防除の実施→実施後の措置→効果判定，の順に進められる。

ねずみ・昆虫等の防除

# 4 ねずみ類の分類・生態

POINT ①建築物内にいるねずみの種類は，クマネズミ，ドブネズミ，ハツカネズミなど
②クマネズミは建築物内を立体的に行動する
③ドブネズミはクマネズミよりも一回り大きく，湿った場所を好む

## (1) 概要

ねずみは有害獣ともいわれ，文字どおり人に対して害を与える動物である。建築物など人間社会に適応し，知能が高く学習能力がある。火災や感染症も引き起こす危険性をもっている。日本では30種余り生息しており，ビルに生息するねずみは，クマネズミ，ドブネズミ，ハツカネズミの3種類に分けることができる。

## (2) ネズミの種類と特徴

① クマネズミ

- 形態：体長15～23cm，体重200～250g，尾の長さは体長より長い。

図4.1 クマネズミ

- 生息地：天井裏など比較的乾燥したところに生活する。狭い空間を好む傾向にある。建築物に生息するクマネズミは，立体的に行動することが得意なため，配管やケーブルを利用し高層ビルの最上階まで行くことがある。
- 食性：雑食性であるが，主として植物性を好み，穀物，果実，その加工品が過半量を占めている。
- 建築物内での繁殖：日本では，大規模ビルの増えた1970年代からクマネズミが増え，殺そ剤に対して高い抵抗性を獲得した種といえる。
- 生活環：子供は，平均6匹を一度に生む。12～18週で，性成熟する。

② ドブネズミ

「野ねずみ」に対して，「家ねずみ」とも，便宜的に呼ばれる場合がある。

- 形態：体長22～26cm，体重300～500g，尾の長さは体長より短い。

図4.2 ドブネズミ

[解答] 1—○ 2—○ 3—×（クマネズミのことである） 4—○ 5—○

クマネズミに比べて一回り大きい。
- 生息地：下水，台所の流し，ごみ捨て場等，湿った場所を好む。主に，地表や建築物の下層部で生活している。冷凍倉庫でも住みつけるほど低温に強く，その場合は保温が効く断熱材の中に生息する。平面的に行動することが多い。
- 食性：雑食性で，魚介類や肉等の動物質のものを好んで食べる。高たんぱく質の餌を食べ，窒素を尿として出すため，水分を多く摂取している。
- 群れ：順位性やなわばり性が認められる。行動範囲は，通常30～70mくらいである。
- 生活環：子供は，平均8～9匹を一度に生む。8～12週で，性成熟する。寿命は，3年くらいである。

③　ハツカネズミ

妊娠期間が20日程度であることから，「ハツカネズミ」の名がついたといわれている。

- 形態：体長6～9cm，体重15～20g，毛は，灰白色である。
- 生息地：都会よりも郊外で半野性的に暮らす。渇きに強く水のないコンテナなどの荷物に潜んで移動する。建築物内ではクマネズミやドブネズミに生息場所が押されがちであり，体の小さいことを利用しクマネズミやドブネズミの入れないような倉庫等に生息する。
- 食性：雑食性で穀物，種子を好む。
- 建築物内での繁殖：家具のすきまなどに巣をつくることがある。
- 生活環：大人になるまでに2～3か月くらいかかる。河原や畑では，他の動物の掘った巣穴などを利用して生活し，種子，花や野菜等を食べる。

**図4.3　ハツカネズミ**
（写真は，村松學：「学校環境衛生のチェックリスト改訂版」より転載）

┌─ ○×問題に挑戦！ （記述の正誤を考えよう。解答は前ページ）─┐
- □ Q1　最近の都市部における大規模な建築物では，クマネズミが優占権となっている。
- □ Q2　ハツカネズミはドブネズミと比較して，水気のない環境下でも長期間生存できる。
- □ Q3　ドブネズミは，運動能力に優れ，電線などを渡ることが得意である。
- □ Q4　ドブネズミは，雑食性であるが，クマネズミは植物嗜好性が高い。
- □ Q5　ハツカネズミは，畑地やその周辺に生息しているが，農家や一般家庭に侵入することもある。

ねずみ・昆虫等の防除

# 5 ねずみ類の防除方法

POINT ①調査は，侵入経路，巣をつくる場所，餌となる場所がポイントとなる
②防除のポイントは，侵入口の遮断，餌の管理，粘着トラップ，殺そ剤の使用である

### (1) 調査のポイント

建築物衛生法に基づくビルにおいて，東京都では，毎月1回ねずみ等に対する生息状況の点検を行うことになっている。点検結果によっては，必要な対策を実施するよう指導している。

生息が確認された場合は，種類に応じて必要最小限の防除を行うことが，ビルの環境にもよく，経費の削減にもなる。

具体的には以下のように行う。

① 建築物まわり

建築物のまわりの環境に注意する。公園，緑地帯や屋外などにあるごみ置き場等の状況を把握する。建築物の入口やバックヤードの開口部から，侵入しやすい構造になっていないか確認を行う。必要に応じて，侵入防止の対応を行う。

・駐車場，出入口
・外壁の穴や亀裂，壁のすきま
・壁と電線ケーブルの貫通部分
・排水パイプ

② 建築物内の移動経路

ねずみは，頭が入る大きさがあれば，建築物内を移動することが可能となる。ラットサイン（黒く脂っぽいよごれ）が手掛かりになる。

・内壁の穴や亀裂，壁のすきま
・内壁と電線ケーブルの貫通部分
・パイプシャフト

③ 巣をつくるところ

布や紙切れ等を利用して，巣をつくることがある。必要に応じて，クマネズミに寄生するイエダニの防除も必要である。詳しくは，**13**のイエダニの生態が参考になる。

・天井裏，壁の中
・カウンター，厨房機器内
・冷蔵庫などの裏
・空調機の内外

④ 餌となる場所

雑食性であるため，食べられそうなものは注意が必要である。

・厨房内
・食品倉庫
・ごみ置き場

### (2) 防除方法

① 環境的防除

1) 侵入口の遮断

・小さな穴は，金属性たわしなどを使って穴をふさぐ。

---

[解答] 1─○  2─○  3─○  4─○  5─×（クマネズミは餌に対する警戒心が強く，抗凝血性殺そ剤に対し抵抗性がある）  6─○  7─×（ドブネズミのほうが食べる）

- 大きな穴は，金属のネットなどを使って穴をふさぐ。
- 入口やバックヤード等から，ビルの内部に侵入しやすいところは，扉などにより侵入を防止する。

2）餌の管理
- 食物は，密閉できる容器に収納する。
- ポリバケツを利用して，生ごみを収納する。
- こぼれた残渣物は，常に清掃して餌にならないようにする。
- 閉店後は，ごみ置き場に収納する。
- ごみ置き場は，密閉構造としネズミなどの侵入を防ぐ。

② 物理的防除（粘着トラップの活用）
- ねずみの通る道を確認する。集中的に粘着トラップを使う。
- 社員食堂など，夜間無人になるところは，床一面に粘着トラップをひいて捕獲する。
- 粘着トラップと餌の併用は行わない。
- 粘着トラップは，定期的に交換をする。
- 粘着トラップは，最低3日は同じ場所に設置する。

③ 化学的防除（⑮参照）
- 殺そ剤には，**急性殺そ剤**と**抗凝血性殺そ剤**があり状況に応じて選択する。
- 複数の薬剤使用は効果が低下するおそれがある。
- 殺そ剤はドブネズミおよびハツカネズミには有効である。
- クマネズミは，薬剤に対して感受性が低いことから殺そ剤は期待できない。
- 殺そ剤を確実に誘引させるために餌となる残飯や床のごみを完全に撤去しておく。
- 殺そ剤は少量にして，なるべく多くの範囲に十分な期間配置する。喫食が見られたら減った分補充し，消費がなくなるまで継続する。
- 殺そ剤による防除を行った場合，死骸の回収に努めることが必要である。

---

**○×問題に挑戦！** （記述の正誤を考えよう。解答は前ページ）

- □ Q1　ねずみの防除の基本は，餌を断つこと，巣をつくらせないことおよび通路を遮断することである。
- □ Q2　殺そ剤に抵抗性を獲得したクマネズミの対策には，粘着トラップが多用されている。
- □ Q3　殺そ剤は，経口的にネズミの体内に取り込ませるものなので，毒餌を食べざるを得ないような環境にしなければならない。
- □ Q4　急性殺そ剤を使用する場合には2〜3日，抗凝血性殺そ剤では，通常1週間以上の毒餌配置を必要とする。
- □ Q5　クマネズミの防除は，クマリン系の殺そ剤が特に有効である。
- □ Q6　忌避剤は，ケーブルのかじり防止などの目的で使用される。
- □ Q7　ドブネズミはクマネズミと比較して，毒餌の喫食性は悪い傾向にある。

ねずみ・昆虫等の防除

# 6 ゴキブリ類の分類・生態

POINT①建築物内にいるゴキブリの種類は，チャバネゴキブリ，クロゴキブリ，ワモンゴキブリ，トビイロゴキブリなどである
②チャバネゴキブリは小型のゴキブリで全世界に分布する
③クロゴキブリは大型で黒褐色をしている

## (1) 概要

ゴキブリは夜行性で暗いところや狭いところを好んで生息する。性質上，トイレ・排水口・下水道・台所などあらゆる場所を歩くので，病原菌などを体に付着させ，自ら撒き散らしていく。

日本で，20種以上いるが，そのほとんどは屋外で生活しており，屋内で見られるのは5～6種類である。

## (2) ゴキブリの種類と特徴

① チャバネゴキブリ

- 形態：体長15mm，体はつやのある黄褐色をしており，前胸背に2本の太くて黒い帯がある。

図6.1 チャバネゴキブリ

- 生息地：建築物内の厨房，食品庫，給湯室等，暖かいところを好む。
- 食性：夜間活動している。食べ物を探し，水をよく飲む。
- 建築物内での繁殖：建築物内の厨房，食品庫，給湯室等，暖かいところを好む。
- 生活環：1卵鞘に20～50個入っていて，一生で3から5個の卵鞘を生む。卵から幼虫（若虫）～成虫と漸変態し，さなぎの時期がない。卵の期間は約25日で，ふ化した幼虫は6回脱皮後成虫となる。通常，寿命は100日くらいであるが，成虫までの期間は温度によって変わり，25℃で約60日，27℃で約45日であるが，20℃では約220日と著しく長くなる。

② クロゴキブリ

- 形態：体長30～40mm，体は黒褐色をしており，羽は雌雄とも長い。
- 生息地：建築物の周辺，排水層，下水道等の場所にいる場合がある。
- 食性：夜間活動している。食べ物を探し，水をよく飲む。
- 建築物内での繁殖：建築物内の厨房，食品庫，ごみ置き場，給湯室，排水槽等である。

［解答］ 1－×（小型のゴキブリである） 2－○ 3－○ 4－○ 5－○

**図6.2 クロゴキブリ**

- 生活環：1卵鞘に約25個入っていて、一生で20個の卵鞘を生む。寿命は100～300日位である。

③ ワモンゴキブリ
- 形態：体長30～45mm、クロゴキブリより少し大きい。屋内では、最大のゴキブリである。光沢のある褐色を呈し、前胸背に黄白色の輪状の斑紋がある。
- 生息地：沖縄や九州の南端に多く見られる。近年は、交通機関の発達などにより、東京でも見ることができる。

④ トビイロゴキブリ
- 形態：ワモンゴキブリに似ている。ワモンゴキブリの輪は、白く鮮やかであるが、ややおぼろげな感じがする。いわゆる「とびいろ」を呈している。

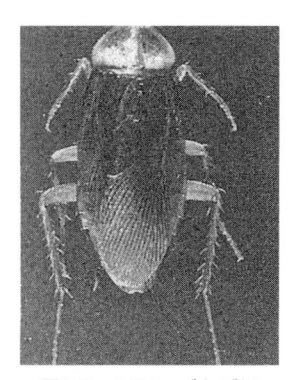

**図6.3 ワモンゴキブリ**

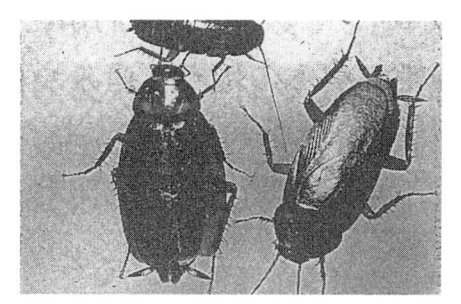

**図6.4 トビイロゴキブリ**

（写真は、村松學：「学校環境衛生のチェックリスト改訂版」より転載）

- 生息地：現在、福岡、大阪、愛媛、東京、釧路での定着が確認されている。地下街や飲食店の空気調和設備の完備した場所でよく見られる。

---

**○×問題に挑戦！** （記述の正誤を考えよう。解答は前ページ）

- ☐ Q1　チャバネゴキブリは、大型のゴキブリで全世界に分布している。
- ☐ Q2　わが国で屋内に定着している種類は、5～6種ほどである。
- ☐ Q3　クロゴキブリの生息域は、建築物周辺や下水道、側溝等まで広がっている。
- ☐ Q4　ワモンゴキブリは、前胸背板に黄白色の斑紋がある。
- ☐ Q5　チャバネゴキブリは、飲食店、病院等に多く、都市環境における代表的な害虫である。

ねずみ・昆虫等の防除
# 7 ゴキブリ類の防除方法

**POINT** ①調査ポイントは，発生場所の確認，聞き取り調査である
②粘着シートを設置して生息調査を行う
③化学的防除には，有機リン剤やピレスロイド剤を用いる残留処理やベイト剤を用いる毒餌処理がある

## (1) 調査のポイント

建築物衛生法に基づく建築物において東京都では，毎月1回衛生害虫に対する生息状況の点検を行うことになっている。点検結果によって生息が確認されると，必要な対策を実施するよう指導している。

生息が確認された場合は，薬剤など必要最小限の防除を行うことが，経費の削減にもつながる。

① 建築物内の調査

トラップによる調査を行う前に建築物内部を巡回し，発生場所の確認を行う。その際，ゴキブリの死骸などを確認しておく。

- ごみ置き場，リサイクル室
- 厨房
- 給湯室
- 事務室
- 便所
- 受水槽室，汚水槽室など

② 聞き取りによる調査

テナントや利用者に対して，アンケートなどを利用して聞き取る調査である。これは，メンテナンス業者が，あまり立ち入ることができない場所の確認に適している。

③ 粘着トラップ（シート）による調査

- 粘着シート

  市販されている粘着シートや粘着面が$8 \times 20$ cm程度のものを使う。原則として餌は使わないが，同じ場所ではできるだけ同一のトラップを使用する。

- 配置場所

  家具，冷蔵庫，調理台，書棚，机，観葉植物，大型の機器類等の下部やまわりにそって配置する。

- 配置の数

  $5 m^2$に1個ごとに配置する。ただし，ゴキブリの発生しにくい場所では，$25 \sim 50 m^2$ごとに1個の割合に配置していく。

- 期 間

  3日〜1週間の間で，調査を行う。ただし，生息が多いところでは，日数を短縮する。

- その他

  ゴキブリ以外の虫についても捕獲し

[解答] 1―〇 2―×（遅効性を用いる） 3―〇 4―〇 5―×（環境的対策は基本である） 6―〇 7―〇

た場合は、虫の種類や数について確認しておく。

(2) 防除方法
① 環境的防除

繁殖を防ぐには、食品などが餌にならないようにする。例えば、残飯については、ふたつきの容器に処理する。また、食品についてもふたのついた容器に保管する。さらに、整理整頓を心掛け、ゴキブリのすみかにならないようにする。

② 物理的防除

粘着トラップや誘引剤付のゴキブリ捕獲器を使って、捕獲していく。

③ 化学的防除

ゴキブリが徘徊する場所には残効性の高い**有機リン剤**や**ピレスロイド剤**を散布しておき、その処理面上を徘徊したゴキブリは薬剤の残渣に触れさせて死亡・駆除する方法である。**残留処理**ともいう。

低密度のゴキブリを駆除するには**ベイト剤**（ホウ酸やヒドラメチルノン）をできるだけ多くの場所に少量ずつ点状に塗布する。ベイト剤を喫食したゴキブリはすぐには死なずに、嘔吐物や糞を排出しこれを直接食べた別のゴキブリが同様な状態になり、このような連鎖状態により多くのゴキブリを駆除することができる。**毒餌処理**ともいう。効果が現れるのにやや日数を要するが、ゴキブリの習性を利用した効果的な方法である。

**ULV（Ultra Low Volume）処理**は、燻煙、蒸散とともに空間処理の1つである。ULV処理専用のピレスロイド乳剤がある。

薬剤については、効能・効果として、使用量や使用方法および注意事項等がそれぞれ違うため、適切な選択が必要になる。また、必要に応じて、MSDS（製品安全データシート）を入手し、適切な対応に役立てる。

---

**○×問題に挑戦！**（記述の正誤を考えよう。解答は前ページ）

- ☐ Q1 残留処理は、ゴキブリのよく活動する通路などに、残効性の高い有機リン剤などを散布する方法である。
- ☐ Q2 ゴキブリの毒餌処理は、中毒させる方法で、速効性の製剤がよく用いられている。
- ☐ Q3 ULV処理に用いる専用の水性乳剤（ピレスロイド乳剤）がある。
- ☐ Q4 燻煙などの空間処理を行う場合には、薬剤がすみずみに到達するよう気密性を高める必要がある。
- ☐ Q5 ゴキブリの防除に関し、食物管理などの環境的対策の重要性は低い。
- ☐ Q6 ゴキブリは発育期間が長いため、ハエや蚊と比較して徹底駆除後における生息密度の回復にかかる時間も長い。
- ☐ Q7 駆除率の算出には、1日、1つのトラップあたりのゴキブリ捕獲数であるゴキブリ指数を用いる。

ねずみ・昆虫等の防除

# 8 蚊類の分類・生態

> POINT ①建築物内にいる蚊の種類は，チカイエカ，コガタアカイエカ，アカイエカの3種といえる
> ②コガタアカイエカは日本脳炎ウイルスの媒介蚊である
> ③アカイエカとチカイエカは外観では区別がつきにくい

## (1) 概　要

蚊は吸血によって「腫れ」や「かゆみ」を与える代表的な害虫である。

日本で，100種余り生息しているが，その中でも，ビルに生息する蚊はチカイエカ，コガタイエカ，アカイエカのほぼ3種類であるといえる。

## (2) 蚊の種類と特徴

① チカイエカ

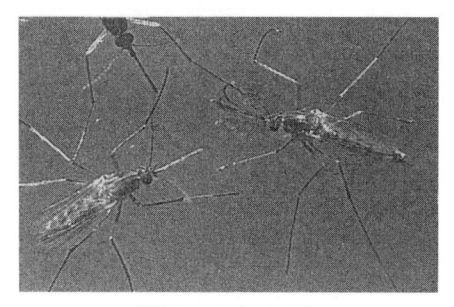

図8.1　チカイエカ

- 生息地：幼虫は浄化槽，雑排水槽，湧水槽などに見られる。
- 吸　血：無吸血でも産卵ができ，幼虫がふ化する。
- 建築物内での繁殖：建築物の地下のたまり水などにいて，1回だけは吸血しないで繁殖する。
- 生活環：北海道の北見から，九州まで広がっている。交尾は，止まっている雌を雄が捕らえる方法で行う。雌は，50〜60個の卵塊を産む。低温に強く，秋になっても休眠せず，初冬でも活動するため，蚊に刺されるという場合がある。

② コガタアカイエカ

- 形態：体長4.5 mm，黒っぽい。日本全土に分布するが，とりわけ本州以南に多い。日本脳炎ウイルスの媒介蚊として有名である。
- 生息地：幼虫は主として水田であるが，湿地，沼等の水域にいる。

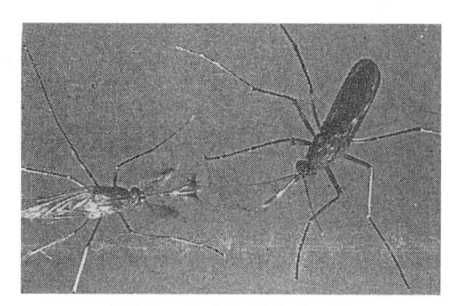

図8.2　コガタアカイエカ

[解答]　1—○　2—×（冬でも活動する）　3—○　4—○　5—○　6—○　7—○　8—○　9—○

- 食性：夜間吸血を行う。
- 生活環：卵〜羽化まで11〜14日である。一生の間に吸血と産卵を繰り返す。日本脳炎の病原体はウイルスで，豚の血液中で繁殖する。豚は病気にならない。日本脳炎の病原体をもつコガタアカイエカが，豚から吸血すると蚊の体内で増殖する。

③ アカイエカ
- 形態：体長約5.5 mm，灰褐色で胸背部は橙色がかっている。腹の各環節の基部にも白帯がある。呼吸管はヤブカ類のものよりは細長いが，コガタアカイエカほど長くない。

  なお，アカイエカとチカイエカは外部形態ではほとんど区別がつかない。
- 生息地：下水溝などから発生する場合がある。
- 食性：人からよく吸血するが，鳥類や鶏を好んで吸血する。
- 生活環：本州などにいて，雌は，100〜150個の卵塊を産む。卵は，はじめ白いが，次第に黒くなる。「ウエストナイル熱」の媒介蚊といわれている。

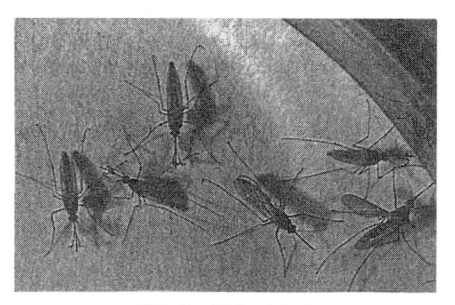

図8.3　アカイエカ
（写真は，村松學：「学校環境衛生のチェックリスト改訂版」より転載）

④ ヒトスジシマカ
　胸背の中央部に白縦条があり，脚にも白帯がある。都市内の狭い水域（雨水ます，空き缶）でも発生する。デング熱の媒介蚊といわれている。

⑤ ネッタイイエカ
　幼虫はアカイエカ同様，下水溝などの汚水から発生する。熱帯，亜熱帯（わが国では沖縄）に分布する。フィラリアの媒介蚊といわれている。

---

**○×問題に挑戦！**（記述の正誤を考えよう。解答は前ページ）

- □ Q1　アカイエカは，成虫で翌春まで越冬する。
- □ Q2　チカイエカは，冬期に卵で休眠し，ふ化幼虫は4月ごろ成虫になる。
- □ Q3　チカイエカは，浄化槽内の狭い空間で交尾することができる。
- □ Q4　アカイエカとチカイエカは，外部形態ではほとんど区別がつかない。
- □ Q5　チカイエカは，羽化後，最初の産卵を無吸血で行うことができる。
- □ Q6　コガタアカイエカは，水田などの水域に発生する。
- □ Q7　ウエストナイル熱の媒介にはイエカ類などが関係する。
- □ Q8　ヒトスジシマカは，公園，墓地，竹やぶ等で昼間激しく人から吸血する。
- □ Q9　蚊が吸血する目的は，雌が卵を生むためである。

ねずみ・昆虫等の防除

# 9 蚊類の防除方法

POINT ①調査ポイントでは，捕虫器による調査がある
②殺虫剤として，有機リン剤，ピレスロイド剤，昆虫成長制御剤（IGR）が用いられる
③防除方法では，排水槽や浄化槽において注意が必要である

## (1) 調査のポイント

建築物衛生法に基づく建築物では，東京都において，毎月1回衛生害虫に対する生息状況の点検を行っている。生息が確認されれば，必要な対策を実施する。

### ① 建築物内の調査

捕虫のための器具を使う前に，建築物内を調査し，発生場所の確認を行う。

チカイエカなど，汚水槽室を中心として発生するため，地下室などを中心として調査を行う。また，建築物まわりの生垣内の空き缶にたまった雨水などに発生することがある。

### ② 聞き取りによる調査

例えば，地下街のテナントなどに対して，アンケートなどを利用した聞き取り調査を行う。これは，メンテナンス業者には気がつかなかった場所を確認するのに適している。

### ③ 捕虫器による調査

- 捕虫器：捕虫ランプが装着してあり，ファンで吸引する器具や，誘引した蚊を粘着シートで捕獲する方法がある。ランプが古くなると，蚊を捕らえることが難しくなるので，1年に1回の交換が必要である。
- 配置場所：汚水槽や浄化槽等を中心に配置する。槽内は，床面から人の背丈ほどの高さより低い位置に設置する方が，捕獲しやすい。また，出入り口付近にも捕虫器を設置する。
- 配置の数：汚水槽など発生しやすいところや，隣接する事務室等を選択して2～3か所設置する。
- 期　間：1日～2週間の間で，調査を行う。ただし，夜間の時間を含みファンは，虫が逃げるので設置期間中停めないようにする。
- その他：チカイエカ以外の蚊については，アカイエカ群として区別しておく。

## (2) 防除方法

### ① 環境的防除

例えば，汚水槽などに設置されている通気孔の点検を行う。防虫網の破損や破れ等を確認し，補修を行う。また，汚水槽室内の出入り口が開放していたり，密閉状況も確認する。

### ② 物理的防除

粘着トラップや電撃殺虫器を使って捕

[解答] 1—○　2—○　3—○　4—○　5—×（残効性は期待できない）　6—○

獲する。また，併用して防除を行う。

③　化学的防除

ゴキブリと同じように，殺虫剤の種類として，有機リン剤，ピレスロイド剤や**昆虫成長制御剤（IGR）**等の薬剤を使用して防除を行う。なお，浄化槽に使う殺虫剤でクレゾールを含むものは浄化微生物に影響を及ぼすので使用しない。

マンホール等では，幼虫に対しては殺虫成分が水面に浮かぶフローティング粉剤，成虫に対しては蒸散性の殺虫プレートが有効である。

そのほか成虫の殺虫対策として，煙霧・ULV処理や燻煙・蒸散剤処理等があるが，閉空間として用いる。これらには残効性は期待できない。

残留処理としては，成虫に対し，残効性の高い有機リン剤の乳剤希釈液等を処理する。

これら薬剤の効能・効果は，使用量，使用方法および注意事項等がそれぞれ違うため，適切に選択していくことが必要になる。

(3)　効果判定

成虫は，ハエ取りリボンやゴキブリ用粘着トラップを用いて，捕獲数を処理前後で比較する。幼虫は，ひしゃくですくい，取られた数を処理前後で比較し効果判定をする。

効果判定を行うことは次のような活動に活かせる。

・効果が認められない場合のための原因調査
・必要に応じた再防除
・今後の防除作業計画に反映する。防除作業を実施した日から蚊について1週間位を目安に実施して，効率的な防除につなげる。

---

◯✕問題に挑戦！（記述の正誤を考えよう。解答は前ページ）

☐　Q1　蚊の防除に関し，排水槽内の幼虫の生息状況は，ひしゃくなどによりすくい取られた数により調査するとよい。

☐　Q2　蚊の防除に関し，殺虫剤処理の効果に疑問がもたれる場合，殺虫剤抵抗性の発達状況を調査することも必要となる。

☐　Q3　蚊の防除に関し，排水槽内の成虫の発生状況は，ハエ取りリボンなどの粘着トラップによる捕獲数により調査する。

☐　Q4　チカイエカの防除に関し，乳剤に含まれる界面活性剤や有機溶剤は，浄化槽の浄化微生物に影響をおよぼすおそれがある。

☐　Q5　チカイエカの防除に関し，排水槽内における噴霧処理は，1か月程度の残効性が得られる。

☐　Q6　チカイエカの防除に関し，昆虫成長制御剤（IGR）の使用により，成虫密度を速やかに低下させる効果は期待できない。

ねずみ・昆虫等の防除

# 10 ハエ類の分類・生態

POINT①建築物にいるハエの種類は，チョウバエ，イエバエ，ノミバエなどである
②チョウバエは浄化槽等の有機物の多い水まわりに発生する
③イエバエは腸管出血性大腸菌O157の運搬者といわれる

(1) 概　要

ハエには多くの種類がある。通常ハエというと，イエバエ，キンバエなど大型のハエを指しているが，チョウバエのような小型のハエ（こばえ）もいる。

いずれも菌を運ぶ害虫であるが，こばえは生息場所が汚水系や腐敗物など汚れた所であり，大量に発生することから不快昆虫あるいは微生物の運搬等から問題となっている。

建築物に関係するハエはおよそ6種類に分けることができる。

(2) **ハエの種類と特徴**

① チョウバエ類
・形態：体長2～4mm，小さな蛾のように見え，羽根を広げてとまる。
・生息地：幼虫は，下水道の汚泥などから発生する場合がある。別名を「濾床バエ」とも呼ばれる。東京付近では，5～6月頃に発生のピークになり台所，風呂場や浄化槽等の有機物の多い水まわりに見られる。
・食性：腐敗した動植物を好む。
・建築物内での繁殖：トイレ，ごみ置き場等の場所に好んで生息している場合が多い。
・生活環：雌の生存期間は，5～6日の生存期間に20～100個の卵を産む。卵が2日，幼虫期間が，9～15日，蛹の期間が2日くらいである。

② イエバエ

腸管出血性大腸菌O157の運搬者になるといわれている。

・形態：体長6～8mm，灰黒色，前

図10.1　チョウバエ類

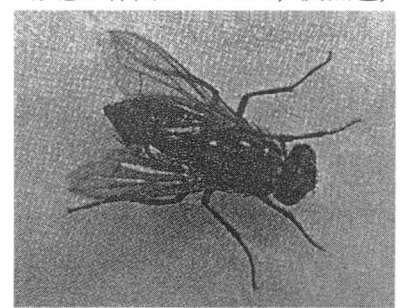

図10.2　イエバエ類

[解答] 1―○　2―○　3―○　4―○　5―×（腐敗した果実などである）

胸背には4本の黒縦線がある。雌は，腹部が雄に比べて太い。雄は，腹面先端付近に黒斑がある。
- 生息地：ごみ，堆肥，畜舎等の場所を好む。
- 建築物内での繁殖：ごみの集積場所を好む。また，便池からは発生しない。
- 生活環：成虫が産卵するまで20日くらいである。

③　センチニクバエ
- 形態：体長は9～11 mmで，体は灰色で，前胸背に明確な3つの黒い縦線がある。
- 生息地：便池，畜舎，仲介等から発生する場合がある。
- 建築物内での繁殖：放置してある食べ物などに産卵する。
- 生活環：幼虫からさなぎになるとき土中にもぐって，冬を越す。

④　ヒメイエバエ
- 形態：体長は6～7 mmで，前胸背に明確な3つの黒い縦線がある。
- 生息地：便池，厨芥，畜舎，堆肥等広範囲に及んでいる。
- 生活環：屋内で代表的なハエである。

図10.3　ヒメイエバエ

（図版，写真は，村松學：「学校環境衛生のチェックリスト　改訂版」より転載）

本州以南では，5～6月，9～10月に多く見られる。雄の多くが，部屋の中でぐるぐる輪舞するので，五月蠅（うるさい）ともいわれている。

⑤　ノミバエ
- 形態：体長は1.5～2 mmで，褐色である。
- 生息地：浄化槽などスカムから発生することがある。

⑥　キイロショウジョウバエ
- 形態：体長は2 mmで，黄褐色である。
- 生息地：腐敗した果実などを好む。
- 生活環：生存期間中の半月～1か月間での間に，500個以上の卵を生む。

---

**○×問題に挑戦！**　（記述の正誤を考えよう。解答は前ページ）

- □ Q1　ノミバエ類は，浄化槽の表面に浮いているスカムから発生する。
- □ Q2　イエバエは，腸管出血性大腸菌O157の運搬者になるといわれている。
- □ Q3　殺そ対策を実施すると，その死骸からハエ類が発生することがあるので，注意が必要である。
- □ Q4　チョウバエ類の幼虫は，水中深く潜ることはないので，水面近くに重点的に殺虫剤を散布すると効果的である。
- □ Q5　ショウジョウバエ類が多く見られる場合は，腐敗した動植物に対する対策を実施する必要がある。

ねずみ・昆虫等の防除

# 11 ハエ類の防除方法

POINT ①粘着リボンを設置して生息状況を調査する
　　　②環境的防除において，ハエの餌を絶って繁殖を防ぐ
　　　③殺虫剤は蚊と同様のものを用いる

## (1) 調査のポイント

建築物衛生法に該当している建築物において東京都では，毎月1回衛生害虫に対する生息状況の点検を行っている。点検結果によって生息が確認されると，原因の調査や防除を行っている。

① 建築物内の調査

調査を行う前に建築物内やまわりを巡回して，発生場所の確認を行う。

確認しやすい場所として

- ごみ置き場，リサイクル室
- 厨房
- 便所
- 汚水槽室など

② 聞き取りによる調査

テナントやビルの利用者に対して，アンケートなどを使って聞き取る調査を行う方法である。これは，防除の前にメンテナンス業者が，確認することができなかった場所の確認に有効である。

③ 粘着シートによる調査

- 粘着リボン：蚊の時に使う捕虫器では，捕まりにくいので，粘着リボンを使う。
- 配置場所：厨房，浄化槽，便所等には粘着リボンを設置する。また，湯沸し室，洗面所等，排水管のあるところは，適宜に配置する。チョウバエなど小型のハエは，床面に近いところに配置する。
- 配置の数：配置場所を考慮しながら配置していく。
- 期　間：1日～2週間の間で，調査を行う。ただし，生息が多いところでは，日数を短縮することも必要である。
- その他：ハエ以外の虫についても捕獲した場合は，虫の種類や数について確認しておく。

## (2) 防除方法

次の3点に注意する。

① 環境的防除

繁殖を防ぐには，ハエの餌にならないようにする。例えば，調理後の残った残渣は，ふたつきの容器に処理する。また，食品についてもふたのついた容器を選んで，食品の汚染を防ぐ。さらに，ばっ気型浄化槽では，定期的な点検や清掃等を

---

[解答] 1－×（整理整頓，餌になるものをなくす）　2－×（重要性が増している）
3－○　4－×（ひとつの要素である）　5－○　6－○　7－○　8－×（生息できる環境にある）

行い，槽内のスカムを極力減らしていく。

また，侵入防止対策として排水管やマンホール等に対する防虫網の取付けや密閉等の防虫処置は，成虫の分散を防ぐことから有効である。

② 物理的防除

粘着リボンを使って，捕獲していく。

③ 化学的防除

粘着リボンでは，捕獲数に限界があるので最小限の殺虫剤を使う。殺虫剤として有機リン剤やピレスロイド剤，および昆虫成長制御剤（IGR）を使用する。一般に，チカイエカの幼虫に比べて薬剤に強いので，薬剤を多くする必要がある。高濃度は，浄化槽内の微生物に悪影響を与えるので，昆虫成長制御剤が有効である。効能や効果は，使用量や使用方法および注意事項等が違うため，状況に合った選択が必要になる。また，必要に応じて，MSDS（製品安全データシート）を入手し，適切な対応にも役立てる。

記載事項の一部として，
・応急措置
・災害時の措置
・漏出時の措置
・環境影響情報
・輸送上の注意

―○×問題に挑戦！ （記述の正誤を考えよう。解答は前ページ）

- ☐ Q1 建築物内に生息している害虫等による被害を軽減するために，発生源対策は必要ない。
- ☐ Q2 総合防除（IPM）の考え方により建築物内で防除を実施する際，発生状況調査は重要視されない。
- ☐ Q3 ハエ，蚊，シラミ用の殺虫剤は，薬事法による承認が必要である。
- ☐ Q4 防除実施後の効果判定は，居住者に対する聞き取り調査により実施すると正しい評価ができる。
- ☐ Q5 建築物内において，発生する不快害虫は，健康を阻害する要素の一つと考えられる。
- ☐ Q6 建築物内において，発生する害虫によって，感染症が伝播されることは少ない。
- ☐ Q7 建築物内において，発生する害虫類の種類や発生量は，季節や地域によって異なる。
- ☐ Q8 建築物内において，建築物内の環境は，そこで発生する害虫類には適した環境ではない。

ねずみ・昆虫等の防除

# 12 ダニ類その他昆虫の分類・生態

POINT ①建築物内で見られるダニの種類は，ヒョウダニ，ケナガコナダニ，ツメダニなど
②ヒョウヒダニは，人のフケなどを食べ，カーペット内に生息する
③その他の害虫では，ユスリカ類，シバンムシ類などに留意する

## (1) 概　要

ダニの発育経過の基本は卵，幼虫，若虫，成虫の4期でシラミダニのように直接成虫を産み落とすものもある。

生活圏は地表から水中，動植物の体表，人体などきわめて広く，また，人体が活動する室内のじんあいにもチリダニ，コナダニ，ホコリダニなどが生息している。

ダニは日本で約3000種が知られているが，建築物内で見られる種は少ない。

## (2) ダニの種類と特徴

① ヒョウヒダニ類（図12.1）
・形態：体長約0.3mm，乳白色である。

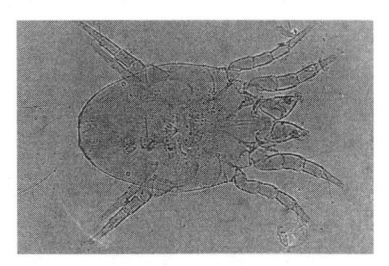

**図12.1　ヒョウダニ**

・生息地：カーペットや畳の床等にいる。
・食性：人のフケ等を食べている。
・ビル内での繁殖：温度25℃，湿度70％程度の条件を好む。建築物衛生法に基づく建築物では，温度，湿度等がダニにとって生活しやすい条件となっている。大量に発生すると，喘息やアレルギー鼻炎のアレルゲンになる。

② ケナガコナダニ（図12.2）
・形態：体長0.4mm，乳白色である。

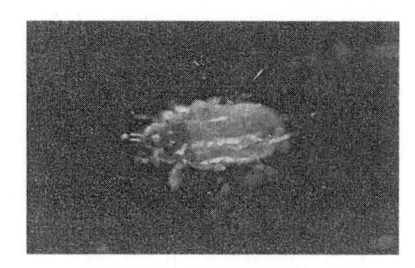

**図12.2　ケナガコナダニ**

・生息地：食品や畳床等にいる。
・食性：穀物などを食害する。

③ ツメダニ類（図12.3）
・形態：体長0.8mm，淡黄橙色である。
・生息地：畳床に発生する。
・食性：他のダニやチャタテムシを捕食し，時には人にも悪さをする。

④ トリサシダニ

[解答]　1―○　2―○　3―○　4―×（人を刺すことがある。動物吸血性は，イエダニやトリサシダニである）　5―○

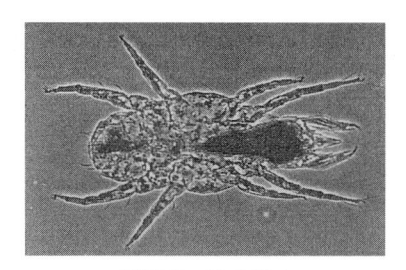

図12.3 ツメダニ

(写真は，村松學：「学校環境衛生のチェックリスト 改訂版」より転載)

- 形態：体長0.7 mmで，ムクドリ，スズメ等に寄生しているが，時として人にも吸血する場合がある。

⑤ イエダニ
- 形態：体長約0.7 mm，褐色である。吸血すると，赤色から暗褐色に変化する。
- 生息地：主にクマネズミに寄生し，通常は，巣内で生息している。
- 食性：恒温動物の血液を栄養源にしている。人に吸血することがある。

⑥ タカラダニ類
- 形態：体長は，1.0～2.7 mm，朱赤色で，コンクリートの壁，ブロック塀等にいる。生態はまだわかっていない。

(3) その他の害虫の種類と特徴

① ユスリカ類

都市の近郊で下水等の有機物が流入し，富栄養化した水域で大発生する種がある。建築物内への侵入を防止することが大切である。

② チャタテムシ類

食品のかすなどを餌にし，高温・多湿の状態が続くと大発生することがある。

③ シロアリ類

イエシロアリ，ヤマトシロアリなどの種があるが，建築物への被害に加え，羽アリの屋内への飛来が問題となる。

④ トコジラミ類

夜間吸血性で昼間は壁や柱の割れ目に潜んでいる。

⑤ シバンムシ類

貯蔵乾燥食品や建築材料を食害する。

⑥ カツオブシムシ類

乾燥食品やじゅうたんなどの羊毛製品を食害する。

⑦ キクイムシ類

幼虫が木材に食害を加える。

⑧ ノミ類

現在わが国で見られるものはネコノミである。

⑨ アリ類

ほとんどが野外性であり，建築物内等に生息している代表種がイエヒメアリである。

○×問題に挑戦！ （記述の正誤を考えよう。解答は前ページ）

☐ Q1 ヒョウヒダニ類は，屋内塵中で見られるダニ相の優占権になることが多い。
☐ Q2 タカラダニ類は，屋外で発生し，屋内に侵入することもある。
☐ Q3 トリサシダニは，室内に侵入して人からも吸血することがある。
☐ Q4 ツメダニ類は，屋内塵中によく見られるダニで，動物吸血性である。
☐ Q5 ケナガコナダニは，保存食品などにも発生する屋内塵性ダニである。

ねずみ・昆虫等の防除

# 13 ダニ類その他昆虫の防除方法

> POINT ①ダニの調査ポイントとして，更衣室が重点箇所となる
> ②ダニの調査法には，アレルゲン量を測定するスティック法がある
> ③ダニの防除方法として，更衣室の清掃頻度やカーペットのクリーニングが重要となる

(1) 調査のポイント

建築物衛生法の対象となる建築物において東京都では，毎月1回衛生害虫に対する生息状況の点検を行うことになっている。ただダニ類については，0.3 mm位ととても小さいため，目視による確認は難しい。学校環境衛生基準では，毎学年1回定期に行うことになっている。

生息が確認され，一定のレベル以上になると，薬剤など必要最小限の防除を行う必要がある。

① 建築物内の調査

事務所内では，女子更衣室，休憩室，およびリフレッシュルームを中心に清掃の頻度などを確認する。女子更衣室などは，メンテナンス業者が日常清掃する場所として難しいエリアがある。このような場所では，居住者が，その場所で軽食などを行っているか，髪をとかしたりしているか等を中心に調査し，清掃の頻度と比較すると良い。

② 聞き取りによる調査

利用者に対して，アンケートなどを利用してダニによる被害があるのかを，聞き取る調査である。

③ 採取方法

1) 採取器具を使う方法

ダニ類そのものを抽出して顕微鏡で調べる方法よりも，アレルゲン量として比較する簡便な方法として，酵素免疫測定法やスティックによる検定方法がある。まず，採取器具を掃除機に装着してごみを集める。集じんと抽出液を加えサンプル液とする。ここでは，スティックによる方法について説明すると，このスティックは，尿検査紙に似ており抽出液に3秒間浸し，その後水平に置き，10分後に出現した赤色の濃さにより，アレルゲン量を比較する。なお，学校環境衛生基準では，$10\,\mu g/m^2$以下としている。これは，匹数にすると$100$匹$/m^2$以下としている。

2) 採取場所

事務所内では，女子更衣室，休憩室，およびリフレッシュルームの床面を中心に採取する。建築物衛生法の用途に該当しない病院では，小児科や皮膚科等である。また，床面以外の採取場所としては，ベッド，枕，シーツおよび患者が愛用していて家庭から持ち込ま

[解答] 1—○  2—○  3—×（イエダニは，主にねずみに寄生する）  4—○  5—○

れたぬいぐるみ等である。さらに、ホテルの化粧台の下や、養護施設では医療棟のベッドや、医局の仮眠室やソファーを中心として採取を行う。

3）採取の数

該当する部屋の中心部で、1 m² に30秒間掃除機をかけ、1か所ずつ採取する。

4）期　　間

ダニ類が繁殖する夏期が望ましいが、ビル内では冷房をしているので、年間を通じて、冷房期、暖房期、中間期の3つのシーズンに分けて測定し、比較するとよい。

5）その他

アレルゲン不活化剤が市販されているが、初期効果は期待できるが、長期的効果は小さい。

**(2) 防除方法**

① 環境的防除

湿度はダニの繁殖と関係が深い。湿度のコントロールが、ダニの繁殖を抑える重要な要素といえる。

② 物理的防除

繁殖を防ぐには、女子更衣室のようにダニの餌になるタンパク質の多いところでは、他の床面より清掃頻度を多くする。また、寝具などの交換を定期的に行うことで、アレルゲン量を減らすことも可能である。これは、カーペットにも応用ができる。カーペットをクリーニングすることで、ダニを減らす効果が期待できる。畳などは、業者による高周波を利用した畳乾燥という方法がある。これも、畳床内にいるダニを死滅させるのに有効である。

③ 化学的防除

殺虫剤として、有機リン剤やピレスロイド剤の薬剤を使用すると、効果はある。使用にあたっては、効能・効果として、使用量や使用方法および注意事項等が違うため、適切な選択が必要になる。散布にあたっては、直接事務室内に散布するため、居住者のいない休日などを利用して、利用者に影響の少ない方法で行うことが必要である。必要に応じて、畳などに利用できる防虫シートを利用して、ダニの繁殖を抑制する方法もある。

---

┌─ **○×問題に挑戦！**　（記述の正誤を考えよう。解答は前ページ）─

- □ Q1　ダニの防除対策に関し、野外活動時の忌避剤使用は、ツツガムシ対策に有効である。
- □ Q2　ダニの防除対策に関し、除湿は、ケナガコナダニ対策に有効である。
- □ Q3　ダニの防除対策に関し、家屋に営巣した鳥の巣の除去は、イエダニ対策に有効である。
- □ Q4　ダニの防除対策に関し、ヒョウヒダニ類の防除対策は、ツメダニ類対策としても有効である。
- □ Q5　ダニの防除対策に関し、除じんは、ヒョウヒダニ類対策に有効である。

ねずみ・昆虫等の防除

# 14 防除用具

POINT ①噴霧器には手動式と動力式があり，薬剤粒子径は100～400μmである
②ミスト器は乳剤用であり，粒子径は20～100μmである
③煙霧器はフォグマシンとも呼ばれ，粒子径は0.1～20μmである

## (1) 概　要

　害虫，ねずみの防除には捕獲機などによる物理的方法，薬剤を使う化学的な方法がある。防除の効果的な方法は両者をうまく併用することが有効である。また防除の前には調査用具を用いて生息状況を調べておく必要がある。なお，化学薬品を使うときには安全用具が必要となる。

## (2) 調査用具

① 粘着トラップ

　粘着トラップは種類が多く，目的に合ったものを使う必要がある。クロゴキブリ等大型ゴキブリには大型の粘着トラップ，チャバネゴキブリ等小型ゴキブリには小型の粘着トラップを使う。

② 顕微鏡

　昆虫，ダニの同定や拾い出しに使う。

## (3) 防除用機器

① 噴霧器

1) 手動式（全自動式）

・特徴：加圧作業を常に必要とする器具である。また，タンク内の薬液，比較的容易に噴霧することができる。

・種類：ポンプ，ピストル型スプレー，肩掛手動噴霧器等がある。

図14.1　手動式噴霧器　図14.2　動力式噴霧器

・薬剤：乳剤，油剤および水和剤として使う。

・粒子径：100～400μmである。

2) 動力式

　動力を利用し，電動式やエンジン式がある。

② ミスト機

図14.3　ミスト機

［解答］ １－×（煙霧機の粒子径である）　２－×（噴霧器の粒子径である）　３－○
４－×（5～20μmである）　５－×（5～20μmである）

- 特徴：圧力，風力，遠心力等を利用して，単独や組合せを利用し，ミストをつくる方法である。
- 種類：ほとんど，動力式である。
- 薬剤：乳剤として使う。
- 粒子径：20〜100 $\mu$m である。

③ 煙霧機
- 特徴：フォグマシンとも呼ばれている。加熱揮発機によって煙状に噴出する。
- 種類：電動式，ジェット排出流利用式，エンジン式，高速水蒸気式がある。
- 粒子径：0.1〜20 $\mu$m である。

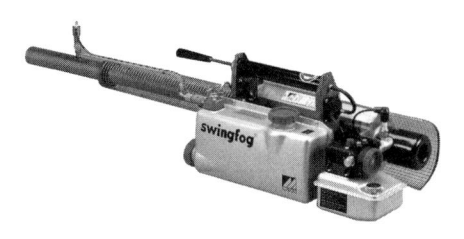

図14.4　煙霧機

④ ULV噴霧機
- 特徴：ULV（極少量）やULD（極小投薬）の噴霧機のことである。室内で使用する。
- 種類：電動式がある。
- 薬剤：乳剤として使う。
- 粒子径：5〜20 $\mu$m である。

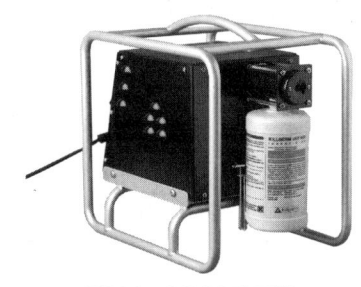

図14.5　ULV噴霧機

⑤ インジェクトスプレー機
- 特徴：小型コンプレッサーと特殊な二流体ノズルによって，微粒子の薬剤を作る。
- 種類：電動式がある。
- 薬剤：乳剤，油剤として使う。
- 粒子径：5〜20 $\mu$m である。

図14.6　インジェクトスプレー機

（写真は，日本防疫殺虫剤協会の資料より転載）

---

**○×問題に挑戦！**（記述の正誤を考えよう。解答は前ページ）

- ☐ Q1　噴霧器の薬剤粒子径は，0.1〜20 $\mu$m である。
- ☐ Q2　煙霧機の薬剤粒子径は，100〜400 $\mu$m である。
- ☐ Q3　ミスト機の薬剤粒子径は，20〜100 $\mu$m である。
- ☐ Q4　インジェクトスプレー機の薬剤粒子径は，50〜200 $\mu$m である。
- ☐ Q5　ULV噴霧機の薬剤粒子径は，50〜200 $\mu$m である。

ねずみ・昆虫等の防除
# 15 防除薬剤

POINT ①殺そ剤には抗凝血性殺そ剤（クマリン系）と，急性殺そ剤がある
②ジクロルボスなどの有機リン系殺虫剤，フェノトリン，ペルメトリンなどのピレスロイド系殺虫剤がある
③殺虫剤の効力の指標に$LD_{50}$などがある

(1) 安全管理

建築物衛生法施行令による，ねずみ，昆虫等の発生，侵入の防止，および駆除は，殺虫剤の使用を前提としていない。その内容は，昆虫などの生息，活動状況，建築物の使用者や利用者への影響を総合的に検討し，実施することとなっている。

また，殺そ剤や殺虫剤を使用する場合は以下の点に留意することが求められている。

① 薬事法の承認を受けた医薬品または医薬部外品を用いること。
② 医薬品または医薬部外品の容器，被包等に記載された「用法・用量」および「使用上の注意」を遵守すること。
③ 作業終了後は，必要に応じ強制換気や清掃等を行うことにより，屋内に残留した薬剤を除去し，建築物の使用者または利用者の安全確保の徹底をはかること。

なお，薬局開設者および医薬品の販売業の許可を受けた者がねずみ，昆虫等の防除を目的とした医薬品等を販売する際には，適切な使用量および使用方法等について情報提供を行うよう努めること。

(2) 防除薬剤の種類

① 抗凝血性殺そ剤

少量を4～5日間摂取すると，血液凝固阻止作用によりねずみが失血死する。クマリン系殺そ剤と称する，ワルファリン，フマリンなどの化合物がある。

② 急性殺そ剤

ノルボルマイドはドブネズミに，シリロシドはハツカネズミに効果が高い。

③ 有機リン系殺虫剤

成分にリンをもつ薬剤である。防疫用殺虫剤として優れているが，動物体内では，コリンエステラーゼ阻害剤として作用する場合がある。代表的な成分は以下のとおり。

1）ジクロルボス

揮散性が高く速効的に作用する。乳剤や油剤がある。吊り下げタイプの蒸散剤は，汚水槽や雑排水槽内で使用するよう限定している。

2）フェニトロチオン

適用範囲が広い。乳剤，油剤および

---

[解答] 1-○ 2-×（総合的に実施する） 3-×（医薬品も含まれる） 4-○ 5-○ 6-×（有効成分の人畜毒性は一般に低いが，魚に対する毒性が高い）

粉剤等がある。
3）フェンチオン
蚊の成虫や幼虫に有効である。乳剤，油剤および粉剤等がある。
4）ダイアジノン
ハエやゴキブリに有効である。乳剤，油剤，粉剤，粒剤等がある。
④　ピレスロイド系殺虫剤
ピレスリンと，これに似た合成化合物をピレスロイドと呼んでいる。一般的に，ピレスロイド系化合物は，家庭用殺虫剤として使用され，追い出し（フラッシング）効果をもつ。代表的な成分は以下のとおり。
1）フェノトリン
ノックダウン（仰転）した虫の致死率が高い。用途として，シラミ駆除剤として使用されている。また，人に直接使用できる殺虫剤である。乳剤，粉剤がある。
2）ペルメトリン
ゴキブリに対して効果が高い。また，残効性がある。乳剤がある。
3）レスメトリン
ゴキブリ，蚊，ハエに有効である。家庭用殺虫剤に使われている。乳剤がある。
⑤　昆虫成長制御剤（IGR）
昆虫の脱皮や変態には，脱皮ホルモンなどが関与していることがわかっている。つまり，羽化やさなぎになることを阻害する。また，体表を形成しているキチン質の形成も阻害する。
1）メトプレン
蚊やハエの変態に関与する。懸濁液剤がある。
2）ピリプロキシフェン
羽化の阻害に関与する。粒剤がある。
3）ジフルベンスロン
ハエのキチン形成を阻害する。

**(3)　殺虫剤の効力**

殺虫力の評価として，50％致死薬量である $LD_{50}$ ［単位：$\mu g$/匹］，50％致死濃度である $LC_{50}$ ［単位：ppm］などの指標がある。また，速効性の指標として，$KT_{50}$ ［単位：分］がある。

---

**○×問題に挑戦！**（記述の正誤を考えよう。解答は前ページ）

- ☐ Q1　蚊，ハエ，シラミ用の殺虫剤は，薬事法による承認が必要である。
- ☐ Q2　防除実施後の効果判定は，居住者に対する聞き取り調査により実施すると正しい評価ができる。
- ☐ Q3　特定建築物内でネズミや害虫を対象に薬剤処理を行う場合は，医薬部外品のみの使用が認められている。
- ☐ Q4　フェノトリンを有効成分とした製剤には，シラミ用として人体に直接使用できるものがある。
- ☐ Q5　ピレスロイド剤は，一般に昆虫に対する忌避性が認められる。
- ☐ Q6　ピレスロイド剤は，全般に魚毒性が低いので，水域の蚊幼虫対策によく使用される。

## 索 引

### 〈あ〉

| | |
|---|---|
| アウグスト乾湿計 | 126・177 |
| 亜鉛めっき鋼管 | 218 |
| アカイエカ | 299 |
| 悪臭防止法 | 18・94・280 |
| アスファルト系床材 | 260 |
| アスベスト（石綿） | 23・82 |
| ──の測定法 | 179 |
| アスペクト比 | 160 |
| アスマン通風乾湿計 | 126・177 |
| アーチ構造 | 32 |
| 圧縮機（コンパクタ） | 279 |
| 圧縮力 | 38 |
| 圧力水槽 | 197 |
| ──方式 | 194 |
| あばら筋 | 35 |
| アリ類 | 307 |
| アレルギー | 80・286 |
| ──疾患 | 80 |
| ──性鼻炎 | 80 |
| ──反応 | 80 |
| アレルゲン | 80 |
| ──量 | 308 |
| 泡消火設備 | 237 |
| 暗順応 | 107 |
| 安全衛生教育 | 248 |
| 安全化（無害化） | 270 |
| 安定化 | 270 |

### 〈い〉

| | |
|---|---|
| イエダニ | 307 |
| イエバエ | 302 |
| イオウ酸化物（SOx）測定法 | 182 |
| 一管式 | 207 |
| 1日予想給水量 | 192 |
| 一類感染症 | 19・74 |
| 一級建築士 | 29 |
| 一酸化炭素 | 6・86 |
| ──濃度測定法 | 180 |
| 一般廃棄物 | 272・274 |
| イニシエーション | 82 |
| 医療廃棄物 | 274 |
| 色立体 | 114 |
| 陰イオン活性剤 | 258 |
| インジェクトスプレー機 | 311 |
| インテリアゾーン | 135 |
| インフルエンザ | 97 |
| ──ウイルス | 97 |

### 〈う〉

| | |
|---|---|
| ウイルス | 72 |
| ウエストナイル熱 | 75 |
| ウォータハンマー | 193・195 |
| 雨水 | 210 |
| 渦巻きポンプ | 168 |
| 運搬 | 278 |

### 〈え〉

| | |
|---|---|
| エアロゾル | 92 |
| 衛生器具 | 228 |
| 衛生動物 | 284 |
| エクストラクター方式 | 255・263 |
| エネルギー消費係数（CEC） | 188 |
| 塩化ビニル系床材 | 260 |
| 遠心（ターボ）式冷凍機 | 146 |
| 鉛直振動 | 104 |
| 煙霧 | 301 |
| ──機 | 311 |

## 〈お〉

| | |
|---|---|
| オイル阻集器 | 215 |
| 往復式冷凍機 | 146 |
| 大引 | 37 |
| 屋外式ガス機器 | 238 |
| 屋外消火栓設備 | 237 |
| 屋内消火栓設備 | 236 |
| 汚水 | 210 |
| オゾン | 90 |
| ——測定法 | 182 |
| 汚泥容量指標（SVI） | 235 |
| 帯筋 | 35 |
| 汚物ポンプ | 223 |
| オームの法則 | 186 |
| 温水ボイラ | 154 |
| 温度 | 6 |

## 〈か〉

| | |
|---|---|
| 改善命令等 | 11 |
| 外装区域 | 246 |
| 回転板接触方式 | 231 |
| 開放型燃焼機器 | 175 |
| 開放型膨張水槽 | 209 |
| 開放型冷却塔 | 152 |
| 開放式ガス機器 | 238 |
| 化学物質の許容濃度 | 61 |
| 各個通気方式 | 216 |
| 拡散照明 | 110 |
| 花崗岩 | 261 |
| かさ高固着物 | 250 |
| ——の除去 | 253 |
| 可視光線 | 106 |
| 加湿器 | 170 |
| ガス漏れ警報機 | 239 |
| 可聴範囲 | 99 |
| 活性汚泥法 | 231 |
| カツオブシムシ類 | 307 |
| 学校保健安全法 | 14 |
| 合掌 | 37 |
| 合併処理浄化槽 | 230 |
| 加熱コイル | 208 |
| 可燃分 | 277 |
| 過敏性肺炎 | 81 |
| カーペット | 261・263 |
| ——洗浄機 | 255 |
| ——用洗剤 | 259 |
| 花粉症 | 81 |
| かぶり厚さ | 35 |
| 壁式構造 | 32 |
| ガラス | 44 |
| 乾き空気 | 126 |
| 簡易消火器具 | 236 |
| 簡易専用水道 | 20 |
| 感覚器系 | 63 |
| 換気 | 164 |
| ——回数 | 174 |
| ——効率 | 135 |
| 乾球温度 | 126 |
| 環境衛生監視員 | 11 |
| 環境基本法 | 18 |
| 乾式モップ | 256 |
| 間接照明 | 110・185 |
| 感染 | 72 |
| ——症 | 74・76・268・286 |
| ——症予防法 | 19・74 |
| 感知器 | 53 |
| カンデラ | 108 |
| 管トラップ | 213 |
| 管理用区域 | 246 |

## 〈き〉

| | |
|---|---|
| キイロショウジョウバエ | 303 |
| 機械換気 | 164・173 |
| 機械警備業務 | 55 |
| 機械式排水 | 211 |
| 気化式加湿器 | 171 |

| | |
|---|---|
| 気管支喘息 | 80 |
| キクイムシ類 | 307 |
| 基礎体温 | 66 |
| 基礎代謝量 | 67 |
| 輝度 | 109 |
| 揮発性有機化合物（VOCs） | 79・91 |
| ──測定法 | 182 |
| 逆止弁 | 219 |
| 逆性石けん | 77・269 |
| 吸音 | 103 |
| 吸収式冷凍機 | 146 |
| 吸収冷凍サイクル | 144 |
| 給水ポンプ | 200 |
| 急性殺そ剤 | 293・312 |
| 給湯温度 | 205 |
| 給排水衛生設備 | 48 |
| 強アルカリ性洗剤 | 258 |
| 強化ガラス | 44 |
| 強制循環方式 | 207 |
| 共用区域 | 246 |
| 局所換気 | 173 |
| 局所式給湯 | 206 |
| 局部照明 | 110・184 |
| 許容応力度計算 | 41 |
| 許容濃度等の勧告 | 61 |
| 距離減衰 | 102 |
| 気流 | 6・134 |
| 均せい度 | 110・112 |

──────〈く〉──────

| | |
|---|---|
| 空気汚染の原因 | 178 |
| 空気感染 | 73 |
| 空気浄化装置 | 158 |
| 空気調和機 | 139 |
| 空気調和設備 | 48・138 |
| 空気膜構造 | 32 |
| 空気-水方式 | 142 |
| 空気齢 | 135 |
| クマネズミ | 290 |
| グラスウール | 46 |
| グリース阻集器 | 214 |
| クリーニング業法 | 17 |
| クリプトスポリジウム | 118 |
| クリプトスポリジウム症 | 73・75 |
| グレア | 112 |
| クレゾール | 77・301 |
| ──液 | 269 |
| クロゴキブリ | 294 |
| クロスコネクション | 198・203 |
| グローブ温度計 | 177 |
| 燻煙 | 301 |

──────〈け〉──────

| | |
|---|---|
| 警備業法 | 55 |
| 警報設備 | 52 |
| 下水道法 | 20 |
| 結核 | 75・96 |
| ──菌 | 96 |
| 結合残留塩素 | 203・224 |
| 結露 | 130 |
| ──対策 | 131 |
| ケナガコナダニ | 306 |
| 煙 | 92 |
| 限界耐力計算 | 41 |
| 健康増進法 | 22・93 |
| 健康の定義 | 24 |
| 建築基準法 | 4・28 |
| 建築士法 | 29 |
| 建築設備 | 28 |
| 建築物 | 4・28 |
| 建築物維持管理権原者 | 8 |
| 建築物飲料水水質検査業 | 12 |
| 建築物飲料水貯水槽清掃業 | 12 |
| 建築物衛生法 | 2・4・244・285 |
| 建築物環境衛生管理基準 | 3・6・245 |
| 建築物環境衛生管理技術者 | 3・8・244 |

| | |
|---|---:|
| 建築物環境衛生総合管理業 | 12 |
| 建築物空気環境測定業 | 12 |
| 建築物空気調和用ダクト清掃業 | 12 |
| 建築物清掃業 | 12 |
| 建築物における衛生的環境の確保に関する法律 | 2 |
| 建築物ねずみ・昆虫等防除業 | 12 |
| 建築物排水管清掃業 | 12 |
| 原虫 | 72 |
| 顕熱 | 127 |
| 憲法第25条 | 24 |
| 研磨剤入り洗剤 | 259 |
| 減量化 | 270 |

――〈こ〉――

| | |
|---|---:|
| コアプラン | 28 |
| コインシデンス効果 | 103 |
| 光化学スモッグ | 88 |
| 公害の定義 | 18 |
| 公共下水道 | 20 |
| 抗凝血性殺そ剤 | 293・312 |
| 興行場法 | 16 |
| 抗原抗体反応 | 80 |
| 公衆衛生 | 24 |
| 公衆浴場法 | 16 |
| 恒常性 | 64 |
| 合成樹脂管 | 218 |
| 合成樹脂ライニング鋼管 | 218 |
| 光束 | 108 |
| 高速ダクト | 160 |
| 光束発散度 | 109 |
| 高置水槽 | 196 |
| ――方式 | 194 |
| 光度 | 108 |
| 効率曲線 | 169 |
| 合流排水方式 | 211 |
| コガタアカイエカ | 298 |
| 呼吸器系 | 62 |

| | |
|---|---:|
| 呼出煙 | 93 |
| 固定荷重 | 40 |
| ごみ | 242 |
| ゴム系床材 | 260・262 |
| 五類感染症 | 19・74 |
| コレラ | 75 |
| コロナウイルス | 97 |
| コンクリート | 42・261 |
| ――管 | 220 |
| 昆虫成長制御剤（IGR） | 301・305・313 |
| ゴンドラ | 267 |
| コンパクタ・コンテナ方式 | 279 |

――〈さ〉――

| | |
|---|---:|
| 細菌 | 72 |
| 最終処分 | 278 |
| ――場 | 281 |
| ザイデルの式 | 174 |
| 彩度 | 114 |
| サイホン式 | 229 |
| サイホンゼット式 | 229 |
| サージング | 167 |
| 殺菌 | 268 |
| 殺虫プレート | 301 |
| 雑排水 | 210 |
| ――ポンプ | 223 |
| 雑用水 | 224 |
| サブミクロン粒子 | 92 |
| 作用温度（$OT$） | 70 |
| 産業空調 | 138 |
| 産業廃棄物 | 272・274 |
| 残響 | 101 |
| ――時間 | 101 |
| 散水ろ床方式 | 231 |
| 酸性洗剤 | 258 |
| 酸素 | 84 |
| ――濃度 | 222 |
| ――濃度測定法 | 182 |

| | | | |
|---|---|---|---|
| 残留処理 | 297・301 | 湿り空気 | 126・130 |
| 三類感染症 | 19・74 | ——線図 | 128 |
| | | 遮音 | 102 |
| ———〈し〉——— | | 弱アルカリ性洗剤 | 258 |
| 次亜塩素酸ナトリウム | 77・269 | 11条検査 | 232 |
| シェル構造 | 32 | 臭気 | 94 |
| 紫外線 | 117 | ——指数 | 94・280 |
| 時間最大予想給水量 | 192 | ——の測定法 | 182 |
| 時間平均予想給水量 | 192 | 収集 | 278 |
| 色相 | 114 | 修正有効温度（CET） | 69 |
| ——環 | 114 | 集積室 | 278 |
| 仕切弁 | 218 | 集団規定 | 28 |
| 軸動力曲線 | 169 | 終末処理場 | 20 |
| 軸方向力 | 38 | 重力換気 | 172 |
| ジクロルボス | 312 | 重力式排水 | 221 |
| 自己サイホン作用 | 214 | 主筋 | 35 |
| 地震 | 54 | 受水槽 | 196 |
| ——力 | 40 | 受動喫煙 | 22・93 |
| 自然換気 | 164・172 | 主流煙 | 93 |
| 自然循環方式 | 207 | 循環器系 | 62 |
| シックハウス症候群 | 79 | 循環ポンプ | 208 |
| シックビル症候群 | 78・90 | 瞬時最大予想流量 | 192 |
| 湿式モップ | 256 | 準不燃材料 | 46 |
| 湿球温度 | 126 | 消火活動上必要な施設 | 52 |
| 室内空気汚染の指標 | 86 | 消火器 | 236 |
| 室熱負荷計算 | 136 | 消化器系 | 62 |
| 実揚程 | 201 | 消火設備 | 52・236 |
| 指定感染症 | 19・74 | 浄化槽 | 230 |
| 自動火災報知設備 | 53 | ——管理者 | 21・232 |
| 自動制御 | 188 | ——法 | 21・233 |
| ——設備 | 139 | 蒸気圧縮冷凍サイクル | 144 |
| 自動床洗浄機 | 254 | 蒸気式加湿器 | 171 |
| 磁場 | 116 | 蒸気ボイラ | 154 |
| シバンムシ類 | 307 | 蒸散剤処理等 | 301 |
| ジフルベンスロン | 313 | 照度 | 109 |
| しみ | 250 | ——基準 | 113・185 |
| ——の除去 | 253 | 消毒 | 76・268 |
| 事務所衛生基準規則 | 15・61 | 小便器 | 229 |

| | |
|---|---|
| 消防用水 | 52 |
| 照明 | 184 |
| ──器具 | 110・185 |
| ──率 | 111 |
| 除去消火法 | 236 |
| 食中毒 | 286 |
| 食品衛生法 | 17 |
| シロアリ類 | 307 |
| 新感染症 | 19・74 |
| 真菌 | 72 |
| 真空式温水器 | 155 |
| 真空掃除機 | 254 |
| 神経系 | 62 |
| 人工光源 | 184 |
| 伸縮継手 | 209 |
| 親水性物質 | 250 |
| 伸頂通気管 | 216 |
| 震度 | 54 |
| 振動感覚等感曲線 | 104 |
| 振動規制法 | 105 |
| 振動レベル | 104 |
| 震度階級 | 54 |
| 深部体温 | 66 |
| 新有効温度（$ET^*$） | 70 |

──────〈す〉──────

| | |
|---|---|
| 吸上げ高さ | 201 |
| 水圧 | 40 |
| 水系感染 | 73 |
| 吸込口 | 134・162 |
| 水質汚濁防止法 | 21 |
| 水質基準 | 7・118 |
| ──省令 | 202 |
| 水道 | 20 |
| ──直結方式 | 194 |
| ──法 | 20 |
| 水分 | 277 |
| 水平振動 | 104 |

| | |
|---|---|
| スクイジー | 257 |
| スクラバー方式 | 255・263 |
| スチーム洗浄方式 | 255・263 |
| ステンレス鋼管 | 218 |
| ストレス | 64 |
| 砂阻集器 | 215 |
| スピロヘータ | 72 |
| スプリンクラー設備 | 236 |

──────〈せ〉──────

| | |
|---|---|
| 静圧 | 133 |
| 成績係数 | 148 |
| 清掃の5原則 | 243 |
| 生物処理法 | 227 |
| 生物膜法 | 231 |
| 赤外線 | 117 |
| 積載荷重 | 40 |
| 積雪荷重 | 40 |
| 設計 | 29 |
| ──給湯量 | 205 |
| ──対象給水量 | 193 |
| ──図書 | 29 |
| 接触ばっ気方式 | 231 |
| 絶対湿度 | 126 |
| 折版構造 | 32 |
| セメントペースト | 42 |
| 全圧 | 133 |
| 繊維系床材 | 261・263 |
| 全空気方式 | 140 |
| 全水方式 | 141 |
| せん断力 | 38 |
| センチニクバエ | 303 |
| 全天日射量 | 51 |
| 潜熱 | 127 |
| 全熱交換器 | 156 |
| 全般換気 | 173 |
| 全般照明 | 110・184 |
| 洗面器 | 229 |

| 専用区域 | 246 |
|---|---|
| 専用水道 | 20 |
| 全揚程 | 201 |

──────〈そ〉──────

| 騒音レベル | 100 |
|---|---|
| 総揮発性有機化合物 | 79 |
| 相対湿度 | 6・126 |
| 送風機 | 166 |
| 送風量 | 164 |
| 速度水頭 | 201 |
| 阻集器 | 212 |
| 疎水性物質 | 250 |
| 損失水頭 | 201 |

──────〈た〉──────

| ダイアジノン | 313 |
|---|---|
| 第1種換気法 | 173 |
| ダイオキシン | 280 |
| 体温 | 66 |
| 体温調節機序 | 66 |
| 大気汚染防止法 | 18・280 |
| 第3種換気法 | 173 |
| 代謝量 | 67 |
| 耐震補強 | 54 |
| 第2種換気法 | 173 |
| 胎盤感染 | 73 |
| 対比（コントラスト） | 112 |
| 大便器 | 228 |
| 太陽常数 | 50 |
| 大理石 | 261 |
| タカラダニ類 | 307 |
| ダクト | 160 |
| ダストコントロール法 | 252 |
| ダストシュート方式 | 279 |
| 立入検査 | 11 |
| ダニ | 306 |
| ──アレルゲンの測定法 | 183 |
| たばこ煙 | 92 |
| 玉形弁 | 219 |
| 多翼送風機（シロッコファン） | 166 |
| 炭素鋼管 | 220 |
| 単体規定 | 28 |
| 単独処理浄化槽 | 230 |
| 断熱材 | 46 |
| ダンパ | 162 |

──────〈ち〉──────

| 地域保健法 | 14 |
|---|---|
| チカイエカ | 298 |
| 蓄熱 | 150 |
| ──槽 | 150 |
| 窒素 | 85 |
| 窒素酸化物 | 88 |
| ──（NOx）測定法 | 182 |
| チャタテムシ類 | 307 |
| チャバネゴキブリ | 294 |
| 中央監視システム | 49 |
| 中央式給湯 | 207 |
| 媒介動物（ベクター） | 284 |
| 媒介動物感染 | 73 |
| 中間処理 | 278 |
| 中性洗剤 | 258 |
| 鋳鉄管 | 220 |
| 鋳鉄製ボイラ | 155 |
| 厨房排水 | 210 |
| 超音波加湿器 | 171 |
| 腸管出血性大腸菌 O157 | 302 |
| 腸管出血性大腸菌感染症 | 75 |
| 長時間ばっ気方式 | 231 |
| 腸チフス | 75 |
| チョウバエ類 | 302 |
| 直接照明 | 110・185 |
| 直接接触 | 72 |
| 直達日射量 | 50 |
| 貯水槽 | 196 |

| | | | |
|---|---|---|---|
| 直結増圧方式 | 195 | 銅管 | 218 |
| 貯湯槽 | 208 | 陶磁器質タイル | 261・263 |
| ちり取り | 256 | 胴縁 | 37 |
| | | 等ラウドネス曲線 | 99 |
| ───〈つ〉─── | | 毒餌処理 | 297 |
| 通気管 | 216 | 特殊建築物 | 28 |
| 通風 | 164 | 特殊排水 | 210 |
| ツメダニ類 | 306 | 特定悪臭物質 | 18 |
| 吊り構造 | 32 | 特定建築物 | 2・4・244 |
| | | ──の届出 | 10 |
| ───〈て〉─── | | 特定用途 | 2・5 |
| 手洗器 | 229 | トコジラミ類 | 307 |
| 定期清掃 | 246 | 都市ガス | 238 |
| 抵抗曲線 | 169 | 吐水口空間 | 198 |
| 低速ダクト | 160 | トビイロゴキブリ | 295 |
| 定風量ユニット | 163 | ドブネズミ | 290 |
| 滴下式加湿器 | 170 | ドライメンテナンス | 253 |
| デシベル | 99 | トラス構造 | 32・36 |
| 鉄筋コンクリート構造（RC構造） | 33・34 | トラップ | 212 |
| 鉄骨構造（S構造） | 33 | トラップます | 213 |
| 鉄骨鉄筋コンクリート構造（SRC構造） | | ドラフト | 134 |
| | 33 | ドラムトラップ | 213 |
| テラゾ | 261 | トリサシダニ | 306 |
| 電気設備 | 48 | ドレンチャー設備 | 236 |
| 電極式加湿器 | 170 | | |
| 天空日射量 | 50 | ───〈な〉─── | |
| 電磁波 | 106・116 | 内分泌系 | 62 |
| 電動床みがき機 | 254 | 7条検査 | 232 |
| 電熱式加湿器 | 170 | 難燃材料 | 46 |
| 電場 | 116 | | |
| 電離放射線 | 116 | ───〈に〉─── | |
| 電力 | 186 | 逃し管 | 208 |
| ──量 | 186 | 二管式 | 207 |
| | | 二級建築士 | 29 |
| ───〈と〉─── | | 二酸化硫黄 | 89 |
| 土圧 | 40 | 二酸化炭素（$CO_2$） | 6・86 |
| 動圧 | 133 | ──濃度 | 86・174 |
| 透過損失 | 102 | ──濃度測定法 | 181 |

| | |
|---|---|
| 二酸化窒素 | 88 |
| 二重トラップ | 212 |
| ——の禁止 | 214 |
| 日常清掃 | 246 |
| 日射 | 50 |
| ——量 | 50 |
| 2方向避難 | 52 |
| 日本脳炎 | 75・298 |
| 二類感染症 | 19・74 |

―――――〈ね〉―――――

| | |
|---|---|
| 熱貫流 | 123 |
| ——率 | 123 |
| ——量 | 123 |
| 熱橋 | 131 |
| 熱源設備 | 139 |
| 熱線吸収板ガラス | 44 |
| 熱線反射板ガラス | 44 |
| ネッタイイエカ | 299 |
| 熱対流 | 124 |
| 熱伝達率 | 124 |
| 熱搬送設備 | 138 |
| 熱放射 | 125 |
| 年間熱負荷係数（PAL） | 188 |
| 粘着シート | 296 |
| 粘着トラップ | 293・310 |
| 粘着リボン | 304 |

―――――〈の〉―――――

| | |
|---|---|
| ノックス | 88 |
| 野縁 | 37 |
| 延べ面積 | 2・29 |
| ノミバエ | 303 |
| ノミ類 | 307 |

―――――〈は〉―――――

| | |
|---|---|
| ばい煙発生施設 | 280 |
| 排気筒 | 239 |
| 廃棄物 | 270 |
| ——処理の原則 | 270 |
| ——処理法 | 271・272 |
| ——発生原単位 | 276 |
| 排水 | 210 |
| ——槽 | 222 |
| ——ポンプ | 223 |
| 灰分 | 277 |
| パウダー方式 | 255・263 |
| 剥離剤 | 258 |
| バタフライ弁 | 219 |
| パッカ車 | 279 |
| ハツカネズミ | 291 |
| パテナイフ | 257 |
| 跳ね出し作用 | 214 |
| バフィングパット | 263 |
| 破封 | 214 |
| バリアフリー新法 | 22 |
| ハロゲン化物消火設備 | 237 |
| 半間接照明 | 185 |
| 半密閉型燃焼機器 | 175 |
| 半密閉式ガス機器 | 238 |

―――――〈ひ〉―――――

| | |
|---|---|
| 非イオン活性剤 | 258 |
| 比エンタルピー | 127 |
| ピーク時予想給水量 | 192 |
| 比視感度 | 107 |
| 非常用照明 | 53 |
| 必要換気回数 | 175 |
| 必要換気量 | 174 |
| ヒトスジシマカ | 299 |
| ヒートポンプ | 149 |
| 避難口誘導灯 | 53 |
| 避難経路 | 52 |
| 避難設備 | 52 |
| 引張力 | 38 |
| 皮膚温 | 66 |

| | | | |
|---|---|---|---|
| 飛沫核感染 | 73 | ブラシ類 | 256 |
| 飛沫感染 | 73 | プラスチック | 44 |
| ヒメイエバエ | 303 | ——管 | 220 |
| ヒヤリハット報告 | 248 | プランジャー | 257 |
| ヒューム | 92 | プルキンエ現象 | 107 |
| 病原体 | 72 | フロアオイル | 259 |
| 美容師法 | 17 | フロアシーラ | 259 |
| 表色系 | 114 | フロアポリッシャー | 254 |
| 標準活性汚泥方式 | 231 | フロアポリッシュ | 259 |
| ヒョウヒダニ類 | 306 | フロアマシン | 254 |
| ピリプロキシフェン | 313 | プログレッション | 82 |
| ビル衛生管理法（ビル管法） | 2 | フローティング粉剤 | 301 |
| ピレスロイド（系殺虫）剤 | | フロート板ガラス | 44 |
| | 297・301・305・309・313 | プロモーション | 82 |
| | | 粉状物質 | 250 |
| 〈ふ〉 | | ——の除去 | 252 |
| ファンコイルユニット | 141 | 粉じん | 92 |
| フィードバック機構 | 65 | 粉末消火設備 | 237 |
| 風圧力 | 40 | 噴霧器 | 310 |
| 封水 | 212 | 分離接触ばっ気方式 | 231 |
| 風力換気 | 172 | 分離ばっ気方式 | 231 |
| フェニトロチオン | 312 | 分流排水方式 | 210 |
| フェノトリン | 313 | | |
| フェンチオン | 312 | 〈へ〉 | |
| フォグマシン | 311 | 平均照度 | 110 |
| 不快指数（DI） | 68 | ベイト剤 | 297 |
| 不快動物（ニューサンス） | 284 | ペスト | 75 |
| 不活性ガス消火設備 | 237 | ペストコントロール | 288 |
| 不完全燃焼 | 86 | ペリメータゾーン | 135 |
| 吹出口 | 134・162 | ヘルツ | 99 |
| 複層ガラス | 44 | ベルヌーイの定理 | 132 |
| 副流煙 | 93 | ペルメトリン | 313 |
| 負触媒作用 | 236 | 変風量ユニット | 163 |
| 浮上分離法 | 227 | | |
| 不燃材料 | 46 | 〈ほ〉 | |
| 浮遊微生物の測定法 | 179 | ボイラ | 154 |
| 浮遊粉じん | 6・92 | ほうき類 | 256 |
| ——測定法 | 180 | 防災センター | 49 |

| | |
|---|---|
| 膨張管 | *208* |
| 方杖 | *37* |
| 飽和空気 | *126* |
| 保健空調 | *138* |
| 保健所 | *14* |
| ──の組織 | *25* |
| ほこり | *242・250* |
| 補虫器 | *300* |
| 骨組構造（ラーメン構造） | *32* |
| ポリオウイルス | *75* |
| ホルマリン | *77* |
| ホルムアルデヒド | *6・90* |
| ──測定法 | *181* |
| ポンプ直送方式 | *195* |

──────〈ま〉──────

| | |
|---|---|
| マイクロ波 | *117* |
| マグニチュード | *54* |
| 曲げモーメント | *38* |
| ──図 | *39* |
| マニフェスト制度 | *277* |
| マルチユニット方式 | *142* |
| マンセル表色系 | *114* |

──────〈み〉──────

| | |
|---|---|
| ミスト | *92* |
| ──機 | *310* |
| 水スプレー式加湿器 | *170* |
| 水セメント比 | *43* |
| 水噴霧消火設備 | *237* |
| 密閉型燃焼機器 | *175* |
| 密閉型冷却塔 | *152* |
| 密閉式ガス機器 | *238* |
| 密閉式膨張水槽 | *209* |

──────〈む〉──────

| | |
|---|---|
| 無圧式温水器 | *155* |

──────〈め〉──────

| | |
|---|---|
| 明視 | *112* |
| 明順応 | *107* |
| 明度 | *114* |
| 明瞭度 | *101* |
| 滅菌 | *77・268* |
| メトプレン | *313* |
| 免疫系 | *63* |
| 免疫反応 | *80* |
| 免震構造 | *33* |

──────〈も〉──────

| | |
|---|---|
| 毛細管現象 | *214* |
| 木構造 | *33* |
| 木質系床材 | *261* |
| 木造建築士 | *29* |
| モップ絞り機 | *257* |
| モップ類 | *256* |
| 母屋 | *37* |
| モリエール線図 | *145* |
| モルタル | *42・261* |

──────〈や〉──────

| | |
|---|---|
| 夜間放射 | *51* |

──────〈ゆ〉──────

| | |
|---|---|
| 有害動物 | *284* |
| 有機リン（系殺虫）剤 | *297・301・305・309・312* |
| 有効温度（$ET$） | *69* |
| 湧水 | *210* |
| ──ポンプ | *223* |
| 誘導サイホン作用 | *214* |
| 誘導灯 | *53* |
| 遊離残留塩素 | *203・224* |
| 床維持剤 | *259* |
| ユスリカ類 | *307* |

## 〈よ〉

| | |
|---|---|
| 陽イオン活性剤 | 258 |
| 容積質量値 | 276 |
| 容積率 | 29 |
| 揚程曲線 | 169 |
| 汚れ | 242 |
| ——の原因 | 250 |
| ——の除去 | 252 |
| 予想給水量 | 192 |
| 予測平均申告（PMV） | 70 |
| 四類感染症 | 19・74 |

## 〈ら〉

| | |
|---|---|
| ライフサイクルコスト | 30 |
| ライフサイクルマネジメント | 31 |
| ラドン | 94 |
| ——ガスの測定法 | 179 |
| ラーメン構造 | 36 |
| ランドリー阻集器 | 215 |

## 〈り〉

| | |
|---|---|
| リケッチア | 72 |
| リノリウム系床材 | 260 |
| 硫化水素濃度 | 222 |
| 了解度 | 101 |
| 両性活性剤 | 258 |
| 旅館業法 | 16 |
| 理容師法 | 17 |
| 臨時清掃 | 246 |

## 〈る〉

| | |
|---|---|
| ルクス | 109 |
| ループ通気方式 | 216 |
| ルーメン | 108 |

## 〈れ〉

| | |
|---|---|
| 冷却消火法 | 236 |
| 冷却塔 | 152 |
| 冷凍機 | 146 |
| 冷凍サイクル | 144 |
| レーザー光線 | 117 |
| レジオネラ症 | 75・96 |
| レジオネラ属菌 | 96・153 |
| レスメトリン | 313 |
| レンタブル比 | 28 |

## 〈ろ〉

| | |
|---|---|
| 労働安全衛生法 | 15 |
| 6面点検 | 198・226 |
| 露点温度 | 127・130 |
| 炉筒煙管ボイラ | 155 |
| ローラーブラシ方式 | 255・263 |

## 〈わ〉

| | |
|---|---|
| ワモンゴキブリ | 295 |
| わんトラップ | 213 |

―――――〈欧文〉―――――

| | |
|---|---|
| BEMS | 49 |
| BOD | 234 |
| ――除去率 | 234 |
| CEC | 188 |
| *CET* | 69 |
| COD | 234 |
| *DI* | 68 |
| *ET* | 69 |
| *ET\** | 70 |
| FRP | 45 |
| HEPAフィルタ | 158 |
| IGR | 301・305・313 |
| IPM（総合防除） | 7・288 |
| KYK | 248 |
| LCC | 30 |
| LCM | 31 |
| LPガス | 238 |
| MSDS | 269 |
| NPSH | 201 |
| ――曲線 | 168 |
| *OT* | 70 |
| PAL | 188 |
| *PMV* | 70 |
| RDF | 281 |
| SARS | 75・97 |
| ――コロナウイルス | 97 |
| S/N比 | 100 |
| SS | 234 |
| SV | 235 |
| SVI | 235 |
| TVOC | 79・91 |
| ULPAフィルタ | 159 |
| ULV処理 | 297・301 |
| ULV噴霧機 | 311 |
| VDT作業 | 113 |
| VOCs | 79・91 |

索引

[執筆者紹介]（五十音順）　　　　　　　　　　（所属・経歴は2014年10月現在）

**田中　毅弘**（たなか　たけひろ）
東京都渋谷区生まれ
足利工業大学工学部専任講師，関東学院大学工学部助教授，東京工業大学大学院特別研究員を経て，LEC東京リーガルマインド大学総合キャリア学部教授，LEC東京リーガルマインド大学高度専門職大学院教授を経て，現在，東洋大学理工学部教授
工学博士，Ph.D.
専門分野：建築環境・設備マネジメント学，都市・建築法規，信頼性・保全性工学，システム工学

**中島　修一**（なかじま　しゅういち）
1951年長野県生まれ。日本工業大学工学部電気工学科卒
第一建築サービス㈱取締役，ダイケンエンジニアリング㈱常務取締役を経て，現在，同社相談役
㈳建築・設備維持保全推進協会各委員および講師，㈳日本ビルエネルギー総合管理技術者各委員を務める
専門分野：ビルメンテナンス，ビルマネジメント，ファシリティマネジメント

**庭田　茂**（にわた　しげる）
東京都生まれ
元・東京都衛生局，足立区足立保健所職員

**前川　甲陽**（まえかわ　こうよう）（故人）
1931年兵庫県生まれ。東京大学大学院修了
㈱竹中工務店技術研究所副所長，東京美装興業㈱取締役技術開発室長を経て，日本環境管理学会専務理事，DNソリューション㈱取締役研究主管
工学博士，一級建築士，認定ファシリティマネジャー，建築・設備総合管理技術者（BELCA）
専門分野：建築環境工学，ビルメンテナンス，ビルマネジメント

**松浦　房次郎**（まつうら　ふさじろう）
1934年群馬県生まれ
電電公社建築局，電気通信研究所建築技術開発室，アールディーメックス㈱常務取締役を務める。この間，日本能率協会，ビル管理教育センター，東京ビルメンテナンス協会，BELCA等で講師を歴任。現在，㈲松浦技術士事務所取締役社長，㈳UBA代表理事，技術士（衛生工学）
専門分野：建築設備に関する技術開発・普及，設備管理技術者教育

**松岡　浩史**（まつおか　ひろぶみ）
1940年熊本県生まれ
東京商船大学卒業後，30数年間の海上勤務を経て，現在，㈳UBA専務理事，東京ビルメンテナンス協会講師，労働安全コンサルタント
専門分野：舶用機械工学，ビルメンテナンス

**山野　裕美**（やまの　ひろみ）
1975年長野県生まれ。東京理科大学大学院修了，博士（工学）
現在，㈱シミズ・ビルライフケア　ビルマネージメント事業部門　技術管理部主任
専門分野：建築環境工学，ビルメンテナンス，ビルマネジメント

完全突破！
ビル管理技術者受験テキスト［第2版］　　Ⓒ 松浦房次郎・田中毅弘　*2010*

2010年3月30日　第2版第1刷発行　　　　【本書の無断転載を禁ず】
2022年3月10日　第2版第8刷発行

編 著 者　松浦房次郎・田中毅弘
発 行 者　森北博巳
発 行 所　森北出版株式会社
　　　　　東京都千代田区富士見1-4-11（〒102-0071）
　　　　　電話 03-3265-8341／FAX 03-3264-8709
　　　　　http://www.morikita.co.jp/
　　　　　JCOPY 日本書籍出版協会・自然科学書協会　会員
　　　　　〈(社)出版者著作権管理機構 委託出版物〉

落丁・乱丁本はお取替えいたします　　　印刷／モリモト・製本／協栄製本

# Printed in Japan／ISBN978-4-627-58152-4

# MEMO